소고기를 위한 변론

Defending Beef, Revised Edition by Nicolette Hahn Niman

Copyright © 2021 by Nicolette Hahn Niman
All rights reserved. Cover photograph by Ben Giles.
This Korean edition was published by Galmaenamu Publishing Co. in 2022 by arrangement with Chelsea Green Publishing Co, White Junction, VT, USA through KCC(Korea Copyright Center Inc.), Seoul. www.chelseagreen.com

이 책은 (주)한국저작권센터(KCC)를 통한
저작권자와의 독점계약으로 갈매나무에서 출간되었습니다.
저작권법에 의해 한국 내에서 보호를 받는 저작물이므로 무단전재와 복제를 금합니다.

소고기를 위한 변론
DEFENDING BEEF

지속가능한 지구생태계와 윤리적 육식에 관하여

니콜렛 한 니먼 지음 | 이재경 옮김

이 책에 대한 찬사

"니먼은 해묵은 반反 소고기 속설들을 하나하나 깨부순다. 고기 소비가 세계의 기아를 야기한다? 천만에. 가축은 대부분 작물 재배가 어려운 지역에 사는 전 세계 10억 빈민에게 중요한 식량이자 환금수단이 된다. 축산이 삼림을 파괴한다? 숲이 개간되는 주요 이유는 콩 재배이며 거기서 나는 콩이 소 사료로 쓰이는 일은 거의 없다. 적색육과 동물성지방이 심혈관질환의 원인이다? 그런 오해를 퍼뜨린 1953년 키스의 연구는 정작 둘 사이의 어떠한 인과관계도 보여주지 못했고, 대중을 진정한 유해식품인 트랜스지방과 첨가당의 치명적 손아귀에 밀어 넣었을 뿐이다. 지나친 방목이 미국 서부를 망쳤다? 그렇지 않다. 서부를 망친 것은 부적절한 방목과 심지어 방목 부족이었다. 저자의 의도는 우리 마음을 돌리는 데 있지 않다. 세계를 구하는 데 있다."

《LA타임스》

"니먼은 건강과 환경에 관한 과학적 데이터와 최신 이론들로 무장하고 목초사육 소고기가 지속가능한 음식 문화의 일부여야 할 당위를 주장한다. 오늘날 소고기의 문제는 '토지관리, 수자원, 오염, 동물 복지, 식품 안전성의 문제다.' 저자는 전 세계 목축업에 대한 경의를 표하는 동시에 지속적인 자정 노력을 촉구한다. (…) 선동이 아니라 설득을 추구하는 책."

《월스트리트저널》

"전직 환경변호사이자 채식주의자였던 니먼이 소 목축이 지구온난화를 심화하고 소고기가 심장병과 비만의 주범이라는 잘못된 통설을 뒤집기 위해 발 벗고 나섰다. 니먼은 말한다. '여러 식량 생산 방법 중 가축 방목이야말로, 적절히 행해질 경우, 가장 친환경적인 방법이다.' 명쾌하고 설득력 넘치며 감탄스러운 글이다. (…) 믿기 어렵겠지만 니먼을 반박하기란 거의 불가능하다."

《퍼블리셔스 위클리》

"이 책에서 니먼의 주장은 두 부분으로 나뉜다. 니먼에 따르면, 소를 기후위기와 엮는 현재의 비판은 심하게 과장돼 있으며, 만약 진화적으로 설계된 대로 소가 목초지에서 자유로이 풀을 뜯는다면 초지의 탄소격리 효과를 통해 오히려 지구온난화를 완화할 수 있다. (…) 또 니먼은 1960년대의 엉터리 연구들이 동물성지방과 콜레스테롤이 건강을 해친다는 잘못된 믿음을 낳았다고 주장한다. 우리는 이 믿음에 따라 당과 탄수화물이 과다한 식단으로 채택했고, 결과적으로 이는 다양한 만성질환의 증가로 이어졌다. 저자는 저가공 식품과 육류로 전환하는 것만이 이 추세를 반전시킬 수 있다고 말한다. 과거 채식주의자였던 니먼은 소고기 산업의 흥미로운 대변인이다. 그녀의 논거는 폭넓고 탄탄하다."

《라이브러리저널》

"전직 환경변호사이자 현직 목장주 니콜렛 한 니먼이 명쾌하고 강력한 《소고기를 위한 변론》을 펼친다."

코비 쿠머 | 《디 애틀랜틱》 기자

"저자는 산업형 축산을 비판하고 재생농법을 지지하는 한편, 관리형방목이 어떻게 탄소를 땅으로 돌려보내고 인간이 먹을 수 없는 식물을 단백질로 바꾸는지 명료하고 설득력 있게 피력한다. 이 책은 기후문제와 푸드시스템을 걱정하는 모두의 필독서다."

리베카 티슬트웨이트 | 《새로운 축산업자》 공저자

"《소고기를 위한 변론》은 누구나 읽어야 할 책이다. 지속가능한 육류 생산의 필요성에 대한 강력한 증명인 동시에 비판적 사고가 뭔지를 보여주는 최고의 본보기다."

보 벌링엄 | 경제전문지 《인크》 전 편집장이자 《스몰 자이언츠가 온다》 저자

"변호사 출신의 니콜렛 한 니먼이 불명확한 죄목으로 부당하게 기소당한 소들을 위해 강력한 최후변론을 펼친다. 소들이 어떻게, 얼마나, 어떤 방식으로 우리 세상을 이롭게 하는지 이처럼 철저하게 규명한 책은 일찍이 없었다."

배티 퍼셀 | 《스테이크 기르기: 미국 소고기의 삶과 시대》 저자

"적색육, 포화지방, 설탕, 곡물이 건강에 장기적으로 미치는 영향을 놓고 논쟁이 분분하다. 이 이슈들은 복잡하게 얽혀 있으며, 그중 많은 부분에서 아직 분명한 결론이 나지 않았다. 과학이 모든 의혹을 풀기를 기다리는 동안 니콜렛 한 니먼의 《소고기를 위한 변론》은 지속가능 푸드시스템에서 반추동물의 역할에 대한 가치 있는 읽을거리이자 강력한 옹호론을 제공한다."

매리언 네슬 | 뉴욕대학교 영양학, 식품학, 공중보건 교수이자 《무엇을 먹을 것인가》 저자

"저자는 공장식 사육 등 현대 축산업의 폐해를 솔직히 인정하는 한편, 소 자체가 문제가 아니라 현행 사육 방식이 우리의 건강, 환경, 경제에 대한 위험 요인임을 효과적으로 입증한다. 현상을 바로잡을 해결책은 없지 않으며, 그것을 실천하는 것이 미래세대를 위해 우리가 해야 할 일이다. 성공의 열쇠는 정확한 정보를 가진 시민들에게 있다. 이 책이 그들에게 더할 수 없이 유용한 도구가 되리라 믿는다."

앨런 세이버리 | 세이버리 연구소 설립자이자 대표

〔 서문 〕

1970년 4월 22일, 첫 번째 지구의 날Earth Day을 맞아 2000만 명의 시민이 거리로 쏟아져 나왔다. 이날을 계기로 미국의 풀뿌리 환경운동이 급성장했다. 미국의 대표적 환경오염 유발 산업들과 함께 목우업도 악의 무리로 지목돼 광장으로 끌려 나왔다. 소고기를 생태계 파괴자이자 세계 기아문제의 주범으로 보는 인식이 날로 증폭했다. 진정한 환경보호론자나 인도주의자는 절대 (적어도 훤한 공공장소에서는) 소고기를 먹지 않는다는 믿음이 시대정신의 일부가 됐다. 이후 30년간 《작은 행성을 위한 식습관Diet for a Small Planet》을 시작으로 《육식, 건강을 망치고 세상을 망친다》와 《육식의 종말》 같은 책들이 소고기 생산으로 인한 환경문제를 설파하며 소고기가 공공의 적 제1호라는 통설을 반박의 여지가 없는 정설로 못 박았다.

1980년대 중반, 생물학과 1학년이었던 나도 그 주장을 신봉했다. 나는 육식을 끊었고, 세상에 착한 소고기는 없다는 신념을 열정적으로 수용했다. 이후 이 문제는 내게 끝난 얘기였다. 더 이상 재고의 여지는 없어 보였다.

그런데 2000년에 그 논리에 균열이 가기 시작했다. 내가 로버트 F. 케네디 주니어의 환경변호사로 고용된 직후였다. 그는 내게 육류산업의 환경오염 문제에 대응할 전국적 캠페인을 전개하는 임무를 맡겼다. 처음에는 이 임무가 내가 육류와 육류 생산 방식에 대해 오래 견지해온 부정적인 관점과 깔끔하게 맞아떨어지는 일로 보였다. 그런데 축산농가를 방문하고, 연구논문을 읽고, 전문가를 만나 인터뷰하면서 육류와 환경의 연관성에 대한 그간의 내 이해가 미천했다는 생각이 들었다. 내 견해는 주로 대학 때 접한 채식주의와 환경주의 팸플릿의 구호식 주장에 경도된 단순한 흑백논리에 불과했다.

다행히 그로부터 2년 후 내가 어느 잘생긴 소 목장 주인에게 청혼을 받을 즈음에는 푸드시스템food system*과 자연환경에서 가축이 하는 역할에 대한 내 이해가 훨씬 정교해져 있었다. 그리고 내게 그를 받아들일 분별이 생겨 있었다.

나는 지난 17년 동안 남편과 함께 우리 목장의 목초지와 계곡을 누비며 일했고, 그 과정에서 생태계가 어떻게 돌아가는지 온전히 새롭게 이해하게 됐다. 나는 소뿐 아니라 사육 칠면조와 야생 칠면조, 사슴, 코요테, 딱정벌레, 도롱뇽, 보브캣, 나비, 큰까마귀, 매, 왜가리, 땅다람쥐를 비롯해 수없이 많은 동물과 식물, 곰팡이류 사이에서 살았다. 나는 인간이 생태계와 상호작용하는 방법을 배웠다. 우리 인간이 식량 생산의 터전인 생태계와 상호작용하는 동시에, 이곳의 진짜 주민이자 생명시스템의 근간인 (눈에 보이지 않는 미생물을 포함한) 야생생물을 부양하고 심지어 **증강할** 수도 있다는 것을 알았다.

첫 지구의 날 이후 수십 년이 흘렀다. 환경운동가와 동물의 식용 사육을 반대하는 사람들 사이에 목축과 소고기에 대한 부정적인 견해는 여전하다. 지구온난화 우려가 이 문제에 새로이 기름을 부으면서 소고기 논쟁은 주류 담론과 정쟁에 편입됐다. 30년 넘게 채식을 고수한 이력이 있는 평생의 환경운동가로서 나는 그들의 비판에 누구보다 친숙하다. 하지만 그 비판에 대한 믿을 만한 대응은

---

* 식품이 생산, 가공, 유통되어 소비되거나 폐기되기까지 일련의 과정 또는 식품산업 각 요소 간의 관계를 말하기도 한다.

별로 보지 못했다. 특히 당사자인 소고기산업의 대응이 가장 실망스럽다. 하지만 이제 나는 엄마로서, 소를 기르는 사람으로서, 그리고 어느 때보다 우리 행성의 건강 회복에 열심인 사람으로서 성실과 열정을 다해 그 비판들에 대답할 필요를 느낀다. 이 책이 나의 대답, 소고기를 위한 나의 변론이다.

마일스와 니콜라스에게.
우리에게 음식과 생명을 주는 소들에게 항상 감사하기를.

차례 — DEFENDING BEEF

서문 • 7
들어가는 글 • 12

1부 소와 지구

1. 기후변화와 소, 허구와 진실 사이 • 23
2. 풀, 소를 먹이고 지구생태계를 살리다 • 103
3. 물, 오염과 부족은 소 탓이 아니다 • 131
4. 생물다양성, 방목의 재발견 • 165
5. 흙, 목축으로 사막화 늦추기 • 179
6. 자연이 사람의 미래다 • 191

2부 소고기와 사람

7. 소고기는 어쩌다 건강의 적이 되었나 • 215
8. 우리는 왜 소고기에 끌리는가 • 307

3부 현실 그리고 미래

9. 문제 해결을 위한 선택 • 351
10. 윤리적 잡식주의자를 위하여 • 361

감사의 말 • 396
추천의 말 • 398
미주 • 400
찾아보기 • 446

들어가는 글

적색육, 그중에서도 소고기는 우리에게 해롭다. 이것이 우리가 너무 자주 들었고, 그 결과 우리 중 다수가 반박 불가의 사실로 받아들인 서사다. 너무 흔해서 상식이 된 그 서사를 한 번 더 반복하자면 대략 다음과 같다.

한때 미국인은 소, 돼지, 양을 농장에서 함께 길렀다. 이런 작은 혼합농장이 미국 전역에 흩어져 있었고, 각각이 치는 가축은 얼마 되지 않았다. 가축의 수는 적었고, 자연히 미국인이 먹는 동물성지방과 적색육의 양도 적었다. 그때 우리는 날씬했다. 고혈압, 뇌졸중, 심장병 발병률은 낮았다. 영농으로 인한 환경 피해는 경미했다. 그러다 20세기에 들어 모든 것이 악화됐다. 가축 무리가 풍선처럼 늘어났다. 초지가 소로 뒤덮였다. 적색육과 동물성지방이 사방에 싼값으로 넘쳐났다. 미국인은 햄버거, 버터, 아이스크림을 마구 먹어댔다. 그 결과는? 토양침식, 수질오염과 대기오염, 그리고 하늘 모르고 치솟는 비만율과 식이 관련 만성질환 발병률이다.

이 서사에는 문제가 하나 있다. 바로 허구라는 것이다.
맞는 부분이 아예 없지는 않다. 하지만 주류 담론과 언론 보도에서 좀처럼 다루지 않는 사실들이 있고, 그 사실들은 이 서사의 골자와 정반대다. 이 책에서 명백히 밝히겠지만 미국의 환경 조건이 악화된 것은 사실이다. 식이 관련 만성질환이 만연해지고 중증화된 것도 사실이다. 하지만 이 문제들은 소, 버터, 소고기와는 마땅한 연관성이 없다. 어째서?

지구에 있는 가축의 수가 오늘날이나 100년 전이나 비슷하기 때문이다. 또한 미국인이 전반적으로 더 많은 칼로리를 섭취하고 있는 것은 맞지만 적색육, 특히 소고기는 근래의 어느 때보다도 적게 먹고 있다. 버터 소비도 줄었고, 전지우유*와 동물성 포화지방의 소비는 대폭 줄었다. 풍선처럼 늘어난 소 떼는 없다. 적색육과 동물성지방을 갈수록 많이 먹는 현상은 일어나지 않았다. 이 사실들만으로도 앞의 지극히 단순화한 서사는 그대로 붕괴한다.

소는 죄가 없다

여러분의 의심을 비난하지 않는다. 아직 믿어지지 않을 것이다. 방금 내가 한 말은 여러분이 오랫동안 다양한 출처에서 숱하게 들었던 내용과 정면으로 배치될 테니까. 하지만 근거 없이 하는 말이 아니다. 내게는 많은 데이터가 있다. 모두 정부의 공식자료다. 가축소가 환경에 좋고 소고기, 버터, 치즈가 건강한 식료라는 나의 전반적 전제들은 여전히 논쟁 대상이지만, 기본 농업 데이터와 인구통계학적 사실들에는 논쟁의 여지가 있을 수 없다.

---

* 지방을 제거하지 않은 우유.

요점을 미리 밝히자면 이렇다. 이 책의 후반부에서 나는 미국인의 식습관이 어떻게 변했는지 자세히 논할 예정이다. 지금의 우리가 100년 전에 비해 소고기와 동물성지방은 적게 먹는 반면 설탕, 곡물, 식물성 가공유의 소비는 폭등했다는 것을 보여주려 한다. 비만 만연과 만성질환 급증의 책임이 적색육과 동물성지방이 아니라 설탕, 밀가루, 식물성기름의 소비에 있다는 결론을 강력히 뒷받침하는 사실들을 제시할 것이다.

또한 위의 통설은 가축 수에 있어서도 사실과 전혀 다르다. 실제로는 미국인의 식습관이 소고기에서 가금류와 생선으로 옮겨갔다. 1인당 소고기 소비가 감소함에 따라 미국이 보유한 1인당 가축소의 수도 동반 감소했다. 인구 증가에 따라 적색육과 유제품 총생산량이 증가한 것과 그중 일부가 수출용인 것도 사실이다. 하지만 미국이 수출하는 소고기와 유제품의 비중은 매우 적다. 각각 약 7%와 2%만이 해외 시장들로 나간다. 따라서 수출용 고기 제품과 유제품을 위해 사육되는 소의 수가 전체에 미치는 영향은 미미하다.

소고기와 유제품의 생산량 증가가 딱히 고기소와 젖소가 수적으로 엄청 증가했기 때문은 아니다. 고기소의 경우 지금은 소가 예전보다 훨씬 어린 나이에 도축되고 있기 때문이다. 20세기 초에는 고기소가 평균적으로 생후 4~5년에 도축장으로 갔다.[1] 오늘날에는 비용 절감을 위해서, 그리고 곡물사료와 성장호르몬의 영향으로 고기소가 생후 2년도 되기 전에 도축된다. 현재 소의 평균 도축월령은 약 14개월이다.[2] 젖소 역시 예전보다 훨씬 이른 연령(대개 생후 3년 무렵)에 도축장으로 간다. 이것도 소고기 공급에 영향을 준다. 늘 그래왔듯 지금도 미국산 소고기의 상당 부분이 젖소 고기이기 때문이다.

한편 우유 생산량의 증가는 전혀 다른 문제에 기인한다. 내 전작 《돼지가 사는 공장》에서 자세히 논했다시피 우유 생산 증대를 위한 젖소 선별 육종*의 결과 (젖소들의 몸집이 커지고 특히 젖통이 거대해지면서) 젖소 한 마리당 우유 생산량이 엄청나게 늘었다.³ 20세기 초 미국의 젖소 한 마리당 연간 우유 생산량은 평균 약 1,317리터였다. 오늘날은 연간 약 1만 349리터다. 이는 흔히 인류 문명의 빛나는 성과 중 하나로 칭송받는다. 하지만 가공할 증가폭(일곱 배 이상)은 선별 육종이 극단으로 치닫고 있다는 증거다.(지금의 다 자란 젖소는 제대로 걷지도 못한다. 내가 직접 수없이 목격한 것이고, 볼 때마다 마음 아픈 사실이다.) 이 변화의 최종 결과로 지난 100년에 걸쳐 미국 젖소의 개체수가 상당히 줄었다.

이러한 요인들에 더해 과거 미국 농업에 노동력을 제공하던 황소, 노새, 당나귀, 말 등의 역용 가축이 지금은 거의 사라졌기 때문에 결과적으로 현재 미국에 있는 대형 가축의 수는 100년 전보다 줄었다.

아직도 못 믿는 분들을 위해 여기 구체적인 수치가 있다. 1900년 이래 고기소 수가 증가하긴 했지만 6700만 마리에서 9400만 마리로 늘어 사람들이 상상하는 증가세를 많이 밑돈다. 돼지의 수도 늘었지만 역시 많이 늘지 않았다. 1920년에는 6000만 마리였고 2018년에는 7400만 마리였다. 양의 수는 1940년 4600만 마리에서 오늘날 500만 마리로 오히려 급감했다. 마찬가지로 젖소 무리

• 특정한 유전적 형질을 이용하기 위해 이를 가진 개체나 개체군을 선택 교배하는 일.

도 지난 100년 동안 3200만 마리에서 900만 마리로 대폭 줄었다. 역용 가축의 경우는 1900년에는 2200만 마리였는데 2002년에는 겨우 300만 마리만 남았다. 종합해 보면 20세기 초에는 농장과 목장에 대략 9900만 마리의 소를 비롯해 2억 2700만 마리의 대형 가축이 있었지만, 오늘날에는 약 1억 300만 마리의 소를 비롯해 1억 8500만 마리의 대형 가축이 있다. 가축소의 수는 4% 소폭 증가에 그쳤고, 대형 가축은 오히려 전체적으로 19% 감소했다.

쟁점은 방법이다

환경 관점에서 중요 쟁점은 크게 두 가지다. 하나는 현존하는 가축 수다. 더 중요한 것은 가축이 사육되는 방식이다. 주로 이 요인들이 해롭든 이롭든 우리의 생태발자국*을 결정하게 된다. 우선 방금 살펴봤다시피 지난 100년 동안 가축소의 개체수는 약간 늘었을 뿐이다. 아울러 현재 환경친화성 사육법들이 대두하고 있다. 특히 무경운** 윤작***과 관리형방목을 겸하는 농법이 기존 농업 관행의 대안으로 떠오르면서, 가축효과가 점차 이 재생농업regenerative agriculture의 초석이 되고 있다.

식습관과 인간 건강의 관점에서 바라본 핵심 질문은 다음과 같

---

* 인간활동이 환경에 미치는 부담을 자원 재생산과 폐기물 처리에 필요한 육지와 수역의 면적으로 나타낸 수치.
** 농기계로 밭을 갈지 않고 고랑에 씨를 심는 농법.
*** 한 농지에 두 가지 이상의 작물을 교대로 재배하는 농법. 윤작은 지력을 유지하고 토양 구조를 개선, 병해충을 줄이는 등 효과가 있다.

다. 무엇이 어떤 형태로 소비되고 있는가? 우리는 가공하지 않은 진짜 채소, 과일, 견과, 곡물, 달걀, 생선, 고기를 먹고 있는가, 아니면 마이클 폴란이 《푸드 룰》에서 "음식을 닮은 식용물질"로 지칭한 것들을 먹고 있는가? 오늘날 미국인은 전에 비해 소고기와 버터는 적게 먹지만 가공식품은 훨씬 많이 소비한다. 패스트푸드, 포장 스낵, 가당 음료가 대표적이다. 구운 감자는 포만감과 영양을 주지만 감자칩 한 그릇은 정크푸드에 불과하다. 이는 우리 모두가 아는 사실이다. 같은 맥락으로 대량생산 핫도그는 스테이크와 전혀 다르다. 가공식품 섭취량이 건강의 가장 중요한 변수로 밝혀지고 있다. 또한 어떻게 길러진 식료인지도 해당 식료의 유해성 여부에 영향을 미친다.

육류를 논할 때 이런 사실들을 인정하는 것이 먼저고 필수다. 과거에 비해 가축소의 총수에는 별다른 변화가 없었고, 소고기 소비량은 오히려 감소했다는 사실을 인정하는 순간, 지금의 환경 위기와 공중보건 위기의 책임을 가축소와 소고기에게 전가해온 진부한 서사는 당장 심각한 의혹에 봉착한다. 나는 이런 사실들이 그 자체로 소고기 비판자의 우려를 일거에 해소할 수 있다고 기대하지는 않는다. 하지만 서두에 이런 사실들을 미리 명확히 해두는 것이 독자가 이 책을 편견 없이 읽는 데 필요하리라 생각한다.

나는 소와 소고기가 지구 환경과 인간 건강에 해롭다는 비난을 강력히 반박한다. 다만 서두에 언급한 통설에 일부 맞는 부분이 있으며, 거기에 대해서는 즉각적이고 지속적인 관심이 필요하다. 지구 곳곳의 심각한 환경 퇴화는 현행 축산업을 포함한 농업으로 야기된 것이다. 미국 농업이 대개 그렇듯 소고기산업도 살충제, 화학비료, 호르몬 약품 같은 인공물질 투입에 심하게 의존해왔다. 불과 몇 년 전만 해도 토양생태계가 진정한 재생농업의 필수 기반이라는 인식 자체가 드물었다. 축산업자를 포함해 주류 농업 종사자의 대다수가 영양이 풍부하고 건강에 좋은 식품을 만들어내는 데 우선순위를 두지 못했다. 간단히 말해 산업화가 인간이 농사지어 먹고사는 방식을 근본적으로 바꿨고, 대개는 해로운 쪽으로 바꿨다. 이 책에서 그 문제들을 뜯어보려 한다.

미국의 현행 식량 및 농업 정책은 생산량 증대를 지원하며, 이 정책으로 장려되는 것은 대부분 파괴적 관행들이다. 정부 보조금의 극히 일부만이 생태적 농법을 지원한다. 이런 정책 방향이 우리가 이미 과소비하고 있고, 사람들을 이미 병들게 하고 있는 불량 식료의 과잉 생산을 조장한다. 또한 낮은 고용률과 정크푸드, 과식, 음식물 쓰레기, 환경 퇴화의 원인이 되기도 한다.

변화가 시급하다

이 책은 소와 소고기에 대한 변론인 동시에 현대 농업과 현대 식습관의 폐해에 대한 고발이다. 양쪽 모두 변화가 시급하다. 미국은 세계 최대의 소고기 생산국이다.[4] 미국은 세계를 주도해 환경 악화를 되돌리는 동시에 건강하고 영양이 풍부한 식료를 생산하는 소 사육 방식을 구축할 힘이 있고, 그래야 할 의무가 있다.

내가 말하고자 하는 것은 결국 이것이다. 소는 인류사의 중심에 있다. 인류와 소는 수만 년 동안 함께 살아왔다. 인간과 소의 끈끈한 관계가 우리 몸의 면역력을 높였고, 인류의 이동과 확산을 도왔고, 우리에게 영양과 맛이 더없이 뛰어난 식료를 제공했다. 주의 깊게 관리될 경우 소 사육은 인간의 경험을 풍요롭게 하고 자연세계를 고양한다. 이제는 소를 우리 환경에서, 소고기와 버터를 우리 식탁에서 추방하자는 식의 극히 단순화한 해법들을 버릴 때가 됐다. 대신 이제는 소를 길러 식료로 바꾸는 방식을 개선하는 데 노력을 집중할 때다. 그래야만 우리가 이 놀라운 동물이 제공하는 생태적, 영양적 잠재력을 충분히 활용할 수 있게 된다. 내 친구 러스 컨서의 말처럼 "문제는 소가 아니라 방법이다(It's not the cow, it's the how)."

여러분이 소고기 비판자이든 옹호자이든 지금부터 시작하는 여정을 함께했으면 한다. 이 여정에서 동의하는 부분과 동의하지 않는 부분이 생길 것이다. 출발선에서 여러분의 관점이 무엇이었든, 끝날 때는 새롭고 다른 시각으로 세상을 바라보게 되기를 바란다.

1부

소와 지구

기후변화와 소, 허구와 진실 사이

풀, 소를 먹이고 지구생태계를 살리다

물, 오염과 부족은 소 탓이 아니다

생물다양성, 방목의 재발견

흙, 목축으로 사막화 늦추기

자연이 사람의 미래다

1

기후변화와 소,
허구와 진실 사이

지난 수십 년 동안 '과잉방목'이 환경을 해친다는 비난이 있었다. 내용은 이렇다. "소들은 우물대는 입과 어슬렁대는 발굽으로 미국 서부를 비롯한 지구의 광활한 대지를 무차별 초토화했다. 소들은 수로를 훼손하고, 초지를 벌거벗겨 침식시키고, 야생생물 개체수를 줄인다. 무엇보다 우려스러운 점은 그 결과 사막이 세계 곳곳에서 산불처럼 번지고 있다는 사실이다." 아마존 열대우림에서 일어나는 대규모 삼림 파괴도 자주 이 서사에 묶여 들어갔다.

소에게 제기된 이 혐의를 뒷받침하는 기본 전제는 두 가지다. 첫째, 풀을 밟고 뜯는 것은 본질적으로 환경에 손상을 가한다. 밟기와 뜯기가 심해질수록 손상도 심해진다. 둘째, 한 지역에 소의 개체수가 많아질수록 생태계의 피해가 심각해진다. 결론부터 말하자면 이 믿음들은 틀린 것으로 판명 나고 있다. 그 설명은 뒤에서 하기로 하고, 지금은 이런 잘못된 추정들을 좀 더 짚어보자.

나는 처음에는 대학생 환경운동가로, 나중에는 환경변호사로 일하면서 지인과 동료들이 소 떼가 몰고 온 참담한 생태 파괴를 성토하는 말을 숱하게 들었고, 나도 그 주장을 전폭으로 수용했다. 그런 비난은 '소 때문에' 황폐해진 서부의 황무지들과 '소에게' 자리를 내주기 위해 벌목되고 불태워지는 브라질 삼림의 사진과 동영상을 수반할 때 한층 강력한 설득력을 발휘했다. 그런 사진들이 내가 대학 1학년 때 소고기를 끊겠다고 결심하는 데도 결정적 역할을 했다. 소고기는 내가 첫 번째로 끊은 고기였다.

이 책에서 나는 다양한 소고기 비판론을 다룰 예정이다. 오늘날 가장 많이 언급되는 쟁점부터 시작해보자. 우선 기후변화다. 기후변화는 우리 시대가 직면한 최대의 환경 위기다. 한때 농장주와 목장주를 포함한 미국인들 사이에 '지구온난화가 인간활동이 초래한 위기라는 말은 하나의 정치적 음모에 불과하다'는 회의론이 팽배했다. 다행스럽게도 이 음모론은 수그러드는 양상이다. 하지만 언론은 다음과 같은 섹시한 (하지만 바보 같은) 질문들을 휘두르며 이 문제를 여전히 선정적으로 다루고 있다. "어떤 것이 기후변화에 더 나쁜가? 햄버거를 먹는 것? 아니면 사륜구동 대형 차량을 모는 것?" 그런 기사들은 으레 햄버거가 더 나쁘다는 결론을 내리면서, 환경을 위해서는 하이브리드 자동차를 구입하는 것보다 소고기를 끊는 것이 더 좋다는 제언으로 끝을 맺는다.

'가축의 그림자'라는 오해

영국의 기자이자 농부인 《에콜로지스트 The Ecologist》 전직 편집장 사이먼 페얼리는 이렇게 수사학이 변화한 기점을 2007년으로 잡는다. 그는 그때부터 기후변화가 "육식을 비판하는 주요 논거로 대두했다"고 했다. 내가 미국에서 체감한 바도 다르지 않았다.

페얼리처럼 나도 육류에 대한 오해가 확산된 데에는 특정 문건의 역할이 컸다고 본다. 2006년 말, 유엔 식량농업기구(이하 FAO)가 〈가축의 긴 그림자 Livestock's Long Shadow〉라는 제목의 보고서를 냈다. 인간이 유발하는 온실가스의 18%가 육류 때문이라는 내용이었다. 그중에서도 소가 비난의 중심이 됐다. 유엔 기구들은 매년 수십 건의 보고서를 발행하지만 그것들이 세간의 주목을 받는 일은 거의 없다. 그런데 이 보고서는 미디어에 거부할 수 없는 떡밥을 던졌다. 특히 가축이 운송업 전체보다 더 지구온난화를 유발한다는 자극적인 보도자료 헤드라인이 제대로 먹혔다.[1] 나중에 보고서 작성자들은 계산 오류를 인정하고 이 발언을 철회했다.[2] 하지만 소용없었다. 이듬해가 되자 동물권리단체들과 환경보호단체들부터 《뉴욕타임스》 편집국에 이르기까지 모두가 18%라는 이 보고서의 수치와 보도자료의 허위 주장을 진리로 간주했고, 그 믿음은 복음처럼 퍼져 나갔다.

그동안 지구가 부적절한 방목에 (대개의 목장주들이 인정하는 수준보다 심하게) 시달린 것은 분명한 사실이다. 또한 소 사육이 기후변화에 영향을 미친 것도 맞다. 하지만 현재 사람들이 믿는 방식이나 정도로는 아니다. 유감스럽게도 문제의 FAO 보고서 이후 가축소와 기후의 연관성이 엄청나게 회자됐지만, 호들갑에 비해 이 문제가 제대로 조명된 적은 거의 없다. 사실 일반 대중뿐 아니라 환경운동가와 동물운동가조차 해당 이슈에 대한 이해도가 낮다. 심지어 축산업 종사자도 다를 게 없다.

FAO의 〈가축의 긴 그림자〉 보고서는 상황에 대한 이해가 아니라 오해의 강만 깊이 팠다. 나는 보고서 수치의 만연한 오남용에 좌절감을 느껴 〈육식의 딜레마 The Carnivore's Dilemma〉라는 에세이를 썼고, 이 글이 2009년 10월 《뉴욕타임스》에 실렸다.[3] 내 논지는 어떤 가축도 본질적으로는 환경에 해악이 되지 않는다는 것이었다. 진짜 문제는 오늘날의 가축 사육 방식에 있다.

에세이를 쓴 이후 10년 동안 나는 농업과 식량 생산이 지구온난화에 미치는 영향을 다룬 결과물들을 주시했다. 나는 토양 생명작용, 생물다양성, 물, 기후의 혜택을 누리며 잘 사육된 소를 보여주는 실제 사례와 기사와 연구논문을 있는 대로 모았다. 그리고 그 과정에서 가축효과로 토양의 생명작용이 재가동돼 생명이 돌아오고, 황폐화·사막화됐던 땅이 부활하고, 심지어 오래전 사라진 물길이 되살아나는 생태계들을 보았다.

내 연구는 소가 기후변화의 주원인이라는 혐의는 본질을 흐리는 그릇된 주장이라는 결론에 도달했다. 그 주장은 과장됐을 뿐 아니라 위험하다. 소와 소고기 때리기는 우리가 정말로 집중해야 할 문제에 집중하지 못하게 한다. 그것은 우리가 지구온난화의 주요 동인을 밝히고 그 동인을 막기 위해 쏟아야 할 에너지와 관심을 엉뚱한 데로 돌린다. 화석연료 배출을 줄이고, 말라가고 죽어가는 땅을 회생시키는 일만이 임박한 기후위기에 대한 효과적인 대응이 될 수 있다.

소가 온실가스의 주범이라고?

가축의 진정한 역할을 이해하려면 일단 자극적 슬로건과 미끼 링크를 넘어서야 한다. 가축과 기후의 진실은 복잡 미묘하게 얽혀 있다. 이것을 풀기 위해 먼저 농업이 야기하는 세 가지 주요 온실가스를 살펴보자. 그 세 가지는 이산화탄소CO_2, 메탄CH_4, 아산화질소N_2O다.

기후변화의 최대 동인인 이산화탄소가 아무래도 가장 주목받는다. 이산화탄소는 미국 온실가스 전체 배출량의 82%를 차지한다.[4] 이산화탄소의 온난화 효과는 수십만 년 지속된다. 영원히 지속된다 해도 과언이 아니다. 미국이 지구에 뿜어내는 이산화탄소의 비중은 어이없을 정도로 많다. 미국 인구는 세계 인구의 4%에 불과하지만 미국의 연간 인공 이산화탄소 배출량은 전 세계 배출량의 15%에 달한다. 그리고 그중 92%는 화석연료 사용에서 온다. 운행 회당으로 봤을 때는 비행기가 가장 오염 집약적이다. 하지만 미국의 교통 이산화탄소 배출량의 58%는 승용차, 픽업, 미니밴, SUV 같은 개인 차량에서 나온다. 미국인만큼 자동차를 사랑하고 운전을 많이 하는 사람들도 없다.

막상 농업은 다른 경제 부문보다 이산화탄소를 훨씬 적게 배출한다. 농업과 탄소의 연계도 더 복잡하다. 현재 농업 관련 온실가스 배출량의 14%가 이산화탄소다. 인류사를 통틀어 농사에 따른 탄소 배출은 주로 벌채, 화전, 경운에서 비롯됐다. 탄소는 생명체를 이루는 재료다. 인류가 지구 곳곳으로 퍼지고 야생지역을 경작지로 바꾸면서 초목의 생체조직과 토양에 묶여 있던 방대한 양의 탄소가 공기 중으로 풀렸다. 이렇게 대기로 유실된 탄소의 양을 정확히 측정하기는 어렵다. 다만 2017년 미국《국립과학원회보PNSA》에 실린 한 연구는 농업이 전체적으로 토양에서 축낸 유기탄소 양을 133기가톤으로 추산했다. 이는 인간이 야기한 전체 탄소 배출량 중에서 엄청난 분량이다.[5] 이에 비해 과거 1751년에서 1987년까지 인간활동으로 배출된 전체 탄소량은 737기가톤에 불과했다.

이렇게 탄소가 땅에서 하늘로 대거 이동하면서 양쪽에 끔찍한 결과를 불렀다. 대기 중 이산화탄소 과다가 기후변화를 추동했다. 반대로 땅에서는 탄소 부족이 천천히, 하지만 꾸준히 육상 생물을 고갈시켰다. 유엔 사막화방지협약CCD의 수석과학자 배런 J. 오어 박사는 "우리는 토양의 생물학적 기능을 잃었다"고 말한다.[6] 한편 오하이오주립대학교 사회교육원 농공학 교수였던 랜들 리더는 이

런 의견을 냈다. "전 세계 모든 농지에 무경운농법을 적용한다면 기후변화 반전이 가능할 수도 있다."⁷

현대 미국 농업에서 이산화탄소 배출량의 대부분은 트랙터, 콤바인, 수확기, 자동(사료)공급기 등 기계화 농업장비의 엔진에서 연소되는 화석연료에서 비롯된다. 그런데 전 세계 농업의 이산화탄소 배출량은 대부분 개발도상국에서 발생하며, 이는 토지의 용도 변경, 특히 농지나 초지를 확보하기 위해 삼림을 베고 불태우는 것에서 기인한다. 1990년대 브라질, 인도, 인도네시아, 수단 등 개발도상국에서 일어난 열대우림 벌채는 전 세계 연간 화석연료 배출량의 15~30%를 야기했다.

이런 개벌*은 인류와 생태에 대한 명백한 위협이고, 이에 대해 환경보호론자와 채식옹호자가 경악하는 것은 당연한 일이다. 하지만 소에게 그 책임을 전가하는 것은 옳지 않다. 내가 인터뷰한 여러 전문가의 말에 따르면, 소는 브라질 법을 이용한 토지 장악의 도구일 뿐이다. 부유한 지주들이 야생지역에서 원주민을 몰아내기 위해 거기에 소를 놓아두고 소유권을 주장하는 것이다. 논란이 일자 브라질의 자이르 보우소나루 대통령은 열대우림을 잃어버린 경제 기회로 여긴다는 입장을 거듭 밝혔다. 하지만 보우소나루 대통령은 수년 전부터 유력인사와 기업이 이런 방법으로 토착민 몰아내기를 자행했음에도 이를 눈감아준 것으로 악명 높다.

《파이낸셜 타임스》와 BBC에서 수십 년간 브라질 관련 보도를 해온 베테랑 영국 기자 수 브랜퍼드는 삼림 벌채의 배후에 여러 동

---

* 일정 지역의 임목을 전부 벌채하는 것.

인이 복잡하게 얽혀 있다고 말한다. 브랜퍼드는 그 와중에 목축이 일종의 희생양이 됐다는 데 동의한다.(이 경우는 '희생소'라고 해야 할까?) 그녀는 이렇게 설명한다. "최종 목표는 콩입니다. 콩은 주로 목화와 함께 재배됩니다. 둘 다 수출용 환금작물이죠. 목축은 이 과정의 중간 단계로, 벌목과 콩 사이에 끼어 있습니다."[8]

브라질의 광활한 열대우림은 밭으로 변했다. 수익성 극대화를 위한 토지 용도 변경이었다. 브라질의 마투그로수주(州)의 경우 새 개간지의 약 70%에서 대두가 재배된다. 브라질 대두 수확량의 절반 이상이 소수의 국제 애그리비즈니스 기업에 의해 전 세계로 실려 나가 가축사료와 기타 식료품의 원료가 된다. 숲을 없애 콩 재배지를 만들 때 처음에는 나무를 태우느라 이산화탄소가 배출되고, 나중에는 그곳을 경운하고, 작물을 심고 수확하고 운송하느라 이산화탄소가 배출된다.

물론 소고기를 먹는다고 해서 반드시 이 시나리오의 일부가 될 필요는 없다. 전 세계 고기소는 대개 초지에서 사육된다. 국제 콩 시장은 공장식사육용 사료, 특히 라틴아메리카, 유럽, 중국의 닭과 돼지용 사료를 위한 것이다. 미국도 콩을 수입하지만 수입량은 많지 않다. 특히 소 사료를 위한 콩의 경우 브라질에서 수입하는 양은 1%도 되지 않는다. 근래에 미국에서는 소를 풀로만 키우는 방식으로 회귀하는 농부와 목장주가 꾸준히 늘었다. 그들은 콩을 사지 않기 때문에 콩과 관련된 이산화탄소 배출에 아무 책임이 없다. 삼림 벌채에 따른 이산화탄소 배출을 초지의 풀이나 자국에서 재배한 사료만 먹는 소의 탓으로 돌리는 것은 부정확할 뿐 아니라 부당한 일이다.

이것이 FAO의 〈가축의 긴 그림자〉 보고서와 기타 후속 보고서들의 근본적 오류다. 해당 보고서들은 업계의 각종 주체를 하나의 덩어리로 뭉뚱그린 다음, 삼림 벌채에 따른 이산화탄소 배출의 책임을 육류산업 전체에 전가한다. 그 결과는? 특정 지역에서 잘못된 토지 정책으로 일어나는 삼림 제거의 악영향을 두고 전 세계 모든 축산농가와 목장주를 싸잡아 비난하는 터무니없는 일이 벌어지고 있다.

심지어 일부 학자는 미국에서 소고기를 구매하는 것은 국제 콩 수요를 늘려 브라질의 삼림 파괴에 일조하는 일이라고 주장한다. 하지만 나는 이 주장에 대한 어떠한 실증적 증거도 본 적이 없다. 논리적으로 따지면 실상은 오히려 그 반대다. 미국산 소고기, 특히 목초 기반 재생농법으로 생산한 소고기를 구입하는 것이 미국의 자급체제를 강화하고 아마존개발 압력을 효과적으로 줄이는 방법이다. 소비자로서 우리 각자는 국내산 고기를 선택할 수 있다. 더 바람직하게는 인증된 공급원의 고기를 신중히 구매할 수 있다. 그것이 땅을 재생하고 탄소를 토양으로 돌려보내는 농법을 쓰는 농가와 목장을 직접 지원하는 방법이다.

아이러니하게도, 오히려 소고기를 전혀 먹지 않는 사람들의 구매 비용이 삼림 파괴, 대규모 단일작물 재배, 유독성 살충제와 제초제 사용 같은 파괴적 농법으로 흘러들 가능성이 더 높다. 콩의 일부는 가축사료로 쓰인다. 또한 콩은 으깨서 콩기름을 추출한 후 탈지대두와 콩 레시틴으로 만들어지는데, 모두 비건 식품에 많이 쓰는 가공식품 첨가물이다.[9] 또한 유기농소비자협회OCA에 따르면 브라질의 벌채 지역에서 생산된 콩은 (원산지 표기 없이) 미국 슈퍼마

켓에서 팔리는 두부와 두유에도 들어간다.

  가축 중에서도 주로 돼지와 가금류를 24시간 감금사육하는 기계화 축사도 필연적으로 이산화탄소를 배출한다. 이런 축사들은 사료 공급, 조명, 하수처리, 환기, 난방, 냉방을 위한 자동화시스템들로 돌아가고, 이 모든 설비는 당연히 화석연료를 쓰고 이산화탄소를 배출한다. 또한 이런 축사와 고기소 비육장은 가축에게 끊임없이 사료를 제공해야 한다. 사료의 재배, 수확, 건조, 운송도 추가적으로 이산화탄소를 배출한다.

  이에 비하면 가축 방목이 야기하는 이산화탄소 배출량은 무시할 만한 수준이다. 방목에는 기계화 설비가 거의 필요 없고, 사료를 따로 재배하거나 구매할 필요도 없다. 소 사육, 특히 소 방목의 이산화탄소 배출량은 미미하다. 먼 땅에서 일어나는 삼림 파괴를 등식에서 들어내면 이 점이 한층 명확해진다. 더구나 최근 연구에 따르면 소 방목은 제대로 관리될 경우 소고기 생산이 배출하는 탄소의 총량보다 더 많은 양의 탄소를 토양으로 돌려보낸다. 다시 말해 방목은 오히려 대기 중 탄소 저감 효과를 낸다.(자세한 내용은 나중에 논한다.)

소는 메탄을 방출하기만 할까

다음으로 메탄을 살펴보자. 메탄은 현재 미국 농업이 야기하는 온실가스 배출량의 40%를 차지하는 것으로 추산된다.[10] 이산화탄소의 경우처럼 이 경우도 세계의 상황과 미국의 상황이 많이 다르다. 전 세계 메탄 배출량은 20세기 후반 수십 년 동안 증가하다가 21세기 들어서 안정됐는데 2008년 이후 다시 증가하기 시작했다. 기후학계에서는 이 변동의 이유를 놓고 논쟁이 치열하다. 다만 분명한 것은 전 세계의 메탄 수치가 전 세계의 반추동물 개체수와 나란히 움직이지는 않았다는 것이다.

저널리스트 주디스 슈워츠는 메탄 수치와 반추동물 개체수 사이에 상관성이 보이지 않으며, 따라서 반추동물이 대기 중 메탄 농도에 영향을 미친다는 주장의 진위가 의심된다고 말한다. 슈워츠가 인용한 2008년 FAO와 국제원자력기구IAEA의 공동보고서는 1999년 이후 대기 중 메탄 농도는 안정적이었던 데 비해 동기간 전 세계 반추동물 개체수는 가파르게 상승했음을 보여준다.[11] 2008년 유엔 기구의 〈반추동물의 트림이 공기 중 메탄 농도에 미치는 영향은 미미하다〉라는 논문도 같은 결론을 내린다. "온실가스 발생에 있어 반추동물의 역할은 당초 우려보다 적으며, 다른 발생원들이 더 큰 역할을 하는 것으로 파악된다."[12] 세계적 메탄 농도 증가가 소가 늘어났기 때문이라는 주장은 분명한 근거가 없다.

더구나 미국의 메탄 배출 현황은 세계의 상황과 사뭇 다르다. 미국 환경보호청EPA의 수치에 의하면 미국의 메탄 배출량은 1990년부터 2017년까지 약 16%나 줄어서 최근 수십 년간 꾸준하고 상당한 감소세를 보인다. 미국의 메탄 수치 감소세는 메탄 배출량이 가축소의 수와 별개임을 다시 한번 증명한다. 미국 가축소의 수는 1980년대 중반 최고치를 찍었다가 1980년대 후반에 급격히 감소해 20세기 중반 수준으로 돌아갔다. 이후 1990년대와 2000년대까지 낮은 수준에 머물다가 지난 몇 년 동안 서서히 증가했다. 세계 상황과 마찬가지로 미국에서도 소의 수 변화와 메탄 수치 변동 사이에 유사점을 찾을 수 없다. 그리고 이 점이 과학자들을 혼란스럽게 한다. 어떤 발생원들이 실제로 대기 중 메탄 농도 변화를 야기하는지 알아내는 일은 우리 대부분이 상상하는 것보다 훨씬 복잡하다.

메탄과 관련해서 기후학자들을 괴롭히는 또 다른 문제는 프래킹fracking●이라 부르는 셰일오일 추출의 영향이다. 이 프래킹 공정이 엄청난 양의 메탄을 배출하는 것으로 알려져 있다. 코넬대학교 메탄프로젝트의 책임자 로버트 하워스 박사는 미국에서 소가 메탄 농도 급증의 원인이라는 연구에 대해 이렇게 말한다. "그런 결론은 위성데이터와 상반된다." 하워스 박사의 연구는 이전의 몇몇 연구들이 소의 탓으로 돌렸던 메탄 방출이 사실은 프래킹에 기인한다는 것을 보여준다. 그런데 하워스 박사에 의하면 프래킹이 극적으로 증가하는 와중에도 미국의 메탄 배출 총량은 줄었다.[13] 프래킹의 수수께끼는 메탄의 발생원들 가운데 기후문제에 실질적 영향을 주는 발생원은 무엇인지 파악하는 일이 쉽지 않음을 다시 한번 보여준다.

소가 배출하는 메탄에 관해 더 깊이 다루기 전에, 메탄 측정에 대해 중요하게 짚고 넘어갈 점이 또 하나 있다. 마일스 앨런 박사는 "현행 메탄 배출량 산정 방식은 전혀 타당성이 없다"고 말한다. 앨런 박사는 이 방면의 명실상부한 권위자다. 옥스퍼드대학교 환경지리학 대학원의 지오시스템 교수이자 옥스퍼드대학교 물리학

● 수압파쇄hydraulic fracturing의 줄임말로, 물과 화학제품, 모래 등을 혼합한 물질을 고압으로 땅속으로 분사해 암반을 깨고 석유와 가스를 채굴하는 공법이다.

과 기후역학그룹의 책임교수이며, 2001년 유엔 산하 기후변화에 관한 정부간 협의체(이하 IPCC)의 제3차 평가보고서 〈기후변화 감지 및 원인 분석 Detection of Climate Change and Attribution of Causes〉의 수석저자였다. 이후 2007년 제4차 평가보고서 〈지구기후 예측 Global Climate Projections〉에는 검수자로, 2013년 제5차 평가보고서 〈지구적 변화에서 지역적 변화까지 기후변화의 감지와 원인 분석 Detection and Attribution of Climate Change: From Global to Regional〉에는 다시 수석저자로 참여했다.

앨런 박사는 지구온난화지수(이하 GWP)라고 부르는 현행 메탄 배출량 산정 방법의 근본적 결함에 대해 폭넓게 저술하고 언급해왔다. GWP는 각각의 기체가 지구온난화에 얼마나 영향을 미치는지 비교하기 위해 개발됐다. 이는 이산화탄소 1톤과 비교할 때 특정 기체 1톤이 일정 기간 가둘 수 있는 상대적인 열의 양을 나타낸다. 이 방식은 이산화탄소와 메탄을 동등하게 취급한다. 바로 이것이 문제다. 기체들이 현실세계에 거동하는 방식을 무시한 것이다. 앨런 박사에 따르면 이산화탄소는 "영원히 그리고 실질적으로 지속된다." 다시 말해 이산화탄소는 배출된 만큼 남김없이 대기 중에 축적된다. 반면 메탄은 상대적으로 수명이 짧고 자연 퇴화도 빨라서 "대기 중에 축적되지 않는다." 따라서 기체들이 비록 서류상으로는 비슷해 보여도 (앨런 박사의 표현을 빌리면 "기체들이 명목상 동등해 보여도") 지구 온도에 실제로 미치는 영향은 서로 심하게 다르다. 또한 앨런 박사의 설명에 따르면 이산화탄소와 대조적으로 "메탄의 경우는 메탄으로 인한 온난화를 멈추고 되돌리기 위해 배출량을 굳이 0으로 만들 필요가 없다." 다시 말해 GWP 산정 방식은 이산화탄소와 메탄이라는 두 가지 주요 온실가스 사이에 거짓 등가를 만든다. "메탄은 이산화탄소와 전혀 다르게 거동한다." 앨런 박사는 이렇게 말한다. 이 오류가 소고기를 둘러싼 논란에 치명타를 날린다. 이 오류는 소를 지구온난화의 원흉으로 모는 추정치를 의심스럽게 만든다.

앨런 박사는 다음과 같은 구체적 예시를 통해 현행 GWP 산정 방식의 결함을 실감 나게 보여준다. GWP 산정 방식에 의하면, 메탄 1톤이 30년 동안 매년 25%씩 증가할 경우 메탄의 지구온난화 효과는 이산화탄소 대비 980배다.(즉 지구온난화 효과가 있다.) 메탄 1톤이 30년 동안 10%씩 서서히 줄어들 경우에는 메탄의 지구온난화 효과가 이산화탄소 대비 800배가 된다.(즉 여전히 지구온난화 효과가 있다.) 그럼 메탄이 30년 동안 더 급격히, 가령 연간 25%씩 감소한다면? 그때의 지구온난화 효과도 이산화탄소의 735배나 된다.(여전히 지구온난화 효과가 있다는 뜻이다.) 하지만 이 세 가지 경우의 **실제 상황**은 완전히 다르다. 첫 번째 시나리오(메탄 증가율 25%)는 지구온난화에 영향을 미친다. 하지만 두 번째 시나리오(메탄의 느린 감소)는 사실상 현상 유지라서 메탄이 **지구온난화에 어떠한 실질적 영향도 미치지 않는다**. 마지막으로 세 번째 시나리오(메탄 감소율 25%)는 **지구 냉각**을 야기한다! 이는 현행 평가시스템이 얼마나 심각하게 잘못돼 있는지를 단적으로 보여준다.

다행히 앨런 박사는 평가시스템을 바로잡을 방법도 알아냈다. 박사가 GWP*로 명명한 수정판 평가시스템은 기체 배출의 **실제 온난화 효과를 계산한다**. GWP*에 의하면, 첫 번째 상황(메탄 증가율 25%)의 이산화탄소 대비 온난화 효과는 945배, 두 번째 상황(메탄 감소율 10%)은 0배, 세 번째 상황(메탄 감소율 25%)은 −450배로 전환돼야 한다. 맞다, 이산화탄소가 420톤 줄어든 효과다. 평가시스템의 정확성은 이렇게 중요하다. 앨런 박사의 GWP*는 각 시나리오의 실질적 지구온난화 효과를 보여준다.[14]

나는 2019년 7월 영국에서 열린 지속가능식품신탁SFT 학회에서 앨런 박사의 강연을 듣고 직접 만나 얘기도 나누는 영광을 누렸다. 박사는 현행 평가시스템에 대한 비판에 그와 뜻을 같이하는 과학자가 많다고 했다.("과학 자체는 전혀 논란의 여지가 없습니다.") 다만 그중 일부는 현행 메탄 평가 방법을 바꾸는 것을 심히 부담스러워한다고 했다.("정책에 미칠 영향이 엄청날 테니까요.") 또한 박사는 소가 기후운동의 십자포화를 받는 현실에 대한 좌절감을 표했다. "진짜 문제에 쏟을 관심이 엇나가고 있어요." 박사가 내게 말했다. "진짜 문제는 화석연료입니다." 나도 전적으로 동의한다.

과연 고기보다 쌀이 친환경적일까

이제 식량과 농업 얘기에 좀 더 구체적으로 들어가 보자. 반추동물, 특히 고기소와 젖소의 메탄 배출은 끈질기게 비판의 대상이 되어왔다. 하지만 푸드시스템의 다른 부문들도 상당량의 메탄을 유발한다. 예를 들어 20세기 후반에는 인간이 유발한 메탄의 전 세계 총량 중 29%를 습지 논농사가 야기했다. 일부 전문가들은 반박하지만 대체로 현재 쌀농사가 메탄 배출량을 많이 줄였다는 평가를 받는다. 누구 말이 맞든 쌀 생산은 오늘날도 여전히 많은 양의 메탄을 배출한다. 현재 인간에 의한 전 세계 메탄 배출량 중 약 10%

를 쌀농사가 야기한다는 것이 중론이다.[15]

　축산업의 액화분뇨 라군lagoon●은 메탄 발생의 또 다른 근원이다. 공장식 양돈장과 양계장은 종종 (운송 편의를 위해) 가축분뇨에 물을 추가하고 이 액화분뇨를 수백만 갤런씩 축사 건물 밑이나 폐수 저수지에 모아놓는다. 이는 축산업 자체에 내재된 문제가 아니다. 대규모 산업형 축산업의 문제다. 소규모 농가나 가축에게 풀을 먹이는 농가는 분뇨 라군을 두지 않는다. 미국 환경보호청의 공식자료는 이렇게 말한다. "1970년대 이전에는 분뇨에서 배출되는 메탄의 양이 미미했다. 그때 미국 대부분 축산농가는 가축이 목초지나 목장에서 배설하는 소규모 사업장이었기 때문이다."[16] 환경보호청 조사에 따르면 축산업의 메탄 배출량은 공장식 밀집사육과 거기 딸린 액화분뇨 시스템이 대세가 되면서 급증했다. 하지만 소 방목장과 비육장은 메탄 배출의 책임이 없다. 거기는 액화분뇨 라군을 두지 않기 때문이다.

　소고기 비판론자가 소를 메탄 배출의 주범으로 모는 빌미가 되는 것이 소 특유의 소화 과정이다. 소의 소화 과정에서 메탄이 생성되는 것은 사실이므로 일견 일리 있는 주장 같다. 하지만 가축의 소화성 발효작용은 프래킹 같은 산업적 발생원이 야기하는 이산화탄소나 메탄 배출과는 전적으로 다르다. 여기에는 몇 가지 이유가 있다.

　첫째, 앞서 말했다시피 메탄은 대기로 나가면 수명이 매우 짧다.

● 대규모 축산 시설에서 나오는 가축분뇨를 모아두기 위해 시설 근처 야외에 조성하는 거대한 구덩이.

반면 이산화탄소 등 다른 온실가스는 수십만 년 유지된다. 캘리포니아대학교 데이비스 캠퍼스의 축산 온실가스 전문가 프랭크 미틀로너는 이렇게 설명한다. "이런 가스들은 배출하는 족족 대기 중에 축적된다. 항상 합산될 뿐 줄지 않기 때문에 비축가스라고 불린다."[17] 이에 반해 메탄은 대기 중 수명이 10~12년 정도로 짧다. 수산기산화라는 자연 분해 과정 때문에 메탄은 배출된 지 몇 년 안에 사라진다. 메탄이 대기 중에 머무는 시간은 다른 온실가스에 비하면 거의 순간에 가깝다.[18]

둘째, 소의 메탄은 지구의 **생물계통적 탄소순환**의 일부다. 산업적 배출과는 대조적으로 이런 유형의 메탄은 사실상 지구생태계에 탄소를 **추가하지 않는다**. 이런 탄소는 식물, 동물, 토양, 공기 사이를 이동할 뿐이다. UC 데이비스에서 발행한 책자의 설명에 따르면 "생물계통적 탄소순환의 일환으로 식물은 광합성작용을 한다. 즉 공기에서 흡수한 이산화탄소와 뿌리에서 흡수한 물을 재료 삼고 태양에너지를 동력으로 삼아 셀룰로오스(섬유소) 같은 탄수화물을 생산한다." 셀룰로오스는 인간의 위에서는 소화되지 않지만 소의 반추위*에서는 분해된다. 이때 셀룰로오스에 있는 탄소 중 일부는 메탄(CH_4)으로 배출되고, 공기 중에서 수산기산화 과정을 통해 이산화탄소로 전환된다. "그 탄소는 동물이 식물의 형태로 먹기 전 공기 중에 있었던 탄소와 같은 탄소다. 즉 재활용 탄소다."[19] 달리

---

* 먹은 음식물을 입안으로 게워내 다시 씹어서 삼키는 것을 반추 또는 되새김질이라고 하고, 이것이 가능하도록 보통 4개의 방으로 나뉜 위를 반추위 또는 되새김위라고 한다. 소, 기린, 사슴 등의 포유류 소목 동물이 가진 위 구조이며, 풀의 거친 셀룰로오스를 효과적으로 소화하기 위해 발달했다.

말하자면 반추동물이 배출하는 탄소는 원래부터 있었던, 이미 생태계 사이를 자연순환하고 있는 탄소다.[20]

반추동물은 수천 년 동안 풀을 뜯고, 씹고, 소화하고, 트림하고, 방귀를 뀌어왔다. 소들은, 그들 이전의 수많은 야생 반추동물들이 그랬던 것처럼, 메탄의 형태로 탄소를 공기 중에 방출한다. 이 탄소를 식물과 토양이 흡수하고, 이것을 다시 동물이 먹으면서 탄소가 대기로 돌아가고, 이것이 다시 식물의 생장을 위한 원료가 된다. 이것은 오염이 아니다. 지구가 까마득히 오래전부터 해온 자연발생적 탄소순환이다.

유럽의 식민지가 되기 수천 년 전 북아메리카는 풀을 뜯는 동물이 대륙을 뒤덮다시피 했다. 수백만 마리의 순록과 사슴, 1000만을 헤아리는 엘크, 3000~7500만 마리의 아메리카 들소들. 1806년 루이스와 클라크 원정대●는 물소 떼를 본 소감을 이렇게 남겼다. "거대하게 움직이는 무리가 (…) 대평원을 통째로 검게 물들였다." 펜실베이니아 주정부 연구진은 선사시대 대형 반추동물의 총수가 오늘날 미국의 소보다 많았다는 결론을 내렸다.[21]

동물이 참여하는 탄소순환과는 반대로, 화석연료 배출은 생명순환의 일부가 아니다. 그것은 땅속 깊이 안전하게 축적돼 있던 탄소화합물을 에너지 생성을 위해 기계적으로 억지로 뽑아내 태우는 것이다. 이것이 화석연료 연소다. 이 과정은 내내 이산화탄소와 메탄을 배출한다. 이렇게 방출되는 탄소는 식물, 토양, 동물, 대기,

---

● 1803년 미국의 토머스 제퍼슨 대통령이 프랑스로부터 현재 미국 중부에 해당하는 거대한 땅을 매입한 뒤 영토 파악을 위해 파견한 대륙 횡단 원정대.

다시 식물로 이어지는 자연순환 시스템에 전혀 보탬이 되지 않는다. 이것은 **새로운** 탄소다. 땅에서 하늘로 곧바로 향하는 이런 탄소 이동은 지구를 덥힐 뿐이다.

더 큰 맥락에서 볼 때 소 특유의 반추 소화계에서 배출되는 기체는 양날의 검의 일면으로 이해해야 한다. 설명하자면 이렇다.

사람이 풀을 한 움큼 먹는다 치자. 약간 메스꺼울 수는 있지만 풀은 사람의 한 칸짜리 위를 그냥 통과해버린다. 즉 영양분이 거의 흡수되지 못한다. 인간의 소화계가 이렇기 때문에 우리는 영양분을 흡수하기 쉬운 음식을 먹을 수밖에 없다. 이에 비해 소는 장내 미생물이 적극 관여하는 다단계 과정을 통해 천천히 영양을 흡수한다. 소의 위는 네 개로 나뉘어 있고, 거기에 박테리아, 원생동물, 균류 등의 미생물 복합 군단이 공생한다. 네 개의 위 중 첫 번째 위인 **반추위(제1위)**에서 미생물에 의한 발효작용이 일어난다. 이것이 우리가 소를 반추동물이라 부르는 이유다. 소의 내장에 서식하는 미생물군은 경이로움 그 자체다. 소는 수십억 가지 미세 유기체가 지원하는 소화 능력 덕분에 풀처럼 영양이 빈약한 셀룰로오스 식물만 먹고도 살아갈 수 있다. 그리고 소의 이 능력이 지구의 드넓은 초원을 인간 푸드시스템에서 더없이 귀한 자산으로 바꿨다.

이 독특한 소화 과정의 부산물이 메탄이다. 메탄은 대개는 소의 트림으로, 어느 정도는 호흡으로, 약간은 방귀로 배출된다. 입을 우물대는 소의 곁에 있어본 적이 있는가? 소의 되새김질을 넋 놓고 지켜보게 된다. 메탄은 식물의 생물학적 분해 과정에서 생기는 물질이다. 소들이 식물을 먹든 안 먹든 결국에는 일어나는 일이다. 소가 풀을 씹고 소화하는 행동은 그저 풀의 부패를 촉진할 뿐이다.

소가 만드는 메탄을 거론할 때 이런 이원성을 유념할 필요가 있다.

또한 소의 소화 과정이 메탄을 배출하지만 이런 배출은 원인이 분명하므로 메탄을 줄이기 위한 합리적이고 접근 가능한 방법들이 나오고 있다. 메탄 발생은 가축이 질 낮은 사료를 먹으면 심해진다. 나쁜 사료 때문에 소화계 균형이 깨지기 때문이다.(FAO의 기후보고서에 의하면 상대적으로 질 좋은 사료를 먹는 미국 소가 다른 지역 소보다 메탄 방출량이 현저히 낮은 이유는 바로 이 때문이다.)[22] 또한 가축 영양 전문가는 (영양소가 첨가된 솔트릭salt-lick*을 제공하는 등) 가축 먹이에 대한 사소한 보충만으로도 가축의 장내 메탄을 절반으로 줄일 수 있다는 사실을 보여주기도 했다.[23] 방법은 다양하다. 호주 뉴잉글랜드대학교 연구는 반추동물 사료에 특정 단백질을 첨가하는 방법으로 우유나 고기의 단위생산량당 메탄 발생량을 여섯 배까지 줄일 수 있다고 말한다.[24]

특히 유망한 연구 중 하나가 해초를 보충사료로 사용하는 방법이다. 아일랜드, 호주, 미국에서 소에게 소량의 해초를 섞은 사료를 배식한 결과 소의 메탄가스 배출량이 엄청나게 감소했다. 2016년 호주 연구팀은 바다고리풀(학명 'Asparagopsis taxiformis')이라는 홍조류에 주목했다. 연구팀은 해초를 2% 포함한 풀사료가 소의 메탄 배출량을 거의 99%까지 줄이는 것을 확인했다. 2019년에는 다른 연구팀이 미국 젖소의 사료에 단 5%의 바다고리풀을 첨가해 메탄 배출량을 95% 줄였다.[25]

이 밖에도 소의 메탄 배출량을 줄이는 방법이 무수히 개발됐다.

---

* 가축이 수시로 핥아서 염분을 보충할 수 있도록 매달아놓은 소금덩어리.

그중 루이지애나대학교 연구는 소들을 정기적으로 신선한 목초지로 순환 이동시키는 방법으로 소의 메탄가스 체외 방출을 현저히 줄일 수 있음을 보여주었다. 다른 대학 연구도 있다. 사육법과 사료배합 개선을 통해 소의 메탄 배출을 줄인 경우뿐 아니라, 반추위에 작게 무게감을 주는 등 신기술로 메탄 배출량을 3분의 1 가까이 줄인 경우도 있다. 텍사스에 본사를 둔 한 바이오테크 회사는 소에게 특정 활생균(프로바이오틱스) 투여로 반추에 따른 메탄 방출을 절반으로 줄이는 방법을 제시했고, 다른 회사는 소의 장내 미생물 환경을 바꿔 메탄 방출을 줄이는 백신을 개발 중이다.[26] 심지어 목초지에 쇠똥구리가 있으면 방목 소들의 메탄 방출이 줄어든다는 연구결과도 나왔다.[27]

또 다른 흥미로운 연구는 메탄을 먹는 미생물을 활용하는 것이다. 흰개미는 소의 초소형 버전이라 할 수 있다. 《흰개미의 진화생물학: 근대 종합설 Biology of Termites: A Modern Synthesis》에 따르면 흰개미의 장에는 다양한 미생물이 공생하며 흰개미가 셀룰로오스에서 영양분을 흡수하게 해준다.[28] 반추 소화처럼 이 과정도 메탄을 체외로 방출한다. 그래서 한때 흰개미집 termite moud* 도 주목해야 할 메탄 방출원으로 꼽힌 적이 있다. 하지만 앞의 흰개미 교재에도 나왔듯 조사결과 흰개미집과 주변 토양에서 '메탄산화' 현상이 발견됐다. 현장조사에서 흰개미집에서 나오는 메탄의 양은 온도 등의 여러 여건에 따라 크게 달라지는 것으로 나타났다. 하지만 전반적

---

* 흰개미는 흙과 타액과 배설물을 이용해 높이가 수 미터에 달하는 기둥 모양의 거대한 집을 짓는다.

으로 흰개미집에서 발생하는 메탄 양은 한때 믿었던 것보다 훨씬 적었다.[29] 이는 흰개미집 내부와 주변 토양에 사는 박테리아가 흰개미의 소화 과정에서 방출된 메탄을 상당량 먹어치우기 때문이다. 이것이 흰개미의 메탄 배출을 대부분 상쇄하는 효과를 낸다.

이런 메탄산화 박테리아를 메탄자화균MOB이라고 부른다. 이 박테리아는 메탄을 유일한 에너지원으로 삼는 호기성 그람음성균의 일종으로, 환경에서 메탄 저감 효과를 낸다. 학술지 《응용 미생물학 및 생태학Applied Microbiology and Ecology》의 한 기사에 따르면 "메탄자화균은 자연 어디에나 존재하며 메탄 온실가스의 생물학적 배수구 기능을 함으로써 지구온난화 완화에 기여한다."[30] 이 발견은 방목 방식의 연구로 이어졌다. 그중 호주 시드니대학교 마크 애덤스 교수와 캐나다 앨버타대학교 에드 보크 교수의 연구도 있었다. 두 연구 모두에서 토양에 있는 메탄자화균이 소화성 메탄을 일정 부분 없애는 것으로 나타났다. 2019년에는 내몽골대학교 생태환경학 대학원 연구진이 다년간의 연구결과를 발표했다. 연구진은 풀뜯기, 건초, 울타리치기를 통한 방목이 이루어지는 내몽골 중부 스텝지대의 메탄가스 변화량과 토양 내 메탄산화 박테리아 함량을 조사했다. 5년에 걸쳐 메탄 유량, 식물 바이오매스biomass•, 토양의 물리화학적 특징을 측정한 결과 다음과 같은 결론에 도달했다. "적당한 방목은 토양의 메탄 흡수율과 메탄산화 박테리아 보유량을

• 특정 시점, 특정 공간에 존재하는 유기생물체의 총량을 뜻하지만, 최근에는 바이오에너지의 원료를 말하며 생물연료로 불린다. 농업 폐기물, 폐목재, 동물 분뇨, 음식물 쓰레기, 유기성 폐수 등이 이에 포함된다.

크게 높인다."[31] 비슷한 연구결과가 2020년 학술지 《토양의 생물학 및 비옥도Biology and Fertility of Soils》에도 실렸다. 이 연구는 세 가지 수준의 방목(과방목, 중방목, 경방목)이 모두 존재하는 초지에서 호기성 메탄자화균의 대사활동을 집중 관찰했다. 그 결과 "경방목과 중방목이 메탄자화균의 성장과 활성을 촉진했다." 이 연구에서 주목할 점은 '과방목' 지역에서는 그런 효과가 나타나지 않았다는 것이다. 하지만 그 경우도 관리 부실의 사례일 수 있다.[32]

아직도 알아가야 할 것이 많다. 하지만 나는 이 정도의 다양하고 유망한 연구만으로도 소의 메탄 배출이 해결 못 할 문제가 아니란 것이 증명됐다고 본다. 농업에서 발생하는 세 번째 주요 온실가스는 아산화질소다. 이산화탄소처럼 아산화질소도 소와 연관성이 약하다. 아산화질소는 미국이 만드는 온실가스 총량의 약 5%를 차지하는데,[33] 그중 73%가 농업에 기인한다.[34] 그리고 농업 아산화질소 배출량의 거의 90%는 인공비료 사용에 기인한다.[35] 아산화질소는 토양에서 두 가지 미생물작용으로 발생한다. 바로 질산화작용(암모니아산화)과 탈질작용(질산 환원)이다. 2012년 캘리포니아대학교 버클리 캠퍼스의 연구진이 질소동위원소를 이용해서 인공비료가 토양 속 미생물을 자극해 표준 이상의 속도로 질소를 아산화질소로 바꾼다는 사실을 최초로 입증했다.[36]

이런 연구들은 기존 농약 기반 농업에 대한 비판이지 소고기에 대한 공격이 아니다. 농약을 거의 또는 전혀 사용하지 않고 소를 기르는 것이 전적으로 가능하며(당장 우리 목장이 그 증거다), 그렇게 하는 사람들이 점점 더 많아지고 있다. 시판 비료로 재배한 작물을 먹지 않은 소나 인공비료를 뿌리는 목초지에서 살지 않은 소는 아산화질소 발생을 둘러싼 일련의 일들과 아무 관련이 없다.

사실 위의 UC 버클리의 조사 같은 연구들은 오히려 소를 비롯한 가축이 푸드시스템에서 차지하는 중요성을 추가로 입증하는 것이다. 가축은 화학제품 없이도 토양의 생명활동과 비옥도를 높일 수 있다는 최고의 희망을 준다. 거기에는 윤작의 일환으로 조성한 초지를 이용한 방목, 농작물 수확 잔류물을 이용한 방목, 가축분뇨를 경작지에 거름으로 쓰는 방법 등이 포함된다.[37]

FAO의 잘못된 계산

여기서 잠시 FAO의 〈가축의 긴 그림자〉 보고서가 말한 수치를 더 자세히 파보자. 해당 보고서는 지구온난화에 대한 육류의 지분이 18%라고 했다. 이 수치에는 몇 가지 심각한 신뢰성 문제가 있다.

우선, 이 수치는 항상 극단치*였다. 사이먼 페얼리의 주의 깊고 면밀한 연구서 《고기: 선한 사치 Meat: A Benign Extravagance》가 지적했듯, 18%라는 수치는 명망 있는 과학단체의 추정치를 훨씬 웃돌았다. 그중에는 노벨상을 수상한 바 있는 유엔 산하 국제협의체인 IPCC도 있다. IPCC는 농업 전체가 전 세계 온실가스의 10~12%를 유발한다고 했다.[38] 미국 환경보호청의 공식자료에도 미국 농업은 미국의 지구온난화 가스 배출량의 8%만 유발한다고 나와 있다.[39] 그 8%도 육류 생산만 아니라 미국의 **농업 전체**에 해당하는 수치라는 것을 다시 강조하고 싶다.(같은 자료에 의하면 이에 비해 미국 운송

---

* 변수의 분포에서 비정상적으로 벗어나 있어서 통계분석 결과를 왜곡하는 변수값.

업은 28%를 유발한다.) 단언컨대 〈가축의 긴 그림자〉의 수치는 과학적 합의를 대변하지도, 미국 축산업을 제대로 반영하지도 못한다. 미국은 다른 어떤 문제보다 화석연료 연소에 따른 탄소 배출 문제가 시급하다.

또한 18%라는 수치는 객관적이고 과학적인 데이터로 간주될 수 없다. 다른 많은 보고서처럼 〈가축의 긴 그림자〉도 특정 정책의제를 뒷받침하기 위해 작성된 것으로 보인다. 이 경우에는 권고사항들이 다음의 주장을 옹호하는 느낌을 강하게 풍긴다. "세계적으로 육류 수요는 증가 추세다. 양돈과 양계가 기후변화에 미치는 영향은 소 사육이 기후변화에 미치는 영향보다 낮다. 따라서 세계 식량 공급은 가축 방목을 줄이고 닭과 돼지의 공장식사육을 늘리는 방향으로 나가야 한다."[40](오해 없길 바란다. 이것은 〈가축의 긴 그림자〉의 입장이지 내 의견이 아니다.) 〈가축의 긴 그림자〉 보고서가 나오기 전부터 이 보고서의 수석저자인 독일 농업경제학자 헤닝 슈타인펠트는 공공연하게 똑같은 주장을 해왔다.[41]

나는 슈타인펠트를 두 번 직접 만났다. 한 번은 그가 캘리포니아에 있는 우리 목장을 방문했을 때였고, 한 번은 내가 독일 본에서 열린 가축학회에 참여했을 때였다. 그와 직접 대화를 나누었을 때도 그가 학회에서 피력하는 견해를 들었을 때도, 그가 어떤 접근법을 선호하는지 분명히 알 수 있었다. 슈타인펠트는 늘어나는 고기 수요를 충당하기 위해서는 세계가 돼지와 가금류의 감금사육을 늘리고 방목가축은 줄여야 한다고 믿는 사람이다.

슈타인펠트가 유능하고 진정성 있는 과학자가 아니라는 말은 결코 아니다. 나는 그에게 실력과 진심을 모두 느꼈다. 다만 연구보고서의 저자들은 관점을 가진다. 그리고 저자의 견지를 이해하는 일은 어느 것들이 계산에 포함됐고 다른 것들은 생략됐는지를 이해하는 데 도움이 된다. 또한 그런 포함과 배제의 결정이 기후변화 관련 신생 연구 분야에서 격론의 대상이 된다. 슈타인펠트는 방목 가축은 문제가 많고, 돼지와 닭의 감금사육은 문제가 덜하다고 여긴다. 나는 앞으로 이 책에서 분명하게 밝힐 여러 이유로, 그 견해에 강력히 반대한다.

최근 〈가축의 긴 그림자〉의 18% 수치는 유엔 내에서, 심지어 FAO에서도 인기가 떨어졌다. FAO는 2013년 9월에 〈가축의 긴 그림자〉를 '업데이트'한 보고서를 발표했다. 이 보고서는 18%를 14%로 수정했다. 2013년 11월에는 FAO의 자매기관인 유엔환경계획UNEP이 **농업** 전체가 온실가스의 11%를 유발한다는 내용의 〈2013년 배출량 격차 보고서The Emissions Gap Report 2013〉를 발표했다.[42] 이 둘을 비롯한 더 최근의 분석이 우선시돼야 하지 않을까? 18%라는 수치가 계속 인용되는 일은 없어야 한다.

FAO 외에도 가축이 지구온난화에 미치는 영향을 정량화한다며 믿을 수 없는 수치를 제시한 경우는 또 있었다. 일례로 두 명의 정책분석가(둘 다 기후과학자가 아니다)가 2009년 《월드워치World Watch》에 가축이 온실가스 총량의 무려 51%에 대한 책임이 있다는 기사를 냈다.[43] 예상대로 이 대담한 발표는 단박에 언론의 주목을 받았다.

하지만 이들의 희한한 주장은 따져 묻기 시작하자 바로 붕괴했다. 두 저자가 그냥 지어낸 수치라는 것이 들통났다. 인터뷰에서 두 사람은 51%라는 수치는 최근 연구를 인용한 것도, 심지어 일화적 정보를 반영한 것도 아니라는 점을 인정했다. 다만 두 사람은 가축의 호흡도 온실가스 계산에 넣어야 한다는 어느 물리학자의 글을 읽은 적이 있었다.(두 저자 중 연장자였던 사람은 현재 고인이 됐는데 생전에 노골적인 채식 옹호자였다.) 두 사람은 〈가축의 긴 그림자〉의 수치들을 가져다 거기에 가축의 호흡에 해당하는 (매우 큰) 수를 더해 새로운 수치를 만들어냈다. 주의할 것은 해당 물리학자의 글 또한 어떠한 현장조사 결과도, 기후변화 연구결과도 담고 있지 않았다는 것이다. 그것은 단지 특정 생각을 옹호하는 두 페이지짜리 에세이에 불과했다. 흠.

 주목할 점은, (온실가스 총 배출량에서 가축이 배출한 양은 18%가 아니라 14%라는 결론을 내린) FAO의 수정 보고서에도 가축의 호흡은 **보란 듯이 빠져 있다는** 것이다. 이것이 동물 호흡에 대한 어이없는 주장을 완전히 잠재우길 바란다. FAO의 수정 보고서가 문제의《월드워치》기사 저자들에게 충격을 주었을 건 분명하다. 보고서가 나오기 전 앞서 두 사람이 이렇게 장담했다. "최근 FAO가 우리 연구에 자극받아 재산정 작업에 착수했다는 소식을 들었다. (…) FAO에는 많은 예산과 인력, 다수의 실력 있는 수학자가 있고, 필요 정보를 모두 구비한 세계 최고의 데이터베이스를 보유하고 있다. 따라서 우리는 FAO가 재산정에 들어가면 결과가 기존의 18%에서 우리의 51%에 가까워지거나 심지어 초과할 것으로 확신한다."[44] 음, 천만의 말씀이다.

 예상하다시피 〈가축의 긴 그림자〉의 수치들은 가축의 온실가스 배출량이 과장됐다고 여기는 사람들에 의해 해부와 비판의 대상이 됐다. 이 반박에서 가장 중요한 부분은 앞서 논했듯 그 18%의 거의 절반이 개발도상국, 특히 브라질, 인도, 인도네시아, 수단의 삼림 파괴에 따른 탄소 배출에 해당한다는 점이다. 이런 배출을 가축의 배출에 포함했다는 것 자체가 신기하다. 이것이 〈가축의 긴 그림자〉의 수치가 이전의 믿을 만한 추정치들을 크게 웃돌게 된 주된 이유다. 다만 삼림 벌채의 온실가스 배출량을 포함한 일은 삼림 제거에 대한 경각심을 일깨우는 역할을 했다.

앞서 거론한 문제들 외에 또 다른 문제가 있다. 숲을 없애 개간한 면적 자체는 연간 온실가스 배출량 산출을 위한 기준이 될 수 없다. 숲을 벌목하고 불태우면 나무에 축적돼 있던 탄소가 이산화탄소 형태로 대기 중으로 배출된다. 이는 일회성 사건이다. 한 지역을 일단 벌채하면 그곳을 다음 해에, 또 그다음 해에 계속 벌채하지 못한다. 삼림 벌채로 인한 이산화탄소 배출은 한 지역에 한 번 일어날 뿐이다. 이것을 매년 발생하는 수치로 취급하는 것은 명백한 오류다. FAO가 직접 새로 내놓은 수치(14%)는 이런 접근법상의 오류를 명백히 인정한 것이나 다름없다. 보고서 저자들은 수정 보고서 수치가 먼젓번 수치에 비해 대폭 낮아진 것은 브라질이 삼림 벌채 단속을 위한 여러 진지한 조치를 취한 덕분이라고 밝혔다.(그렇다. 14%도 여전히 삼림 벌채의 배출량을 포함한 수치다.)

개발도상국들의 삼림 파괴는 그 자체로 매우 심각한 문제이긴 하지만 사실 미국산 소고기 소비와는 거의 상관없는 문제다. 이론상으로는 벌채 지역에서 생산된 콩이 미국에 가축사료로 수입될 수 있다. 하지만 그렇다 해도 그 양은 매우 적다. 미국에서 사료용 콩은 거의 전량 국내에서 재배하기 때문이다. 외국 수입량은 미국에서 사료로 쓰는 콩의 0.3% 이하에 불과하다. 브라질에서 재배한 콩의 4분의 3이 중국으로 가고, 나머지는 대부분 유럽연합으로 간다.[45] 설사 브라질의 삼림 벌채 지역에서 생산된 콩이 적게나마 미국의 소 사육장으로 갔다 해도, 그 양은 통계적으로 0에 수렴한다.

마찬가지로 미국이 소비하는 전체 소고기와 송아지고기의 5분의 1 이하(미국 농무부 조사에 따르면 16%)[46]만이 수입 고기다. 그리고 그 16%의 80% 이상이 캐나다, 호주, 뉴질랜드에서 온다. 다시 말해 개발도상국의 삼림 파괴 지역이 원산지인 것은 다 합쳐 3%에 불과하다. 이를 종합하면, 내가 대학 시절에 봤던 환경보호 팸플릿에 있던 말, 내가 먹는 햄버거가 아마존 열대우림을 파괴한다는 이야기는 그저 허구였다는 뜻이다. 개발도상국의 삼림 벌채 지역은 미국 소가 먹는 사료의 원산지도, 미국인이 먹는 소고기의 원산지도 아니다.

소고기는 미국 내 삼림 파괴를 야기하지도 않는다. 미국에서는 소에게 자리를 내주기 위해 숲이 벌목되는 일은 지금도 없고, 심지어 통념과는 달리 과거에도 없었다. 역사적으로 미국 땅의 숲들은 방목이 아니라 작물재배, 목재, 철도를 위해 없어졌다. 미국은, 특히 남동부, 중서부, 극서부의 광활한 땅들은 유럽인이 도착했을 때 초지였다. 이 초지 조성과 유지에 아메리카 원주민이 기여한 바에 대해서는 담론이 활발하다. 하지만 원주민의 개입 정도와 상관없이 16~17세기에 유럽 정착민이 북아메리카에서 목축을 시작했을 때 방목이 가능한 땅은 이미 얼마든지 있었다. 이렇게 원래부터 있던 초지가 야생 초식동물과 가축 모두에게 주요 방목지 역할을 했다.[47] 인간이 있던 숲을 없앴거나 숲이 조성되는 것을 일부러 막았다면, 그것은 소 방목이 아닌 다른 이유에서였다.

숲은 소를 돕고, 소도 숲을 돕는다

여기서 잠깐, 아메리카 원주민이 어떻게 대지와 상호작용했는지 짧게 짚어보고 싶다. 과거 북미 땅이 어떤 모습이었고, 목축이 있기 전에 어떻게 기능했는지는 넓은 주제에서 중요한 부분이기 때문이다. 이에 대해 광범위하게 합의된 바는 이렇다. 과거 아메리카 원주민은 들불놓기, 파종, 식생 돌보기 등 대지 관리에 적극적이었다. 이는 고고학적 증거와 아메리카 원주민의 구전으로 알려진 사실이다.

캘리포니아대학교 버클리 캠퍼스 삼림학과 해럴드 비스웰 교수가 인위적 식생 태우기에 관해 쓴 책에 따르면, 원주민의 대지 관리 활동은 초창기 탐험가들과 동식물학자들의 목격담과 관찰기록에도 분명히 있는 사실이다.[48] 원주민이 초목을 태웠던 이유들은 다음과 같다. 야생 초식동물의 증식과 사냥 조건 개선, 자기방어를 위한 시야 확보, 이동 편의 향상, 메뚜기·도마뱀·뱀 등의 동물 잡기, 종자 채취의 용이성, 덤불과 관목 제거, 거주지의 연료 보급과 화재 위험 감소.[49]

캘리포니아에서는 오히려 들불놓기가 도토리 공급량을 늘리기 위한 방법이기도 했다. 식량 자원은 풍부했고, 원주민은 과한 농경의 필요를 못 느꼈다. 도토리가 그들의 주요 식물 식료였고, 참나무는 캘리포니아 전역에 지천으로 있었다. 비스웰은 이렇게 말한다. "오히려 참나무 보존이 불을 놓은 목적 중 하나였을 수 있다. 참나무는 지표화地表火●에 강한 내성이 있을 뿐 아니라 불을 겪으면 번식이 더 활발해진다. 원주민이 이를 몰랐을 리 없다.[50]

콜럼버스 도래 이전의 아메리카 대륙을 깊이 연구한 찰스 만의 저서 《1491》도 아메리카 대륙 원주민이 인위적 들불을 주기적으로 활용했다고 말한다. "대서양에서 태평양까지, 허드슨 만에서 리오 그란데 강까지, 호데노쇼니Haudenosaunee**를 비롯한 거의 모든 원주민 집단이 적어도 부분적으로 들불놓기를 통해 삶의 환경을 조성했다." 앞에 나열한 것 외에 다른 이유도 있었다. 만은 아메리카 원주민이 "덤불을 부단히 불태웠으며" 이것이 초식동물과 초식동물을 잡아먹는 포식자의 개체수 증가로 이어졌다고 말한다. 또한 "원주민은 생태계를 개편해 엘크, 사슴, 곰의 번성을 도모했다"고 했다. 나아가 아메리카 원주민이 의도적으로 미국 들소의 서식 범위를 뉴욕주에서 조지아주까지 멀리 확대했다는 역사적 증거를 제시한다.[51]

지구과학 교수 데이비드 몽고메리는 저서 《흙》(부제 '문명이 앗아간 지구의 살갗')에서 세계 곳곳의 원주민이 해왔던 능동적인 토지 운영의 중요성을 강조한다. "마지막 빙하기 훨씬 전부터 세계의 사람들은 사냥감의 번성과 식용 식물의 생장을 돕기 위해 숲을 태웠다. 우리의 수렵채집자 조상들은 세상을 그들의 필요에 맞게 조정했다. 그들은 주어진 경관 속의 수동적 서식자가 아니었다."[52]

그러다 유럽인이 떼거리로 몰려왔다. 그들은 목재와 철도를 위해, 하지만 대개는 작물재배를 위해 아메리카 대륙의 숲을 쳐냈다. 땅을 대할 때 가축치기는 늘 부차적인 용도였다. 일부 농장은 같은

* 산불 중에 지표의 낙엽, 연한 풀과 같은 초본층만 태우는 불.
** 이로쿼이어를 쓰는 아메리카 원주민 6개 부족의 연맹체.

땅에 작물재배와 가축 방목을 윤작 형태로 병행하거나, 원래 작물재배 용도로 개간한 땅에 가축을 방목했다. 몽고메리의 입증에 따르면 열악한 토지 관리 관행이 만연해진 것은 유럽인이 동부에 상륙해서 점차 서부로 이주하면서부터였다. 그들은 식생을 걷어내고 땅을 갈아엎었고, 지피식물*, 윤환방목, 가축분뇨 등을 통해 양분을 토양에 제대로 환원하는 일 없이 그저 끊임없이 작물을 심었다.(남부에는 거대 목화밭, 즉 플랜테이션들이 생겨났다.)

이렇게 형편없이 관리된 토지는 양분이 빠지고 침식이 심하게 일어나 결국 작물재배가 불가능한 땅으로 변했다.[53] 이렇게 척박하게 망가진 땅은 으레 가축 방목에 이용됐다. 이것이 많은 이에게 방목이 생태계를 훼손한다는 잘못된 인상을 심었다. 하지만 피해의 원인은 방목이 아니라 무분별한 작물재배였다.

정부 기록에 따르면 유럽인 정착기 초기에는 장차 미국으로 불리게 될 땅의 약 46%가 숲으로 덮여 있었다. 그랬다가 1900년경에는 34%로 줄었다. 하지만 이후 일부 지역에 다시 숲이 조성되기 시작해 전체 수치가 얼추 안정됐다. 오늘날은 미국 국토의 33%가 숲이다.[54] 최근 수십 년 동안은 (농업이 아니고 축산은 더욱 아닌) 도시개발이 미국 삼림 유실의 주요 원인이었다.

지난 수십 년간 미국에서는 오히려 삼림 확대가 일어났다. 미국의 전체 삼림 면적은 1990년에서 2005년 사이에 26%나 **증가했다**.[55] 숲과 소는 상호 배타적이지 않다.

---

* 지표면을 덮어서 토양침식과 양분 유실을 막을 목적으로 심는 식물.

소로 인해 잃는 것과 얻는 것

숲이 소를 돕고, 소가 숲을 돕는다는 증거도 늘고 있다. 미국 소의 대다수가 삶의 일부는 숲에서 풀을 뜯으며 보낸다. 현재 전 세계 축산업자들의 관심이 산지축산silvopasture이라는 영농법에 모이고 있다. 산지축산은 숲에 사료작물을 파종하는 등의 방법으로 숲을 방목장으로 활용하는 생태계 활성화 방법이다. 이 새로운 접근법은 적절한 관리를 통해 소와 숲을 서로에게 이로운 방향으로 묶을 수 있다고 말한다.(또한 방목은 소유주들의 토지 보유율을 높여 녹지가 상업지구로 개발되는 것을 막는다.)

탄소 감축을 위한 과학자들과 정책입안자들의 국제 공동연구 그룹인 프로젝트 드로우다운이 기후변화의 반전과 완화에 가장 효과적인 방법 80가지를 제시했는데,[56] 거기서 산지축산이 9위를 차지했다. 이 그룹은 관련 조사결과를 분석해 산지축산이 "현재의 전 세계 약 142만 500제곱킬로미터에서 약 224만 2,000제곱킬로미터로 늘어난다면, 이산화탄소 배출량을 2050년까지 31기가톤 이상 감축할 수 있다"고 추산했다.[57]

현재 미국 농무부는 산지축산 시범 프로젝트를 지원하고 있다. 노스캐롤라이나주 롤리의 환경농업시스템센터가 추진하는 NC 초이스 프로젝트도 그중 하나다. 노스캐롤라이나주에는 약 4만 4,500제곱킬로미터에 달하는 소규모 개인 소유 조림지들이 있는데 이 프로젝트는 그중 일부를 대상으로 고기소 등 가축을 야외사육하는 농가를 지원한다. 이 산지축산 프로젝트의 영향을 체계적으로 측정 중인 생태학자 앨런 프란츠루버스는 산지축산을 하는 땅이 가축 없이 목재를 위해 조림되는 땅보다 토양 유기물이 풍부해질 가능성이 높다고 말한다. 이 프로젝트에 참여 중인 한 농부에 따르면 조림과 목축을 결합하면 "가축분뇨 때문에 토양이 더 비옥해져 나무들이 더 높이 자라고, 따라서 목재 생산량이 늘어난다." 토지의 용도 결합은 토지의 생태계 복잡성을 높여 자연과 보다 비슷한 환경을 만든다. 이는 나무와 가축에게 좋고, 결과적으로 농부에게 좋다.[58]

숲과 가축을 결합하는 지혜는 현재 콜롬비아를 비롯한 세계 여러 곳에서 실효성이 입증되고 있다. 소를 키우는 목초지에 나무를 심는 농장주와 목장주가 늘고 있다. 콜롬비아 칼리의 국제열대농업센터ICTA 소속 마이클 피터스 연구원에 따르면 "산지축산농법으로 사육되는 소는 사료를 더 쉽게 소화하기 때문에 메탄 배출량이 20%나 줄어든다."[59]

놀라운 입장 전환이다. 얼마 전까지도 미국 농과대학들은 목장주와 농장주에게 참나무를 비롯한 나무들을 제거할 것을 권장했다. 나무 제거가 보다 생산적인 목축 환경을 만든다는 잘못된 믿음 탓이었다.[60] 하지만 이제는 소와 숲을 결합한 시스템이 목장의 수익성뿐 아니라 나무와 토양의 탄소격리* 기능도 강화하는 것으로 밝혀졌다.

콜롬비아의 산지축산 연구는 소고기의 지구온난화 영향을 일반화하는 것이 얼마나 위험한지 일깨우는 또 다른 증거가 되고 있다. 농업의 영향은 현장마다 농법마다 달라진다. 〈가축의 긴 그림자〉

---

* 산업활동을 통해 배출된 이산화탄소를 다시 거둬들이는 것을 말한다.

가 계산한 '고기 영향' 추정치의 거의 절반이 삼림 벌채에서 왔다는 것을 기억하자. 하지만 앞서 살폈듯 미국 소고기는 삼림 파괴에 따른 온실가스 배출과 사실상 아무 상관이 없다. 결론은 이렇다. 미국인에게 삼림 벌채를 막기 위해 햄버거를 끊으라고 하는 것은 터무니없는 소리다.

소가 생태계와 농업에 기여하는 바를 제대로 고려하지 못한 채 그들의 반추위가 배출하는 가스에만 초점을 맞추는 것은 지극히 근시안적이다. 〈가축의 긴 그림자〉에 대응해 명망 있는 비영리단체 영국토양협회U. K. Soil Association가 토양의 탄소 회수와 저장에 대한 종합보고서를 냈다. 이 보고서는 유럽의 초지가 대량의 탄소를 지속적으로 격리하는 작용을 한다고 밝힌 EU 집행위원회 보고서를 인용한다. 영국의 농업용 초지의 탄소격리 잠재력은 1만 제곱미터당 연간 약 670킬로그램으로 산정됐다. 해당 보고서에 의하면 이 탄소 회수량은 "영국 고기소의 메탄 배출량 전체와 젖소의 메탄 배출량의 약 절반을 상쇄하는 양이다."

영국토양협회는 슈타인펠트가 지지하는 정책 방향—소 방목에서 돼지와 가금류의 밀집사육으로 이행하자는 주장—을 구체적으로 언급하며 그 방향의 어리석음을 비판한다. "메탄 배출을 줄이기 위해 적색육에서 곡물사료를 먹은 백색육으로 전환하자는 주장이 있다. 이는 메탄 배출을 탄소 배출과 바꾸는 비뚤어진 효과를 낸다. 사료용 콩 생산을 위한 토지 사용과 토지 확보(열대 서식지 파괴)는 엄청난 탄소 배출을 야기할 뿐 아니라 전원지역, 야생생물, 동물복지에 광범위하게 해를 끼친다."[61]

이는 〈가축의 긴 그림자〉의 계산에 대해 내가 마지막으로 지적할 점과 무관하지 않다. 또한 이번 문제점은 상황을 보다 총체적으로 조망할 필요를 일깨운다. 해당 문제점은 가축의 가스 배출을 중점 연구하는 캘리포니아대학교 데이비스 캠퍼스의 가축학자 프랭크 미틀로너 교수가 구체적으로 제기했다.[62] 교수는 〈가축의 긴 그림자〉의 계산은 '기본배출량default emissions'이라는 개념을 제대로 이해하지 못한 소치라고 지적한다. "지역적으로 가축이 줄었거나 없어졌을 때 그 '대체물'은 무엇을 얼마나 방출할지에 대한 추산은 전혀 반영돼 있지 않다." 다시 말해, 만약 가축이 제거되면 가축이 야기한다는 기후변화 배출량(현재 14%)이 모두 없어질까? 절대 그렇지 않다. 다른 식료와 필수품은 여전히 생산될 수밖에 없고 따라서 배출은 계속 일어날 것이기 때문이다. 예를 들어 앞서 논했던 브라질산 콩만 보더라도, 고기를 대체할 식료 또한 환경에 고기 못지않은 (어쩌면 고기보다 더 나쁜) 영향을 미칠 것이 자명하다. 따라서 특정 온실가스 배출원을 줄이거나 제거해서 기후변화를 완화하자는 말은, 해당 배출원을 대체하는 어떤 것의 배출량이 훨씬 적다는 것을 입증하지 못할 경우 아무런 의미가 없다.

　소는 고기와 우유 외에도 무척 많은 것을 제공한다. 살아 있을 때는 분뇨의 형태로 생물학적 활성이 뛰어난 유기질비료를 제공한다. 소는 아직도 세계 많은 지역에서 경운과 수송을 위한 대체 불가의 동력을 제공한다. 도축 후에는 가죽을 제공하고, 피와 뼈는 비료의 원료가 된다. 소의 쓰임새는 사실상 무궁무진하다. 현대의 도축장과 가공처리 공장은 지극히 효율적이어서, 가축의 각종 부위가 의약품부터 이식수술용 혈관과 테니스라켓 스트링에 이르기까지 온갖 것을 만드는 데 남김없이 이용된다. 소의 발굽도 요긴한 제품들로 다양하게 변모한다. 예를 들어 케라틴이라는 단백질은 공항 소방대와 구조대가 고온 고강도 화재의 진압에 쓰는 특수 포말 소화제의 재료가 된다.[63]

미틀로너는 이렇게 지적한다. "따라서 가축의 전체 '탄소발자국'을 정확히 산정하려면 비非축산 대체물의 '기본' 배출량을 추산해서 축산의 배출량과 비교해야 한다.(가축분뇨 대 화학비료, 가죽 대 비닐, 양모 대 초미세섬유 등.)" 그렇게 "토지가 축산 용도로 쓰였을 때와 다른 용도로 쓰였을 때의 온실가스 배출량 차이"를 산정해야 가축이 기후변화에 미치는 영향을 정확히 짚어낼 수 있다. 〈가축의 긴 그림자〉는 기본배출량을 감안하지 않았다. 가축의 온실가스 배출량을 제시하면서 기본배출량을 고려한 보고서는 아예 본 적이 없다. 이런 허술함이 고기 논쟁의 커다란 구멍이다.

내가 18%와 14%라는 수치를 자세히 다룬 것은 이 수치들이 그동안 너무나 널리 인용돼왔기 때문이다. 앞서 말한 이유들로 나는 두 수치 모두 심하게 부풀려졌다고 본다. 하지만 내 취지는 특정 수치에 찬성하거나 반대하는 게 아니다. 그보다는 육류, 특히 소고기와 기후변화의 연관성 문제에 아직 분명한 건 없다는 점을 증명하고 싶을 뿐이다. 사실 정확한 수치 산출에 선행하는 문제는 소가 지구온난화 위기를 정말로 심화하는지 여부다. 또한, 소는 '지구온난화를 심화하지 않으며, 설사 그렇다 해도 그 영향이 **불가피하다**'고 보지 않을 수 있는 충분한 이유가 있다.

이 구분은 매우 중요하다. 지금의 공론은 몹시 단순하다. "소는 기후변화를 야기한다. 해결책은 소 사육을 멈추고 소고기를 먹지 않는 것이다." 이 같은 이원론적 단순화 사고방식은 사실상 문제의 핵심을 흐리는 것이다. 진짜 문제는 소를 지구 건강에 중립적인 방향으로, 또는 심지어 이로운 방향으로 사육할 수 있는지 여부다. 지난 20년 동안 이 문제를 탐구할수록 나는 그럴 수 있다고 믿게 됐다. 정말이지 "문제는 소가 아니라 방법이다."

토양이 탄소를 격리하는 비결

탄소를 대기로부터 회수해 흙에 묻는 것이 가능하다. 이런 탄소격리는 대기 중 온실가스 농도를 줄이는 동시에 토양의 건강과 기능을 향상하는 일석이조의 효과를 낸다. 작가 주디스 슈워츠는 토양의 탄소 함유량을 높이는 방법은 "표층토를 조성하고, 뿌리 깊은 식물의 생장을 촉진하고, 생물다양성을 증대하는 방향으로 땅을 일구는 것"이라고 말한다. "작물재배에 초점을 두기보다 토양 부양에 목적을 두어야 한다."[64]

앞서 살폈듯 FAO는 육류가 지구온난화에 미치는 영향을 두 번 계산했다. 하지만 두 번 다 가축의 탄소격리 효과는 완전히 빠져 있다. FAO는 탄소격리 효과를 포함하지 않은 실수를 인정했고, 심지어 심각한 누락이었다는 것도 인정했다. 하지만 FAO는 "글로벌 데이터베이스와 계측모델 부재로 인해, 현행 토지 이용 및 관리 방법에 따른 토양의 탄소 보유량 변화를 추산하기 어렵다"[65]는 변명을 달았다. 다시 말해 현재로서는 탄소격리 효과를 정확히 수량화하기 어렵다는 것이다. FAO는 탄소격리 효과에 대한 추산치도 없이 계산에서 아예 뺐다. 더 어이없게도, 2013년 보고서에서는 "초지의 탄소격리가 탄소 배출을 상당히 상쇄할 수 있다"[66]고 버젓이 인정했다. 이는 애초의 18%에서 낮춰 잡은 14%에도 소의 지구온난화 효과가 여전히 과장돼 있으며, 어쩌면 엄청나게 과장돼 있다는 고백이나 다름없다.

FAO의 이런 성의 없는 태도는 토양의 탄소격리는 그저 목장주들의 희망사항에 불과하다는 그릇된 인상을 준다. 하지만 탄소격리는 희망사항이 아니라 엄연히 일어나는 일이다. 2012년 미국 《국립과학원회보》에 발표된 국제 연구진의 논문에 의하면 "토양의 탄소격리는 지구적으로 일어나며, 이는 농업이 가진 지구온난화 억제 잠재치를 실현할 최대 메커니즘이다. 기술적으로 실현 가능한 잠재치의 약 90%를 탄소격리가 담당할 것으로 추정되며,"[67] 이 수치는 이미 많은 과학자에게 인정받았다. 유엔 산하 국제협의체인 IPCC의 과학자문단도 사실상 같은 수치를 사용했다. "농업이 가진 온실가스 배출 저감 잠재치의 89%가 토양의 탄소함유량 증대에 달려 있다."[68]

탄소격리의 엄청난 기후변화 경감 효과에도 불구하고, 각급 정책입안자들은 대기 중으로 배출된 탄소를 토양으로 돌려보낼 방법에 관심이 없었다. 그러다 2009년 영국토양협회가 그때껏 등한시했던 일에 나섰다. 토양탄소에 대한 역사상 가장 대대적이고 포괄적인 과학적 검토에 들어간 것이다. 영국토양협회 과학자들은 다양한 나라와 기후대의 유기농업 토양탄소 수준을 조사한 39건의 비교연구를 검토했다.

이렇게 나온 영국토양협회의 보고서는 화학 기반 농업이 유기농업으로 전환되면 토양의 "탄소 획득이 높아질 것"이라는 결론을 내렸다. 유기농법에서 핵심 역할을 하는 것이 가축이다. 연구에 따르면 가축분뇨 사용, 윤작, 지피식물 조성, 퇴비주기 등의 영농법을 쓰는 농지의 토양탄소 수준이 더 높은 것으로 나타났다. 보고서의 내용을 더 구체적으로 소개하자면 이렇다. 유기농법은 유기물을 토양에 더 많이 돌려보내고, 토양탄소 생성에 더 효과적인 형태로 돌려보냄으로써 토양의 탄소 함량을 높인다. 이런 효과를 보려면 작물재배와 가축 사육을 결합해 토양탄소의 형성을 유도해야 한다. 그리고 토지에서 식생 피복 비중을 높여 미생물을 늘려서 일단 형성된 토양탄소를 안정시켜야 한다.[69]

영국토양협회는 농업의 탄소 감축 가능성 극대화에는 가축, 특히 풀을 뜯는 가축이 필수적이라고 말한다. "풀 뜯는 가축은 농업의 탄소 배출 최소화에 결정적 역할을 하며, 이 역할이 소와 양의 메탄 배출을 상쇄하고도 남는다." 방목용 초지가 "토양의 탄소 보유에 미치는 영향은 가히 절대적이다." 방목용 초지에는 영구 초지만 아니라 (작물재배와 가축사육을 겸하는 혼합농장의 지피작물을 이용한) 임시 초지도 해당된다. 영국토양협회 보고서는 영국이 작물생산을 위해 목초지를 갈아엎은 결과 매년 160만 톤의 탄소를 대기 중으로 잃고 있다고 지적했다. (이에 따라 영국 농업의 온실가스 배출량이 12% 증가했다.)

유기농법 전환이 전 세계적인 추세가 될 경우 탄소격리가 크게 증가하게 된다. 토양학회의 결론에 따르면 '모범적 유기농업'에는 적어도 향후 20년 동안 매년 15억 톤의 탄소를 격리할 수 있는 어마어마한 잠재력이 있다. 이는 (농업의 온실가스만 아니라) 인간이 야기하는 전체 온실가스의 약 11%를 없애는 효과다. 더욱이 토양학회 보고서의 계산은 의도적으로 보수적이었다. 예를 들어 "유기농법

확대에 따라 농지 중 영구 초지 비중이 분명이 늘었는데도 거기서 비롯됐을 토양탄소 보유량 증가분"은 계산에 반영하지 않았다.

이쯤에서 의아해진다. 이렇게 잠재력이 엄청난데 어째서 기후변화에 관한 정책 담론과 주류 매체 기사에는 토양탄소 얘기가 거의 들리지 않을까? 토양은 그래봤자 '흙'이라서? 대중의 관심을 끌기에 충분히 섹시하지 않아서? 뉴스 보도가 조회수 경쟁이 된 세상에서 토양은 심각하게 도외시되어왔다. 기후변화만큼이나 인류의 장기적 생존 가능성을 위협하는 토양침식도 오랫동안 같은 찬밥 신세였다.

조회수를 올리는 미끼가 되지는 못해도 토양은 우리 행성의 생명줄이다. "토양은 지구의 피부다. 즉 지질학과 생물학의 경계를 이룬다."[70] 지구우주과학 교수 데이비드 몽고메리가 말한다. "토양은 가장 평가가 덜 된, 가치를 제대로 인정받지 못한 자원이다. 하지만 우리에게 없어서는 안 될 천연자원이다."[71]

토양은 식량 생산의 근간일 뿐 아니라 거대한 탄소 보유고다. 지구의 토양에서 유실된 탄소량은 1850년 이후 인간이 야기한 전체 탄소 배출량의 10분의 1에 달한다. 그런데도 오늘날 토양에는 아직도 대기 중 탄소량의 약 세 배, 전 세계 나무들에 묶여 있는 탄소량의 약 다섯 배에 해당하는 탄소가 남아 있다. 토양에 함유된 탄소는 2조 5000억 톤으로 추정된다. 이에 비해 대기 중 함유량은 8000억 톤, 식물과 동물의 생체에 함유된 양은 5600억 톤이다. 다시 말해 토양에 있는 탄소량이 대기와 식물에 있는 탄소를 다 합친 양보다 많다.[72] 현재 엄청나게 많은 탄소가 빠져나간 상태인데도 토양은 여전히 막대한 탄소저장고이며, 약간의 탄소 함량 증가만으로도 지구 기후에 극적인 영향을 미치게 된다. 지구 평균 토양탄소 수치가 단 1%만 증가해도 대기 중 이산화탄소 수치는 2% 줄어들 것으로 추산된다.[73]

농업에 대한 자긍심이 강한 프랑스에서는 토양탄소 증대를 통해 기후변화 완화와 농업 진흥을 도모할 방법들을 정부 차원에서 적극 추진해왔다. 2015년 파리에서 열린 유엔기후변화협약 당사국총회COP21에서 프랑스는 전 세계 토양의 탄소 저장량을 늘리기 위한 '4/1000 국제 이니셔티브'를 출범시켰다. "이 계획은 농토의 탄소 보유량을 매년 0.4%씩 올려 기후변화를 완화하고 식량안보를 강화할 것을 목표한다." 《네이처》 2018년 기사에 따르면 4/1000은 과학계와 업계, 공공과 민간, 정책입안자들과 대중 간의 소통과 협력을 요한다. "토양이 국가 경제와 인류 복지에 크게 기여할 수 있는 자연 자본으로 인식되어야 한다."[74]

2020년 6월에 프랑스 여러 기관의 과학자들이 참여한 연구가 보고됐다. 이 보고서는 토양의 탄소 흡수에 기여하는 가축효과에 주목했다. 연구진은 기계로 풀을 베는 땅과 가축이 풀을 뜯는 땅의 미생물 활성도, 비옥도, 유기물질을 측정했다. "그 결과 기계로 풀을 베는 땅에 비해 가축을 풀어놓은 땅의 표층토가 토양유기탄소SOC와 질소의 함량이 더 높았고, (…) 미생물 생체량도 더 많았다." 한편 기계로 풀을 베는 경우, 미생물 생체량 대비 효소 생산량이 더 높았다. 연구진의 설명에 따르면 이는 토양 유기물의 퇴화를 촉진한다. 이 연구는 토양탄소 증대를 위한 지구적 노력에서 전 세계 방목가축의 역할이 중요함을 강조한다.[75]

캘리포니아도 토양의 탄소 흡수 증진을 위해 비슷한 조치를 취하고 있다. 제리 브라운 전 주지사는 2045년까지 캘리포니아를 탄소중립 지역으로 만들겠다는 목표를 세웠다. 그리고 목표 달성을 위한 노력의 일환으로 주정부는 건강토양계획Healthy Soils Initiative이라는 프로그램을 채택했다. 주정부 보고서는 "농장과 숲이 현재 캘리포니아에서 배출되는 탄소의 약 20%를 흡수할 수 있다"고 밝혔다. 캘리포니아대학교 데이비스 캠퍼스의 토양미생물생태학 교수 케이트 스코우는 미국공영라디오NPR와의 인터뷰에서 캘리포니아의 기후 목표 달성에 "농업이 주역이 될 가능성이 매우 높다."고 말했다. 수백 농가가 이 프로그램에 가입했고, 많은 사람이 앞으로 이 탄소농법이 크게 확장되기를 희망하고 있다.[76]

토양이 기후변화에 대한 지구적 해법의 열쇠라는 생각이 마침내 결실을 거두기 시작했다. 자연농법을 쓰면 토양 생산력과 식료 품질이 향상되는 것과 같은 이점이 여러 가지 있다. 또한 대다수 하이테크 접근법보다 비용 면에서도 훨씬 효율적이다. 2017년 《국립과학원회보》에 기후 문제에 대한 자연적 해법을 다룬 보고서가 실렸다. "기후변화를 대폭 완화할 해법이 생태계에 내재한다. 토양의 탄소격리 증대와 대기 중 배출 감축을 결합하면 엄청난 효과를 기대할 수 있다." 이 보고서는 구체적인 기대효과도 제시했다. "자연기후솔루션NCS은, 2030년까지 온난화가 2°C 미만으로 유지될 가능성을 66% 이상 올리는 데 필요한 이산화탄소 감축량에서 37%에 해당하는 양을 비용효율적으로 감축할 수 있다. (…) 효과적으로 시행될 경우 NCS 조치들은 물 여과, 홍수 방지, 토양 건강 확보, 생물다양성 서식지 증대, 기후 복원력 강화의 효과도 가져온다."[77]

여기서 가장 설레는 부분은 화석연료 연소로 배출되는 탄소와 달리 토양에서 유실되는 탄소는 반전될 수 있다는 것이다. 즉 토양의 탄소저장고는 보충과 복원이 가능하다. 영국토양협회의 설명에 따르면 "토양탄소는 토양의 성분 중에서 주로 부식질humus이라는 유기물에 비축된다. 부식질은 생명력이 수백 년에서 수천 년 지속되는 안정적 형태의 유기탄소다." 또한 토양 부식질은 토양의 수분 보유 능력과 과잉 수분 배출 능력을 결정한다. "따라서 토양탄소 수준이 낮으면 가뭄, 물 부족, 지표수 범람의 위험과 강도가 커지고 기후변화 충격이 가중될 가능성이 높다."[78]

토양의 탄소격리에 대한 연구는 이제 시작 단계다. 하지만 오늘날 토양생물학 지식은 불과 10년 전에 비해 놀랍게 정교해졌고 계속 급성장하고 있다. 전에는 토양탄소의 양이 단순히 유기물의 투입량에 따라 결정된다고 생각했다. 하지만 지금은 유기물이 안정적으로 토양탄소로 전환되느냐 마느냐에 여러 미생물학적 문제가 복잡하게 관여한다는 것을 안다. 어떤 조건이냐에 따라 생성량은 단 몇 퍼센트에서 최대 60%까지 달라질 수 있다.[79]

토양이 탄소를 저장하는 방식

살짝 지루할 수 있겠지만 아주 중요한 부분이기 때문에 이쯤에서 토양이 탄소를 저장하는 방식을 잠시 설명하고자 한다. 믿고 읽어주시길 바란다. 생각보다는 재미있다.

흥미롭게 시작해보자. 토양의 탄소격리를 위해서는 말 그대로 접착제가 필요하다. 즉 탄소가 물에 씻기거나 떠내려가지 않게 흙에 단단히 붙일 물질이 필요하다. 이때 접착제로 활약하는 끈끈한 물질이 **글로말린**glomalin이다. 글로말린은 땅속 곰팡이가 만드는 단백질의 일종이다. 현미경으로 보면 글로말린은 식물의 뿌리를 감싼 꿀 가닥들처럼 생겼다. 1996년 미국 농무부의 토양학자 새라 라이트 박사와 당시 대학원생이었던 크리스틴 니컬스가 이 물질을 발견해 글로말린으로 명명했다. 이후 두 박사는 다년간의 실험과 현장조사를 통해 글로말린이 토양 유기물의 15~20%를 차지한다는 것을 밝힌 데 이어, 글로말린의 복잡하고 불가사의한 기능들을 풀어나가기 시작했다.

글로말린을 합성하는 수지상균근균arbuscular mycorrhizal fungi은 식물과 상리공생 관계를 이루고 산다. 이것은 균사hyphae라는 미세한 실을 뽑아내 식물 뿌리를 그물처럼 감싸는 동시에 미세 손가락들을 흙 속으로 뻗는다. 이 균사가 양방향 교환을 위한 고속도로가 되어 흙의 영양분을 식물로 나르고, 식물의 탄소를 흙으로 운반한다. 글로말린은 탄소 기반 분자고, 균근균은 탄소 기반 생명체다. 둘 다 탄소에 전적으로 의존하고, 그 탄소는 살아 있는 식물의 뿌리에서만 얻을 수 있다.

니컬스는 이 쌍방거래에서 탄소를 **화폐**로 지칭한다. 식물은 탄소를 균근균에게서 영양분을 '구매'하는 데 쓰고, 균근균은 그 탄소로 다른 땅속 미생물들에게서 영양분을 '구매'한다.

글로말린 '접착제'가 이 과정에서 여러 역할을 수행한다. 균사를 코팅해 영양분의 원활한 이동을 돕는 동시에 유실을 막는다. 또한 토양입단●을 형성하고 유지해 식물 건강과 토양 구조를 지원한

● 토양 입자들이 뭉쳐진 덩어리.

다.[80](연구결과들이 좀 엇갈리긴 한데, 지렁이의 움직임이 남기는 단백질도 토양 입단 형성에 기여한다는 말이 있다.)[81]

고작 흙덩어리 얘기라니 따분하고 시시하게 들릴 수 있다. 하지만 그것이 탄소격리의 초석이다. 토양입단화를 통해 토양의 광물 입자들이 밀집하고 압축된다. 이 작용이 (동식물 물질이 분해되어 만들어진) 탄소 함유 유기물, 즉 부식질을 안정시키고 토양 퇴화를 막는다. 토양입단화는 탄소를 안정된 상태로 만들어 붙잡아둔다. 흥미롭게도 식물 뿌리에서 나온 탄소가 특히 안정적이어서 줄기와 잎에서 나온 탄소보다 토양에서 두 배 이상 오래 지속된다.[82]

건강한 토양은 이런 작은 덩어리로 가득한 토양이다. 니컬스 박사는 이렇게 설명한다. "토양입단은 토양에 수분 침투, 수분 보유, 기체 교환에 더 유리한 구조를 만들어준다. 또한 토양입단은 토양 유기체*에 유기탄소(먹이)를 조달하고, 토양 유기체는 이 먹이를 에너지로 삼아 토양에서 식물로 양분을 전달하는 일을 하므로 토양 비옥도가 올라간다."[83]

니컬스의 현장조사에 따르면 스위치그래스, 블루그래머, 빅블루스템, 인디언그래스 같은 노스다코타주의 토종풀이 자라는 토양은 비토종풀이 자라는 토양보다 글로말린 수치가 높았다. 이는 흥미로운 가능성을 제기한다. 즉 토종 초지 복원이 기후변화와 싸울 지구적 전략의 중추가 될 수 있다. 니컬스는 "글로말린이 많을수록 좋은 토양이라고 할 수 있다"고 말한다. 포화점까지는 글로말린이

---

* 균류와 세균류 같은 각종 미생물, 벌레나 설치류 같은 동물, 식물 뿌리 등 토양에 사는 각종 생물체를 지칭한다. 크게 동물상fauna, 식물상flora, 미생물상microflora으로 구분된다.

많을수록 탄소격리 능력도 높아진다.

또한 니컬스 박사는 경운이 뿌리에 붙어사는 균류를 해치고 글로말린을 없앤다고 경고한다. 살아 있는 "땅을 갈아엎을 때 살아 있는 균사 그물들이 물리적으로 찢겨나간다." 경운이 토양을 어지럽히면 균류는 균사 그물을 늘리거나 글로말린을 생산하는 대신 망가진 그물을 재건하는 데 탄소를 쓸 수밖에 없다. 반대로 저低경운 또는 무無경운 농법은 수지상균근균과 글로말린을 증가시킨다. 두 가지 모두가 특히 풍부한 곳이 방목장과 다각화 윤작 농장이다.[84]

탄소를 토양에 흡수시킬 때 글로말린과 균사망이 중요한 역할을 한다. 따라서 탄소격리의 최대 기회는 방목이 이루어지는 지역에 있다. 방목장과 목초지, 그중에서도 특히 토종풀이 자라는 곳, 방목이 포함된 다각화 윤작이 이루어지는 곳이 거기 해당된다.

땅속 거래를 효과적으로 중재하려면 균류는 균사망을 아주 넓게 유지해야 한다. 이런 광범위한 균사망을 균사체mycelium라고 한다. 균사체가 광범위하게 발달할수록 흙 속에 서식하는 박테리아 같은 미생물과 더 많이 상호작용할 수 있다. 이 미생물들이 유기물을 분해해서 방금 설명한 탄소 기반 거래 상품인 영양분을 만들어낸다.

이 거래는 몇 단계를 거친다. 예를 들면 이렇다. 균류는 식물에서 얻은 탄소 일부를 자기 균사에서 자라는 박테리아에게 먹이로 준다. 그러면 박테리아는 이 탄소를 이용해 효소를 생산한다. 효소는 유기체 내 화학반응을 촉진하는 단백질이다. 이 효소는 식물이 토양의 양분을 이용하게 해준다.

단일재배*보다는 다양한 작물을 돌려짓는 윤작이 이 복잡한 거래시스템을 효과적으로 지원한다. 윤작은 흙에 사는 유기체의 종류를 확대한다. 이들의 분해작용과 효소작용이 묶여 있던 무기질을 방출해 영양순환이 활발해진다. 균류는 이 무기질을 식물로 운반해서 탄소와 교환한다.

니컬스의 연구는 합성비료, 특히 인산비료 phosphorus가 이 거래시스템의 성능을 떨어뜨린다는 것도 발견했다. 인은 균근균이 식물에게 탄소를 받고 그 대가로 제공하는 핵심 영양소다. 그런데 여기에 상업용 비료를 첨가하면 식물이 게을러져서 힘들여 물물교환에 나서지 않는다. 식물은 탄소와 영양분을 교환하는 번거로움을 감수하는 대신 그냥 비료에서 영양분을 취하고 만다. 탄소 거래 빈도가 감소하면 토양 건강이 타격을 입는다. 인공 합성 영양소는 궁극적으로 토양 속 균사 그물을 약화시키고 글로말린을 고갈시킨다.

최근 복잡다단한 토양생태계의 내막이 많이 밝혀지고 있다. 글로말린의 존재와 기능의 발견도 그중 하나다. 우리의 발밑에서는 우리 대부분이 상상하는 것보다 훨씬 많은 일이 일어나고 있다.

니컬스는 이메일로 이렇게 답했다. "'지하경제'가 활발히 돌아가기 위해서는 가급적 연중 내내 땅에 식물을 심어두는 것이 중요합니다." 영국토양협회 보고서도 초목이 토양을 덮고 있는 시간이 많을수록 좋다고 강조한다.[85] 식물은 성장을 위해 광합성을 한다. 광합성은 균근균의 생장과 글로말린 형성에 필요한 탄소를 생산한다. 땅에 식물이 없으면 이 복잡하고 웅장한 연쇄반응이 멈춰서고 만다.

• 특정 지역에서 하나의 작물만 집중적으로 재배하는 농업 방식.

풀이 생태계를 보호하는 원리

새롭게 부상하는 글로말린 연구는 방목가축의 중요성을 실증한다. 또한 환경적으로 지속가능한 푸드시스템에서 방목가축이 수행하는 중추적인 역할을 강조한다. 토양의 글로말린을 최대화하려면 목초지가 필요하다. 농지 중에서 영구 목초지와 방목장만큼 지속적으로 식물에 덮여 있는 땅은 없다. 적절한 토지 운영으로 소 떼를 건강하게 기르는 것은 곧 토양생태계의 활성을 유지하는 일이고, 이는 다시 대기 중 탄소의 포집과 비축을 촉진하는 일이다.

풀에는 토양탄소를 만드는 특별한 능력이 있다. 영국토양협회의 탄소격리 보고서에 따르면 토양입단화를 높이는 풀의 특별한 능력은 높은 뿌리 밀도, 미세 뿌리털, 높은 균근균 수치에서 나온다. 가축분뇨와 퇴비도 토양탄소 증대에 특히 주효하다. 이 사실들이 가축을 지구적 탄소격리 증대 전략의 핵심 요소로 만든다.[86]

소 방목은 미국만 아니라 전 세계 초지의 존속을 보장한다. 소 방목은 녹지의 경제적 채산성을 높여 개발로부터 보호한다. 또한 방목은 복잡한 토양 생태에 이롭고, 따라서 토지가 헐벗지 않고 식물로 덮여 있게 해준다. 실제로 노스다코타주립대학교의 연구진은 적시의 소 방목이 지피식물 유지율을 45%까지 높일 수 있다고 밝혔다.[87] 캔자스주립대학교의 연구 역시 소를 포함한 대형 초식동물의 풀 뜯기를 초원 생태계가 제대로 작동하는 데 없어서는 안 될 요소로 규정한다.[88]

캔자스에 본부를 둔 비영리기관 랜드 연구소Land Institute도 이에 동의한다. 랜드 연구소는 여러해살이작물과 영구 목초지의 증대를 위한 '50년 농지법50-Year Farm Bill'을 발의했다. "우리는 불놓기와 방목으로 관리되고, 여러해살이 초본과 곡물이 함께 자라는 혼합 작법을 제안합니다. 옛날에 원주민이 대초원을 '관리'했던 방식이죠." 연구소 설립자이자 소장인 웨스 잭슨이 내게 말했다. "초원의 대형 초식동물은 옛날부터 언제나 북미 농업시스템의 필수 요소였습니다."[89]

초지를 갈아 농경지로 바꾸면 탄소 유실이 발생하고, 농경지를 초지로 바꾸면 토양탄소가 증가한다. 토양 전문가 라탄 랄과 B. A. 스튜어트가 공동으로 세계의 토양 개선을 위한 권고사항을 담은 획기적인 조사보고서를 냈다. 랄은 오하이오주립대학교의 천연자원대학원 토양물리학 교수이자 탄소 관리 및 격리 센터Carbon Management and Sequestration Center 소장으로, 2020년 세계식량상World Food Prize을 수상한 바 있다. 스튜어트는 웨스트텍사스 A&M대학교의 저명한 토양학 교수이며 미국토양학회 회장을 역임했다.

랄과 스튜어트는 공동연구서 〈식량안보와 토질Food Security and Soil Quality〉에서 "휴경지•를 두는 경우에도 탄소 함량 증대 효과를 기대할 수 있다"[90]고 밝혔다. 두 학자에 의하면 경운이 "(곤충을 비롯한) 토양동물들"에 가하는 파괴적 영향 때문에 토지 경작은 "토양의 기능, 특히 탄소 저장 기능에 심각한 타격을 줄 수 있다."[91] 실제로 천연식생이 농작물로 대체될 경우 토양유기탄소의 감퇴가 두드러지게 나타난다.[92]

다행히 이렇게 손실된 탄소의 일부는 회수가 가능하다. 74건

• 윤작법에서 묵히는 땅.

의 토양탄소 조사결과를 분석해서 학술지 《지구변화생물학Global Change Biology》에 발표한 논문에 따르면, 농경지를 방목지로 바꿨을 뿐인데 토양탄소량이 19% 증가했다.[93]

가축 방목은 지상과 지하 모두에서 초지생태계를 지킨다. 토양의 탄소 흡수 능력에 대해 회의적인 사람들은 농경지를 목초지로 전환하거나 개량농법으로 전환한 후 20년 안에 탄소격리율이 다시 감소하는 경향이 있다고 주장한다. 이 주장에는 반박의 여지가 많다. 그것도 그렇고 영국토양협회가 밝혔다시피 "주요 온실가스 감축 정책을 논할 때 중요한 것이 향후 20년이다." 또한 역시 토양협회에 따르면, 탄소격리는 속도는 느려질지언정 100년이나 지속된다.[94]

랄 박사는 수십 년간의 연구를 통해 실로 엄청난 양의 탄소가 토양에 포집될 수 있음을 알게 됐다. 랄은 현재 전 세계적으로 봤을 때 농토의 탄소가 50~70% 고갈된 상태지만, 복원 노력이 따른다면 지구 토양의 탄소 함량을 연간 10억~30억 톤 이상 높일 수 있다고 본다. 이는 대략 이산화탄소 배출량 35억~110억 톤에 상응하는 양이다.[95] 다시 말해 토양의 탄소 흡수를 통해 인류가 매년 야기하는 탄소 배출량의 최대 3분의 1까지 해결할 수 있는 것이다.[96]

가축이 지구를 구할 수 있다

저널리스트 주디스 슈워츠의 책 《소가 지구를 구한다Cows Save the Planet》는 랄 박사 같은 토양학자들의 연구와 일선 목장 경영자의 발견을 분석한다. 이 책에서 슈워츠는 적정한 방목에 따른 탄소격리가 효과적인 기후변화 완화 전략임을 신뢰성 있는 근거를 들어 설득력 있게 주장한다. 호주 토양생태학자 크리스틴 존스 박사도 방목가축의 중요성을 개진하는 과학자 중 한 사람이다. 존스 박사가 제시하는 고탄소 토양 조성 계획은 단기 고밀도 방목을 반복하는 방법을 포함한다. 박사는 이런 토지 관리방법을 쓰면 "12개월 이내에 새로운 표층토 형성을 확인할 수 있으며, 3년 이내에 극적인 효과를 보는 경우가 많다"고 했다.[97]

토양 탄소격리의 잠재 규모에 대한 의문은 여전히 남는다. 그 효과가 소가 방출하는 온실가스의 일부를 덜어내는 데 그치는 것일까, 아니면 소가 실제로 기후변화에 **유효하고 긍정적인 영향**을 미칠 수 있을까? 만약 그렇다면 여기서부터 정말로 재미있어진다.

지금까지의 내 주장은 소가 온실가스 발생의 주범이라는 비난은 불합리하며, 소가 방출하는 온실가스는 목축의 여러 바람직한 효과들로 대부분 상쇄된다는 정도에 그쳤다. 이제부터는 훨씬 급진적인 발의에 나서고자 한다. 사실 소는 결코 기후변화를 심화하는 **문제**가 아니다. 오히려 그 반대다. 소는 지구온난화에 대한 가장 실용적이고 비용효과적인 **해법** 중 하나다. 믿어지지 않는가? 그래서 앨런 세이버리가 세계를 상대로 입증에 나섰다.

세이버리는 홀리스틱 매니지먼트 방목Holistic Management Grazing● 또는 홀리스틱 플랜드 방목Holistic Planned Grazing●●이라고 부르는 혁신적 관리 기법의 발안자로, 수십 년 전부터 농목업계에 잘 알려진

● 총체적 관리 방목.
●● 총체적 계획 방목.

인물이다. 최근 앨런 세이버리의 관리 기법이 주류로 떴는데 이는 2013년 3월의 TED 강연(마지막 조회 기준 710만회 시청)의 힘이 컸다. 이 연설에서 그는 소가 기후변화를 반전시킬 최고이자 유일한 희망이라는 다분히 획기적이고 논쟁적인 주장을 폈다.

세이버리는 학계, 목장경영자, 환경보호운동가, 정책수립자를 포함해 상상 가능한 거의 모두를 공격하며 진정한 인습 타파주의자의 면모를 드러냈다. 세이버리 본인의 표현에 따르면 "디젤을 쓰지 않는 토지 개량용 불도저 같은" 그의 소 옹호론은 고기소의 퇴출을 간절히 원하는 환경보호론자와 채식지지자 군단을 격분케 했다. 또한, 소 떼는 드문드문 있지 않고 빽빽하게 있어야 하고, 그런 밀집 상태가 땅에 이로우며, "토종"과 "비토종" 식물 지정은 사실상 무의미하다는 그의 생각은 주류 방목생태학 가르침과 정면으로 배치된다. 그는 비육장을 배척하고, 오늘날의 산업화 세상에서 대개의 소가 사육되는 방식을 격렬히 반대하기에 축우업계도, 소고기가공업계도 그를 반기지 않는다. 다시 말해 그에게 표를 줄 선거구란 없다.

하지만 세이버리와 그의 업적은 무시하기에는 설득력과 신빙성이 매우 강하다. 세이버리는 수십 년 동안 5개 대륙을 누비며 초지 복원을 위해 부단히 노력했으며 미국에 세이버리 연구소Savory Institute를 설립하여 세미나와 출판과 실지 검증을 통해 적정 방목에 따른 토지 개량을 가르치고 실증한다. 또한 짐바브웨에 아프리카 홀리스틱 매니지먼트 센터Africa Centre for Holistic Management를 설립했고, 하버드·UC 버클리·터프츠 대학교를 포함한 유수의 학술기관에서 강의해왔다. 세이버리 자신과 세이버리협회는 2010년 "세계에서 가장 시급한 문제의 해결"에 공로가 있는 단체에게 주는 버크민스터 풀러 챌린지 상Buckminster Fuller Challenge Award과 2003년 지구 환경에 가장 기여한 개인에게 수여하는 뱅크시아 국제상Banksia International Award을 비롯해 여러 권위 있는 상을 수상했다.

오늘날 세이버리의 관리 기법이 전 세계 약 16만 1,900제곱킬로미터의 땅에 적용되고 있다.[98] 그 결과 중 일부는 숨이 막힐 정도다. 나는 (우리 목장을 비롯해) 세이버리의 이론을 느슨하게 따르는 목장들을 많이 가봤고, 그의 이론을 엄격하게 시행하는 세계 각지 목장의 사진과 동영상을 보았다. 한때 생태학자들이 '복원 불가' 판정을 내렸던 메마르고 헐벗은 지역들이 물이 풍부하고 동식물이 넘쳐나는 비옥한 땅으로 변했다. 생물다양성이 급증했다.

그리고 놀랍게도 그 핵심에는 소가 있었다.

어떻게 된 일일까? 우리 모두 대형 가축, 특히 소는 땅을 개선하는 게 아니라 훼손하는 존재로 '알고 있다.' 소는 땅에 물이나 초목을 더하지 않는다. 고갈시킨다. 무엇보다 소는 야생의 개체군들에 이롭지 않다. 야생동물의 씨를 말린다. 그렇지 않나?

앨런 세이버리의 강연에 따르면 그도 인생 초반에는 그렇게 '알았다.' 그도 처음에는 누구보다 그렇게 믿었다. 그는 남부 아프리카에서 성장기를 보냈고 당시 생태학적으로 망가진 지역을 많이 접했다. 사람들은 야생동물이 됐든 가축이 됐든 땅이 너무 많은 동물에 시달려서 그렇게 됐다고 믿었다. 대학에서 야생생태학을 전공할 때도 그는 지구의 토양침식과 사막화가 동물들이 땅을 짓밟고 파헤치고, 무엇보다 초목을 너무 많이 뜯어먹는 데 기인한다는 '반박 불가'의 진리를 반복적으로 배웠다. "나는 과방목이 땅을 사막으로 만든다고 배웠어요." 세이버리가 말한다. "하지만 한때 우리는 지구가 평평하다는 말도 믿었죠."[99]

그는 "내 진짜 교육은 대학을 떠나고 나서 시작됐다"고 말한다.[100] 하지만 과학자 커리어 초기만 해도 세이버리는 교수들과 교과서의 가르침을 믿었다. 가축이 사막화의 주범이라는 교리를 신봉했고, 북로디지아(지금의 짐바브웨) 정부의 야생보호관으로 임명됐을 때 야생지역 복구와 보호를 위해 그가 맡은 일 중에는 거기서 동물을 몰아내는 일도 거의 빠짐없이 포함됐다. 대형동물을 없애 땅을 '쉬게' 하는 것이 황폐한 땅을 되살리는 가장 확실한 전략으로 간주되던 때였다.

세이버리는 아프리카에서 야생생태학자로 일하던 젊은 시절, 어느 사냥금지구역의 보호를 위해 해당 지역의 코끼리 3만 마리를 죽일 것을 권고하는 보고서를 작성한 적이 있었다. 그는 "내 인생에서 가장 뼈아픈 결정이었다. 내가 코끼리를 사랑하기 때문에 더 그랬다"고 회고한다. 코끼리 수만 마리를 사살한다는 발상은 그에게 고통을 안겼을 뿐 아니라 대중에게도 엄청난 지탄을 받았다. 그런 이유로 다른 생태학자들이 위촉돼 그의 보고서에 대한 동료평가에 들어갔다. 평가단도 그의 의견에 동의했다. 해당 지역을 복구하기 위해서는 코끼리 개체수 감소가 필수라는 결론이 난 것이다.

세이버리의 보고서 때문에 약 2만 마리의 코끼리가 죽임을 당했다. 그것만도 끔찍한 일이었지만 최악의 일이 기다리고 있었다. 코끼리 살육에도 불구하고 땅 상태는 오히려 더 나빠졌다. 코끼리 수만 마리만 헛되이 끔찍한 비극을 맞은 것이다. 세이버리는 코끼리를 도태시키라는 그때의 권고를 일생 최대의 실수로 부른다.

1988년에 세이버리는 자신이 젊은 시절 아프리카 사냥금지구역에서 했던 활동을 두고 이렇게 썼다. "그때는 우리 모두 해당 지역에 서식하는 동물의 수를 극적으로 줄이면 지역이 자연 회생할 것으로 믿었다. 하지만 상황은 계속 악화일로였다." 당시는 그도 다른 학자들처럼 가축을 비난했다. "청년 과학자 시절 나는 가축과 가축 치는 사람들을 싫어했다."[101]

세이버리는 "우리 과학자들이 멋모르고 소만 잡았다"는 것을 뒤늦게야 깨달았다.[102] 그는 동물 수 감소가 더 큰 환경파괴로 이어지는 것을 목격하고 또 목격했다.

그런 불행한 경험들이 딱 한 가지 좋은 일을 했다. 세이버리는 그때 일을 계기로 현장에서 실제로 효과를 낼 접근법을 찾아내 사막화를 되돌리는 데 평생을 바치기로 결심했다. 그는 연구와 관찰 끝에 마침내 가축효과가 생태계의 정상 작동을 위한 열쇠임을 믿게 됐다. 동물을 땅에서 몰아내는 것은 답이 아니었다. 그 반대였다. 오히려 해법은, 가축 무리를 생태계와 함께 진화해온 야생 초식동물 무리처럼 기능하게 하는 것이었다.

너무 쉬고 있는 땅

세이버리는 이렇게 말한다. "과거 심각한 피해를 야기한 것은 가축 자체가 아니라 우리가 그들을 사육하는 방식이었다."[103] 그는 부당한 가축 사육으로 인해 세계 곳곳에서 광범하게 일어나는 환경파괴를 개탄한다. 하지만 서부를 비롯한 대개의 미국 땅은 과방목에 해당하지 않는다. 오히려 세이버리의 표현에 따르면 "너무 쉬고 있다." 오늘날의 통념과는 정반대로, 방목이 지역 경관에 주는 소동은 생태계의 생물다양성, 구조, 기능에 지극히 중요하고 이로우며, 이는 이미 수많은 과학적 연구로 입증됐다.[104]

세이버리는 사막화의 주원인이 생물다양성 감소, 즉 동식물의 생물량과 다양성 손실에 있다고 본다. 그에 따르면 생명이 유지되는 환경이란 탄생, 성장, 죽음, 부패의 기본 생명주기가 이어지며 영양소가 계속 순환하는 환경을 말한다. 어떤 환경이든 생명 유지는 곧 끊임없는 생명순환이다. 연중 습한 환경에는 미생물이 많아 부패가 촉진된다. "식물이 일 년 내내 죽어가고, 미생물이 쉬지 않고 그것을 분해한다."[105]

반면 습도가 낮은 지역은 생명순환이 원활하지 않을 위험이 높다. 세이버리는 그런 지역들의 최대 문제는 '취성brittleness'●이라고 말한다. 취성은 취약성fragility과는 별개의 개념이다. 세이버리는 1988년 그의 저서 《홀리스틱 매니지먼트Holistic Resource Management》에서 이렇게 말했다. "취성 정도를 파악하는 것이 환경 관리의 관건이다."[106] 환경 취성은 환경 내 유기물의 부패 방식과 유기체 승계 순서에 달려 있다.[107] 취성이 없는 환경은 부패 과정이 100% 생물학적으로 일어나는 환경이다. 반면 환경 취성이 증가한다는 것은 화학적 부패 과정(산화)과 물리적 부패 과정(풍화)이 지배적이 되는 것을 말한다.[108]

결정적 요인은 해당 환경의 습도다. 하지만 세이버리는 전체 강우량보다도 훨씬 중요한 것이 "연중 강수 분포와 대기 습도"라고

● 연성이 없어서 잘 깨지는 성질.

말한다.[109] 환경 취성에 영향을 미치는 다른 요인은 해발고도, 온도, 우세 풍향 등이다. "취성이 높은 환경은 대개 비생장기가 긴 곳이고, 이런 곳은 건조지역인 경우가 많다."[110]

세이버리에 따르면 지역 특성을 고도로 반영한 토지 관리 계획을 세우려면 무엇보다 먼저 지역 취성을 파악해야 한다. "어떤 땅이든 황폐화를 되돌리려면 가만히 내버려두는 것이 상책이라는 오랜 믿음은 틀린 생각으로 판명됐다. 취성이 낮은 환경만 그런 방법이 먹힌다. 취성이 높은 환경에서는 비생장기가 길어지면 황폐화와 불안정성만 가중될 뿐이다."[111] 세이버리에 따르면 초지는 1~10까지의 취성 척도에서 어디에도 해당될 수 있다.[112]

세이버리는 초지에 있어 가장 중요한 건강 지표는 식물군 사이 나지裸地*의 양이라고 말한다. 맨땅이 많을수록 건강하지 못한 땅이다. 초목이 없는 땅은 햇볕, 바람, 강우의 힘에 그대로 노출돼 토양이 쉽게 마르고, 날리고, 유실된다.

세이버리는 비에도 **효과적인 비**가 따로 있다고 말한다. 그는 총 강우량이 중요한 게 아니라 식물에 흡수되고, 흙에 고이고, 지하수로 유입되는 빗물이 중요하다고 말한다. 이에 반해 **무효 강수**란 그냥 흘러가거나 증발해버리는 비를 말한다.[113] 그는 토양이야말로 단연 세계 최대의 담수 저장소라고 강조한다.[114]

내가 앨런 세이버리와 그의 독보적 토지 복구 방법에 대해 처음 들은 것은 10여 년 전 홀리스틱 매니지먼트 강좌를 들은 우리 농장 관리자들을 통해서였다. 그날 이후 세이버리의 책들이 우리 집 책

---

* 맨땅.

장을 떠나지 않았고, 그의 가르침이 우리 농장 운영법의 기반이 됐다. 나는 몇 차례나 그의 강연에 참석했고, 그를 직접 만나기도 했다. 앨런 세이버리의 말은 신빙성을 주는 동시에 상당히 고무적이었다. 우리가 세이버리의 가르침에서 가져온 간단한 방법은 다음과 같다. 미리 정해놓은 토지에 소를 꽤 밀도 높게 모아서 방목하고, 소 떼를 자주 옮기고, 방목 사이에 땅을 충분히 쉬게 하기.

세이버리가 옹호하는 관리 방식은 현재 우리가 적용하는 방식보다 훨씬 구체적이고 포괄적이다. 우리 목장도 장차 그의 방법론에 가까워지는 것이 내 염원이다.

생태계는 야생 초식동물이 필요하다

세이버리는 가축을 밀집 방목하되 자주 이동시킬 것을 주장한다. 방목은 토양 속 생물학적 활동을 촉진하고, 가축 배설물이 땅에 비옥도를 높인다. 가축 발굽이 토양 표면을 들썩여 씨앗을 밀어 넣고, 죽은 식물체를 흙에 다져 넣어서 토양 미생물의 분해작용을 돕는다. 이 과정이 토양탄소와 식물탄소를 생성하고, 땅의 수분 보유량을 높인다. 이것이 세계 곳곳의 사막화를 멈추고 반전시킬 유일한 방법이다.[115] "실제 방목 일정은 목장마다 (계절마다) 다르고, 땅의 조건에 따라 계속 바뀌게 된다."[116]

세이버리 접근법의 철학은 애초에 초지가 진화한 조건을 최대한 재현하는 것이다. 그는 소가 땅을 바꾸지 않는다고 절대 주장하지 않는다. 오히려 반대다. 그는 소의 존재가 지역 생태를 바꾼다는 사실을 최초로 인정한 사람이다. 그의 깨달음은 야생생태학자와 토지복구 정책고문으로 오래 일한 경험에서 온 것이었다. 그가 말한다. "오늘 소가 발굽을 내려놓는 곳, 바로 그곳이 해당 지역을 다른 땅으로 바꿔놓을 연쇄반응의 시작점이다."[117] 그는 소가 땅에 미치는 영향을 세 가지로 분류한다.("상대적으로 작은 발굽을 가진 무거운 동물"에 의한) 땅 다지기, 지표 부수기, 초목 생장주기 가속화.[118]

소가 제대로 관리되지 못할 경우는 이 영향들이 악영향이 된다. 세이버리는 인류가 대개의 건조지역과 반건조지역에서 오랫동안 땅에 해로운 방식으로 방목을 해왔다고 지적한다. "나쁜 가축 관리 관행이 땅을 맨땅으로 만들고, 그러면 가용 수분의 대부분이 증발하거나 쓸려가 버린다. 샘이 마르고, 토사가 댐과 강과 용수로를 메운다. 결국 농업용수, 산업용수, 인근 도시의 생활용수가 부족해진다.[119]

많은 생태학자가 그의 말에 동의했다. 그러자 피해의 탓을 무언가로 돌려야 했다. 학계는 풀을 뜯는 가축이 너무 많아져 방목이 과도하게 이루어지는 것이 문제라고 했다. 여기가 세이버리의 견해가 주류에서 확연히 갈라지는 지점이다. "과방목은 동물 수와는 아무 상관이 없다. 모든 것은 타이밍이다." 그는 이렇게 촉구한다. "잔디밭을 생각해보라. 잔디 깎는 기계를 1대를 사용하든 50대를 사용하든 그건 잔디에 아무 차이가 없다. 중요한 건 잔디를 얼마나 자주 깎느냐다."[120]

세이버리에 따르면 가축은 오히려 절대적으로 필요하다. 그것도 상당히 많이 필요하다. 가축은 밀집도 높은 무리를 이루어야 한다. 드문드문 풀을 뜯는 것은 토양을 바람직하게 헝클기에 부족하다. 세이버리는 발굽동물의 지표 밟기와 부수기가 초지 생태계의 기능에 필수적이라고 말한다. 그것이 수백만 년 동안 야생 초식동물의 거대한 무리가 지구에 해온 순기능이다.(그들을 노리던 대형 포식자의 역할 또한 무시할 수 없다. 포식자의 존재는 초식동물을 빽빽이 무리 짓게 했다. 그리고 무리가 클수록 개체에게 안전했다.) 지구의 초지는 이런 조건에서 진화했다. 다시 말해 초지의 식물과 미생물은 동물과 공진화*했다. 초지는 초식동물의 풀 뜯기를 견뎌낼 뿐 아니라 사실상 필요로 한다.

세이버리의 설명을 직접 인용하면 다음과 같다.

여러해살이풀 대부분은 광대하게 무리 지어 살던 초식동물과 함께 진화했다. 동물은 풀을 먹이로 해서 살았고, 풀은 시든 부분의 제거와 신속한 생물학적 부패를 위해 동물에게 의지했다. 대개의 경우 풀의 생장점은 지표 가까이에, 초식동물의 입이 닿지 않는 곳에 있기 때문에 동물이 식물에게 해를 주지 않고 잎을 제거할 수 있다. 그래야 다음 계절에 햇빛이 생장점에 닿을 수 있다. 습한 내장 속에 엄청난 미생물 군단을 보유한 대형 초식동물이 충분하지 않으면 이 거대한 물질순환이 멈춰 서게 된다.

대형 초식동물이 없어서 풀의 죽은 부분이 썩지 못하고 계속 땅에 서 있으면 생물학적 부패 대신 화학적 산화 과정이 시작되는데, 산화는 매우 느린 과정이다. 시험구** 연구에 따르면, 불놓기와 초식동물이 전혀 없을 경우, 여러해살이풀이 마침내 분해되는 데 60년 이상이 걸린다. 느린 산화/풍화 작용은 동물에 의존하는 여러해살이풀의 조기 폐사를 야기하

• 서로 밀접한 관계를 갖는 둘 이상의 종이 상대 종의 진화에 상호 영향을 주며 진화하는 것.
•• 농법 개발을 위한 실험과 조사에 쓰는 일정 면적의 농지.

고, 이는 생물량과 생물다양성의 손실을 초래한다. 이 경우 (강우량이 충분한 곳에서는) 건강한 초지가 사라지고 초식동물이 먹지 않는 곧은 뿌리 목질 식물이 자라는 땅이 된다. 또한 강우량이 적은 곳은 관목이 드문드문 자라는 맨땅으로 변한다. 다시 말해 사막화된다.[121]

다시 말하지만 풀을 뜯는 동물은 생태계가 제대로 작동하는 데 절대적으로 필요하다. 메릴랜드대학교가 2014년 3월에 발표한 방목효과 연구가 이를 증명한 여러 사례 중 하나다. 연구진은 방목효과를 구체적으로 분류하기 위해, 여섯 개 대륙 여러 지역에 방목을 허용하거나 배제하는 다양한 시험구를 인접하게 조성해놓고 실지 검증에 들어갔다. 그 결과 동물이 배제된 시험구에 비해 방목이 허용된 시험구에서 식물다양성이 일관적으로 더 높았다. 연구진은 동물의 풀 뜯기가 지면에 닿는 일조량을 높여주기 때문에 보다 다양한 식물이 자라게 된다는 결론을 내렸다.[122]

지구의 최근 역사에 큰 변화가 있었다. 물과 초지의 오랜 공진화 순환에 심한 파열이 일어났다. 수만 년 전부터 1만 년 전까지 인류는 지구 전역의 대형 동물 무리를 씨를 말리다시피 사냥했다. 오늘날 남아 있는 동물들은 한때 지구를 주름잡던 다양한 동물 무리 중 살아남은 소수에 불과하다. 야생 초식동물은 희박하고, 대형 포식자도 전 세계적으로 극소수만 남았다. 이렇게 빈약한 개체군은 과거 지축을 울리던 거대 무리가 초지에 미치던 효과를 낼 수도 없고, 내지도 않는다. 최근 수천 년 동안 진행돼온 황폐화와 사막화는 동물의 **존재**보다 동물의 **부재**에 기인한다. 이것이 세이버리가 '과도한 땅 묵히기'에서 오는 피해를 경고하는 이유다.

세이버리는 대초원 같은 광활한 땅에 영향을 미칠 방법은 많지 않다고 말한다. 그나마 인간이 동원할 수 있는 방법은 다음과 같다.(차량과 기계, 화학약품 같은) 기술, (방목체제의 일부로 발생하는) 땅 묵히기, 그리고 방목.[123]

세이버리는 이 대안 중 소들을 균형 회복의 최대 희망으로 본다. 올바르게 관리될 경우 소 떼는 과거 야생 무리들이 생태계에서 담당했던 서비스의 많은 부분을 대신할 수 있다. 그는 이렇게 설명한다. "우리는 가축을 **활용해야** 한다. 소의 입은 풀을 뜯고, 발굽은 식물 잔재*를 흙으로 보내고, 지표를 부드럽게 한다. 무엇보다 우리는 소의 내장에 있는 미생물을 이용하고 있다. (…) 우리에게는 가축이 과거에 있었던 야생동물 대신이다. (…) 가축을 제외하면 세상에 이 일을 수행할 존재는 없다."[124] 그는 "인간이 사막화 해결에 쓸 수 있는 패는 가축밖에 없다"고 말한다.[125]

자연에 맡겨둘 수만은 없는 이유

소 방목에 대한 세이버리의 강경 옹호론이 특히 흥미로운 까닭은 그것이 목장주가 아니라 생태학자의 주장이라는 데 있다. 세이버리의 말처럼 그는 가축에 열정이 있는 사람이 아니다. 그는 평생 변함없이 야생생물에 헌신해온 사람이다. 다만 다년간 야생 보호 지역 복구를 위해 노력하던 중 야생 보호를 위해서는 가축이 필수라는 것을 깨달았을 뿐이다.[126]

---

* 낙엽, 나무껍질, 잔가지, 시든 줄기 등의 죽은 유기물.

세이버리는 현재 미국에 살지만 고향 아프리카와 여전히 강하게 연대한다. 그에 따르면 사막화 위기 지역에서 사막의 확장은 단지 기후변화 심화의 원인만이 아니다. 분쟁, 빈곤, 이민의 주요 원인이기도 하다.[127] 짐바브웨 빅토리아폴스에 있는 아프리카 홀리스틱 매니지먼트 센터는 2제곱킬로미터에 달하는 '학습장'에서 세이버리의 방법론을 시연한다. 그곳의 목적은 가축 보호가 아니라 야생 보호이고, 그 목적을 위해 매년 소의 수를 늘려왔다.[128] 세이버리는 소를 없어서는 안 될 존재로 본다. "사막화를 억제하고 되돌리기 위해서는 그 땅에 소 떼가 필요하다."[129] 그는 이렇게 말한다. "생태계가 더 이상 자연적이지 않기에 자연에 맡겨두는 것은 효과가 없다."[130]

전 세계적으로 세이버리의 방법론을 따르는 사람들이 늘어나고 있다. 그가 방법론의 실효성을 입증했고, 또 그 결과가 놀라웠기 때문이다. 그의 조직이 직접 관리하는 지역뿐 아니라 그의 이론을 실행에 옮긴 수천 수만 제곱킬로미터의 땅이 같은 효과를 봤다. 완전히 메말라 사막으로 변해가던 땅이 물과 생명이 넘치는 초원으로 복원됐다. 그의 기후변화 주장들은 주류의 생각에 배치되지만 그렇다고 무시하기에는 너무나 강력하다.

세이버리 이론을 반영한 방법의 생태학적 이점을 보고한 실증 연구들도 있다. 그중 하나가 세계적인 초지생태학자 리처드 티그 박사가 이끄는 텍사스 A&M대학교의 연구다. 연구팀은 최소 9년 동안 각자의 관리법을 고수해온 목장을 대상으로, 초지 윤환을 통한 단기 고밀도 방목*을 포함한 여러 방목 기법의 효과를 비교했다. 그 결과 단기 고밀도 방목의 이점이 폭넓게 발견됐다. 그중 일부를 말하자면 이렇다. 맨땅 감소, 토양입단화 증가, 토양 투과성 증가, 토양침식 감소, 토양 유기물 증가, 균류·세균류 비중 증가. 마지막 것은 "토지의 뛰어난 수분 보유량, 양분 유효도 및 유지력을 의미한다." 연구팀의 종합적 결론은 다음과 같다. "가변적 대응 관리와 단기 고밀도 방목을 수행하는 목장의 경우 자원 유지 및 경제성 확보 측면에서 긍정적 결과가 있었다."[131]

한편 아이다호주립대학교 연구팀이 다년간 수행한 현장연구는 세 가지 토지 관리 전략이 토양수 함량에 미치는 영향을 비교했다. 실험 대상이 된 세 가지 전략은 홀리스틱 플랜드 방목(세이버리 방법론), 휴한-윤작(저밀도 방목), 완전 휴한(무방목)이었다. 토양수 함량은 36개의 센서를 통해 2년간 지속적으로 측정했다. 그 결과 세이버리의 방법론을 썼을 때 식물 잔재로 덮인 땅의 비중도, 토양수의 함량도 가장 높았다. 연구팀은 다음과 같은 결론을 냈다. "관리방법이 토양수 함량에 상당한 영향을 미칠 수 있으며, (…) 토양수 함량은 가축효과와 방목 기간에 따라 상당히 달라진다."[132]

2018년, 농업 연구로 유명한 미시건주립대학교의 연구진은 소 방목이 탄소격리와 생명순환에 미치는 영향에 대한 역사상 가장 치밀한 실증 연구라고 할 만한 연구를 완료했다. 연구진은 현장 실측을 시행한 후 소 방목으로 1만 제곱미터당 연간 약 3.75톤의 탄소($3.75tC/m^2/yr$)가 격리된다고 밝혔다. 이는 엄청난 양이다. 소고기의 온실가스 배출량을 완전히 상쇄하고도 남는 격리량이다. 연구진은 방목동물의 소화성 메탄 배출량에 불필요하게 적대적인 관심

• 초지를 작은 구획으로 나눈 후 많은 수의 가축을 자주 이동시키는 방목법.

이 집중돼 있음을 지적한다. 관심은 집중된 반면, 토양유기탄소 측정치는 계산에 제대로 반영된 적이 거의 없었다. 미시건주립대 연구진은 말한다. "본 연구는 최선의 관리방법을 통해 토양의 탄소격리를 유도하면, 가축이 배출하는 소화성 메탄을 상당 부분 상쇄할 수 있음을 보여준다. (…) 본 연구는 방목 관리 개선을 통해 토양의 탄소격리를 촉진할 수 있으며, 나아가 소고기 생산시스템이 온실가스 배출원이 아닌 흡수원이 될 수 있음을 보여준다." 목초 기반 사육은 신중히 관리될 경우 환경에 부담보다는 (토양의 탄소격리와 생태 활성화 같은) 이득을 준다는 게 이 연구의 결론이다. "넓은 지역에 걸쳐 효과적으로 시행된다면 미국 중서부의 탄소격리 총량이 상당히 증가할 수 있다."[133]

2019년 고기소의 탄소발자국에 대한 중요한 연구결과가 한 가지 더 발표됐다. 이번 연구는 세이버리의 홀리스틱 매니지먼트를 실천하는 화이트오크 목장의 소고기 생산 공정을 대상으로 했으며, 공정 전체에서 발생하는 **온실가스의 총량**을 모두 상쇄하고도 남을 양의 탄소격리가 이루어지고 있음을 확인했다. 바꿔 말하면 이 농장은 탄소 중립 소고기를 생산한다. 화이트오크는 조지아주 블러프턴에 위치한 아름답고 활기 넘치는 농장으로, 농장주는 윌 해리스 가족이다. 이들은 꾸준히 새로운 가축과 작물을 키우고, 제품을 개발하고, 지역 일자리를 창출하고 있다. 현재 이 농장은 채소, 소, 양, 닭, 칠면조, 오리 등 다양한 동식물을 키운다. 동물들이 자연의 복잡성을 닮은 다작물 윤작체제의 일부가 되어 밭과 초지를 옮겨 다닌다.

화이트오크 농장은 유명 환경평가기관 콴티스Quantis를 고용해 농장 운영의 수명주기평가LCA를 수행했다. 콴티스는 "원재료 조달, 생산 공정, 폐기물 및 부산물 처리 등을 망라한 제품 수명주기의 각 단계가 에너지와 환경에 미치는 영향을 측정했다." 그 결과 농장의 다양한 작물과 가축 중 소가 가장 좋은 점수를 받았다. 농장이 블로그를 통해 공개한 내용은 다음과 같다. "화이트오크는, 목초사육 소고기의 경우, 탄소 배출량의 100% 이상, 농장 전체로 봤을 때는 85%를 자체 상쇄한다. (…) LCA는 우리 농장의 탄소발자국을 분석했다. 여기에는 가축의 소화성 배출(트림과 방귀), 분뇨 배출, 농장활동, 도축과 운송, 토양 탄소격리 등 모든 것이 포함된다." 화이트오크는 이 같은 성공을 홀리스틱 매니지먼트 기법들을 도입한 덕분으로 돌렸다. 환경감사가 완료됐을 때 농장은 자랑스럽게 공표했다. "우리 농장의 목초사육 소들은 배출한 양보다 더 많은 양의 탄소를 격리한다." [134]

2016년 《토양과 물 보존 저널Journal of Soil and Water Conservation》 학술지에 발표된 연구도 주목할 만하다. 이 연구는 미국 중서부 농경지를 적정한 방목지로 전환하면 상당한 기후변화 완화 효과를 볼 것으로 예상한다. 방목장 전문가, 지속가능농업 전문가, 토양학자가 협업한 이 연구는 방목이 토양의 탄소 함유를 높이고, 대기 중 탄소를 상당량 제거하며, 따라서 방목이 농작물 생산보다 기후변화 완화에 유리하다는 것을 보여준다. 구체적으로 말하면 이렇다. 연구진은 적정한 방목을 통해 1만 제곱미터당 연간 약 3톤의 탄소($3tC/m^2/yr$)가 감축될 것으로, 북미 방목장과 목초지의 잠재적 탄소 감축량은 연간 8억 톤(800MtC/yr)에 이를 것으로 추산한다. 연구진은 농작물 생산이 적정한 방목으로 대체될 경우 농업의 온실가스 배출량이 사실상 감소할 것으로 보았다. 또한 미국 농경지와 초지의 25%에서 보존농법*이 시행된다면 북미 농업의 탄소발자국 총량이 줄어들 가능성이 있다고 평가했다.[135]

이쯤 되면 궁금해진다. 세이버리식 기법이 폭넓게 채택될 경우 기후변화에 미칠 잠재 영향을 정량화할 수 있을까? 다행히 그것을 해내기 위한 믿을 만한 노력들이 진행 중이다.

그중 하나로 환경미래학자 세스 이츠칸이 발표한 보고서가 있다. 이츠칸은 토지 복원과 기후변화 완화를 전문분야로 하는 컨설팅회사 플래닛테크Planet-TECH Associates의 대표이며 동료 칼 타이디만과 함께 비영리단체 소일4클라이미트Soil4Climate를 공동 설립했다. 이 단체는 버몬트에 본부를 두고 기후변화 해법으로서 탄소를 토양으로 되돌리는 일에 초점을 둔다. 두 사람은 내 친구들이자 나와 수년 간 함께 일한 동료였다.

몇 년 전 세스는 기후변화 대처법으로서 방목이 가진 잠재력에 한껏 고무돼 짐바브웨로 향했고, 그곳의 홀리스틱 매니지먼트 센터에 6주간 머물렀다. 이후에도 두 번 더 방문해 매번 4~6주씩 머물며 세이버리의 방목 기법들과 그것이 땅, 물, 야생생물에 미치는 영향을 연구했다. 세스는 짐바브웨에서 관찰 조사와 실지 검증을 수행한 결과에 토양탄소 포집에 대한 기존 연구결과를 결합해 2014년 4월 34쪽 분량의 보고서를 냈다. 이 보고서는 세이버리의 방목 기법이 기후변화 완화에 미칠 지구적 영향을 계산한다.[136]

세스 이츠칸의 보고서는 세이버리의 방목 전략들이 갖는 엄청

---

* 다양한 작물을 심어 땅의 양분과 수분을 유지하고 생물다양성과 환경을 보호하는 농법.

난 탄소 포집 잠재력을 보여준다. 보고서의 계산에 따르면 홀리스틱 매니지먼트 방목은 반건조 초지 1만 제곱미터당 매년 25~60톤의 탄소를 격리할 수 있다. 토양에 탄소가 점점 더 많이 포집되면서 땅은 반+사막 관목지에서 건강한 열대 사바나와 여러해살이풀 목초지로 바뀌게 된다. 또한 이츠칸은 초지로 포집될 수 있는 토양 유기탄소의 총 잠재량을 88~210기가톤으로 계산했다. 이는 대기 중 이산화탄소 41~99ppm에 해당하는 규모다. 다시 말해 세이버리 기법이 광범위하게 채택될 경우, 토양의 탄소 흡수를 통해 대기 중 이산화탄소의 양을 거의 3분의 1로 줄일 수 있다. 그는 이 방법이면 "지구온난화를 극적으로 완화하기에 충분하다"고 말한다.

소고기, 탄소를 흙으로 돌려보내다

토양의 활기찬 생명활동은 재생농업의 초석이다. 소 방목이 탄소를 토양에 격리해 생물학적으로 건강하고 활동적인 토양을 조성하는 데 효과적임을 보여주는 연구결과가 늘어나고 있다. 적정 방목은 탄소가 토양에서 대기로 빠져나가는 현상을 반전시킨다.

대중 담론에 만연한 환원주의적 사고*는 사람의 의욕을 꺾는다. 소고기는 여전히 매일같이 기후변화의 주범이라는 근거 없는 비난을 받는다. 하지만 지난 몇 년간 이를 반박하는 신중하고 지적인 목소리들이 높아져 희망의 합창이 되고 있다.

그중 하나가 1세대 유기농 채소농원 경영자로 유명한 엘리엇 콜

• 복잡하고 다양하나 현상을 하나의 기본적인 원리나 요인으로 설명하려는 경향.

먼이 비영리 환경 잡지 《그리스트Grist》의 편집장에게 보낸 편지다. 과거 채식주의자였던 콜먼은 지구온난화 책임이 부당하게 고기에 집중되었다는 《그리스트》 기사에 호응해 다음과 같이 썼다.

> 내가 사는 뉴잉글랜드 북부가 자체 자원으로 식량을 자급해야 한다고 생각해봅시다. 목초지의 풀을 식량으로 바꾸는 반추동물 가축 없이는 꿈조차 꿀 수 없는 일입니다. 너무나 오랫동안 생산적인 목초지가 돼주었던 돌투성이 땅이나 언덕투성이 땅에 농작물을 경작하기란 쉽지도 현명하지도 않은 일입니다. 채식주의자의 저녁식사를 위해 재배된 콩이 기계 장비로 재배된 것이라면, 풀을 먹는 소들보다 대기 중 이산화탄소 증가에 더 많은 책임이 있습니다. (…) 기후변화 논쟁에서 가축을 연막으로 삼는 것은 매우 잘못된 실수입니다. 화석연료 연소 같은 진짜 문제에 대처하지 못하는 우리 무능력을 은폐하는 일이 될 뿐입니다.[137]

내가 만난 많은 농업 종사자들처럼 콜먼도 식량 생산이 지저분하고 복잡한 일이라는 것을 잘 안다. 농사는 농부가 아닌 사람들이 상상하는 것보다 훨씬 번잡하다. 콜먼도 반추동물이 하는 독특하고 유익한 역할을 높이 평가한다. 특히 진정한 재생농법 안에서 풀 뜯는 가축의 가치는 엄청나게 커진다. 소의 탄소 배출만 문제 삼는 것은 우리가 정말로 주시해야 할 것—화석연료—으로부터 우리 관심을 돌리고 문제의 본질을 흐리는 일이라는 그의 말이 특히 반갑게 다가온다.

지금까지 소의 온실가스 배출량을 정확히 해명하려는 노력은 많지 않았다. 그나마 가장 주목할 만한 시도였던 〈가축의 긴 그림자〉

는 엉뚱하게 부풀린 수치만 내보였을 뿐이다. 개발도상국의 삼림 파괴를 가축으로 인한 탄소 배출량에 포함시킨 것은 불공평하고 비합리적이다. 더구나 이 보고서의 수치에는 탄소격리 효과가 전혀 반영돼 있지 않고, 따라서 특히 소와 관계된 수치들은 엄청나게 걸러 들을 필요가 있다. 이는 중대한 결함이다. 소 방목은 소고기 생산에 따른 탄소 배출량을 상당량 또는 전량 상쇄할 수 있기 때문이다.

그럼에도 FAO는 여전히 이 문제에 있어 가장 신뢰할 만한 기관이다. 그래서 나는 FAO의 수치들을 반영해 현재 전 세계 온실가스 배출량에서 소가 야기한 부분을 약 8.5%로 잡는다. FAO는 동물 기반 식품 때문에 발생하는 온실가스를 전체의 14%로 잡았다. 또한 축산 부문 전체 배출량에서 소고기 생산과 우유 생산이 야기하는 '이산화탄소 환산량'*은 각 41%와 20%라고 했다.¹³⁸ 즉 소 기반 식품이 14% 중에서 61%만큼의 책임이 있다는 뜻이고, 이는 전체 온실가스 배출량의 8.5%에 해당한다. 설사 이것을 대략적 현상으로 받아들인다 해도, 그 배출량이 우유와 육류 생산에 따를 수밖에 없는 **필연적 결과**라는 뜻은 아니다.

FAO 보고서 자체가 소의 배출량이 불가피한 것이 아님을 여러 면에서 보여준다. "농장과 가공공장의 에너지 소비에 따른 온실가스 배출량은 소고기의 경우는 무시할 만한 수준이고, 유제품의 경우는 제한적(해당 부문 전체 배출량의 약 8%)이다."¹³⁹ FAO에 따르면 온실가스 배출량에 압도적으로 기여하는 것은 가축사료다. "사료의

---

* 온실가스 배출량을 대표 온실가스인 이산화탄소로 환산한 양.

생산, 처리, 공급이 해당 부문 전체에서 가장 큰 비중(45%)을 차지한다."[140] 그런데 소의 장점은 사료를 따로 공급할 필요가 없다는 것이다. 야생 반추동물처럼 소도 풀을 비롯한 천연식생만 있으면 잘 산다. 즉 사료로 인한 배출량은 줄이거나 완전히 없앨 수 있다는 얘기다. 가축사료로 인한 배출량이 전체 배출량에서 많은 부분을 차지한다는 사실 자체가 방목가축의 특별한 가치를 일깨우고, 가축을 다시 초지로 내보내야 하는 절박한 당위를 강화한다.

FAO도 소고기와 유제품의 온실가스 배출이 상쇄될 수 있다는 것을 인정한다. 소를 방목하는 것이 해결책의 일부고, 기존 방목 방법을 개선하는 것이 다른 일부다. 가축이 탄소를 토양에 격리하는 효과가 이 부문에서 배출되는 온실가스를 상당량 상쇄한다. 이 상쇄분을 감안할 때 소에 따른 온실가스 배출량은 미미하거나, 없거나, 심지어 마이너스일 가능성이 있다. 정확한 수치가 무엇이든, 소가 기후에 미치는 영향은 우리의 푸드시스템에 소를 포함하는 데 따른 엄청난 영양적·생태적·사회적 이익의 맥락 안에서 고려되어야 한다.

무엇보다, 특정 식료의 온실가스 배출량에 대한 논의는 '식료란 무엇인가'라는 더 넓은 맥락을 고려할 때만 타당성을 얻는다. 그건 바로 영양이다. 정확히 이런 맥락의 분석을 브리스톨대학교의 지속가능 축산시스템 교수이자 영국의 농업연구기관인 로담스테드 연구소Rothamsted Research의 지속가능농업 연구책임자인 마이클 리 박사가 수행했다. 특히 목초 기반 축산을 전문적으로 연구하는 리 박사는 "지속가능성은 복잡하다"라고 경고하면서, 식품별 지구온난화 영향 측정을 위한 (FAO가 사용한 것 같은) 기존 표준 지표는 지나

치게 단순화돼 있다고 말한다. 박사는 "제품 1킬로그램당 이산화탄소 환산량"만 따지는 방법에는 본질적인 오류가 있다고 주장한다. "우리가 소비하는 것은 식품 몇 킬로그램이 아닙니다. 우리는 영양을 소비합니다." 그는 다른 요인을 더 고려할 것을 촉구한다. 식료의 영양가가 그 시작이다. 그는 그중에서도 단백질, 오메가3, 미세영양소인 철분, 아연, 칼슘, 셀레늄, 비타민B를 고려한다. 소고기는 특히 영양가가 높은 식료다. 따라서 하루권장량RDI을 킬로그램당 이산화탄소 환산량 계산에 넣으면 결과가 상당히 달라진다. 기존 계산시스템은 공장식사육에 따른 닭고기와 돼지고기가 방목한 소고기보다 '기후 친화적'이라고 나온다. 하지만 영양가가 포함되면 모든 것이 달라진다. 리 박사는 소고기, 특히 풀로 사육한 소고기의 점수가 가장 높다는 것을 보여준다.[141]

제대로 관리되는 소는 토양에 이롭다. 따라서 지구온난화에 대한 소의 영향을 계산할 때 이런 효과도 반드시 반영되어야 한다. 토양학자인 랄과 스튜어트의 연구서는 기후변화 완화를 위한 양방향 접근법을 가리킨다. 첫째, 온실가스 배출을 제한한다. 둘째, 대기 중 온실가스를 안정된 저장소로 흡수시킨다.[142] 지구온난화에 따른 재앙을 막으려면 우리는 반드시 두 가지 방법을 모두 써야 한다. 이번 장에서 살펴봤듯 두 번째 방법을 실현할 가능성이 토양에 있다. 그리고 가축이 토양의 탄소 거래를 진작하므로 소는 이 전략에 필수적이다.

랄과 스튜어트는 전 세계적 토양 개선이야말로 기후 위기를 넘어 "인류를 영구 빈곤, 영양실조, 굶주림, 열악한 생활환경에서 해방하기 위한 중요하고 필연적인 조치"라고 말한다. 관건은 토양의 물리적·생물학적 비옥도에 집중하는 것이라고 두 학자는 믿는다. "최소 경운, 작물 잔여물 보유, 기능적 윤작에 적절한 관리시스템을 결합한 보존농법이 농업의 생산성, 안정성, 그리고 지속가능성을 위한 해법이다."[143] 이는 화학비료는 못하는 일이다. 2014년 5월 《보스턴 글로브The Boston Globe》와의 인터뷰에서 랄 박사는 신중히 설계된 단기 고밀도 윤환방목, 다시 말해 앨런 세이버리 기법을 토양탄소 함유량 증대를 위한 효과적인 방법으로 제시했다.[144]

확실한 것은 온실가스 최소화 노력이 적어도 소고기에 대한 융단공격보다는 정교해야 한다는 것이다. 축산 기법이 달라지면 지구온난화 영향도 달라짐을 여러 연구결과가 분명히 보여준다.

다시 말하지만 "문제는 소가 아니라 방법이다." FAO의 최근 기후변화 보고서도 방법에 따른 가변성을 분명히 인정했다.

> 반추동물 제품은 물론이고 돼지고기와 닭고기, 달걀의 경우에도 배출강도•는 업체마다 크게 다르다. 농업생태학적 조건, 농법, 공급망 관리의 차이들이 이런 변동성을 야기하며, 이 변동성은 생산시스템 내부와 외부 모두에서 관찰된다. 바로 이런 변동가능성―배출 강도가 높은 생산자와 배출 강도가 낮은 생산자 사이의 격차―에서 다양한 온실가스 저감 기회를 찾을 수 있다.[145]

기후영향의 가변성은 육류뿐 아니라 우리가 먹는 모든 식료에 해당한다. 스웨덴 국립환경국 연구에 따르면 채소가 어디서 어떻게

• 특정 오염원이나 오염활동의 평균적 탄소 배출량.

생산되는지에 따라 이산화탄소 배출량이 열 배까지 차이난다.[146]

또한 농장의 배출량은 해당 식료 생산에 따른 전체 온실가스 배출량의 일부일 뿐임을 기억해야 한다. 위스콘신대학교 연구에 따르면 푸드시스템에 들어가는 에너지의 약 5분의 1만이 농장과 관련 있고,[147] 영국토양협회의 추산에 따르면 식품 생산에 따른 전체 온실가스 배출량 중 절반만이 농장과 관련 있다.[148] 나머지는 가공 처리, 운송, 보관, 소매, 조리 과정에 기인한다.[149] 예를 들어 겉으로는 결백해 보이는 감자칩만 해도 기후변화에 무섭게 적대적인 식품으로 판명됐다. 대개는 감자가 농장을 떠난 후 감자에 일어난 일 때문이다. 감자는 운송과 보관을 거쳐 높은 온도로 조리된 후 포장돼 다시 운반된다. 그런데 이런 '노력'을 들인 감자칩의 영양가는 형편없다.[150] 이에 비해 농산물 직거래 장터, 농장 직판장, 채원에서 구하는 현지 재배 저가공 또는 무가공 제철 식품은 일반적으로 영양가도 매우 높고 동시에 환경친화적이다.

거기서 끝이 아니다. 가공·유통·소비 단계에서 무지막지하게 발생하는 쓰레기가 문제를 가중한다. 애리조나대학교 연구에 따르면 미국에서 생산되는 식품의 거의 절반이 그냥 버려진다.[151] 미국의 매립지에 모이는 가정 폐기물에서 압도적 비중을 차지하는 것이 음식물이다. 이렇게 낭비된 음식물은 환경에 이중의 해악이다. 일단 해당 식품을 있게 한 각 단계—재배, 운반, 저장, 가공처리—에서 탄소 배출이 발생한다. 그런데 이 식품이 쓰레기 매립지에서 썩어가며 또 메탄을 방출한다. 누구에게도 영양을 공급한 적도 없이 말이다! 이는 바꿔 말하면 우리의 신중한 식품 구매와 소비만으로도 개인당 지구온난화 영향을 줄일 수 있다는 뜻이 된다.

비건부터 육식가에 이르기까지 우리 중 누구도 지구온난화에 영향을 주는 음식을 먹지 않을 도리가 없다. 이것이 우리의 현실이다. 무엇을 생산하든 생산시스템의 기후 영향은 심하게 가변적이며, 그중 소 방목에는 오히려 기후변화를 완화할 거대한 잠재력이 있다. 따라서 소고기만을 딱 꼬집어 욕하는 것은 도움이 되지 않을 뿐 아니라 사실을 호도하는 일이다.

특정 식료를 배제하기보다, 어떤 식단을 선택하든 소비자 모두가 본인의 건강과 친환경농법을 함께 지원하는 식품을 선택하는 것이 바람직하다. 우리의 구매 선택이 토양 조성과 탄소격리를 돕는 농법을 지원할 수 있다. 우리는 음식물 쓰레기를 퇴비로 활용할 수 있다. 식료 중 일부를 직접 길러서 먹을 수도 있다. 제2차 세계대전 중에 미국은 국민에게 '승리 텃밭Victory Gardens'을 일굴 것을 권고했고, 이때 미국인들은 전체적으로 채소 소비량의 약 40%를 직접 재배했다.[152] 우리는 산업화 공정이 적게 들어간 식품을 먹고 더 좋은 고기를 먹을 필요가 있다.

더 나은 선택에 대한 고민

나는 '더 나은 선택'의 가치를 믿는다. 하지만 그것만으로는 기후변화의 진로를 실질적으로 바꾸기에 충분하지 않다는 것도 강조하고 싶다. 먹거리를 직접 재배하거나 좋은 농장에서 직매하는 것은 중요한 개인적 결정이다. 어떤 종류의 음식을 먹는지, 그것이 어디서 온 음식인지가 우리 개인 건강을 좌우한다. 몸 건강뿐 아니라 마음의 평화도 가져다준다. 하지만 지구온난화 억제를 향한 우리의 개인적 기여는 사실 주요 온실가스 배출원을 줄이기에는 심히 역부족이다. 우리 식생활이 기후변화에 미치는 영향은 미국 정책의 영향에 비하면 너무나 적다. 《2050 거주불능 지구》의 저자 데이비드 월러스 웰즈와 같은 기후평론가들도 이 점을 분명히 지적한다. 월러스 웰즈는 기후 위기가 임박했으며, 기후변화를 막기 위해 사용 가능한 모든 방법과 도구를 동원할 것을 촉구한다. 그는 탄소세, 탄소 포집 기술, 그린에너지 같은 전략이 소비자로서 개인이 내릴 수 있는 선택보다 훨씬, 훨씬 큰 효과를 낸다고 말한다.[153]

비록 실질적인 영향력은 적지만, 나는 지구온난화 억제를 향한 개인의 노력을 전폭적으로 지지한다. 나 또한 몹시 노력한다. 우리가 할 수 있는 가장 중요한 일이 화석연료 소비를 줄이는 것이다. 즉 비행기와 자동차 이용을 줄이고, 전기차를 사고, 자전거를 이용하는 것이 좋다. 또 상품 소비를 전반적으로 줄이면 어떨까. 일단 의류부터. 2019년 세계은행은 "연간 전 세계 탄소 배출량의 약 10%가 패션산업에서 나오며, 이는 국제선 비행과 해운업을 모두 합친 것보다도 많다. 이런 증가세라면 패션산업의 온실가스 배출량은 2030년까지 50% 이상 치솟을 것"이라고 경고했다.[154]

개인 행동의 일환으로 식단에서도 탄소발자국을 줄일 수 있다. 가공식품과 산업형 농업에서 나온 식품을 피하고, 음식물 쓰레기를 줄이고, 최대한 직접 재배해서 먹고, 가급적 로컬 푸드와 제철 식료를 사는 것 등이 방법이다. 이런 각각의 변화가 지구 건강뿐 아니라 우리 몸의 건강으로도 이어지기에 이래저래 실천하는 것이 합리적이다.

하지만 우리가 다른 건 모두 무시하고 오로지 기후 영향만 따져

식품을 선택하는 것은 사리에 맞지 않다. 앞서 논했듯, 콩을 재배하든 소를 사육하든 농업시스템의 각 부분은 인간과 동물과 환경에 다양하고 많은 영향을 미친다. 나는 식품 선택이 중요하다는 생각을 진심으로 그리고 열렬히 지지한다. 우리는 힘닿는 한 매일 현명한 선택을 해야 하며, 선택 기준에는 맛과 건강뿐 아니라 우리가 원하는 환경적 파급효과도 들어간다. 하지만 나는 우리의 윤리적 의무가 기후변화 영향으로만 시작하고 끝나는 것은 거부한다.

기후변화는 분명 시급하고 절박한 문제다. 거기에는 이론의 여지가 없다. 하지만 그것은 우리 몸의 건강과 지구의 안녕에 관계된 여러 중요한 문제 중 하나일 뿐이다. 이 책의 나머지 부분은 기후변화 너머의 문제들을 검토하는 데 할애한다. 기후변화 영향은 우리가 개인적으로나 집단적으로나 염두에 두어야 할 수많은 요인 중 하나다. 사회공동체로서 우리는 노동자와 동물에게 인도적일 뿐 아니라, 생태적으로 건전하고 지속가능한 동시에, 영양이 풍부하고 건강을 유지하는 식품을 만들어내는 푸드시스템을 설계해야 한다. 우리에게는 맛있으면서 몸에도 좋고, 거기다 윤리적으로 생산된 식품을 찾아내 스스로를 대접할 의무가 있다.

식품과 소비재의 생산이 다 그렇듯 소를 길러 소고기로 바꾸는 과정도 환경에 여러 다양한 영향을 미치며, 거기에는 긍정적 영향과 부정적 영향이 다 있다. 소고기를 평가하는 유일하게 합리적인 방법은 이런 여러 효과를 고루 고려하는 방법뿐이다.

마지막으로, 개인의 식품 선택을 통해 푸드시스템 개선에 기여하고 싶다면, 소고기를 끊는 것보다는 공장식사육 소고기를 자연 방목 소고기로 바꾸는 것이 훨씬 효과적이다. 전 세계 소고기 시장은 어마어마하다. 누가 됐든 개인이 소고기에 쓰는 돈은 바다에 물을 한 방울을 더하는 것과 같다. 하지만 만약 여러분이 자기 지역의 농장이나 목장에서 풀을 먹여 키운 소고기를 구입한다면, 말 그대로 개인 농가들에 직접 재정 지원을 하는 셈이 된다. 푸드시스템 재건이라는 큰일도 결국은 한 번에, 농장 하나씩 일어난다.

그럼 기후변화에서 소고기의 역할을 어떻게 봐야 할까? 첫째, 소가 그들의 생태계와 유기적으로 연계된 생명체라는 사실을 항상 기억해야 한다. 우리가 동물을 기계와 동일시하는 즉시 길을 잃게 된다. 소는 자동차가 아니다. 자연은 식물, 동물, 균류가 모두 연결돼 있는 역동적 시스템이다. 우리가 평온과 영감을 얻는 안식처일 뿐 아니라 지식의 끝없는 전선이다. 아인슈타인은 세상을 뜨기 4년 전인 1951년에 이렇게 말했다. "자연을 깊이, 깊이 들여다보면 모든 것을 더 분명하게 이해하게 된다."[155]

소가 가축인 건 맞다. 그래도 그들은 여전히 생태계 내 동물이다. 그들은 자연의 일부다. 물리학자이자 철학자인 프리초프 카프라는 "자연의 모든 것은 연결돼 있다. 오직 인간이 만든 기계만이 단선적이다"라고 말했다. 자연과 관련된 문제는 범퍼스티커의 구호나 FAO의 보도자료가 우리에게 외치는 것보다 훨씬 복잡하다.

20세기 초, 언론인 H. L. 멩켄은 이런 유명한 말을 남겼다. "모든 복잡한 문제에는 명료하고 단순하고 **잘못된** 답이 있다." 소를 화석연료 배출처럼 제거나 경감을 요하는 기후 문제라는 좁은 렌즈로 보는 것을 멈출 필요가 있다. 그보다는 소 특유의 초능력을 십분 활용하는 데 우리 에너지를 집중해야 한다. 길들인 반추동물에게 우리의 망가진 환경을 치유할 해법이 있다. 소들은 우리 몸에 좋고 영양가 높은 식료를 만들어내는 동시에 대기에서 탄소를 빨아들여 다시 토양 속에 묻는다. 슬로건을 원한다면 이게 적격이다. 소고기, 탄소를 흙으로 돌려보내다.

2

풀, 소를 먹이고
지구생태계를 살리다

현대의 도시거주자들은 풀을 단조롭고, 흔하고, 먹을 수는 없는 녹색 땅 덮개 정도로만 보는 경향이 있다. 환경을 따지는 조경사들은 풀을 혐오하고, 우리는 자동 살수장치까지 갖춘 교외의 드넓은 잔디밭에 회의적인 시선을 보낸다. 요즘에는 풀을 우리 푸드시스템의 근간은커녕 일부로 여기는 사람조차 거의 없다. 풀과 우리 먹거리의 관계는 설사 있다 해도 멀어 보인다.

소고기에 관한 책에서 왜 풀 이야기가 나오는 걸까? 소가 풀을 먹기 때문이다. 하지만 그건 이야기의 시작에 불과하다. 앞 장에서 살폈듯, 풀의 잎과 뿌리는 균류, 글로말린, 토양 미생물과 상호작용하며 거대한 초지생태계를 이루고, 그 모든 것이 지구온난화 방지에 엄청나게 중요한 역할을 한다. 대중의 인식 부족에도 불구하고 풀은 세상에서 가장 중요한 식물이다. 무엇보다 풀은 소와 불가분의 관계에 있다.

풀은 지구 지표면의 약 40%, 전 세계 농업지역의 약 70%를 덮고 있다.[1] 풀은 세상에서 네 번째로 종류가 많은 식물로, 전 세계적으로 1만 1,000종 이상이 있다.[2] 하지만 풀은 대부분 거친 셀룰로오스로 이루어져 있다. 영양분이 적고 소화도 되지 않는다.

그런데 소에게는 특별한 것이 있다. 바로 풀만 먹고도 살 수 있는 반추위가 있다. 소에게는 따로 먹이를 공급받지 않고도 지천에 깔린 천연식생만으로도 생존이 가능한 특수 능력(초능력이라 해도 무방하다)이 있다.

이 놀라운 특성 때문에 소는 수천 년 전부터 기후대와 지형을 가리지 않고 세계 곳곳에서 서식하며 인간에게 필수적인 존재가 됐다. 소는 인류와 함께 대륙을 이동했고, 우리의 논밭에 거름을 주고, 쟁기와 수레를 끌고, 그들의 가죽으로 우리 발을 덮고 우리 몸을 감싸고, 우리에게 우유와 고기를 제공해왔다. 더구나 주로 또는 전적으로 풀만 먹고살면서 이 모든 것을 해준다.

2019년 작고한 코넬대학교 농업생태학자 데이비드 피먼텔은 식품산업, 특히 육류 부문에 비판적인 것으로 유명했다. 그럼에도 피먼텔은 아내 마샤와 공동 저술한 《식량, 에너지, 사회Food, Energy, and Society》에서 소를 비롯한 방목가축이 인간의 생존에 대체 불가하게 기여하는 바를 거듭 강조했다. "소, 양, 염소의 가치는 사라지지 않는다. 그들은 목초지와 방목지의 풀과 관목을 인간이 먹을 수 있는 식료로 바꾸기 때문이다. 가축이 아니면 인간이 경작한계지[•]에 자라는 이런 종류의 식생을 이용할 방법이 없다."[3]

사실 풀은 지구적 푸드시스템의 기저를 이룬다. 풀은 태양에너지를 방목동물의 먹이로, 결국에는 인간의 식료로 전환하는 과업을 막대한 양으로 부단히 수행한다. 풀과 초식동물은 함께 기능하며 인간과 태양에너지 사이를 매개하는 없어서는 안 될 존재다.

식생을 떠받치고 있는 것은 물론 물과 흙이다. 지구우주과학 교수 데이비드 몽고메리는 토양을 "지질학과 생물학의 역동적 인터페이스이자 암석의 죽은 세계와 생명의 북적대는 영역을 잇는 다리"로 표현했다.[4] 또한 그는 토양을 "풍화한 돌과 죽은 동식물과 균류와 미생물이 만든, 지구를 담요처럼 덮은 얇은 층"으로 부른다. 토양은 "항상 모든 지구 생명체의 어머니였으며, 앞으로도 그럴 것이다." 몽고메리 박사는 토양은 "모든 국가의 가장 중요한 자

• 생산량이 생산 비용과 비슷하여 경작 가치가 거의 없는 땅.

원이며, 어떻게 사용되느냐에 따라 재생이 가능할 수도, 불가능할 수도 있는 자원"이라고 했다.5

몽고메리 박사에 따르면 토양은 "우리 행성을 구성하는 암석과 거기서 침출되는 영양분으로 살아가는 동식물을" 매개하며, 따라서 "큰 그림에서 볼 때 (…) 지구 내부에서 주변 대기로 물질 이동을 조절한다."6 토양은 풀에 필수 양분을 제공하는 한편, 그 과정에서 산소와 물을 보유하고 공급하는 매체로 작용한다. "좋은 흙은 촉매 역할을 한다. 즉 식물이 햇빛을 이용해 태양에너지와 이산화탄소를 탄수화물로 바꾸게 하고, 이 탄수화물은 먹이사슬을 타고 육생 생물을 키운다."7

초등학교부터 대학 때까지 나는 야생의 끝없는 생존경쟁에 대해 줄기차게 들었다. 하지만 고대의 지혜와 현대의 연구는 자연계가 사실 경쟁 관계가 아니라 공존 협력 관계에 있음을 보여준다. 자연의 모든 것은 연결돼 있다. 모든 것은 시스템을 이루고 작동한다.

흙과 물이 함께 풀을 자라게 하고, 풀은 그 대가로 둘에게 필요한 서비스를 한다. 평균적으로, 풀 부피의 90%는 실처럼 길고 가는 뿌리의 형태로 땅속에 있다. 뿌리가닥들은 그물처럼 이리저리 뒤얽혀 토양을 집요하게 붙잡고 있다. "풀은 토양을 붙들어 묶어서 침식을 막는다." 지질학 교과서 《사람과 지구 People and the Earth》의 설명이다. 풀뿌리는 토양을 틀어잡고 토양이 물에 쓸리거나 바람에 날려 유실되는 것을 막는다. 또한 풀은 복잡한 생물학적 과정을 통해 새로운 토양의 형성을 돕는다. 전 세계의 풀은 미세 지하 수로망을 방대하게 형성하고 토양입단화를 가능하게 함으로써 땅의 물 보존 능력을 떠받친다.

그런데 이런 풀을 갈아엎으면 흙을 붙들고 있던 미세 뿌리 융단이 갈가리 찢겨 나가고, 정교하고 복잡한 수로망이 사라진다. 예를 들어 "미국 중서부 초원을 농경지로 바꿔 '곡창지대'로 만든 이후 100년 동안 표층토의 거의 3분의 1이 침식으로 벗겨져 나갔다."[8]

풀과 초식동물의 공생 관계

풀이 야생 초식동물과 가축의 먹이라는 것은 누구나 안다. 하지만 풀과 동물의 이 관계가 쌍방향 공생 관계라는 것은 잘 모른다. 초식동물이 풀에서 양분을 섭취할 때, 그들의 풀 뜯기와 땅 밟기는 초지를 유지하고 심지어 재생한다. 정원사의 가지치기처럼, 동물의 입이 하는 전정剪定 작용은 식물의 성장을 촉진한다. 또한 동물의 풀 뜯기와 땅 밟기는 목본식물의 출현을 억제한다. 목본식물은 초지를 풀과 초식동물에게 적대적인 환경으로 만든다. 지역에서 풀 뜯는 동물이 제거되거나 사라지면, 초지 생태계와 이 생태계에 의존하는 모든 생명이 급격히 퇴화한다. 환경자원관리 교수 J. P. 커리는 "방목가축이 제거되면 풀이 경쟁 우위를 잃고 광엽 초본과 덤불이 잽싸게 그 자리를 차지한다"고 설명한다.[9] 주기적 잔디 깎기가 잔디를 무성하고 싱그럽게 자라게 하듯, 풀 뜯는 동물도 식물의 오래되고 죽은 부분을 걷어내 생장점을 햇빛에 더 많이 노출시켜 식물의 생육을 촉진한다.(잔디밭 일부를 한동안 깎지 않고 내버려두면 그 효과를 바로 확인할 수 있다.)

하지만 풀 뜯는 동물은 식물과 토양에 잔디깎이 기계보다 훨씬 강력한 효과를 낸다. 그들의 발굽은 단단히 뭉친 흙을 부수고 씨를 땅속에 밀어 넣어 씨앗이 바람에 날아가거나 물에 씻겨 나가거나 굶주린 새와 들쥐의 먹이가 되는 것을 막아준다. 또한 식물의 죽은 잎과 줄기를 토양에 다져넣어 부패순환을 촉진한다. 그리고 흙 속으로 들어간 식물체가 미생물에 둘러싸여 분해되면서 탄소와 영양 순환이 가동한다.

소가 기계 제초기를 능가하는 점은 또 있다. 소는 축축하고 영양 많은 유기물을 토양에 지속적으로 추가한다는 것이다. 많은 사람들이 소똥이라 부르는 이것을 농부들은 오래전부터 농사의 금으로 여겼다. "분뇨나 거름을 땅에 뿌려 토양 유기물을 늘리면 수분 침투율을 최대 150%까지 높일 수 있다."[10]

식생이 소의 반추위를 통해 순환하면서 초지의 생물학적 부패주기가 빨라져 전체 생태계의 활성이 증가한다. 표층토의 수십억 미생물은 식물이 토양의 유기물이나 무기물에서 양분을 취하게 해준다. 토양 유기체는 "암석 풍화와 유기물 분해를 가속화해 식물에 영양분을 공급한다."[11]

따라서 방목은 지속적 토양 재생을 떠받치고, 미시 규모부터 생태계 규모에 이르기까지 풀의 다양한 기능을 지원한다. 풀이 땅을 촘촘히 덮으면 토양이 바람에 날리거나 물에 씻겨 나가는 것이 방지된다. 엉킨 풀뿌리 덩어리는 토양을 제자리에 고정시켜 토양의 수분 유지 능력을 높인다.

대학 교재 《토양과 물 보존 Soil and Water Conservation》에 의하면 "목초지의 무성한 풀, 콩류식물, 산림목과 관목보다 더 좋은 토양 안정장치는 없다."[12] 첫째, 지상식물이 강수와 표층수의 힘으로부터 토양을 보호하기 때문이다. "여러해살이 초목이 빼곡히 자라며 빗방울을 막고 충격을 흡수해 토양의 분산과 비산, 표층의 침식을 줄인다. 지표수 흐름도 식물 줄기와 식물 잔재와 접촉하면서 속도가 감소한다." 둘째, 풀이 자라는 땅은 물이 스며들어도 토양입자들이 흘러가지 않고 풀잎에 잡히기 때문이다. "그 결과, 물이 토양층위들●로 깊숙이 침투하는 양과 속도가 늘어나고, 깨끗한 물이 토양 표면을 따라 천천히 흐르고, 토양침식과 침전물이 줄어든다." 마지막으로 식물의 뿌리가 토양을 붙들어 바람으로부터 보호하기 때문이다. "식물의 뿌리는 토양을 '고정'하는 작용을 하고, 줄기 등은 토양과 대기 경계면의 풍속을 약화하는 작용을 해서 토양을 풍식으로부터 막는다."[13]

세계 토양에 대한 논문을 검토한 보고서에 따르면, 현장조사 결과, 지피식물이 밀도 있게 형성된 경우는 물이 거의 완벽하게 흡수됐다.(세이버리는 이를 '유효 우량'이라고 했다.) 반면 맨 흙에는 비의 20%만 침투했다.[14]

풀은 심지어 휴면기에도 토양을 보호한다. 피먼텔 부부에 따르면 "죽었든 살았든 식물 바이오매스로 덮인 지역은 토양침식이 상대적으로 적게 일어나는 등의 보호를 받는다. 바이오매스 층이 빗방울과 바람의 에너지를 소멸시키고 표층토를 고정하기 때문이다."[15]

작가 웬델 베리는 농경지와 대초원을 다음과 같이 웅변적으로 대조한다.

가장 눈에 띄는 차이는 옥수수 밭에서는 토양이 씻겨 내려가는 반면 초

● 토양 생성 과정에서 생긴 서로 다른 토층들.

원에서는 토양이 쌓인다는 것이다. 또 다른 차이는 옥수수는 한해살이 식물이고 옥수수 농사는 단일재배지만, 야초지의 대표적 특징은 풀, 콩, 해바라기 등 수많은 여러해살이 식물이 균형 잡힌 다양성을 뽐낸다는 것이다. 대초원은 자가 재생한다. 스스로 생태자본을 축적한다. 왕성한 생식력과 다양성으로 해충과 질병을 통제한다. 반면 기업식 옥수수 농장은 자기파괴적이다. 생태자본을 생성하는 것보다 많이 소비한다. 또한 단일재배 방식이라서 해충과 질병을 부른다.[16]

이는 농업과 토양 전문가들이 동의하는 내용이다. 토양과 물을 보호하는 최선의 방법은 지속적인 식물 덮개, 즉 영구 목초지와 방목장이다. 피먼텔 부부도 "지피식물이 토양과 수자원을 보호하는 주된 방법"이라고 말했다.[17] 웬델 베리는 이렇게 썼다. "표토 침식을 막고 싶다면 (초지처럼) 땅을 계속 식물로 덮어놓아야 한다. 겨울 여름 없이 언제나. 땅을 항상 덮어두는 가장 좋은 방법은 상호 유익한 여러해살이 식물을 다양하게 동시 재배하는 것이다."[18]

《식량, 에너지, 사회》는 이렇게 풀로 덮인 지역에 비해 "농경지는 집중적이고 빈번한 경작 때문에 침식에 더 취약한 데다 작물을 심기 전에 식생을 제거하는 경우가 많다"고 지적한다.[19] 농작물 재배에 이용되는 토지는 부분적으로 또는 전적으로 맨땅이기 때문에 비바람을 훨씬 심하게 겪는다. 특히 수확 후 밭은 벌거벗은 상태라 비바람의 힘에 속수무책으로 당한다. 농작물의 씨앗과 묘목은 땅에 보호책이 되지 못한다. 농작물이 다 자라도 "줄뿌림작물은 식생이 토양 표면을 완전히 덮지 않기 때문에 침식에 매우 취약하다."[20] 《식량, 에너지, 사회》에 따르면 미국 목초지의 침식률이 미

국 농경지보다 평균 40% 낮다.[21]

다른 연구들은 더 극적인 차이를 보여준다. 비영리 환경단체 랜드 스튜어드십 프로젝트의 현장조사 결과, 여러해살이 식물이 자라는 방목용 초지는 경작지에 비해 토양침식이 80% 이상 적었다.[22] 또한 토양 전문가 랄과 스튜어트에 따르면 "경운된 농경지의 침식률이 천연 식생덮개가 있는 땅보다 10~100배 높고, 장기적 지질침식이 토양생성을 초과한다."[23]

심지어 방목이 윤작의 일부일 때도 풀은 여러 다양한 이점을 제공한다. 풀은 유기물과 탄소를 운반해서 지표 아래에 바글대는 미세 유기체를 먹여 살린다. 이 미생물들은 양분을 식물이 생물학적으로 이용할 수 있게 만들어 토양 비옥도를 높인다. 방목은 식물 생장을 촉진하고, 반추동물의 소화기관을 통해 식물을 순환시켜 탄소-양분 교환을 지원한다. 식물의 영양 상태가 좋고 토양 미생물이 다양하고 풍부하면 질병, 해충, 유해균류에 대한 식물의 내성이 커진다. 화학비료, 살충제, 살진균제 같은 농약이 있기 전부터 풀이 그 기능을 했다.

토양 전문가 랄과 스튜어트에 따르면 땅에 가축분뇨로 만든 거름을 더하면 여러 면에서 토양의 화학적 성질이 강화된다. 첫째, 거름은 땅에 탄소, 질소, 인, 칼륨 등의 영양소를 직접 공급한다. 둘째, 거름은 토양의 양이온 치환 용량, 즉 토양이 양분을 저장하는 상대적 능력을 끌어올린다.[24] 셋째, 거름은 유익한 생물학적 활동을 촉진한다. 앞서 언급했듯 화학비료는 천연거름에 필적할 이득을 주지 못한다. 랄과 스튜어트는 "퇴비 같은 유기 개량제 없는 무기비료는 토양 유기물의 광물화, 토양 구조 약화, 토양 산성화를

야기하고, 이는 결과적으로 농업 생산성 저하로 이어진다"고 보고했다.[25]

모든 음식은 풀에서 나온다

풀의 혜택은 우리 생각보다 막대하다. 이 때문에 풀은 재생농법 식료 생산의 보루다. 적절히 관리되는 소 떼가 있는 초지는 탄소를 격리하고, 사막화를 반전시키고, 생태계의 모든 생명을 부양하고, 기후변화를 완화하는 놀라운 효과를 낸다. 이상적으로 말해서 모든 식료는 풀에서 나온다.

옛사람들은 분자 수준의 복잡한 상호작용에 대해서는 자세히 알지 못했다. 하지만 그들의 전통은 흙과 풀을 그들이 의지하는 가축의 생명줄로 믿고 소중히 여겼다. 창세기는 "너는 흙에서 왔으니 흙으로 돌아갈 것이니"라고 말한다.[26] 시편은 "양과 소를 먹일 풀과 사람을 먹일 채소를 길러 땅에서 먹을 것을 나게 하는" 신의 섭리를 찬양한다.[27] 신명기에서는 "내가 들에 가축이 먹을 풀을 자라게 할 것이며, 그리하면 너희들이 배불리 먹을 것이다"라는 신의 축복이 나온다.[28]

1872년에는 존 제임스 잉걸스 캔자스 상원의원이 〈블루그래스 예찬In Praise of Bluegrass〉이라는 제목의 연설을 통해 앞의 성경 메시지를 시적으로 풀었다. "음식의 원형은 풀입니다. (…) 풀은 소를 먹이고, 소는 사람을 먹이고, 사람은 죽어서 풀로 돌아갑니다. 이렇게 삶의 흐름은 만고불역의 반복 속에 끝없이 앞으로 위로 움직입니다. 여러 의미에서 모든 육신은 결국 풀입니다."[29] 이보다 몇 년 전에는 독일 작곡가 요하네스 브람스가 베드로전서 1장의 "모든 육신은 풀과 같으니"를 인용한 〈독일 레퀴엠Ein deutsches Requiem〉을 완성했다.

우리가 풀과 얼마나 밀접히 연결돼 있는지 제대로 실감하려면 더 먼 옛날로, **호모사피엔스**가 출현하기 전으로 거슬러 올라가야 한다. 선사시대의 지구가 흔히 상상하는 것처럼 대륙 끝에서 끝까지 축축한 양치식물과 하늘을 찌르는 나무로 무성하게 덮여 있었던 건 아니다. 먼 옛날의 식물은 놀랍도록 다양했고, 적어도 6500만 년 전부터는 거기에 풀도 포함됐다.[30] 그전 1억 6000만 년 동안 지구를 지배했던 공룡이 사라질 무렵, 우연치 않게, 아마도 당시의 기후변화로 인해 풀이 등장했다.

풀은 대략 2000~1000만 년 전부터 본격적으로 확산됐다. 풀의 확산도 당시 지구 기후에 일어난 변화가 원인일 가능성이 높다. 이산화탄소 수치가 뚝 떨어졌다가 뒤이어 대기 중 이산화탄소가 급증했다. 이때의 이산화탄소 수치가 (오늘날의 수치보다 다소 높은) 약 400ppm에 이르렀다.[31] 이런 환경 변동 속에서 풀은 다른 식물에 비해 광합성 능력에서 우위를 보였다. 또한 비슷한 시기에 들불이 지구 곳곳에서 빈번하게 발생해 숲을 초토화했다. 이렇게 공간들이 새로이 열렸고, (목본식물 대신 광엽 초본식물과) 풀이 그 공백을 메웠다. 대기 변화와 들불이 복합적으로 작용한 결과(어느 요인이 더 결정적이었는지에 대해서는 학계가 논쟁 중이다), 풀이 지구의 광활한 땅을 카펫처럼 덮게 됐다.[32]

이후 수천 년 동안 풀은 초식동물과 그들을 쫓는 포식자를 포함해 선사시대 수많은 동물종과 함께 공진화했다. 약 500만 년 동안

전적으로 또는 부분적으로 풀을 먹고 사는 대형동물과 그들을 잡아먹는 포식자들, 이른바 '메가포나(거대동물군)'가 지구 곳곳에 번성했다. 지금의 미국도 그런 곳 중 하나였다.

나는 때로 우리 캘리포니아 목장의 탁 트인 목초지를 바라보며 한때 이 땅에 거대하게 서식했던 선사시대 야생동물을 상상한다. 지금의 단봉낙타보다 다리가 25% 더 길었던 서부 낙타, 큰머리라마, 엘크, 사슴, 영향, 두 종류의 들소(그중 거인들소는 지금껏 존재했던 들소 중 가장 컸다), 관목소와 숲사향소(우연인지 둘 다 현대의 소와 비슷하게 생겼다), 산양, 큰뿔야생양, 두 종류의 말, 두 종류의 매머드까지.[33] 매머드는 오늘날 코끼리처럼, 자신이 뜯어 먹던 나무를 넘어뜨리고, 육중한 발로 어린나무를 으스러뜨려 자연적인 숲 개간 효과를 냈다. 이렇게 다양한 선사시대 초식동물을 잡아먹던 포식자 중에는 오늘날 세렝게티에서 보는 것보다 거대한 사자를 비롯해 치타, 재규어, (아프리카사자 암컷 크기의) 검치고양이, 퓨마, 늑대, 세 종류의 곰 등이 있었다.[34] 이 다양한 동물이 초원을 차지하고 거기 의존하기만 한 것은 아니다. 그들의 몸이 땅에 미치는 효과들이 대초원의 명맥을 이었다.

마찬가지로 초기 인류도 풀에 의존하고 풀과 공진화했다. 20만 년 전쯤 **호모사피엔스**가 출현할 무렵에는 대개의 지역과 기후대에서 풀이 이미 무성했다. 어떤 풀은 씨앗으로 인간에게 직접 영양을 제공했다. 인간이 그 씨앗을 모아서 먹었다. 풀은 영양적으로 더 중요한 일도 했다. 인간사냥꾼의 먹잇감을 살찌워 성공적인 사냥을 지원했다. 인간은 탁 트인 초원에서 먼 거리를 관찰하며 먹잇감이 될 초식동물을 포착하고, 추적하고, 잡았다.

인간과 풀이 상리공생하며 함께 진화했다는 과학적 증거는 차고 넘친다. 인간은 풀이 어디서 어떻게 번성할지에 영향을 미쳤고, 초원은 인류 진화의 무대이자 변인이었다. 크리스토퍼 맥두걸의 베스트셀러 《본투런》은 인류가 장거리 달리기에 적합하게 진화했다는 이론을 멋지게 풀어낸다. 러닝맨 이론Running Man theory으로 알려진 이 학설은 다른 어떤 동물보다 먼 거리(100킬로미터 또는 그 이상)를 꾸준히 달릴 수 있는 인간의 능력이 우리 조상의 사냥 비결이었다고 말한다. 다시 말해 속도나 힘이 아니라 지구력이 우리 종의 특별한 재능이었다. 하지만 사냥감을 오래 추적하는 능력에 기반한 사냥은 첫째, 사냥감을 발견하기 쉽고, 둘째, 사냥감이 위험을 감지하고 잽싸게 내뺀 후에도 계속 따라갈 수 있는 광활한 공간에서만 진가를 발한다. 따라서 이 이론에 따르면, 풀이 깔린 개활지가 인류가 우세종이 되는 데 중요하게 작용했다.

이 밖에도 초원은 초기 인류에게 순전히 미적인 것부터 자기방어에 필수적인 것까지 많은 혜택을 제공했다. 의례나 꾸밈을 위한 꽃, 바구니 제작을 위한 식물섬유, 먼 거리에서 접근하는 위험도 포착하게 해주는 탁 트인 조망 등이 그렇다.

초지의 이러한 생명 유지 기능이 세계 곳곳 인류에게 개방 초지를 조성하고 유지하려는 동기를 부여했다. 약 1만 2,000년 전 '비옥한 초승달 지역'●에서 농경이 시작됐다. 하지만 그 훨씬 전부터

● 티그리스·유프라테스 강 유역부터 지중해 연안을 거쳐 나일강 유역에 이르는 초승달 모양의 지역. 주변 지역에 비해 유난히 비옥해서 미래의 작물과 가축이 될 동식물이 풍부했고, 그 때문에 인류의 농경 문명이 최초로 발생했다.

인류는 초지를 유지하기 위해 주변을 능동적으로 관리했다. 아메리카 원주민의 경우처럼 그들의 관리방법에는 숲 제거와 들불놓기가 포함돼 있었다.

인류의 농경이 시작될 무렵 선사시대 거대동물의 개체수는 전 세계적으로 급감했다. 그럼에도 오래도록 살아남아 지금껏 세계의 동·식물상과 생태계를 빚고 있다. 2014년 3월 옥스퍼드대학교에 다양한 분야의 과학자가 모여 대형동물의 생태학적 역할을 집중적으로 논했다. 이 콘퍼런스의 공동주최자가 말했다. "생태학적으로 말해서, 지천에 있던 메가포나가 눈 깜짝할 새에 사라져버렸다." 이에 참석한 과학자들 사이에 "메가포나의 멸종이 생태계 구조에 실로 엄청난 영향을 미쳤으며, 그 영향이 계속 가지를 치며 파급돼 오늘날의 생태계까지 이르고 있다"는 강한 공감대가 형성됐다. 공동주최자는 이렇게 덧붙였다. "우리가 현재 자연이라고 부르는 것은 많은 불균형—또는 구멍들—을 내포한다. 그 불균형은 메가포나의 상실, 그들의 구조와 기능과 영양순환의 상실에 기인한다." 연구자들은 여러 기능 중에서도 대형동물이 "그들의 똥과 몸을 통해 식물에 필수 영양분을" 분배했던 기능을 강조한다.[35]

이들 거대 초식동물과 포식자를 잃은 여파는 지구생태계를 무겁게 짓눌렀다. 코넬대학교 학자들을 비롯해 미국의 공신력 있는 학자들은 미국 평원에 대형 포식자를 다시 들여올 것을 주장할 정도다. 이들은 이렇게 말한다. "메가포나의 멸종은 생태계를 건강하게 떠받치는 복잡한 상호작용의 안전망에 뻥 뚫린 구멍을 만들었다."[36]

이렇게 멸종위기종의 방생이나 황무지 복원을 주장하는 환경운동을 리와일딩rewilding이라고 하며, 최근 특히 유럽에서 힘을 얻고 있다. 이 운동은 대형 초식동물 없이는 생태계가 제대로 기능할 수 없다는 전제에 기반한다. 《뉴욕타임스》 기사는 이 운동을 야생생물, "특히 대형 초식동물"의 도입을 통해 생태계 복원을 주장하는 운동으로 소개한다. 이 운동은 풀을 뜯는 대형동물이 없으면 "돌보지 않는 농지에 식생이 심하게 무성해져 결국 오늘날 남아 있는 생물다양성마저 없어질 것"으로 본다. 기사가 인용한 리와일딩 유럽 홍보관의 말에 따르면, "빠진 부분, 즉 이제는 존재하지 않는 부분의 일부라도 다시 들여와야 하며, 그 빠진 부분은 대개 대형 초식동물이다."[37] 이미 진행 중인 프로젝트도 있다. 예를 들어 루마니아 카르파티아 산맥의 버려진 농지에 유럽 들소의 대도입을, 크로아티아 아드리아 해안의 국립공원에 아이벡스*의 재도입을 추진 중이다.[38]

질소순환의 뿌리

10만여 년 전 즈음 대형동물이 대거 멸종했다. 인간의 사냥이 압도적인 원인으로 꼽힌다.(여러 요인의 상대적 중요성을 놓고 학계의 논쟁이 뜨겁긴 하다.) 캘리포니아의 경우 초지 전문가에 따르면, 6,000년 전까지만 해도 풀과 나뭇잎을 뜯어 먹는 19종의 대형동물이 개활지에 서식했다.[39] 초식동물은 초목을 먹는 동시에 그들의 포식자와 함께 발과 발굽으로 땅을 짓밟았다. 이 동물들의 존재와 자연과 인간이

---

* 유럽 산악지대에 서식하는 소과 염소속에 속하는 야생 포유동물.

놓은 들불이 캘리포니아의 초원을 형성하고 유지했다.[40]

물론 소는 길들여진 동물이다. 소는 동물학 분류에서 우제목 반추아목에 속한다.(우제목은 그리스어로 '짝수 발굽'이란 뜻이고, 반추아목은 되새김질 동물이란 뜻이다. 이런 동물은 대개 초식동물이다.) 현생 소의 대부분은 오록스auroch라는, 지금은 멸종된 거대 야생동물의 후손으로 알려져 있다. 《세상을 바꾼 동물들: 야생동물 길들이기Animals That Changed the World: The Story of Domestication of Wild Animals》는 소의 가축화를 "인간의 동물세계 착취의 역사에서 가장 결정적인 사건"으로 부른다. 그런데 이 책에 따르면 소의 가축화가 언제 어떻게 일어났는지는 여전히 미스터리로 남아 있다. 다만 최근의 연구는 소의 가축화가 대략 1만 1,000년 전에 두 개 이상의 지역에서 독립적으로 시작됐으며, 최초의 두 지역은 인도와 고대 근동이라고 말한다.[41]

소는 1493년 콜럼버스의 두 번째 항해 때 처음 아메리카 대륙에 들어왔다. 하지만 이때 소들은 수레를 끄는 역축이었다. 신세계에 가축 생산을 위한 종축種畜이 처음 들어온 것은 1591년 그레고리오 데 빌라로보스라는 에스파냐 상인이 라틴아메리카에 안달루시아 품종의 소를 실어 보냈을 때였다. 그러다 1600년대 초 유럽의 이주자들이 영국과 유럽 초기 품종의 소를 데리고 북아메리카에 상륙하기 시작했다. 이때의 소는 주로 노동력과 우유를 제공하는 용도였다.

이후 정착민의 남하와 함께 개척자들이 서쪽으로 향했고, 소도 대이동의 일부가 됐다. 소는 특히 천연초지가 풍부한 지역에서 빠르게 증식했다. 초기에는 소 목장이 남부, 특히 조지아와 캐롤라이나에 많이 몰려 있었다. 축우 역사서에 의하면 "긴 방목기, 온화한

겨울, 숲이 드문드문 우거진 고지대가 소고기 생산에 특히 유리하게 작용했다. (…) 수소 키우기가 암탉만큼 싸게 먹힌다는 말이 있을 정도였다."⁴²

1800년대 중반에는 소 목장이 서부 초원에도 생겼다. 하지만 소 사육은 대부분은 중부에서 행해졌다. "남북전쟁 전에는 오하이오강과 미시시피 상류지역의 주들이 고기소 산업의 중심지였다. 이 지역에는 그야말로 모든 농장에 번식용 암소를 포함하는 소 떼가 있었다.⁴³

유럽인은 북미 전역으로 퍼지면서 식생이 무성하고 생물다양성이 높은 초원과 만났다. 그곳의 토종식물이 오랜 세월에 걸쳐 (들소를 비롯한 여러 현생 및 선사시대) 초식동물 무리와 합작으로 지구에서 가장 비옥하고 풍부한 표층토를 만들었다. 하지만 정착민은 이 대초원을 쟁기로 갈가리 찢었다. 농작물을 심겠다고 풀이 빽빽한 천연 뗏장•을 들어내는 것은 나라의 보물을 쟁여놓은 금고를 폭파하는 것과 같았다. 토종 초지의 토양—수천 년 동안의 햇빛과 동물 효과가 창출한 생물학적 자산—에는 헤아릴 수 없이 막대한 부가 들어 있다. 경운은 천연자원을 거의 회복 불능 수준으로 탕진한다.

세계의 다른 곳들이 그랬듯, 형편없는 농경 관행이 미국 중서부의 표토를 급속도로 침식했다. 정착민 농부들이 처음 도착했을 때는 가슴 높이의 풀과 6피트 깊이의 표토로 덮여 있었던 대지가 곧바로 황폐화의 길을 걸었다. 정착민이 처음 마소로 땅을 갈아엎은 후 농부들은 휴경도 없이 예리한 농기계로 계속 땅을 갈며 농작물

• 흙이 붙어 있는 상태로 뿌리째 떠낸 잔디의 조각.

을 재배했고, 1930년대에 들어서는 수년간의 극심한 가뭄과 흉작까지 겹쳐 상황이 더욱 악화됐다. 한때 대초원이었던 곳은 약 40만 4,700제곱킬로미터에 달하는 불모지로 변했고, 급기야 이 죽음의 땅이 희대의 먼지 폭풍 참사를 일으켰다. 이 먼지 폭풍은 뉴욕시까지 미쳤다. 이로써 미국의 심장부는 더스트 보울Dust Bowl로 불리게 됐다. 1935년 프랭클린 D. 루스벨트의 지도 아래 미 연방정부는 인간이 야기한 이 생태 재앙을 되돌리기 위해 토양보전국SCS을 설립했다.

이 신설 연방기관은 곧바로 현장조사를 시행했고, 과잉 경작의 위험에 대한 역사의 교훈을 재확인했다. 토양보전국 조사는 표토를 파괴하고 식생덮개를 벗겨내는 것이 땅의 자연 생식력과 수분 보유 능력을 망치고, 유익한 유기체를 죽여 토양의 생명 유지 시스템을 교란한다는 것을 증명했다. 결과적으로 이 연구는 연성과 생명이 사라진 토양은 바람과 물에 심하게 침식되면서 시간이 갈수록 생산성이 악화된다는 것을 보여주었다.

다행히 20세기 중반 무렵 토양보전국 연구는 농업 문제에 대한 해법도 발견했다. 해답은 자연의 지혜에 있었다. 가장 획기적인 연구 성과는 자연이 다양성을 통해 자가 재생한다는 것을 밝힌 일이었다. 농경지를 정기적으로 목초지로 바꾸고, 특히 토끼풀(클로버) 등 다양한 풀로 초지를 조성하면, 줄뿌림작물 재배로 인한 피해를 많은 부분 되돌릴 수 있다. 이런 목초지는 방목가축을 먹이는 동시에, 세대를 거듭해 식료 생산이 가능한 지속가능 영농시스템을 만든다.

토끼풀 같은 지피작물이 토양침식과 양분 유실을 막아 농사에 이득이 된다는 것은 이때도 이미 잘 알려져 있었다. 지면을 덮은 낙엽은 빗방울과 바람 같은 부식성 외력에서 토양을 보호한다. 또한 지면 아래에 얽히고설킨 실뿌리는 토양을 제자리에 고정하고, 토양 유기체를 부양하며, 물에 스펀지 같은 수로를 제공한다.

이 자연재생 시스템의 중심에 있는 것이 질소순환이다. 토끼풀 같은 콩류식물은 공기에서 질소를 흡수한다. 콩류식물은 뿌리혹에 살면서 식물 숙주와 공생하는 미생물의 도움을 받아 대기 중 비활성 질소를 생물학적 활성을 갖는 암모니아로 바꿔 질소를 '고정'한다. 이렇게 콩류식물과 미생물 연합체는 질소를 식물이 사용 가능한 형태로 만들어 토양에 묻는다. "일단 토양 유기물의 일부로 고정된 질소는 식물을 매개로 계속 순환한다. 즉 죽은 식물이 흙에서 부패하면서 새 식물로 이동한다. 이것을 가능하게 하는 것이 토양 미생물이다. 토양 미생물이 분비하는 효소가 대형 유기중합물을 아미노산 같은 용해성 유기화합물로 분해해 식물이 흡수해서 재사용할 수 있는 상태로 만든다."[44] 데이비드 몽고메리 교수에 따르면 질소는 대부분 이런 종류의 생물학적 고정을 통해 대기에서 토양으로 들어간다. 토양 미생물은 글로말린 생산에 중추 역할을 할 뿐 아니라 이렇게 질소 고정이라는 결정적 기능을 한다.

당시는 이 미세 거래들이 발견되기 전이지만, 토양보전국 연구는 풀과 콩류식물의 혼작이 토양의 비옥도, 유기물, 이경성易耕性● 을 회복시켜 해충과 잡초를 방제한다는 것을 보여주었다. 토양보

● 경운 난이도에 영향을 미치는 토양의 물리적 상태. 토양의 입단 안정도, 수분 함량, 통기 정도 등으로 결정된다.

전국의 현장조사에서 토양유실 방지에는 풀덮개가 줄뿌림작물보다 무려 200~2,000배나 효과적인 것으로 나타났다.[45]

토양보전국의 연구는 미국의 농업이 경제적·환경적 지속가능성이라는 새 시대의 여명기에 있다는 낙관론을 키웠다. 미국 농무부의 1948년도 농업 연감의 제목은 딱 한 단어였다. 풀. 이 연감은 다가오는 풀의 황금기를 홍보하며, 새로이 부상하는 '초지 철학'을 희망차게 개진했다.

당시 농무부장관 클린턴 P. 앤더슨은 1948년도 농업 연감 서문에서 풀을 "우리의 자연 동맹"이자 "농업 안보의 토대"로 불렀다. 또한 풀 기반 영농을 두고 국민 건강 증진의 방법이며, "홍수를 막는 도구이자 물 공급의 안전망"이라고 했다. 앤더슨은 다음과 같이 썼다.

> 제가 만난 많은 분이 초지를 일컬어 농업 안보의 토대라고 했습니다. 그들은 풀에 희망을 걸었고, 저도 마찬가지입니다. 우리는 보존농법, 다시 말해 좋은 농업, 다시 말해 번영과 협업을 믿습니다. 모든 것은 풀에 기반합니다. 풀은 그저 하나의 작물이 아닙니다. 초지농업은 작물을 일구고 삶을 일구는 좋은 방식이며, 토양을 이용하고 개량할 수 있는 제가 아는 최선의 방법입니다. 초지는 우리의 삶과 문명이 기대고 있는 곳입니다.[46]

이와 비슷한 시기에 미국농경학회 American Society of Agronomy의 전 회장인 H. D. 휴스가 《사료: 초지농업의 과학 Forages: The Science of Grassland Agriculture》이라는 두툼한 책을 썼다. 그는 이 책에서 "풀과

콩류식물이 토양을 조성하고 개량하고 보존하는 핵심 수단이라는 것은 이제 보편적으로 인정되는 사실"이라고 썼다.[47]

오늘날의 산업화된 식료 생산을 생각하면, 놀라운 진술이 아닐 수 없다. 이 진술은 두 가지 면에서 놀랍다. 즉, 이는 현대 토양학을 미리 내다본 통찰인 동시에 빗나간 낙관주의였다. 이런 말이 문서화될 무렵 역사적인 사건이 일어났고, 그 여파로 미국의 농업은 전혀 다른 방향으로 급선회해버렸다. 제2차 세계대전이 발발하자 미국에는 군수공장이 잔뜩 생겼다. 이 공장들은 종전과 함께 문을 닫는 대신 농약 제조 공장으로 전환됐다. 미국의 인공비료 사용이 순식간에 두 배로 뛰었다. 정부는 정책적으로 곡물 생산 극대화와 농약 사용을 보조하고 장려했다. 안타깝게도 이런 생산 촉진책은 영구 목초지, 농경지와 초지 윤환, 농경과 목축 병행, 초지 완충지대가 있을 자리를 일거에 허물었다. 풀에 대한 믿음은 농약에 대한 믿음으로 대체됐다.

이후 농업은 날로 전문화, 세분화했다. 인공 비타민D와 항생제 덕분에 가축을 24시간 실내에 가둬 키우는 것이 처음으로 가능해졌다. 가축의 야외 서식지는 이제 불필요해 보였고, 밀집사육 시스템이 대세가 되면서 아예 유기됐다. 농부들은 토질을 지키기 위한 완충장치, 즉 풀밭, 수목, 생울타리를 조성하는 대신 땅을 농장 울타리 끝에서 끝까지 갈아엎었다. 농약이 비옥도, 해충 방제, 잡초 억제의 구세주로 등장했다.

풀 중심 농법의 몰락은 수십억 마리 가축에게서 양질의 삶을 빼앗았다. 아울러 심각한 생태적 문제들을 야기했다. 수천, 수만 제곱킬로미터의 초지가 경작지로 바뀌고, 식생 완충장치가 사라지고 목초와 작물의 윤작이 사라지면서 토양과 물은 견고한 보호망을 잃었다. 오늘날 미국에서 농업은 지구온난화 유발 요소일 뿐 아니라 수질오염과 대기오염의 주범이다.

특히 우려스러운 것은 농업이 토양을 보호하지 못함에 따라 장차 우리의 식량 자급 능력을 보장할 수 없게 됐다는 것이다. 식량 생산은 수백만 년에 걸친 지질작용이 만들어놓은 토양에 의존한다. 하지만 미국의 토양은 지구가 만들어낼 수 있는 것보다 훨씬 빠른 속도로 비바람에 유실되고 있다. 학계는 연중 맨땅을 노출하는 농법으로 인해 지난 두 세기에 걸쳐 미국 표토의 30%가 유실됐다고 추산한다.[48] 데이비드 피먼텔 교수는 인구 과잉을 제외하면 토양침식이야말로 인류의 식량 자급 능력을 위협하는 최대 요인이라고 말했다.[49]

한편 미국의 비영리단체 환경워킹그룹EWG의 2011년도 보고서는 미국의 토양침식률이 실상은 "공식 추정치보다 몇 배나" 높다고 밝혔다.[50] "아이오와를 포함한 광대한 콘벨트Corn Belt●의 토양침식이 심각하다. 이 지역을 미국 최대의 곡창지대로 만든 비옥한 토양이 바람에 휩쓸리고 물에 씻겨 없어지고 있다." 이 보고서는 연방정부의 잘못된 장려책 때문에 농부들이 자연 보존에는 등 돌리고 계속 땅을 갈아엎는 데만 몰두하게 됐다고 비난한다. 거기에는 2007년 옥수수 에탄올 생산을 의무화한 에너지법을 제정한 것과 1985년에 채택됐던 역사적 토양보전책을 포기한 것도 포함된다.

걱정스럽게도 미국의 경운기들은 지금도 야초지들을 갈기갈기

● 미국 중서부에 걸쳐 형성된 옥수수재배 지역.

찢고 있다. 2013년 2월 《국립과학원회보》에 발표된 사우스다코타 주립대학교 연구진 보고서에 따르면, 2006~2011년에 사우스다코타, 노스다코타, 미네소타, 네브래스카, 아이오와의 농부들은 약 5,300제곱킬로미터의 초원을 갈아엎고 옥수수와 콩을 심었다. 연구진은 정부의 위성사진을 근거로 해당 지역에서 매년 최대 5.4%씩 토지용도 변화가 일어나고 있다고 밝혔다. 이는 개발도상국에서 일어나는 최악의 삼림 파괴 지역들과 유사한 수준이다. "2006년과 2011년 사이에 서부 콘벨트에서 약 4,000제곱킬로미터 이상의 천연초원이 개간돼 옥수수와 콩 경작지로 변했다. 1920년대에 처음으로 트랙터를 동원해 대평원지대Great Plains*의 토양을 부수기 시작한 이래 가장 급격한 초지 유실 속도였다."[51] 이 같은 농경지 팽창은 대개 연방정부의 곡물 기반 '바이오연료' 생산 장려책의 영향이 크다.[52] 국제자연보호협회TNC는 초지를 세계에게 가장 위태로운 생태계로 부르며 초지의 죽음을 기후변화의 최대 요인 중 하나로 꼽았다.[53]

이쯤에서 궁금해진다. 대중의 분노는 어디에 있는가? 강경 환경보호단체들인 오듀본협회Audubon Society와 국제자연보호협회가 수년 동안 미국 중심부의 임박한 생태 위기에 대해 경각심을 일깨우려 애썼다. 하지만 소용없었다. 그보다는 먼 나라의 숲이 베어지고 불태워지는 이미지에 훨씬 많은 지원과 관심이 쏠렸다.

캘리포니아 초원 역시 심각한 위험에 처해 있다. 몇 년 전 생물학자, 방목지 생태학자, 목장주, 정책홍보관이 스탠퍼드대학교에

---

* 북아메리카 로키 산맥 동쪽의 대평원. 캐나다에서 미국에 걸쳐 있다.

모였다. 나도 참석한 이날의 모임은 방목지의 생태학적 역할에 대한 정보를 공유하고, 방목장의 존속을 위협하는 문제들을 논의하기 위한 것이었다. 발표자들은 방목지들이 주택개발지, 상업용 부지, 포도원으로 끝없이 전환되고 있는 작금의 상황을 자세히 전했다. 최근에는 물을 많이 먹기로 유명한 작물인 아몬드가 우려 어린 관심을 모았다. 전형적인 사례를 하나 들자면 이렇다. 《새너제이 머큐리 뉴스San Jose Mercury News》의 보도에 따르면, 실리콘밸리에 본사를 둔 사모펀드 트리니타스Trinitas Partners가 캘리포니아주 스타니슬라우스 카운티에서 대대적인 토지 거래를 주도하며 이 지역 약 26제곱킬로미터의 "땅을 방목장에서 아몬드 밭으로 바꿀 것을 제안했다."54 스탠퍼드 모임은 남아 있는 초지를 보호하는 중요한 방법 중의 하나가 목축이라는 데 의견을 같이했다.

서식지 파괴, 물 낭비, 토양침식에 대한 우려를 차치하더라도 현재의 농법들은 머지않은 장래에 실행가능성과 지속가능성을 잃게 된다. 농약(비료, 살충제, 제초제) 제조는 화석연료 집약적 산업이다. 화석연료가 에너지 집약 생산 공정의 원료이자 동력으로 이용된다. 감금사육을 위한 축사와 비육장은 저렴하고 풍부한 화석연료에 심하게 의존한다. 감금사육은 기계화 설비를 사용할 뿐 아니라 줄뿌림작물을 사료로 쓰는데, 사료 생산과 장거리 운송에 또 많은 에너지가 들어간다. 화석연료가 흔하다고는 하나 언젠가는 바닥을 드러낼 유한 자원이며, 전문가들에 의하면 이미 반 이상 소진됐다. 우리에겐 시간이 없다. 아이오와의 토양학자이자 낙농업자인 프랜시스 시크 박사는 향후 10년 안에 극심한 유가 급등이 따를 것이며 이로 인해 화석연료 기반 농업 관행은 세계의 석유가 고갈되기 훨

씬 전에 이미 현실성을 잃을 것으로 내다봤다.[55]

시크의 평가는 토양학자인 랄과 스튜어트의 견해와도 다르지 않다. 두 학자의 연구보고서는 "집약 농업은 비료의 제조와 배송, 농장의 자동화 설비 가동을 위한 에너지 수요가 엄청나기 때문에 태생부터 에너지시장에 목이 걸려 있다 해도 과언이 아니다"라고 말한다. 두 학자에 따르면, 2008년 원유 가격이 단 6개월 만에 배럴당 약 148달러로 세 배 폭등했을 때 이미 세계는 앞으로 닥칠 문제를 맛보기로 체험했다.[56]

재생농업을 복원하자

지속가능한 식량 생산을 위한 새로운 정책과 참신한 사고방식이 절실히 요구되는 때다. 내일의 농업이 오늘의 것과 같을 수는 없다. 온전한 변화가 시급하다. 하이테크 '솔루션들'이 농업 문제의 해법으로 꾸준히 광고된다. 하지만 미국은 번쩍이는 첨단기술에 광적으로 매달리거나 미래의 환경 위기와 석유 위기에 단편적으로 대응하기보다 지금부터 화석연료 기반 농업에서 벗어나 풀 기반 농업으로 향하는 신중하고 정연한 전환을 시작해야 한다.

그렇다, 풀.

전환의 시작을 위해 미 의회는 1985년에 만든 토양 보전 기준의 재도입부터 추진해야 한다. 또한 영농보조금을 천연자원 보존과 연계하는 미래지향적 법안도 마련해야 한다. 환경워킹그룹의 〈입지 상실Losing Ground〉 보고서 권고처럼, "정부보조금은 국민의 세금이다. (…) 우리는 매년 수십억 달러씩 받는 보조금의 대가로 농업에게 토양과 수자원을 보호할 것을 요구해야 한다." 무엇보다 농경지와 초지의 윤환, 덮개작물 재배, 풀 완충장치 재건이 급선무다. 이는 초지를 경작지로 전환하지 않고 유지하는 농가에게 장려금을 지급하는 보전유보제도CRP에 대한 전면적 시행을 요한다.

농업 보조금과 장려금은 전반적으로 풀을 부양해야 한다. 경작지를 초지로 전환하는 농가는 손해가 아니라 보상을 받아야 한다. 농약 대신 덮개작물을 이용하고, 풀 완충장치를 조성하고 유지하는 데 따른 장려금을 받아야 한다. 가축의 고통을 줄이고, 안전하고 영양가 높은 식료를 생산하고, 수자원을 보호하고, 토양을 재건하기 위해서는 모든 농장동물, 특히 소처럼 풀을 뜯는 동물들이 축사와 비육장을 나와 초지로 돌아가야 한다. 연방정부와 주정부들의 농업 지원책은 이 방향의 전환을 지원해야 한다.

농약 이용과 달리, 풀을 이용한 토양 비옥도 증대와 해충 방제는 생물학적 과정이다. 이러한 친환경 수정 접근법의 일환으로, 곤충과의 전쟁도 멈춰야 한다. 전직 미국 농무부 소속 곤충학자이자 현직 농부인 조너선 룬드그린은 곤충의 대량 감소에 깊은 우려를 표한다. "곤충의 종말이 현실로 다가왔습니다." 곤충 다양성은 생태계가 제대로 기능하기 위한 필수 요소다. 2020년 초 룬드그린은 이렇게 경고했다. "우리는 최근 20년 동안 곤충 생물량의 70%를 잃었습니다." 이에 대한 책임은 대개 잘못된 현행 농법에 있다. 농약 사용이 주원인이다. 자연의 복잡성 파괴도 문제다. "농업은 심하게, 지나치게 단순화돼 있습니다." 룬드그린에 따르면 해결책은 다양성과 복잡성이 보장된, 보다 자연을 닮은 영농시스템을 구축하는 것이다. 복잡성을 살리려면 농장동물들이 필요하다. 예를 들어,

거름은 각종 벌레들의 서식지다. 사우스다코타의 소똥 연구에서 172종의 곤충이 발견됐고, 캐나다 연구진은 무려 450종을 밝혀냈다. 특히 쇠똥구리가 중요하다. 룬드그린은 쇠똥구리를 핵심종이라 부른다. "쇠똥구리는 해당 생태계의 다양성 유지에 결정적인 역할을 합니다." 그가 말한다. "자연은 단일재배를 혐오합니다. 생물다양성이 곧 생명입니다."[57]

인공비료, 살충제, 살진균제에 기반한 농업은 다양성을 파괴한다. 하지만 그로 인한 자연 파괴, 오염, 기후변화 같은 악영향은 생산물의 가격표에 포함돼 있지 않다. 즉 현행 주류 농업은 '외부화된 비용'에 의존한다. 그 울타리 너머 이웃의 마당에는 쓰레기를 버리는 것과 같다. 인류에게는 물론이고 먹이사슬을 따라 동물과 생태에 줄줄이 문제를 일으키면서 이를 못 본 척하는 것과 같다. 오늘날, 사람들은 정보와 투명성을 원한다. 식량 생산의 오랜 블랙박스도 그걸 막지는 못한다. 이제는 식량 생산의 진정한 비용 계산을 해봐야 할 때다.[58]

우리의 푸드시스템은 천연자원을 관리, 보전, 재생하는 역할을 해야 한다. 풀을 활용하면 환경오염과 토양침식을 유발하는 기존 농경 모델에서 탈피할 수 있다. 최소한의 화학약품만으로 초지 생식력을 높이고 해충을 막을 수 있다. 방목을 통해 가축을 보다 건강하고 행복하게 길러 결과적으로 보다 영양 높은 식료를 제공할 수 있다. 아름다운 경관과 건강한 생태계를 재건할 수 있다. 그 과정이 곧 토양을 되살리고 탄소를 격리하는 과정이다. 요컨대 우리에겐 우리의 몸과 정신과 지구에 유익한 방식으로 가축과 작물을 기를 방법이 있다.

화학약품과 기계설비가 아니라 풀이 우리 먹거리의 토대여야 한다. 엄청난 전환이지만 꼭 필요한 전환이다. 지금의 농업 모델은 착취 산업이다. 토양을 죽이고 침식하고, 물을 오염하고 낭비한다. 반면 풀을 핵심 요소로 삼는 재생농업은 자연의 끝없는 복원 순환을 그대로 반영한다.

풀 기반 농업이 미국의 가축 수 감소로 이어질 수도 있다.(가축 관리와 덮개작물 조성을 위해) 노동력 수요가 늘어날 수도 있다. 즉 고용이 늘겠지만 생산비도 높아진다. 또한 땅을 빈틈없이 경작지로 쓰던 때에 비해 경작 면적이 줄기 때문에 단기적으로 농가 수입 손실이 일어날 수 있다.(농사의 대부분이 소유지가 아니라 임차지에서 이루어지는 지금의 구조는 농민의 경제적 이익과 환경 보존 혜택을 분리하기 때문에 건전한 구조로 볼 수 없다.)

하지만 석유의 유한성을 생각할 때 화석연료 기반 농업에서 벗어나는 것은 필요하고 불가피한 일이다. 농업이 화석연료에서 탈피하면 소 같은 방목동물이 중심 역할을 하게 된다. 동물들의 몸이 토양 미생물의 활동에 촉매작용을 해서 초지를 건강하게 유지한다. 건강한 초지는 효율적이고 안정적으로 태양에너지를 영양 많은 음식과 음료로 바꾼다. 풀 기반 농업이라는 중단됐던 꿈을 이번에는 제대로 실현할 때다.

3

물, 오염과 부족은 소 탓이 아니다

미래의 전쟁은 석유가 아니라 물 때문에 일어난다고 한다. 이 예언이 맞든 틀리든 인간의 생존에 물의 중요성을 의심하는 사람은 아무도 없다. 인간의 몸은 60%가 물이다. 우리는 물 없이 사흘 넘게 버틸 수 없다. 마찬가지로 식량 생산도 물 공급에 전적으로 의존한다. 진정한 재생 푸드시스템은 현명한 관리를 통해 물을 늘 원래대로 깨끗하고 풍부하게 유지하는 시스템이다.

하지만 현실은 그렇지 못하다. 현대 농업은 많은 면에서 물을 망치고 있다. 매해 산업형 농업의 수질오염과 물 낭비를 고발하는 책, 기사, 논문이 쏟아진다. 미국 환경보호청은 이미 농업을 미국 수질오염의 최대 원인으로 선언했다. 환경보호청은 하천오염의 60%(오염 하천의 총 길이 기준)와 호수오염의 절반(오염 호수의 총면적 기준)의 책임이 미국 농업이 유출하는 침전물, 비료 양분, 병원균, 화학약품에 있다고 밝혔다. 농지 유출물은 재앙을 초래한다. 미시시피강 유역의 작물생산에 사용된 비료 성분이 멕시코만으로 흘러들어 뉴저지주 크기의 데드존dead zone●을 만들었다.[1]

소고기 생산도 때로 수질오염의 원인으로 꼽힌다. 특히 수자원 낭비 요인으로 지목될 때가 많다. 사람들은 말한다. 소고기 약 450그램을 생산하는 데 얼마나 많은 물이 드는지 들어봤는가? 들어봤다. 그것도 수없이 들었다. 그리고 이 발언은 오늘날의 물 부족 세계에서 소가 있을 자리는 더 이상 없다는 결론으로 이어진다. 이것이 내가 한때 소고기를 끊었던 이유 중 하나이기도 했다. 하지만 이미 앞 장에서 봤다시피 소가 토양과 기후에 미치는 영향은 사육

● 산소가 부족해져 생물이 살 수 없는 죽음의 해역.

방식에 따라 극적으로 달라진다. 물에 관해서도 마찬가지다. "문제는 소가 아니라 방법"이다.

이런 이슈들이 내가 수질 전문 환경변호사로 일할 당시에 첨예하게 대두했다. 나는 미시간대학교 로스쿨을 졸업한 후 노스캐롤라이나 더럼의 지방검사보로 법조 생활을 시작했고, 이후 고향 미시건주 캘러머주로 돌아와 개인 법률사무소에서 일했다. 그러다 5년 후 오대호 보호를 목적으로 하는 미시건주 앤아버 소재 미국야생연맹National Wildlife Federation으로 이직했다. 내 시간의 대부분은 수질보호 관련 법규와 규정 강화, 제정을 촉구하는 데 쓰였다.

2000년, 로버트 F. 케네디 주니어가 나를 국제 환경단체 워터키퍼 얼라이언스Waterkeeper Alliance로 영입했다. 워터키퍼는 각지의 수역 보호에 힘쓰는 지역단체들 국제 네트워크다. 이 무렵 많은 지역에서 농업, 특히 공장식 양돈과 양계가 수질오염의 최대 원흉이라는 지적이 빗발쳤다. 감금사육 축사의 유출물과 폐수로 인한 녹조 현상, 어류 폐사, 해변 폐쇄, 지하수 오염이 곳곳에서 일상적으로 보고됐다. 수질오염방지법은 명시적으로 '밀집사육 시설CAFOs'을 대상으로 한다. 하지만 이 법은 주정부 차원에서도 연방정부 차원에서도 집행된 적이 거의 없었다. 내게 떨어진 임무는 그것을 바꾸는 것이었다.

로버트는 내게 밀집사육의 오염과 싸우기 위한 '캠페인'에 착수할 임무를 맡겼다. 나는 처음에는 망설였다. 날이면 날마다 가축분뇨에 즐겁게 집중할 자신이 없었다. 그러다 공장식 양돈 농장이 넘쳐나는 미주리와 노스캐롤라이나의 지역사회를 방문하게 됐다. 그곳에는 평생 살아온 집이지만 이제는 사방에서 진동하는 악취 때문에 더는 포치에 나와 앉아 있을 수도, 밖에 빨래를 널 수도 없이 고통받는 사람들이 있었다. 모두 대단한 경제력도, 정치적 영향력도 없이 열심히 일하는 시골 사람들이었다.

나는 생기라곤 찾아볼 수 없는 자동화 축사의 금속 벽과 콘크리트 바닥이 원래의 목가적 풍경들을 어떻게 망쳐놓았는지 보았다. 그것들은 농장이 아니었다. 감옥이었다. 줄줄이 늘어선 이 삭막한 구조물 안에 지각이 있는 동물이 수천 마리씩 갇혀 있었다. 나는 축사단지 뒤에서 부글대며 썩어가는 거대한 액화분뇨 라군을 보았고, 그 냄새를 맡았다. 가축분뇨가 지역의 시내와 강으로 유입됐고, 그런 하천에는 조류가 이상 증식해 다량의 산소를 소비하는 바람에 주기적으로 물고기가 대량 폐사했다.

농민이 대부분인 지역사회 구성원이 탄원서를 쓰고, 공청회 진술, 항의 시위, 심지어 해당 지역 국회의원에게 하소연을 하는 등, 할 수 있는 모든 수단을 동원해 문제 해결을 요구했다. 하지만 지역을 대표하는 의원들은 주민의 항의를 귓등으로 흘리고 아무 도움도 주지 않았다. 나는 어느새 이 싸움에 동참하고 싶은 욕망을 느꼈다.

내가 목격한 것은 20세기 중반에 시작된 급진적 농업 구조 개편의 결과였다. 예전에는 닭, 칠면조, 돼지는 몇 마리씩 소규모로 인간과 함께 살았다. 이들은 낮에는 밖을 돌아다니며 먹이를 찾고, 밤에는 헛간에서 보호와 안락함을 제공받았다. 가축은 거의 모든 농가에 있었고, 전국에 널리 퍼져 있었다. 하지만 정부시책의 변화가 풀의 실종만 야기한 게 아니었다. 정책 변화를 뒷배 삼아 새로운 약물과 기술로 무장한 소수의 탐욕스런 기업이 농장동물을 땅에서 떼어내 금속 축사 속에 빽빽이 가뒀다. 특히 땅값이 낮았던 곳에 밀집사육 시설이 우후죽순으로 생겨났다. 가축이 야외에서 자연스럽게 뜯던 먹이는 먼 곳에서 재배되고 운송되는 농축사료로 대체됐다. (아이오와에 이어) 미국에서 두 번째로 큰 노스캐롤라이나의 양돈산업은 매일 중서부에서 열차로 수송되는 옥수수에 기반한다. 양돈과 양계를 감금사육 사업으로 바꾼 기업들은 사료산업에도 막대한 투자를 했다.[2] 수십 개 애그리비즈니스 기업들이 끝없이 세를 불리면서, 한때 수백만 자영농가와 목장에 두루 흩어져 있던 가축과 가금류의 소유권은 녹아 없어졌다.

밀집사육에 따른 스트레스와 권태, 햇빛과 신선한 공기와 운동의 결핍은 얼마 안 가 가금류와 돼지의 발병률과 사망률 폭등으로 이어졌다.[3] 그래서 매일 사료에 항생제를 첨가하는 일이 일상화됐다. 약물의 용도는 불쌍한 동물들을 살 수 없는 비참한 조건 속에서도 살아 있게 하는 것이었다. 설상가상으로 미국 농무부는 항생제가 가축 성장을 촉진한다는 연구결과를 내놓았다. 농무부는 축산농에게 약물 사용을 적극 홍보하며 가축을 더 빨리 시장에 내놓을 것을 독려했다. 이 같은 관행의 채택과 번성이 가능했던 것은 대중의 인식 부족, 잘못된 공공정책, 정부의 관리감독 소홀 탓이었다.

워터키퍼에서 내가 맡은 일은 항생제의 오남용과 공장식 축산의 오염과의 싸움에 풀타임으로 참전하는 것이었다. 나는 활동가를 지원하고, 축산 위기에 대해 대중의 관심을 불러일으키고, 오염 유발 기업을 고소하고, 정부에 관련 법령과 규정의 개선과 집행을 촉구했다. 나는 이 도전에 정면으로 뛰어들었다. 전국을 여행하며 분뇨의 유출 및 누출의 후속 효과를 조사하는 과정에서 나는 많은 활동가와 전문가를 인터뷰했다. 그중에는 일반 시민 봉사자도 있었다. 그들은 담수생물학자, 역학자, 사회학자와 연대해 사람, 동물, 환경을 병들게 하는 영향들을 면밀히 기록하고 있었다. 아울러 나는 가축 감금사육과 관련된 수질·토양·대기오염과 인간의 신체적·정신적 건강문제를 다룬 수천 건의 기사와 논문을 읽었다. 우리는 축사 인근의 주민을 모아 조직하고, 그들에게 정보를 제공하고, 그들을 뜻을 같이 하는 활동가와 전문가에게 연결했다. 곧이어 나는 동료들과 함께 노스캐롤라이나의 대규모 양돈업체에 대한 소송 준비에 들어갔다.

법률조사 중에 나는 1972년에 통과된 획기적 청정수법, 즉 오폐수를 바다에 버리는 것을 금한 일명 연방물법에 주목했다. 이 법에 축산과 양계에 일어난 근본적 변화에 대한 위기의식이 고스란히 담겨 있었다. 당시의 의회도 공장식 밀집사육이라는 새로운 방식이 우리의 수자원에 심각한 위협이라는 것을 인지하고 있었다. 이는 전통적 풀 기반 농법에서는 없었던 위협이었다. 연방의회 의사록에 의하면 당시 캔자스주 상원의원 로버트 돌이 다음과 같은 성명을 냈다.

가축과 가금류 폐기물은 최근까지 주요 오염물질로 간주되지 않았다. 그러나 비육장과 현대식 축사를 이용한 가축과 가금류의 집중 생산 방식이 주류가 되면서 좁은 지역에 가축분뇨가 엄청나게 집적됐고, 이로써 상황이 극적인 변화를 맞았다. 상황은 토양과 식물덮개의 재생 능력을 넘어섰다. (…) 가축과 가금류 생산의 현재 상황과 향후 전망을 보건대, 집중사육 지역에서 발생하는 축산 폐기물이 지표수와 지하수에 심

각한 피해를 야기하는 것을 막기 위한 폐기물 관리시스템의 도입이 시급하다.[4]

이후 내가 주도한 워터키퍼 캠페인은 청정수법과 기타 환경법에 의거해 밀집사육 양돈업체의 오염 행태에 대한 제소에 착수했다.

이 일에서 내가 좋아했던 부분은 전통 방식으로 훌륭히 운영되는 농장과 목장을 방문하는 일이었다. 정상적이고 자연스러운 삶을 영위하는 동물을 보면 기쁨과 안도감을 느꼈다. 동물들이 풀이 무성한 목초지에서 즐겁게 뛰어놀고, 물을 담은 여물통에서 자리를 다투고, 햇빛 아래 누워 있었다. 내가 어릴 적부터 마음에 품고 있던 농장 이미지 그대로였다. 농장주와 목장주는 이 동물들을 돌보며 하루의 많은 부분을 바깥에서 보냈다. 그들은 지역의 기후와 생태의 전문가였다. 거기서는 재생주기가 확연히 보였다. 동물들이 밭에서 풀을 뜯고, 그들의 똥오줌이 곧장 땅으로 가고, 같은 땅에 그들이 먹을 목초와 잘 때 깔 짚이 자란다. 구석구석 야생 동식물이 번성했다.

하지만 내가 이런 재생농법 농장을 방문하는 일은 흔치 않았고, 대개는 공장식 농업단지와 씨름했다. 중요한 일을 한다는 보람도 있고 의욕도 났지만 맥이 빠지기도 했다. 개혁을 막는 장애물들은 난공불락으로 보였다. 정치적 영향력이 막강한 이익집단들—식품산업, 화학회사, 애그리비즈니스, 제약업계—은 현상 유지를 위해 막대한 돈을 투자했고, 그들의 방식을 바꾸려는 어떠한 시도도 공격적으로 밟았다. 공장식사육 시설은 추하고 악취가 진동하는, 가까이하고 싶지 않은 곳이었다. 인부와 가축이 축사 안에 갇혀 역겨운 공기를 함께 흡입하고 있었다. 빽빽이 갇혀서 자기 분뇨에 절은 동물들은 무기력하기 짝이 없었다. 가금류 배설물이 산처럼 쌓여 썩어가고, 양돈 축사의 거대한 라군에서는 액화분뇨가 부글댔다. 주위를 둘러싼 3~4미터 높이의 철책에는 시뻘건 '접근금지' 표지판이 붙어 있었다.

이 시설들은 역겹기만 한 게 아니라 실제로 청정수를 끊임없이 위협한다. 정원을 가꿔본 사람은 식물재배에 거름이 얼마나 유용한지 잘 안다. 가축이나 가금류를 적당한 규모로 건강하게 기르는 전통 농장에서는 동물 분뇨가 경제적, 생태적으로 대체 불가한 자산이다. 앞서 말했듯 땅에 환원된 분뇨는 토양에 활기와 재생력을 준다. 토양침식을 줄이고, 땅이 수분과 탄소를 보유하는 능력을 확장한다. 가축분뇨는 사료작물을 포함한 농작물을 매년 재배할 수 있게 해준다.

피먼텔 부부의 역작 《식량, 에너지, 사회》는 "가축분뇨는 적절히 사용하면 농업시스템의 생물량과 생물다양성을 늘리는 귀중한 자원"이 될 수 있다고 말한다.[5] 좀 더 구체적으로 말하자면 거름 투입은 토양 유기체의 생물다양성을 높인다. 구소련의 연구에서 실험용 밀밭에 유기비료를 투입했을 때 (벌레와 곤충 같은) 대형 토양생물의 종다양성이 16% 증가했다. 일본에서도 초지에 유기비료를 첨가하자 토양 유기체의 종다양성이 전체적으로 두 배 이상 증가했다. 헝가리 농지에서는 거름 투입 후 토양 유기체 다양성이 열 배나 증가했다.[6] 다양성과 활기가 넘치는 토양생태계는 곧 비옥함, 물, 탄소격리를 의미한다.

캔자스에 본부를 둔 랜드 연구소의 설립자 웨스 잭슨은 "가축분뇨는 토양 유지에 엄청난 효과를 낸다"고 말한다. "비의 충격과 수분 자체를 스펀지처럼 흡수한다." 그가 인용한 아이오와주의 연구에 따르면 9%의 경사면에 16톤의 거름을 투입했더니 토양 손실이 17톤 이상 감소했다.[7]

반면 돌 상원의원이 수십 년 전에 지적했듯 공장식 축산과 양계는 분뇨를 생태 지킴이에서 오염원으로, 경제적 자산에서 부채로 만든다. 문제는 밀집사육이다. 공장식사육의 밀집 정도는 상상을 초월한다. 과거 암탉의 일반적 사육 규모는 열 마리가 조금 넘는 정도였지만, 공장식 양계 시설은 흔히 백만 마리 넘게 수용한다. 전통적 양돈 농가에는 돼지가 24마리 정도 있었지만, 지금의 감금사육 시설은 대개 수만 마리씩 수용한다. 이처럼 많은 동물이 좁은 공간에 갇혀 있는 상황에서 시설을 환경과 조화롭게 유지하는 것은 애초에 불가능하다.

공장식사육의 폐기물은 부패와 감염 그 자체다. 동물을 축사에 꽉꽉 채워놓으면 질병이 만연하는 것을 피할 수 없다. 그렇다 보니 병원균 감염을 막기 위해 사료에 항생제를 투여하고, 매일 항생제를 먹이다 보니 항생제 내성균이 창궐하고, 결과적으로 거름으로도 쓰지 못할 축산 폐기물이 막대하게 쌓이는 악순환이 이어진다. 노스캐롤라이나주립대학교의 수질과학자 조앤 버크홀더 박사의 연구에 따르면 일반적으로 감금사육 돼지의 배설물은 중금속, 호르몬, 살충제, 병원균을 포함한 수백 가지 오염물질을 함유한다.[8]

이 방대한 양의 축산 폐기물이 문제의 온상이다. 폐기물은 (닭과 칠면조 사육의 경우) 산처럼 쌓여 악취를 뿜어내고, (돼지고기, 유제품, 송아지고기, 달걀 생산의 경우) 축구장 크기의 액화분뇨 라군에 모여 썩어간다. 이렇게 거대하게 집적된 분뇨는 종종 지하수로 스며들고, 지표수로 유입되고, 끝없이 대기 중으로 오염물질을 방출한다. 축산폐수 침출이 만연하다 보니 심지어 주 법으로 일정량의 유출을 허용하기도 한다. 예를 들어 아이오와주에서는 약 2만 8,000제곱미터 규모 라군을 기준으로 미처리 폐기물을 매년 최대 1600만 리터까지 유출할 수 있다. 하지만 이런 허용치에도 불구하고 주정부의 라군 실태조사 결과, 반 이상에서 법적 한도를 초과한 유출이 일어나고 있었다.[9] 그럼 축적된 분뇨는 어디로 갈까? 가축 배설물은 결국 인근 토지에 버려진다. 이 폐기 규모가 식생과 토양의 흡수 능력을 압도하기 때문에 오염된 유출물로 인한 수질오염이 가중된다.

수질오염 문제는 감금사육의 투입 측면에서도 발생한다. 감금사육이란 동물이 밖에서 풀을 뜯거나 먹이를 찾을 수 없다는 뜻이다. 이는 명백한 동물 학대이며, 영양이 떨어지는 식료를 내기 때문에 인간에게도 좋지 않다. 무엇보다 환경파괴를 심화한다. 감금사육은 사료를 전면 외부 조달하기 때문이다. 현재 미국의 경우 약 55%의 곡물이 감금사육용 사료로 투입된다.[10] 옥수수와 콩 농사는 경운, 식재, (때로) 관개, 수확, 건조, 운송을 수반한다. 농작물 생산은 에너지 집약적 산업이며, 토양침식의 주요 원인이자 농업 온실가스의 주요 발생원이다.

데이비드 피먼텔 교수에 따르면 미국에서 "옥수수 생산이 다른 어느 작물보다 토양침식을 많이 일으킨다."[11] 관개수를 이용한 작물생산은 하천의 물줄기를 바꾸고 지하수를 고갈시킨다. "더욱이 옥수수 생산은 미국의 다른 어느 작물보다 제초제와 살충제를 많이 쓰고, 따라서 다른 어느 작물보다 수질오염을 많이 유발한다.

옥수수 농사는 지하수와 하천 오염의 주원인이다."[12] 옥수수 농사에는 화학비료도 비할 수 없이 많이 들어간다. 최근 정부자료에 의하면 옥수수 경작지의 약 97%가 인공비료로 재배한다.[13] 멕시코만의 데드존이 미국의 농작물 생산, 특히 옥수수와 콩 농사로 인한 막대한 수질오염 문제를 극명하게 보여준다.

사료 없이도 잘 자라는 소

돼지, 칠면조, 닭은 잡식동물이다. 어느 정도는 사료를 줄 수밖에 없다. 하지만 소, 양, 염소, 들소는 사료를 거의 또는 전혀 주지 않고 단지 방목으로만 키울 수 있다. 풀만 먹고 자란 동물이 훨씬 건강한 식료를 생산하고 생태계에도 훨씬 기여한다는 연구결과가 쌓이고 있다.

2011년 미국 농무부 과학자들이 풀 기반 낙농장의 장점을 조사했다.[14] 일단 연구진은 완전한 감금사육부터 완전한 목초지사육까지 네 가지 유형의 낙농 모델을 상세 정의했다. 그다음 각각의 낙농 유형에 대해 대기오염, 토양침식, 수질오염을 포함한 주요 환경변수를 추산했다. 아울러 살충제의 1차 생산과 2차 생산에 따른 주요 온실가스(이산화탄소, 메탄, 아산화질소) 배출량도 추산했다.

그 결과 풀 기반 낙농이 모든 면에서 환경에 좋은 것으로, 특히 토양과 물 보호에 뛰어난 것으로 나타났다. 고생산 젖소를 연중 헛간에 가두고 옥수수와 알팔파사료를 먹일 경우 사료재배로 인해 1만 제곱미터당 평균 약 2,835킬로그램의 침전물 침식이 일어났다. 반면 소를 여러해살이풀 초지에서 방목하며 필요할 때만 시판 사료를 공급하는 경우는 침전물 침식이 87% 감소했다. 수질오염의 주원인인 인의 유출도 25% 감소했다.

놀랄 것도 없이 풀 기반 농장의 탄소격리량도 훨씬 높았다. "사료작물을 재배하던 밭을 방목을 위한 여러해살이풀 초지로 전환하자 탄소격리 수준이 0에서 1만여 제곱미터당 연간 약 3,855킬로그램까지 상승했다." 이 연구는 경작지의 초지 전환으로 "토양에 다량의 탄소를 축적하고, 20~30년에 걸쳐 탄소발자국을 상당히 줄일 수 있다"는 결론을 내렸다.

식료 생산의 진정한 비용 계산은 투입, 산출, 비의도적 결과, 후속 효과를 모두 반영하는 계산이다. 이러한 총체적 접근만이 식품의 생태발자국을 평가하는 유일하게 합리적인 방법이다. 진정한 비용 계산이 되려면 탄소격리가 탄소 발생을 얼마나 상쇄하는지도 고려해야 한다. (화이트오크 목장처럼) 잘 관리되는 소 목장에 대한 최근의 연구는 소고기 생산이 '탄소 중립'을 능가할 수도 있음을 보여준다.

하지만 탄소격리를 감안하지 않아도 풀 기반 낙농의 경우 메탄, 아산화질소, 이산화탄소의 온실가스 총 배출량이 감금사육 시스템보다 8% 낮았다. 암모니아 배출량은 무려 30% 낮았다. 연구진은 소를 야외에 두는 것이 농장 설비에 드는 연료 사용과 그에 따른 이산화탄소 배출을 줄인다는 것을 확인했다. 사료용 작물을 대량으로 재배하고 수확할 필요가 없기 때문이었다. "소를 연중 밖에 두었을 때 농장 온실가스의 평균 순배출량은 약 10% 감소했다."

연구진은 네 가지 낙농시스템 각각에서 생산되는 우유 1파운드(약 453그램)당 탄소발자국을 계산했다. 그 결과 연중 야외에서 방목하며 잘 관리한 젖소의 탄소발자국이 일반 감금사육 젖소보다 6% 적었다. 감금사육 소가 방목 소보다 개체수도 우유 생산량도 훨씬 많았는데도 이런 결과가 나왔다. "감금사육 젖소는 매년 약 1만 킬로그램의 우유를 생산한 데 비해 방목 젖소는 5,900킬로그램만 생산했다. 하지만 두 가지 시스템에서 생산된 유단백질과 유지방의 총량은 기본적으로 같았다. 방목 젖소가 단백질과 지방이 더 풍부한 우유를 생산했다는 뜻이다. 또한 방목시스템이 동일 면적의 땅에서 더 많은 (홀스타인/저지 교배종) 젖소를 부양했다."

감금사육 시스템의 확산은 기계와 기술이 인간의 노동력을 대체하는 추세와 맞물려 일어났다. 1945~1994년에 농장과 목장의 노동력이 기계와 화학약품에 밀려나면서 농업의 에너지 총 사용량이 400% 이상 급증했다.[15] 화석연료는 농업에 직접적·간접적으로 투입된다. 농업용 에너지의 약 60%가 기계화 설비와 차량을 돌리는 데 들어간다.[16] 일단 사료 생산에 경운, 식재, 농약 살포, 수확, 농작물 건조를 위한 기계화 장치와 차량이 동원된다. 여기에 사육 자체를 위한 자동화 설비들—급수기, 사료 공급기, 배설물 세척시스템, 환기시스템, 분뇨 처리 및 퇴비 살포 장치 등—이 줄줄이 가세한다.

미국 농업에 투입되는 에너지의 나머지 40%는 간접적으로 사용된다. 즉 농약 제조를 위한 원료이자 연료로 들어간다.[17] 인공비료는 1830년에 발명됐지만 한 세기 동안 거의 사용되지 않았다. 그러다 제2차 세계대전 말에 군수공장들이 화학비료 공장으로 전환되면서 상황이 바뀌었다. 1930~1945년 사이 미국 내 비료 사용량이 두 배로 뛰었고, 세계적으로도 농약 사용이 폭증했다. "특히 선진국에서 화석연료 수급이 용이해진 1950년경 이후, 비료, 살충제, 관개의 이용이 전 세계적으로 20배에서 50배까지 급증했다."[18]

2004년 미국 농부들은 2300만 톤의 화학비료와 약 50만 톤의 제초제, 살충제, 살진균제를 미국 땅에 뿌렸다. 2014년 농업 총조사에 따르면 미국 농업은 약 99만 9,600제곱킬로미터에 인공비료, 약 115만 3,400제곱킬로미터에 화학제초제, 약 40만 4,700제곱킬로미터에 화학살충제, 약 14만 1,600제곱킬로미터에 농작물 질병 방지 농약, 약 5만 6,700제곱킬로미터에 선충 방지 농약을 사용했다. 앞서 언급했듯 미국의 농업에서 농약의 압도적 최대 사용처는 역시 옥수수 농사였다.[19]

농약은 토양의 글로말린 감소를 비롯해 수많은 부작용을 낳는다. 또한 심각한 수질오염을 일으킨다. 미국 지질조사국USGS이 1992년부터 2001년까지 10년에 걸쳐 미국의 하천 및 지표수의 수질에 대해 역사상 가장 포괄적인 분석을 시행했다. 결과는 놀라웠다. "조사대상 모든 하천에서 최소 한 가지의 살충제가 검출됐다."[20] 1992년에 금지된 살충제 DDT도 (다른 잔류성 농약과 함께) 하상 퇴적물 샘플 대부분과 어육 샘플 절반 이상에서 발견됐다. 지질조사국 보고서에 따르면 "유기염소계 농약 대부분은 이 조사가 시작되기 전에 사용이 중단됐지만 지금까지 계속 검출된다. 이는 농약의 환경 내 지속성을 보여준다."[21] 지하수에서도 농업지역과 도시지역 모두에서 살충제가 검출됐다. 얕은 우물의 경우 "50% 이상에서 한 가지 이상의 살충제 화합물이 검출됐다."[22] 시골 지역에서는 우물이 유일한 수원인 경우가 많기 때문에 우물 오염은 인간 건강에 심각한 위협이 된다.

한편 농약이 토양에 미치는 파급효과에 대해서는 자세히 알려지지 않았다. 분명한 건 농약이 토양생태계의 복잡다단한 생물학적 거래망을 교란한다는 것이다. 토양학자 크리스틴 니컬스 박사는 미국 농무부 재임 시절 상업용 인산염비료가 글로말린 생성을 방해한다는 것을 입증했다. 또한 박사는 살충제와 살진균제가 유익한 토양 유기체까지 무차별적으로 죽인다고 경고했다.[23] 알다시피 토양 미생물은 수분 보유, 비옥도, 탄소격리 같은 토양의 기능에 필수적이다. 토양이 이상적으로 기능하려면 농약 사용이 최소화되어야 하고, 이는 의심의 여지 없는 사실이다.

공장식 축산 자체도 막대한 양의 수질오염을 직접 야기하며, 거기에는 의약품에 의한 오염도 포함된다. 2011년 미식품의약국(이하 FDA) 보고에 따르면, 매년 미국에서 사용되는 항생제의 80%가 가축과 가금류에게 쓰인다. FDA는 그 80% 중 90% 이상이 동물에게 비非치료용으로 투여된다고 밝혔다. (항생제가 동물의 성장을 촉진하기 때문에) 사료비를 줄이고, 과밀 사육 환경에서 빈번히 발생하는 전염병을 막을 목적으로 사료와 물에 항생제를 첨가하는 것이다. 하지만 동물에게 먹이는 항생제의 최대 75%가 성분 변화 없이 동물의 몸을 통과해 똥오줌으로 배출되고, 이는 고스란히 환경으로 쏟아진다.[24] 가축에 사용된 항생제는 환경과 육류로 들어가 이와 접촉한 야생생물과 인간에게 광범위하게 악영향을 끼친다. 공중보건 및 의료 기관들은 오래전부터 이런 항생제 남용이 전 세계적 항생제 내성 증가의 원인이 된다고 경고해왔다.[25]

이렇게 지질조사국의 역사적 지표수 조사를 통해 항생제 남용에 따른 수질오염이 만연하다는 사실이 확인됐다. 조사보고서에 따르면 "계량해서 계획적으로 방출하는 농약과 달리, 의약품 잔류물은 이를 처리하게끔 설계되지 못한 폐수처리 시설을 계량 없이 통과한다."[26]

돼지, 닭, 칠면조 사육의 경우에도 일부 유형의 수질오염은 줄일 수 있다. 예를 들어 건강한 환경에서 제대로 사육한다면 굳이 항생제를 먹일 필요가 없다. 다만 이들은 풀만으로는 살 수 없는 잡식동물이기 때문에 사료 생산으로 인한 수질오염은 완전히 없애기 어렵다. 돼지와 가금류에게 방목, 신선한 공기, 운동은 그지없이 유익하다. 하지만 아무리 좋은 목초지에서 키워도 여전히 사료를 먹여야 한다.

재생농법 농장은 다작물농법의 일환으로 잡식성 동물을 기른다. 돼지와 가금류는 매일 야외에서 먹이를 찾거나 풀을 뜯고, 추가로 사료와 작물 잔여물과 사람이 남긴 음식을 먹는다. 이런 접근법은 사료 생산으로 인한 오염을 줄이고, 항생제 남용을 막고, 동물이 보다 행복하고 건강한 삶을 영위하게 해준다.

한편 소 사육은 훨씬 매력적인 기회를 제공한다. 즉 사료 사용을 아예 없앨 수 있다. 사료 사용에 수반하는 화석연료 사용, 토양 침식, 온실가스 배출, 화학적 오염 같은 문제들도 당연히 일어나지 않는다. 알다시피 소에게는 풀과 광엽 초본만 먹고도 살 수 있는 특별한 능력이 있다. 또한 앞서 살폈듯 물과 땅을 풀로 덮는 것이 토양을 보호하는 최고의 방법이며, 소의 풀 뜯기가 토양과 풀, 초지 생태계를 건강하게 유지한다.

소는 자발적 풀 뜯기를 통해 스스로 영양분을 공급할 수 있다. 이것이 소가 (그리고 다른 방목동물이) 늘 유목민과 함께 세계를 여행할 수 있었던 이유다. 소는 경운, 식재, 수확, 건조, 운송을 위한 경제적, 환경적 자원 없이 사육할 수 있고, 그렇다면 매 단계에서 발생할 오염도 없다. 이 특성 때문에 소는 세계 식량 공급에, 특히 장기적 지속가능성을 갖춘 푸드시스템 구축에 필요불가결한 존재다.

가축의 사료사육은 환경적 비용이 많이 든다. 이에 반해 풀을 뜯는 소는 그들이 취하는 것보다 더 많이 돌려준다. 농업의 산업화는 소가 인간의 푸드시스템에 막대하게 기여할 기회를 빼앗았다.

대규모 감금사육 낙농도 가장 역겨운 영농시스템 중 하나다. 공장식 양돈처럼 이 시스템도 동물에게서 햇빛, 이동의 자유, 야외생활을 빼앗는다. 막대한 양의 분뇨를 끝없이 저수장으로 보내고, 거기서 푹푹 썩은 오폐수가 지하수와 강과 하천으로 흘러들고, 대기 중에 끔찍한 악취와 오염물질을 발산한다. 곡물과 콩 기반 사육도 돼지와 가금류의 밀집사육 못지않은 오염과 자원 문제를 야기한다. 황당한 것은 이런 문제들이 한데 묶여 모두 풀을 뜯는 동물의 등에 떨어지고 있다는 것이다.

돼지와 가금류 사육을 포함하는 미국의 낙농 부문은 지난 세기에 급격하게 변했다. 원래의 소규모 풀 기반 방식에서 대규모 사료 기반 방식으로 탈바꿈했다. 1930년대만 해도 농장의 70%에 젖소들이 있었고, 무리의 규모도 오늘날에 비하면 아주 작았다. 1945년에도 낙농업으로 유명했던 위스콘신주의 젖소 사육 규모는 농가당 고작 15마리에 불과했다. 2002년까지도 사육 규모는 평균 71마리 수준이었다. 다만 우유 생산량을 늘리기 위해 사방팔방에서 젖소가 사육됐다. 그러다 젖소의 대부분이 중서부의 푸른 초원에서 서부의 건조지역들로 옮겨졌다. 거기서 소들은 줄곧 축사에 갇혀 있거나, 좁은 흙 땅이나 콘크리트 부지를 벗어나지 못했다. 1994년쯤에는 서부의 캘리포니아가 미국에서 낙농업을 가장 많이 하는 주가 됐고, 우유의 대부분이 대규모 감금사육장에서 나왔다. 2006년이 되자 캘리포니아에는 젖소 500마리 이상의 낙농장이 1,000곳이 넘었다. 오늘날은 1만 마리가 넘는 사업장도 많다.[27]

농업의 다른 부문처럼, 낙농업 부문이 초지와 결별한 것도 20세기 중반 역사적 사건들과 직결된다. 《낙농학회지 Journal of Dairy Science》의 한 기사에 따르면 "제2차 세계대전 종전 이후 농부들은 상대적으로 저렴한 에너지, 비료, 농약의 도입과 기계화 추진을 통해 농장 수익을 높일 수 있다는 것을 알게 됐다."[28] 펜실베이니아 주립대학교의 낙농 역사 연구보고서에 따르면 "이런 투입들이 소 한 마리당 생산량을 몰라보게 높였고, 식료 생산 과정에서 초지의 역할을 대체했다." 또한 "이 추세가 이어져 현재 미국 전역의 낙농업에서 감금사육 시스템이 주류가 됐다."[29]

안타깝게도 감금사육 낙농은 젖소의 삶을 비참하게 만든다. 반추동물의 타고난 생활 패턴—하루 종일 걷고, 풀을 뜯고, 우물우물 씹기—을 고려할 때 계속 가둬놓는 것은 그들의 본능을 무참히 막는 것이다. 축사의 콘크리트 바닥, 운동 제한, 좁은 공간 때문에 미국 젖소들 사이에서는 제대로 걷지 못하는 파행 증세가 (35~56%까지) 전염병처럼 퍼졌다.[30]

공장식사육에서는 젖소의 꼬리 일부를 자르는 '테일 도킹 tail docking'도 예사롭게 행해진다. 소꼬리를 자르면 우유 짜기는 편할지 몰라도 그에 따른 대가가 적지 않다. 소는 꼬리로 파리를 휘휘 쫓는 능력을 잃는다. "꼬리 자르기로 소가 심한 통증을 겪는다는 증거도 있다."《낙농학회지》의 한 논문은 이렇게 말한다. "테일 도킹은 만성 통증으로 이어질 수 있다. 꼬리 부분의 신경을 절단하면 신경종이 생길 수 있다. 신경종은 사지 절단 수술 후 느끼는 환상통과 비슷한 만성 통증을 야기한다."31

또한 엄청나게 발생하는 액화분뇨 때문에 감금사육 낙농장은 본질적으로 환경을 위협한다. 한 가지 사례만 언급하자면, 1998년 워싱턴주에서 일주일 사이에 감금사육 낙농장 두 곳의 분뇨 라군이 무너졌다. 둘 다 내용물을 몽땅 쏟았는데, 하나는 액화분뇨 약 500만 리터, 다른 하나는 약 260만 리터였고, 모두 야키마 강으로 흘러갔다.32 야키마 밸리는 그림 같은 경치와 사과와 체리 과수원으로 유명한 지역이다. 이곳이 하루아침에 난장판이 됐다. 지역민이 발 벗고 나서서 대책반을 꾸렸고 감금사육 낙농으로 비롯된 악취와 수질오염 문제를 상세히 기록했다. 내가 워터키퍼에서 일할 때 이들이 우리에게 도움을 요청했다.

나는 공장식 축산의 문제와 싸우는 일을 하면서 내가 대학 때부터 소와 소고기에 대해 가졌던 생각이 틀렸음을 알게 됐다. 젖소, 돼지, 닭, 칠면조, 산란계가 어떻게 사육되는지 보고 알게 될수록, 고기소의 삶이 그나마 가축 가운데 가장 낫다는 생각이 들었다. 미국 휴메인 소사이어티Humane Society의 부회장을 지낸 내 친구 폴 셔피로가 공장식 양계장에서 나온 달걀로 만든 "오믈렛보다 스테이크가 더 환경에 좋다"고 말한 적 있는데, 나는 그게 사실임을 알게 됐다. 현대 농업의 실상을 접하면서 내가 대학 때 환경을 위해 가장 먼저 포기한 고기가 소고기였다는 것이 얼마나 아이러니인지 깨달았다.

대개의 농장동물과 달리 고기소는 어미와 함께 삶을 시작하고, 어미젖과 풀로 자란다. 대개 생후 일 년 정도는 계속 무리 속에 머물며 초지나 방목장에서 산다. 이후 어떤 방식으로 사육되든, 협소한 금속 축사에 갇히거나 슬랫 바닥 slatted floor*이나 콘크리트 바닥에서 여생을 보내는 일은 절대 없다. 이 점만으로도 나는 고기소가 푸드시스템의 다른 어떤 동물보다 단연코 나은 삶을 산다고 믿는다.

여과되는 물

과잉방목에 대해서는 나중에 논하기로 하고, 지금은 독자들에게 지구가 한때는 반추동물의 거대한 무리들로 뒤덮여 있었음을 상기시키고자 한다. 앨런 세이버리의 말을 빌면 세계의 방목지 대부분이 과하게 방목되는 아니라 **부적절하게** 방목되고 있거나 오히려 과하게 '놀고' 있다.

과잉방목 외에, (물 낭비와 수질오염 등) 소고기 생산을 둘러싼 우려는 일반적으로 가축 비육장과 관련 있다. 미국에서 고기소의 대부분은 삶의 후반부를 비육장이라고 부르는 노천사육장에서 보낸다. 고기소 비육장도 여타 공장식 식량 생산 유형들과 비슷한 문제점을 갖는다. 대량사육, 농축사료, 분뇨 축적. 또한 이 모든 것이 동물복지 문제, 가축 전염병, 그리고 악취로 이어진다.

일반 소처럼 비육장의 소도 있는 곳에 그대로 오줌과 똥을 싼다.

---

* 분뇨 배출과 배수가 용이하도록 구멍이 뚫린 널을 깐 바닥.

사육장을 정기적으로 쓸어내고 분뇨를 모아다 대개는 무더기로 쌓아놓는다. 이렇게 쌓인 분뇨는 토양환원을 위해 밭으로 운반된다. 오줌의 일부는 이 거름에 섞이고, 일부는 공기 중으로 증발된다. 고기소 비육장은, 특히 대형 비육장은 하늘을 찌르는 악취와 지독한 해충 피해의 근원이 되어 인근을 괴롭힌다. 모두 심각하고 정당한 우려들이다.

그럼에도 고기소 비육장은 다른 축산 시설과 다르다. 가장 중요한 차이는 고기소는 혼잡하고, 병에 걸리기 쉽고, 악취 나는 축사에 갇히는 일이 없다는 점이다. 비육장의 삶은 단조롭기 짝이 없다. 풀을 뜯을 기회도 없다. 하지만 적어도 소가 야외의 부드러운 땅에 있고, 돌아다닐 공간도 있다. 고기소 비육장은 분뇨를 액화하지도, 그것을 라군에 저장하지도 않는다. 이는 환경적 관점에서 볼 때 중요한 차이다. 분뇨를 고체로 취급하면 지하수로 새거나 지표수로 유출될 위험이 대폭 감소한다. 공기로 휘발하는 양도 적다. 물론 그렇다 해도 비육장이 클수록 동물과 분뇨가 많아지고, 그에 따른 잠재적 문제가 발생할 위험도 커진다.

오늘날 소 비육장과 곡물사육이 현대의 새로운 발상으로 알려져 있는데, 그건 사실과 전혀 다르다. 중동, 유럽, 심지어 미국에서도 초창기 축산업은 엄격한 풀 기반이 아니었다. 《영국 농장의 역사A Short History of Farming in Britain》에 따르면, 적어도 중세부터 겨울에는 소에게 오로지 '건초와 곡물'만 먹였다.[33]

미국 초창기에도 소는 대개 봄부터 가을까지는 풀을 뜯고, 겨울이나 도살되기 몇 달 전부터는 건초와 곡물을 먹었다. 미국 축산의 역사에 따르면 19세기 중반 오하이오주와 미시시피 계곡지역의 소

사육법은 생후 3~4년까지 키우다가 도축 시기가 되면 비육장에 넣어서 옥수수로 살을 찌우는 방식이었다. "풀이 풍부하고 상대적으로 쌌기 때문에 여름과 가을에는 풀만 먹였고, 겨울에는 티모시timothy 건초나 프레리prairie 건초를 먹이면서 옥수수를 넉넉히 추가했다."[34] 1870년대에 이르러 미국의 고기소 종축군*은 극서부 개방 방목장에서 사육된 반면, 고기소의 비육은 대개 중서부 비육장에서 행해졌고, 이때 주로 옥수수사료를 이용했다. 소에게 옥수수를 먹이는 것이 제2차 세계대전 이후에 개발된 방법이라는 말이 많은데, 사실과 거리가 먼 얘기다.

 환경보호 차원에서 그리고 심정적인 이유로 나는 동물이, 특히 풀을 뜯는 동물이 푸른 언덕을 누비고 뒹굴며 자라기를 원한다. 그렇다고 소비육장을 무작정 비난하고 싶지는 않다. 조지아주에서 소를 키우는 내 친구 윌 해리스는 비육장을 이렇게 평했다. "소를 비육장에 보내는 것은 딸을 공주로 키워서 사창굴에 보내는 것과 같다." 격한 표현이지만 나도 전적으로 공감한다. 하지만 나는 소규모로 건실히 운영되는 비육장을 여러 번 봤다. 모든 비육장이 똑같이 나쁜 건 아니었다. 상대적으로 규모가 작고, 다 자란 소만 받아서 적절한 식이요법을 엄격하게 지키고, 배설물도 세심하게 관리하는 비육장이라면, 동물복지 차원에서나 환경보호 차원에서 허용 가능하다고 본다.
 내가 워터키퍼에서 일할 때 소와 관련된 문제를 다룰 일은 거의

---

* 우수 품종 번식을 위한 씨수컷과 씨암컷의 무리.

없었다. 이유는 간단하다. 대부분의 고기소와 많은 수의 젖소가 (특히 중서부에서는) 여전히 초지에 살기 때문이다. 초지에서 자라는 가축은 생태계에 유익하고, 수질오염은 경미하다.

오늘날 미국에 비육장이 성행하는 건 맞다.(농업 총조사에 따르면 1만 3,734곳이 있고, 대부분 작은 규모다.) 하지만 대체적으로 지금의 고기소 사육 방식은 인류가 수천 년간 해왔던 방식과 크게 다르지 않다. 즉 소에게 초지에서 직접 먹이를 찾아 먹게 하다가 도축 전에 살찌우기 위해 곡물사료를 먹인다.

미국에 있는 소 8990만 마리 중 2890만 마리가 암소다.[35] 수소와 마찬가지로 암소도 대부분 서부에 있고, 일반적으로 평생 방목장이나 초지에서 풀을 뜯으며 산다. 자주 이동하기는 한다. 특히 한랭기후대의 경우 늦봄, 여름, 가을에는 소 떼를 고지대에 두었다가 겨울에는 목장에 가까운 지역으로 옮겨 건초로 먹이를 보충한다. 가을걷이가 끝난 밭에서 남은 농작물을 뜯는 소도 많다. 소의 짝짓기와 분만은 주로 방목장에서 인간의 간섭이 거의 없이 이루어진다. 어미소는 매년 한 마리씩 새끼를 낳고 돌보며 충족감을 느낀다. 고기소 송아지는 어미 품에서 안락과 풍요를 누리며 생후 몇 달까지 목초지에서 어미와 함께 지낸다. 결국은 비육장으로 가지만 송아지는 대개 젖을 뗀 후에도 얼마간 초지에 머무른다. 즉 어미소, 수소, 송아지, 한 살배기들이 한데 섞여 언덕과 들에서 한가로이 풀을 뜯으며 미국의 자동차 여행자들이 자주 보는 평화로운 풍경을 만들어낸다.

우리가 초지를 지나며 흔히 보는 흑백 얼룩소는 대개 장차 젖소가 될 어린 암소들이다. 일부 지역, 특히 위스콘신주와 버몬트주에서는 다 자란 젖소들도 초지에서 쉽게 볼 수 있다. 하지만 대개의 낙농 암소들은 일단 착유 군에 포함될 만큼 자라면 초지에서 분리해 그때부터 죽을 때까지 축사에 가두는 게 관행이다. 그리고 거기서는 여느 감금사육 가축과 마찬가지로 콩, 귀리, 옥수수에 알팔파 건초를 섞은 농축사료를 공급받는다.

푸드시스템에서 소의 순효과는 세계의 물을 이롭게 하는 것이다. 풀로 빽빽이 덮인 땅만큼 물을 흡수, 보유, 여과하는 데 좋은 것도 없으며, 동물들이 거기서 주기적으로 풀을 뜯는 것만큼 그 땅의 생물다양성, 수분 함량, 활기를 유지하는 데 좋은 방법도 없다. 또한 방목은 강과 하천, 지하수로 가는 물에 필터작용을 한다. 캘리포니아 시에라 구릉지에서 수행한 연구에 따르면 "동물의 풀 뜯기가 있을 경우 지표수에서 질산염을 걸러내는 수변 식생의 정화능력이 사실상 강화된다." 일년생 풀이 자라는 오크사바나의 방목지역과 비방목지역을 비교하는 현지 조사를 수행한 결과, 방목이 멈춘 지 불과 2년 만에 토양수의 질산염 함유량이 방목을 계속한 지역보다 무려 다섯 배까지 늘었다. 이 현상의 이유는 완전히 밝혀지지 않았다. 하지만 연구진은 방목 대상에서 벗어나자 식물의 질산염 사용량이 감소했기 때문으로 추정한다.[36]

방목으로 일어난 수질오염 사례가 한 건도 없었다는 뜻은 아니다. 내 요점은 잘 관리되는 방목은 수질오염을 유발하지 않는다는 것이다. 가축의 풀 뜯기를 푸드시스템의 일부로 유지하는 데 따른 **종합적 효과**는 물의 양과 질 양방향의 수자원 보호다. 다른 용도의 토지들과 비교했을 때, 특히 경작지와 비교했을 때 초지는 토양을 보유하고, 식물에 필요한 양분을 만들고, 병원균, 침전물, 영양물질이 지하수와 지표수로 유입되는 것을 막고, 빗물을 여과하는 능력이 압도적으로 높다. 실제로 미네소타의 랜드 스튜어드십 프로젝트는 수자원 보호를 위해 영구 목초지 확보를 권고했다. "방목용 영구 목초지가 수질오염 최소화를 위한 이상적인 선택으로 보인다."37

근본적으로 수질은 소가 없을 때보다 있을 때 더 좋다. 물을 보호하는 데는 소를 포함하는 푸드시스템이 소를 배제한 푸드시스템보다 효과적이다. 소가 초지에서 보내는 시간이 많을수록 물이 더 청정하고 더 '효과적'이다.

순환되는 물

물 문제의 한편이 수질 문제라면 반대편에는 수량 문제가 있다. 최근 몇 년 새 소고기산업이 유난히 그리고 용납하기 어려울 정도로 물 낭비가 심하다는 비판의 목소리가 불거졌다. 채식주의자들과 환경단체들이 이 점을 소고기 비난의 골자로 삼았다.

'고기 반대'를 외치는 문건들은 대개 단순 셈법으로 물 사용량을 계산한다. 대부분 세 가지 수치를 합산한다. 소가 마시는 물의 양, 사료재배에 들어가는 물의 양, 도축과 가공에 사용되는 물의 양.

그중 매체에서 가장 많이 인용하는 수치는 이것이다. '소고기 단 1킬로그램을 생산하는 데 물은 2만 리터가 넘게 든다.' 이건 약과다. 때로는 소고기 '1킬로그램당 약 10만 리터' 같은 훨씬 높은 수치가 등장하기도 한다. 후자의 수치는 코넬의 데이비드 피먼텔 교수가 감수한 책에서 유래한 것으로 알려져 있는데, 어느 채식주의 웹사이트에서 만든 차트에도 등장한다. 이 차트에 따르면 감자 1킬로그램에 물은 약 500리터, 밀의 경우 약 900리터라고 나온다. 해당 웹사이트는 이런 논평을 달았다. "피먼텔 교수의 수치에서 알 수 있듯, 소고기 1킬로그램을 생산하는 데는 감자 1킬로그램보다 무려 200배나 많은 물이 들어간다."[38] 하지만 계산이 과연 이렇게 간단할까?

한마디로 답하자면 아니다. 우선 이 차트의 식품을 보면, 소고기가 물을 끝내주게 많이 쓴다는 인상을 주기 위해 식품들이 의도적으로 선정된 감이 있다. 감자와 밀이 소고기보다 상대적으로 물을 덜 쓰는 건 사실이다. 하지만 (육류산업과 상관없는 중립적) 출처들의 수치들을 보면, 물 사용량이 가장 많은 식료 중에는 쌀처럼 채식주의자가 주식으로 소비하는 것들도 다수 있다. 쌀은 1킬로그램당 3,400리터의 물(전 세계 농작물 생산에 드는 물 총량의 21%)을 쓴다. 또한 불필요한 (건강에도 좋지 않은) 식품첨가물인 설탕의 경우는 1킬로그램에 1,500리터의 물이 들어간다.[39] 그런데 채식주의 사이트의 차트에는 웬일인지 이런 흔한 품목이 빠져 있다.

위에 언급한 차트에 등장한 식품들 간의 엄청난 영양가 차이는 잠시 논외로 하더라도, 이들의 물 사용량 수치는 과연 믿을 만할까? 이 차트는 피먼텔을 포함한 대학교수진이 감수한 교재를 출처로 내세우고 있기 때문에 믿을 만한 자료로 보인다. 피먼텔 교수의 푸드시스템의 에너지와 물 소비 수치들이 반反육류 주장에 자주 동원되긴 하지만, 피먼텔 자신은 채식주의를 옹호하는 사람이 아니었다. 오히려 과학자로서 그는 이러한 수치들의 한계를 공공연히 인정했다. 그의 논문은 해당 계산이 고기 1킬로그램당 건초 약 220 킬로그램과 곡물 약 8.8킬로그램을 소비한 소를 기반으로 했으며, 건초와 곡물 1킬로그램을 생산하는 데 1,000리터의 물이 들어간다는 일반화된 가정을 이용했음을 밝히고 있다.[40] 이는 정말로 거친 가정이다.(차트 수치를 미터법으로 환산하면 밀 1킬로그램당 물 소비량은 900리터다. 그런데 고기소가 먹는 곡물을 논할 때는 밀의 물 소비량이 1,000리터로 올라간다.) 이 1,000리터에는 빗물도 포함될 것이다. 이런 수치를 대하는 사람들은 이 물을 관개수로 생각한다. 하지만 빗물을 제외하면 얘기가 크게 달라진다. 즉 관개시설 없이 재배한 건초와 곡물을 먹은 소의 경우, 피먼텔의 데이터가 크게 빗나간다. 사실 미국의 곡물과 건초는 대부분 관개 없이 생산된다.

또한 피먼텔은 해당 수치가 곡물과 건초를 먹지 않는 소에게는 적용되지 않음을 암묵적으로 인정한 바 있다. 따라서 이 수치들은 적용에 한계가 있다. 사료를 전혀 또는 거의 먹지 않고 자란 소와는 상관없는 수치이기 때문이다. 다시 말하지만 오늘날 미국과 세계의 소는 대개 관개지가 아닌 목초지나 방목장에서 사육된다.

믿을 만한 물 사용량 출처를 찾는 것이 급선무다. (교육자 부모 밑에서 자라고) 과학과 법률을 전공하면서 나는 정보를 비판적으로 보고, 가장 믿을 만한 출처를 찾는 버릇이 들었다. 소고기산업은 소와 소고기에 대한 엄청난 데이터를 보유하고 있지만 그 데이터가 항상 객관적인 것은 아니다. 그런 이유로 이 책의 데이터 중 소고기산업 자체에서 나온 것은 거의 없다.

소고기의 물 수요량 분석에 있어서 가장 믿을 만하고 철저한 연구가 시행되는 곳은 농과대학이다. 대학도 소고기산업과 음으로 양으로 연결돼 있지만 (그래서 객관성이 다소 떨어질 수 있지만) 대학은 가축의 생애주기, 사육법, 가공처리의 면면을 가장 깊숙이 알고 있다.

물 보존을 둘러싼 우려들에 대응해 캘리포니아대학교 데이비스 캠퍼스의 연구진이 소고기에 들어가는 물에 대해 내가 본 것 중 가장 구체적인 조사에 착수했다.[41] 채식 옹호 단체들이 인용하는 물 사용량 수치들이 최악의 시나리오라면, UC 데이비스가 집계한 수치는 중립적이다. 즉 여러 가능성 중 가장 낮은 수치를 제시하기보다 **일반적인** 소고기의 **일반적인** 물 사용량을 실제 반영한 수치를 도출하려 노력한다. 아홉 페이지 분량의 분석 보고서는 모든 변수를 일일이 짚어가며 가축 생애의 각 단계를 극도로 자세히 파헤친다. 고려 요인의 예를 들자면 다음과 같다. 소의 소재지, 평균 주위 온도, 사료를 먹은 일수와 사료 종류, 사료에 포함된 곡물 종류, 곡물별 관개 경작지 면적 등.

철저한 분석 끝에 UC 데이비스 연구진은 뼈 없는 소고기 1킬로그램을 생산하는 데 물 3,682리터가 든다는 결론을 내렸다. 흥미롭게도 이는 쌀 1킬로그램을 생산하는 데 드는 물의 양과 거의 같다. UC 데이비스의 보고서 전문을 읽고 나는 이것이 믿을 만한 수치라는 생각이 들었다.

소고기의 물 사용량 분석에 한발 더 깊이 들어가 보자. 풀로 사육한 소만 따로 고려하면, 소고기가 다른 식품에 비해 물 집약적이지 않다는 것이 더욱 명확해진다. 20년 동안 채식을 하다가 고기 소비를 재개한 작가 리어 키스가 《채식의 배신》에서 이 문제를 신빙성 있게 파헤친다. 키스는 다음과 같이 썼다.

목초지에 사는 고기소는 하루에 약 30리터~56리터의 물을 마신다. 목초지에서 사육되는 고기소가 출하 체중에 도달하는 데 평균 21개월이 걸린다. 즉 소 한 마리당 약 15만 2,627~28만 6,177리터의 물이 들어간다. 얻는 것은 고기 약 204~226킬로그램, 지방 약 66킬로그램 정도다. 뼈는 모두 발라낸 무게다. 지금보다 분별 있게 먹었던 예전에는 뼈 역시 음식으로 귀하게 취급받았다. 평균값 215킬로그램에 중앙값 21만 9,400리터를 대입하면, 고기 1킬로그램당 물 1,020리터라는 수치가 나온다. (동물에서 영양 밀도가 가장 높은 부위인 내장육은 배제한 수치다.)[42]

이제 식품별 영양가까지 계산에 반영하면(의미 있는 비교를 위해 꼭 필요한 일이다), 소고기의 물발자국이 유난히 크다는 주장은 완전히 붕괴한다. 소고기는 종종 밀과 비교된다. 키스는 이 비교에 영양가를 추가했다. 그녀는 밀에 비해 소고기의 영양 밀도가 훨씬 높을 뿐 아니라 소고기의 영양소들이 체내 가용성도 훨씬 높다는 점을 강조한다. (이 점에 대해서는 이 책 후반부에서 더 자세히 논한다.) 키스는 다음과 같이 썼다.

소고기의 열량이 밀보다 두 배 가까이 높다. (100그램당 각각 592칼로리와 339칼로리다.) (…) 밀의 경우 약 27킬로그램의 물이 1524.45칼로리를 만든다. 즉 약 물 1킬로그램당 56.5칼로리를 만든다. 풀만 먹은 소고기는 약 물 1킬로그램당 48.4칼로리를 만든다. 하지만 단순한 열량보다 더 중요한 것이 있다. 소고기의 열량에는 더 많은 영양소, 특히 필수영양소인 단백질과 지방이 더 많이 포함돼 있다. 수치로 말하자면 각각 21그램 대 13.7그램과 8.55그램 대 1.87그램이다. 중요한 것이 또 있다. 소고기 단백질은 필수 아미노산을 모두 함유하고 있으며 인체에 쉽게 흡수되는 반면, 밀의 단백질은 질이 낮을 뿐 아니라 소화하기 어려운 셀룰로오스에 싸여 있기 때문에 체내 가용성도 낮다.[43]

이 수치들은 다른 사육법을 동일하게 취급하는 것이 얼마나 큰 오해를 부를 수 있는지 보여준다. 최악의 시나리오 수치를 일반적인 수치처럼 사용하는 것은 옳지 않다. 사료가 어디서 어떻게 재배되는지, 어떤 종류의 사료가 이용됐는지에 따라 물 사용량이 극적으로 달라질 수 있다. 최악의 시나리오 대신 빗물을 뺀 평균치를 쓰기만 해도 수치가 급감한다. 키스의 분석과 피먼텔의 수치 모두 소고기의 물 사용은 대개 사료재배 때문에 일어난다는 것을 명확히 보여준다. 따라서 최악의 시나리오를 사료 없이 방목으로 키운 소는 물론이고, 관개수 없이 재배한 사료를 먹은 소에게 적용할 순 없다. 소고기를 물 낭비의 원흉으로 모는 인터넷 밈들은 정확하지 않은 건 물론이고, 사실과 거리가 멀다.

또한 식품별 영양 차이를 배제하고 식품을 비교하는 것은 말이 되지 않는다. 키스도 썼듯이 소고기의 칼로리당 또는 파운드당 영양분은 밀을 포함한 다른 식품과 비교했을 때 월등하다. 로담스테드 연구소의 지속가능농업 전문가 마이클 리 박사가 식품별 기후변화 영향을 분석한 결과를 기억하는가? 그의 분석은 소고기는 체내 가용성이 높은 필수영양소가 풍부하기 때문에 영양을 고려하면 상대적으로 탄소발자국이 적다는 것을 보여준다. 물발자국 문제도 마찬가지다. 영양가를 비교에 반영하면 소고기를 밀이나 감자와 단순 무게 기반으로 비교하는 것이 얼마나 어불성설인지 알 수 있다. 사과를 오렌지와 비교하는 것보다 더 어이없는 일이다.

물 사용량 계산에 고려해야 할 중요한 측면이 또 있다. 물이 작물이나 가축에 수분을 공급하고 난 다음에는 어떻게 될까? 넓은 생태학적 관점에서 볼 때, 동식물이 생장에 이용하는 물은 식량 생산이 수자원에 미치는 영향의 일부에 지나지 않는다. 인간활동에 이용된 물은 모두 결국 어딘가로 가게 돼 있다. 제조업의 공업용수는 대개 배수관을 통해 강이나 호수로 배출된다. 농업에서도 작물과 가축에게 공급됐던 물이 산발적으로 다시 환경에 유입된다. 그렇게 돌아오는 물 역시 존재 여부에 따라, 그리고 오염 여부에 따라 야생생물과 지하수, 호수와 하천, 심지어 공기에도 영향을 미치게 된다.

앞서 살폈듯 농경지에 도착한 물의 상당량은 유실된다. 물이 지나가며 귀중한 토양을 함께 쓸어가고, 가는 길에 오염물질도 주워 담는다. 특히 산업형 농경의 경우 과일, 곡물, 채소를 재배하는 토지에 도달하는 빗물이나 관개수는 살충제, 살진균제, 화학비료 같은 농약에 오염된다. 유실되거나 증발하는 물은 토양과 토양이 떠받치는 생명시스템에 수분을 공급하지 못한다. 생태계에서 그냥 나가버린다.(이것이 세이버리가 말한 '무효 강수'다.)

반면 식물과 토양에 함유된 물은 주변 유기체에 생명을 주는 수화작용을 해서 전체 생태계를 부양한다.(이것이 세이버리가 말한 '유효 강수'다.) 방목 소에 수분을 공급하는 물은 결과적으로 초지뿐 아니라 지표 밑에 사는 곤충과 미생물에도 수분을 댄다. 다시 말해 물은 초지에 사는 동물을 매개로 순환하면서 초지 생태계 내의 수많은 생명체를 부양한다. 소고기의 물 사용량을 다른 식품과 비교할 때는 이러한 차이를 반드시 고려해야 한다.

푸드시스템의 물 보호 차원에서 볼 때, 비가 풀로 덮인 땅에 내리는 것이 가장 유리하다. 중서부 지역에서 수행된 연구에 의하면, 농경지와 비교해서 방목하는 여러해살이풀 초지의 경우 토양침식률이 80%까지 감소하고 수질이 현저히 향상될 수 있다.[44] 수분 유출에 있어서도 물이 건강한 초지를 통과할 때 방지 효과가 가장 크다. 조지아대학교 연구에 따르면 경작지의 물 유출률이 여러해살이풀 초지보다 5~10배 높다. 더 극적인 것은 경작지의 토양침식률이 무려 30~60배 높다는 이야기다.[45] 풀로 덮인 땅은 경운된 땅보다 훨씬 많은 물을 보유하고, 따라서 전체 생태계에 혜택을 준다.

소는 풀을 우리 푸드시스템의 기반으로 만든다. 소는 (방목장, 한해살이 또는 영구 목초지, 풀 완충장치나 덮개작물이 있는 땅 등) 식생이 밀도 있게 자라는 땅을 푸드시스템에 포함하고, 그런 초지는 비바람에 의한 토양침식에 내성이 있기 때문에 물을 효과적으로 보유하는 동시에 땅 위와 아래의 수많은 생물종을 부양한다. 한마디로 소는 지속가능한 푸드시스템을 가능하게 한다.

지구온난화 담론에서 나는 농경 방식에 따라 그 기후 영향이 열 배까지 달라질 수 있다고 말했다. 같은 맥락에서, 식료 생산에 들어가는 물의 양도 식료가 어디서 어떻게 재배되고 사육되는지에 따라 변화가 크다. 작물과 가축의 종류에 상관없이 물은 현명하게 사용될 수도, 헛되이 낭비될 수도 있다.

캘리포니아 북부에 있는 우리 목장의 사육 방식에 대해서는 뒤에서 자세히 말하기로 하고, 여기서 우리의 물 절약 방법을 간략히 소개하자면 이렇다. 우리 목장의 소들은 다 합해 약 4제곱킬로미터에 이르는 땅에 흩어져 풀을 뜯는다. 이 땅은 모두 천연초지다. 지난 시대에는 야생 엘크, 가지뿔영양, 사슴의 거대한 무리가 지키던 땅이었고, 더 옛날에는 가지각색의 대형 초식동물과 포식자가 이 땅에서 서식하며 끝없이 광활한 초원을 유지했다.

우리 지역은 지중해성 기후다. 기온은 연중 온화하고, 비는 그나마 가장 추운 시기인 10월 말부터 4월 초에만 집중적으로 온다. 여름은 시원하고, 일 년 내내 바람이 분다.(야구모자를 쓰고 다니기가 쉽지 않을 정도다.) 지형은 기복이 심한 편이다. 깊은 도랑과 높은 언덕이 많은 구릉지다.

이런 기후와 지형은 이곳을 농작물 재배에 마땅치 않은 땅으로 만든다. 하지만 풀에는 이상적이다. 풀은 바람, 안개, 서늘한 기온에 구애받지 않는다. 이곳의 많은 풀은 춥고 비오는 기간에도 번성하기 때문에 냉해 저항성 풀로 불린다.

우리 목장의 소는 곡물을 전혀 먹지 않고 연중 내내 초지에서 산다. 천연식생이 소들의 주요 영양 공급원이다. 우리는 경운, 식재, 관개를 하지 않고, 땅에 화학약품을 쓰지도 않는다. 우물이나 도시 용수원에서 물을 끌어다 쓰지도 않고, 강이나 하천의 물줄기를 돌리지도 않는다. 우리 목장 땅을 울창하게 덮은 식생에 수분을 공급하는 유일한 물은 하늘에서 내리는 비다.

우리는 저수 연못에 빗물을 모았다가 중력시스템을 이용해 농장 전역에 흩어져 있는 여물통으로 분배한다. 우리 집으로 들어가는 물과 동물들이 마시는 물은 모두 빗물이다.

우리는 소가 오줌을 싸거나 똥을 눌 때마다 환호한다. 소가 목초지에 떨군 분뇨는 수분과 (질소, 인, 유익 박테리아를 비롯한) 유기물을 풀과 토양으로 곧장 돌려보낸다. 이는 죽은 유기체를 밟고 짓이겨 땅속에 밀어 넣는 가축효과와 더불어 목장의 풀과 여타 식생을 번성하게 한다. 이런 순환성 재생시스템은 소뿐 아니라 물순환과 야생 동식물과 균류에게도 유익하다.

소 사육의 모든 상황이 특별하다. 우리 목장은 집약적 물 사용도 수질오염도 없이 소를 기르는 땅의 전형을 보여준다. 우리는 우리가 가축과 땅을 돌보는 방식에 자부심을 느낀다. 하지만 우리가 예외적이라고는 생각하지 않는다. 나는 소가 적절히 사육되는 전국의 농장과 목장을 수십 군데 가봤다. 그곳들 모두 물을 보존하고 보호한다. 미국뿐 아니라 세계 곳곳에서 소 사육은 지역의 기후와 지형에 기댈 수 있는 생계 수단과 식량 공급원이 되어준다.

식량 생산은 뭐가 됐든 수자원에 영향을 미친다. 다만 소 사육이 농업의 다른 부문에 비해 본질적으로 물을 더 소비하지는 않는다. 식료별 영양가까지 고려하면 소 사육의 유효성은 더 올라간다. 총체적으로 봤을 때 농업의 여러 형태 중 특히 경운과 농약을 쓰는 농법이 수자원을 심각하게 훼손한다. 잘 사육된 소, 특히 풀을 뜯고 자란 소는 오히려 지구의 물을 보호하는 역할을 한다.

4

생물다양성,
방목의 재발견

소의 존재가 생물다양성—특정 생태계에 속한 동식물의 다양성 정도—을 해친다는 말도 있다. 이에 대한 논박은 짧게 끝낼 생각이다. 해당 비판에 대해 강경하게 반박할 필요를 느끼지 않기 때문이다. 이 주장은 소고기를 혐오하는 사람들 사이에서도 이미 인기를 잃었다. 관리형방목은 오히려 생태계 기능을 향상한다는 연구 보고와 실제 사례가 계속 불어나고 있다. 〈가축의 긴 그림자〉 보고서조차 소를 비판하는 와중에 다음과 같이 밝혔다. "소 목축과 유목 모두 생물다양성에 긍정적인 영향을 미친다는 증거가 늘어나고 있다."[1] 실제로 오늘날의 연구들은 소 방목이 생물다양성에 해를 끼치기보다 도움이 된다고 말한다. 소와 소고기에 대한 대중의 인식이 과학적 결과보다 수십 년 뒤떨어져 있지만, 생물다양성 문제에서는 어느 정도 방향을 같이 한다.

생물다양성은 미생물부터 코끼리까지 모든 생물을 포함한다. 앞서 풀과 방목이 어떻게 토양 생물의 종다양성을 강화하는지 논했다. 세이버리 연구소의 방법론 같은 토양 강화 농법을 쓰는 목장은 토양 개량과 함께 생물다양성이 증가한다고 보고한다. 나도 수십 명의 농장주와 목장주에게 기존 관행에서 재생농법으로 전환한 후 동식물 다양성의 증가를 목도했다는 말을 들었다. 노스다코타주의 소 목장 주인 제리 도언은 "어느 때보다 야생생물이 많아지고, 어느 때보다 가축도 늘었다"고 말하면서 그 이유로 덮개작물 혼작, 분뇨 증가, 토양 생물다양성을 꼽았다.[2]

환경운동가들은 종종 농업으로 인한 '피해의 완화'에 대해 말한다. 하지만 소 목축은 제대로 이루어질 경우 피해의 완화에 그치지 않는다. 방목은 보다 다채롭고 보다 회복력 있는 생태계를 조성할 기회다. 방목은 야생 동식물과 균류 모두에게 호의적이다. 토지 경운과 작물재배와는 달리 소가 일으키는 소동은 지구 생태계가 수백만 년 동안 겪어온 간섭이다. 몬태나대학교 야생 보존 연구가 폴 크라우스만 교수는 오늘날 야생을 가장 크게 위협하는 것으로 경운 농업, 도시 팽창, 초지 축소, 에너지 개발 등을 지목했다. "이들은 광범위한 서식지 유실과 퇴화를 초래하며, 이는 남은 부분에 대한 관리마저 압도해버린다."[3] 또한 크라우스만은 야생생물, 특히 땅에 둥지를 트는 새에게 치명적인 "다발적 식생 조작"을 우려한다. 식생 조작에는 경운 외에도 "제초제 살포, 제초기를 이용한 초본 제거, 건조지역의 잦은 화전" 등이 포함된다.[4] 이는 땅이 방목지에서 경작지로 전환될 때 흔히 일어나는 일들이다. 크라우스만은 이렇게 말한다. "대평원지대 야생관리자는 가축 방목이 자연 보전에 중요하다는 것을 인정한다. 수익성이 유지되는 한 목장주가 천연초원을 농경지로 전환하는 일은 드물기 때문이다."[5]

이렇게 문제 많은 토지 이용에 반해 "다수 연구에 따르면 비방목체제에 비해 방목체제의 생물다양성이 높은 것으로 나타난다."[6] 앨런 세이버리가 정확히 짚었듯 이 연구들은 방목이 초지 생태계에 유익할 뿐 아니라 꼭 필요한 '소동'임을 보여준다.[7] 또한, 역시 세이버리가 지적한 대로 야생의 무리는 세계적으로 대부분 멸종됐으며, 이제는 풀 뜯는 가축이 그들이 유일한 대리자다. 국제자연보호협회 소속 과학자 제이미 마티의 말을 빌면 오늘날 소는 "과거 초원에서 풀을 뜯으며 생물다양성 유지에 필수적인 역할을 했던 대형 초식동물에 상응하는 기능을 수행한다."[8]

내가 앞서 언급했던 메릴랜드대학교의 현장연구에서도 40군데의 시험구 중 방목이 배제됐던 곳의 식물다양성이 가장 낮았다. 특히 이 연구는 (북미 대평원지대의 소, 가지뿔영양, 엘크와 아프리카 세렝게티 평원의 영양과 임팔라 등) 야생동물과 가축을 망라한 대형 초식동물의 풀 뜯기가 식물다양성에 미치는 유익한 효과들을 자세히 기록하고 있다.[9]

풀 뜯기의 효과

이전 연구들도 같은 결론에 도달했다. 일례로 2001년 미국 농무부 고원초지연구기지 HPGRS의 선임과학자 리처드 H. 하트가 학술지 《식물생태학Plant Ecology》에 콜로라도주의 여러 방목장에서 수행한 현장조사 결과를 발표했다. 조사대상지마다 무방목, 경방목, 중간방목, 중방목 등 방목이 이루어지는 정도는 다양했고, 각각 50년 이상 된 곳들이었다. 조사결과는 풀을 뜯는 소가 없는 곳의 식물다양성이 가장 낮다는 것을 보여줬다. 하트는 '짧은 풀 스텝지대'로 불리는 이런 유형의 초지는 중간방목 또는 중방목이 이루어질 경우 "들소 같은 야생 유제류(발굽동물)가 수천 년간 풀을 뜯어온 스텝지대와 비슷하며, 아마도 지속가능성 수준도 같을 것"이라고 썼다.[10]

2004년에 발표된 네바다대학교 연구팀 장기 연구에서도 방목이 배제된 지역보다 방목이 행해지는 곳의 식물다양성이 높은 것으로 나타났다.[11] 테일러방목법•이 채택된 1934년, 방목을 완전히 배제

• 알래스카 지역을 제외하고 개척자들의 국유지 점거와 정착을 금지한 법이다. 1862년 자영농지법Homestead Act의 제정으로 시작된 미국 서부개척시대를 사실상 마감하는 법이었다.

하는 다수의 시험구가 설립됐다. 네바다대학교 연구가 시행될 당시 이 시험구 중에 16개소가 남아 있었다. 연구팀은 대형 유제류(발굽동물)의 풀 뜯기 효과를 확인하기 위해 지정 조사대상지의 내외부 생태를 면밀히 조사했고, 조사결과에 대해 철저한 통계 분석을 수행했다. 이후 연구팀은 "그레이트베이슨Breat Basin●의 경방목과 중간방목은 생태계에 어떠한 나쁜 영향도 미치지 않으며," 방목지역의 식물다양성이 더 높다는 결론을 내렸다.[12]

위의 현장연구 외에 방목 영향에 대한 다수의 현장조사에서도 소가 완전히 배제된 곳이 가장 헐벗은 곳으로 드러났다. 초지에 대한 한 대학 교재에도 이렇게 나와 있다. "가축 방목이 생물다양성 강화에 기여한다는 연구결과가 계속 늘어나고 있다. 놀랍게도 자연을 보존한다는 명목으로 가축 방목을 제거하고 나자 오히려 관심종과 서식지가 사라진 사례가 속출했다."[13] 소가 없어지자 토질이 더 악화되고 특정종의 개체수가 더 줄었다는 예상 밖의 연구결과가 이제는 더 이상 놀랍지 않은 일이 됐다.(연구자들이 앨런 세이버리에게 물었다면 이 모든 것을 이미 수십 년 전에 말해줬을 것이다.)

과거에 예상 밖의 결과로 놀라움을 안겼던 대표적인 사례가 캘리포니아의 봄연못vernal pools 조사였다. 봄연못은 우기(11~4월)에 풀이 무성한 평지에 일시적으로 나타났다 사라지는 얕은 연못을 말한다. 이들의 생태학적 중요성에 처음 관심을 가진 사람은 식물학자이자 샌디에이고 고등학교 과학교사인 에디스 퓨러였다. 퓨러는 수년간 여름마다 조사에 매진한 끝에 1937년 캘리포니아의 봄

● 미국 서부의 네바다, 유타, 캘리포니아 등 6개주에 걸쳐 있는 광활한 분지지역.

연못에 대한 연구보고서를 미국생태학회ESA에 제출했다. 하지만 봄연못의 특수한 가치는 그로부터 수십 년이 지난 후에야 제대로 인정받았다. 1970년대에 봄연못에 대한 연구가 이루어져 100종 이상의 관다발 식물과 34종 이상의 갑각류 동물을 분류했다. 놀랍게도 봄연못에 서식하는 생명체의 절반이 지구상 다른 어디에도 없는 것들이었다.[14]

그런데 그동안 일부 목장주가 봄연못을 메우기 시작했고, 소들이 거기 들어가 풀을 뜯고 물을 마셨다. 그러자 환경운동가들은 소목축을 봄연못에 대한 심각한 위협으로 간주하게 됐다. 국제자연보호협회의 한 문건에 "봄연못 보존을 둘러싼 최대 쟁점은 방목 문제다"라는 내용이 있다. "일각에서는 보호대상 서식지 인근에서 소를 없애야 한다고 주장하고, 다른 일각에서는 소를 봄연못 초지 관리에 이용해야 한다고 주장한다. 사실 소 방목이 미국 멸종위기종법ESA에 등재된 봄연못 갑각류 4종의 감소를 야기하는 주요 요인으로 거론되지만 이를 뒷받침할 과학적 데이터는 거의 없다."[15]

이후 수년간 목축의 영향에 대한 논쟁이 이어졌고, 마침내 국제자연보호협회가 과학적 증거 부족 문제를 해결하기 위해 나섰다. 협회의 캘리포니아 센트럴밸리 앤 마운튼Central Valley and Mountains 지역 수석과학자 제이미 마티는 소 목축이 캘리포니아의 봄연못에 미치는 영향을 평가하기 위한 상세 현장조사에 착수했다. 마티의 조사는 두 가지 토양 유형에 대해 다양한 크기와 깊이의 천연 봄연못 24군데를 대상으로 했다. 일부 조사지에서는 방목이 제한 없이 이루어졌고, 다른 일부는 계절에 따라 제한됐고, 다른 일부에서는 전면 제한됐다.

마티 박사의 신중하고 믿을 만한, 어떤 산업의 후원도 받지 않은 이 연구의 결과는 환경운동계의 많은 이에게 충격을 안겼다. 마티는 "방목 제거가 천연식생, 봄연못의 물순환, 수생 무척추동물군에 심각하게 부정적인 영향"을 미친다고 보고했다. 같은 맥락에서 그는 "가축 방목이 종다양성 유지에 중요한 역할을 한다"는 것을 발견했다. 그의 보고서는 "생물다양성 유지에 관심 있는 토지 관리 주체라면 반드시 방목을 여러 중요 방법 중 하나로 고려할 것"을 권고했다.

제이미 마티는 10년 동안 소 방목과 봄연못 초지를 연구했고, 봄연못의 보존과 복원을 위한 최선의 방법을 찾았다. 마티는 2009년 매체 인터뷰에서 (일각의) 예상을 벗어난 자신의 연구결과를 다음과 같이 요약했다. "방목이 이 특별한 초지를 지키는 데 중요하다는 것을 알게 됐습니다. 방목은 외래종 풀이 토종풀을 밀어내고 물을 모두 빨아들이는 것을 막아줍니다."[16]

마티 박사가 국제자연보호협회에 제출한 연구 논평은 생태계 진화에 있어 풀 뜯는 동물의 중요성을 강조한다. 야생 보호 전문가인 크라우스만 교수도 대형 초식동물이 수백만 년 동안 지구 생태계의 작용에 필수적이었다고 말한다. "대부분은 아니라도 많은 생태계가 식생 구조와 구성을 지키는 데 토종 유제류의 풀 뜯기에 의존한다."[17] 캘리포니아의 생태계는 대형 초식동물과 함께 진화했으며, 따라서 이 동물을 필요로 한다. 과거에는 대형 초식동물이 생태계를 무사히 돌아가게 했다면 오늘날은 소 떼가 같은 역할을 한다. 마티 박사는 다음과 같이 설명한다.

환경보호론자들은 엄격한 방목 제한을 주장한다. 하지만 소 방목은 이 봄연못의 생물다양성에 명백히 이롭다. 왜 그럴까? 이 질문에 대한 답은 이렇다. 일단, 캘리포니아의 초원은 풀 뜯는 동물과 함께했던 유구한 역사를 가진다. 이 광범위한 풀 뜯기의 역사는 홍적세(일명 빙하시대)까지 거슬러 올라간다. 비교적 최근인 1800년대 후반에 가축이 도입되기 전에는 툴리 엘크와 가지뿔영양 무리가 풀을 뜯었다. 따라서 연못 종들은 일정 수준의 풀 뜯기에 적응돼 있다. 거기다 캘리포니아 센트럴밸리 초원의 식물종 구성은 유럽인의 정착 이후 현저히 바뀌어서 지금은 한해살이 외래종 풀이 주를 이룬다. 오랜 풀 뜯기 역사와 식물 군락의 변천이 만들어낸 지금의 생태계는 소가 만드는 변화에 순응하고, 소를 제거하면 오히려 빠르게 퇴화하는 종류의 생태계다.[18]

연방정부의 보전유보제도에서 토지 관리방법을 연구하는 과학자들도 비슷한 연구결과를 냈다. 보전유보제도는 농작물 생산을 쉬는 지역에서 제한적인 방목을 허용한다. 또한 미국 농무부 산하 천연자원보호청NRCS의 과학자들은 방목이 앞서 논한 토양 개량 효과 외에 다수의 동식물 종에 유익하다는 것을 발견했다.

일례로 아이오와주 디케이터 카운티의 천연자원보호청 환경보호관 케빈 레이놀즈는 방목 없는 휴경 대비 방목의 긍정적 효과를 매년 확인해왔다. 그는 특히 명금류 개체수에 미치는 영향에 주목한다. 방목은 어린 새의 길을 막고 운신을 제약하는 오래된 줄기와 짚을 줄여준다. 레이놀즈에 따르면 적절한 타이밍과 통제되는 방목은 야생생물 서식지를 전반적으로 개선하고, 물과 토양을 보호하고, 목본 식생을 통제한다. 다시 말해 방목은 전체 생태계의 촉매 역할을 한다. "방목한 다음해에는 벌레의 수와 그걸 먹는 새들의 수가 눈에 띄게 달라집니다." 레이놀즈는 이렇게 덧붙인다. "나는 방목이 늘어나길 기대합니다."[19]

보전유보제도의 다른 연구들도 작물생산을 쉬고 풀을 돌아오게 하는 것이 야생의 종다양성 유지에 좋다는 것을 보여준다. 초지의 새는 북미의 다른 어느 조류군보다 심각한 감소세에 있다. 농작물을 풀로 전환한 것이 콜린메추라기, 오크참새, 쇠부엉이, 오븐버드, 도토리 딱따구리, 산쑥들꿩을 포함한 많은 야생 조류종의 개체수 보호와 회복을 도왔다.[20] 비슷한 맥락에서 오스트리아에서도 방목이 섭금류의 서식지 복원에 기여한다는 연구결과들이 나왔다.[21]

우리 지역 일부 조류 전문가도 이에 의견을 같이했다. 그들은 한때 방목을 우려스럽게 봤지만 시간이 지나면서 강한 '소 옹호론자'가 됐다. 그들은 자체적으로 현장연구를 수행했고, 그 결과 방목이 초지의 건강을 지키고, 열린 녹지를 유지함으로써 많은 종의 새에게 생존과 직결되는 도움을 준다는 것을 알게 됐다. 우리 목장의 방목효과로 득을 보는 조류 중에는 왜가리, 백로, 매, 팔콘 같은 사냥새들도 많이 포함돼 있다. 여러 조류 전문가와 방목지 연구자는 이제 "소에게 좋은 것이 새에게도 좋다"고 믿는다.

몬태나주립대학교 방목지곤충학 교수와 몬태나대학교 야생생물학 교수가 2019년에 낸 기사는 다음과 같이 시작한다. "가축 방목 같은 토지 이용은 곤충의 번성도와 구성에 영향을 미치고, 이는 다시 방목지 생태계에 광범위한 영향을 미친다. 방목은 직접적 서식지 교란을 통해, 그리고 식생의 물리적 구성과 구조에 변화를 만들어 절지동물에게도 영향을 준다." 이 기사는 초지를 "방목지, 휴경지, 공한지"로 구분해 비교한 연구결과를 다음과 같이 소개했다. "산쑥들꿩 새끼처럼 관목지와 초지에 서식하는 새가 먹이로 삼는 곤충의 종류가 공한지보다 방목지에서 13% 더 많았다." 또한 방목 전략이 절지동물 다양성 유지에 효과적인 방법이 될 수 있는 것으로 나타났다. 몬태나주립대학교 연구팀이 4년에 걸쳐 몬태나의 산쑥 지대에 서식하는 지상 절지동물의 번성도와 다양성을 조사했다. 흥미롭게도 곤충 포획 총량은 관리형 목초지에 비해 유휴 목초지에서 두 배 많았다. 하지만 산쑥들꿩이 좋아하는 곤충종은 관리형 목초지에 더 많았다. 더 중요한 것은 이것이 "관리형 목초지의 지상 곤충 다양성 증가"로 이어졌다는 것이다." 두 학자는 이는 "새에게 특히 유익한 효과"라고 말했다.[22]

생태계 기능을 회복할 기회

방목은 희귀종을 포함한 다른 유형의 야생동물에게도 유익하며, 이 또한 여러 현장연구로 꾸준히 보고되는 현상이다. 가축이 배제됐을 때에 비해 방목은 식생주기를 단축하고, 개활지를 늘리고, 구조적 잡종성을 증대하는 방향으로 초지 구조를 변화시켜 종다양성을 지원한다. 구체적 말하자면, 스위프트 여우, 카너블루 나비, 고퍼 거북, 루이지애나 흑곰, 동부 목도리도마뱀, 연어 같은 멸종위기종의 개체수 회복에 도움이 됐다는 연구 보고가 있다.[23] 가축 방목이 딱정벌레, 키트여우, 캥거루쥐, 뭉툭코표범도마뱀을 비롯한 다양한 도마뱀, 땅다람쥐, 샌와킨 영양다람쥐에게 유익하다는 연구도 있다.[24] 방목지의 존재만으로 수많은 야생 동식물과 균류가 서식할 개방 서식지가 확보된다.

꽃가루매개자 곤충들이 대표적인 사례다. 꽃가루매개자는 야생 생태계와 인간의 푸드시스템 모두에 필수불가결한 존재다. 미국어류야생동물보호국USFWS에 따르면 사과, 아몬드, 호박처럼 꽃이 생식기관인 현화식물의 75% 이상이 동물 꽃가루매개자를 필요로 한다.[25] 전 세계적으로 작물종의 약 4분의 3이 열매나 씨앗 생산을 동물 꽃가루매개자에게 의존하고, 식품 함유 비타민A와 비타민C의 90% 이상이 꽃가루매개자에게 의존하는 농작물에서 나온다.[26] 하지만 양식 꿀벌(꽃가루매개용으로 길러지는 가축화된 꿀벌)의 개체수는 벌집군집붕괴CCD라는 양봉 집단 폐사 현상으로 인해 수년 전부터 급감하고 있다. 2013년 3월에 공개된 통계자료에 따르면 전년도에 봉군(벌 무리)이 40~50% 감소했다.[27] 현재 많은 연구가 양봉 집단 폐사의 원인으로 특정 부류의 살충제(네오니코티노이드)를 강하게 지목하고 있다. 유럽연합은 이런 이유로 네오니코티노이드 사용을 금했다. 하지만 봉군 붕괴의 원인은 여전히 논쟁거리다.

분명한 것은 야생 꽃가루매개자들의 안위에 우리의 식량 공급이 달려 있다는 것이다. 현재의 양봉 감소 위기 감안하면 문제가 심각하다. 작물 수분의 약 3분의 1이 야생 꽃가루매개자에 의해 이루어진다.[28] 야생 꽃가루매개자의 존속을 위해서는 현재 빠르게 사라져가는 그들의 서식지를 보존하는 것만큼 중요한 것도 없다.

그럼 야생 꽃가루매개자 동물들은 어디에 보금자리를 만들까? 대체로 방목지다. 소가 풀을 뜯기 때문에 존재하는 바로 그 방목지가 벌의 서식지이기도 하다. UC 버클리의 생물학 교수 클레어 크레먼 박사는 이렇게 말한다. "방목지 보존은 소를 기르는 목장주

뿐 아니라 꽃가루매개자가 필요한 농부에게도 엄청난 경제적 가치가 있다." 크레먼 박사를 포함한 UC 버클리 연구진은 야생 꽃가루매개자가 푸드시스템에서 어떤 의미를 가지는지에 대해 연구를 수행했다.[29] 이 연구는 인간에게는 야생 꽃가루매개자가 필요하고, 야생 꽃가루매개자에게는 소가 필요하다는 것을 보여준다. 크라우스만 교수의 연구도 방목동물이 야생 꽃가루매개자 서식지 보호에 중요하게 기능한다는 것을 입증한다. 그는 이렇게 썼다. "방목지는 지속가능한 축산을 위한 수단인 동시에 야생동물 서식지 유지를 보장할 방법이다. 특히 에너지개발과 도시화 추세를 생각하면 방목의 중요성은 더욱 커진다."[30]

스탠퍼드대학교 연구진이 야생동물을 염두에 둔 미래 푸드시스템의 설계를 촉구하고 나섰다. 이들은 야생보호구역 지정에 초점을 두기보다 농장과 목장이 세계의 야생 보호 전략의 일부가 되어야 한다고 주장한다. "대안은 전원지대 생물지리학에서 찾을 수 있다. 세계 야생의 운명이 농업 생태계나 전원 생태계가 그들에게 얼마나 우호적인지에 달려 있다는 인식이 필요하다."[31]

인간의 토지 이용은 그게 뭐든 동식물에 영향을 준다. 영향의 유형은 해당 인간활동의 수행 방식에 따라 달라진다. 소를 키우는 목장과 농장이 모두 생물다양성에 기여하는 건 아니다. 그렇게 말하는 연구결과는 없다. 예를 들어 봄연못을 메워버리는 목장주는 생태계를 해친다. 하지만 이는 잘못된 토지 관리의 예일 뿐이다. 목장 자체가 환경문제를 야기한다는 뜻은 아니다.

오히려 그 반대가 사실에 훨씬 가깝다. 현재 많은 연구가 소 방목이 수많은 동식물과 균류에 유익한 환경을 만들어 서식지와 생태계의 조성과 보존에 기여한다는 것을 입증하고 있다. 즉 적절히 관리되는 소 목축은 세계의 종다양성에 엄청나게 긍정적 영향을 미친다. 국제자연보호협회의 봄연못 조사 같은 연구는 우리가 자연과 싸우는 대신 협력하는 길을 보여준다. 세계의 초원을 뒤덮으며 풀을 뜯던 야생 무리는 이제 대부분 멸종했다. 이들의 부재는 생태계에 거대한 구멍을 남겼다. 잘만 관리된다면 소 목축이 그 공백을 메우는 좋은 방법이 될 수 있다. 소 떼—인간이 실질적으로 통제할 수 있는 대형 초식동물 무리—는 인간에게 값진 영양을 공급할 뿐 아니라 우리에게 생태계 기능을 보호하고 심지어 복원할 기회를 제공한다.

5

흙, 목축으로
사막화 늦추기

'과방목'은 지난 수십 년간 환경보호 맥락에서 소와 소고기가 가장 많이 받은 비난의 화살이었다. 이 용어는 지구의 황폐화와 사막화의 책임이 상당 부분 가축에게 있다는 생각을 내포한다. 또한 이 용어는 너무 많은 가축이 식물을 너무 많이 먹어치우고 너무 많이 짓밟기 때문에 환경파괴가 일어난다는 논리를 내포한다. 제레미 리프킨의 세계적 베스트셀러《육식의 종말》과 같은 책들은 미국 서부를 포함한 세계 곳곳이 오랫동안 심각한 과잉방목에 시달렸다고 주장하며 사람들에게 소고기를 완전히 끊을 것을 촉구했다. 리프킨은 미국의 소 목장 주인들을 자연을 약탈하면서도 규제의 망에서 벗어난 것도 모자라 정부의 비호를 받고 세금을 보조금으로 챙기는 무리로 그린다.

토양침식과 사막화는 매우 현실적인 문제다. 나는 인간활동에 의한 기후변화를 믿는 만큼이나 토양침식과 사막화가 실제로 일어나고 있으며 그것이 대체로 인간활동에 기인한다는 것도 믿어 의심치 않는다. 현재 지질학적 속도보다 20배 이상 빠른 속도의 침식이 세계적으로 일어나고 있다. 지역에 따라 상황은 매우 심각하다.[1] "현재 세계적으로 토양침식량이 토양생성량을 연간 230억 톤이나 초과하는 것으로 추산된다." 이런 추세라면 불과 100년쯤 후에는 세계의 표층토가 아예 없어지게 된다.[2] 한편 신뢰할 만한 출처에 따르면 "세계적으로 사막화 규모가 연간 5만 8,000제곱킬로미터씩 늘어나는 것으로 추산된다."[3]

하지만 이 문제가 예나 지금이나 과잉방목 때문이라는 주장은 과학적 근거가 없다. 정말로 중요한 문제는 이 현상이 일어나는지 여부가 아니라 그것이 일어나는 진짜 이유다. 마찬가지로 중요한 것은 이것이다. 현재와 미래의 식량 생산을 포기하지 않으면서 이 추세를 막기 위해, 나아가 역전하기 위해 우리가 할 수 있는 것은 무엇인가?

한때 비옥했지만 지금은 사막이 된 지역을 거론할 때 판에 박은 듯이 나오는 말이 과잉방목이 퇴화의 원인이라는 말이다. 하지만 이 언급에 대한 물적 증거는 거의 없다. 이스라엘 벤구리온대학교 고고학과 스티븐 A. 로젠 교수는 중동의 상황에 대해 이렇게 말한다. "이전에 비옥했던 땅이 사막화로 피폐해진 것이 유목활동, 특히 염소와 양 떼의 과잉방목 때문이라는 생각이 팽배해 있다." 하지만 이 추정은 면밀히 따지면 이치에 맞지 않는다. 로젠은 고고학을 역사 재구성의 도구로 이용한 어느 비판적 분석을 인용하며 "유목과 사막화 사이에 인과관계가 있다는 어떠한 증거도 보이지 않았다"고 말한다. 또한 이 역사 재구성 분석은 "사막 유목민의 감소는 유목체제와 상호작용했던 정주 인프라의 변화에 따른" 것임을 시사한다."[4] 다시 말해 유목이 아니라 인간의 토지개발이 문제였다.

진짜 문제는 나쁜 농사 관행

방목이 다른 인간활동의 폐해와 억울하게 한데 묶일 때가 많다. 흔히 작물재배와 엮인다. 데이비드 몽고메리 교수의 책《흙》은 다음과 같은 세계적 패턴을 추적한다. 잘못된 영농 방식이 토양의 고갈과 침식을 야기하고, 농지로 소용을 다한 땅이 방목지로 이용된다. 그러면 사람들은 토질 악화를 가축의 탓으로 돌린다. 몽고메리의 책은 19세기 여행자들의 이러한 오판 사례를 개관한다. 당대인들은 요르단과 튀니지에서 일어난 급격한 인구 이동을 토양유실의 결과로 여겼다. 그리고 토양유실의 원인이 과도한 방목이라고 잘못 믿었다.[5] 사실 다른 곳처럼 그곳의 땅도 경작지가 된 후 더는 작물재배가 불가능한 정도까지 고갈됐다. 방목은 오랜 토지 부실 관리의 역사에서 단지 마지막 이용법이었을 뿐이다.

세계 인간사회에 대한 몽고메리의 고찰은 하나의 전형적인 시나리오를 보여준다. 사람들이 동식물이 풍부하고 비옥한 계곡에 정착해 작물을 재배하면서 문명이 시작됐고, 여러 문명이 흥망을 거듭했다. 그러다 인구가 팽창하면서 농지를 언덕 위로 확대했고, 그 과정에서 숲을 대대적으로 베어내는 일도 잦았다. 하지만 평지에 비해 경사지는, 특히 계곡지대처럼 개간되고 경작된 경사지는 순식간에 원래의 표토를 잃는다. 알다시피 작물재배는 때로 또는 항상 맨땅을 드러낸다. 몽고메리에 따르면 이는 토양을 "비바람 침식에 취약하게 만들어 토양유실 속도가 자연 상태보다 수십 배에서 수백 배 빨라진다."[6] 식물과 식물 잔재는 빗방울의 충격과 유수의 작용으로부터 땅을 보호한다. 반면 맨땅은 비바람에 직접 노출된다. 빗방울이 땅을 때릴 때마다 흙이 경사지 아래로 흘러내린다.[7]

이 경로를 밟은 사회는 시간이 흐르며 점차 식량 자급 능력을 상실했다. 몽고메리는 이것이 문명의 팽창과 몰락에 관여했다는 설득력 있는 주장을 폈다. 나쁜 농사 관행에 따른 경작지 생산성 감퇴가 로마제국의 정복 전쟁을 부추겼는가 하면, 토양 고갈과 침식이 고대 그리스와 로마, 마야 등 한때 번성했던 문명이 몰락하는 데 주원인으로 작용했다는 것이다. 그는 이렇게 썼다. "인간이 토양 고갈로 어떤 비용을 치렀는지는 오래전 생태적 자살로 끝난 지역의 역사에서 쉽게 알 수 있다."[8]

약 1만 2,000년 전에 시작된 이래 농경이 지구 환경에 헤아릴 없이 막대한 피해를 초래했다는 데는 의심의 여지가 없다. "농업 내 문제에 대한 분석 중 농업의 문제를 다룬 것은 거의 없다." 웨스 잭슨의 명저 《농업을 위한 새로운 뿌리 New Roots for Agriculture》(1980)의 첫머리다. "후대가 누릴 기회를 쟁기가 칼보다 더 많이 파괴했다 해도 과언이 아니다."[9] 또한 그는 이렇게 덧붙였다. "농업혁명은 지극히 파괴적인 변화였다. 지질학적으로 볼 때 지표면에 일어난 가장 대대적이고 폭발적인 사건이며, 생명의 기원보다도 빠른 속도로 지구를 바꾸고 있다."[10]

같은 책에서 웨스 잭슨은 미국의 상황에 대해서는 이렇게 개관했다. "구릉지는 살아 있으며, 풀을 입고 있는 한 영원할 것이다. 반면 상대적으로 평평한 저지대는 밭갈이에 붙인 지 고작 3세대 만에 명이 다하고 있다."[11] 미국 정착민의 농경 패턴은 천편일률적이었다. 건전한 농지 관리 관행, 특히 덮개작물과 가축분뇨를 이용해서 토양침식을 방지하고 토양 비옥도를 유지하는 방법을 따르는 사람은 거의 없었다.

데이비드 몽고메리는 "부실 관리가 토양을 파괴하는 만큼이나 제대로 된 관리는 농지 토양을 확실하게 개선한다"고 전망하는 한편[12] "종래의 경작 방식은 초지나 숲보다 몇 배나 빨리 토양침식을 일으킨다"고 지적한다.[13] 몽고메리의 설명에 따르면 문제는 휴경 없는 연작체제다. 연작은 토양 유기물을 깎아먹는다. 토양 유기물은 공기에 노출되면 산화하기 때문이다. 토양에 유기물이 많으면 글로말린이 많고 토양입단이 많은데, 이들 모두 토양침식을 억제한다. "토양에 유기물 함량이 높아야 침식 저항성이 높기 때문에, 일반적으로 밭을 자꾸 갈수록 침식성 토양으로 변해간다."[14]

세계의 푸드시스템에서 동물, 특히 소처럼 풀 뜯는 가축을 줄이거나 없애는 것이 농업의 과거 실책을 바로잡는 방법이라는 주장이 심심찮게 들린다. 하지만 이는 결코 사실이 아니다. 앞서 논한 탄소격리, 토양, 물, 생물다양성을 고려할 때, 방목 축소는 완전히 잘못된 방향이다. 인류의 농경이 저지른 악행의 도구는 가축이 아니었다. 그것은 쟁기였다. 우리가 자연에게 행한 가장 큰 범죄는 한때 우리의 흙을 울창하게 덮어서 보호했던 식생을 갈기갈기 찢어버린 일이었다.

소 방목의 최대 장점은 땅을 갈지 않고도 식료를 얻을 수 있다는 것이다. 소는 풀만 먹고 살 수 있다. 이것이 세계 기후변화를 억제하고 미생물부터 거대동물까지 야생이 번성할 생태계를 만든다. 방목장은 심지어 관리가 부실한 곳도 생태적으로는 농경지보다 낫다. 잭슨은 이렇게 썼다. "실제로 많은 목장주가 과잉방목을 하고 그로 인해 토양유실이 일어나기도 한다. 하지만 심지어 과방목, 부실한 목장 운영, 비윤리가 있더라도, 땅은 경작지로 쓰일 때보다 방목지로 쓰일 때 평균적으로 더 상태가 좋다."[15]

나도 가축이 지구에 미친 영향이 항상 긍정적이지는 않았다는 데 동의한다. 그 점에서는 미국 서부의 역사가 좋은 예다. 지리학자 폴 스타스 교수는 그의 저서 《카우보이 라이드Let the Cowboy Ride》에서 미국의 목장이 문화적으로나 생태적으로 중요한 역할을 했다고 인정하면서도, "캘리포니아의 시에라네바다 지역과 뉴멕시코 북부 산악지대에서 보편적이고 대대적으로 행해진 과잉방목"에 대한 대책으로 1900년대 초반 산림보호 제도가 수립됐다고 말한다.[16] 그는 이렇게 덧붙였다. "1880년대부터 1930년대 중반까지 반세기 동안 서부 방목지에 대한 파괴적 착취가 일어났으며, 그 규제 없는 약탈과 탐욕의 강도는 북미 개척 역사에서도 유례를 찾아보기 힘들 정도였다."[17]

하지만 이런 식의 파괴적 소 방목은 시간이 흐르면서 사라졌다. 스타스도 말했듯 이후 미국의 방목은 세기전환기보다 훨씬 신중하게 관리되어왔다. 스타스는 이를 몇 가지 요인 덕분으로 돌렸다. 거기에는 (1934년 테일러방목법에서 시작해 1970년대 여러 환경법으로 이어진) 정부 규제도 한몫했고, (방목이 생태계에 복잡다단하게 미치는 영향들을 밝힌) 학계 초기 연구도 기여했다. 내 경우 특히 최근 10년 사이에 목장주 사이에 축산과 방목 관행 개선에 대한 관심이 몰라보게 상승한 것을 체감한다.

또한 근래 소의 수가 줄면서 국유지 방목이 대거 감소했다. 미국에서 소의 수는 항상 증가세였으며 특히 국유지 방목이 늘었다는 것이 대중의 오랜 인식이다. 하지만 사실은 그 반대다. 국유지 방목의 관리 주체인 연방토지관리국BLM 보고에 따르면 1954년부터 2013년까지 국유지 방목은 무려 57%나 감소했다.[18]

소 떼가 미국 서부를 망쳤다고 들었거나 본인이 직접 봤다고 말하는 사람들이 많다. 하지만 국제자연보호협회 봄연못 연구처럼 실제 영향을 측정한 현장연구 결과들은 소 비판론자의 허를 찔렀다. 미국 농무부 산림청이 방목의 영향을 조사한 결과, 강기슭 지역의 방목 제거가 단기적으로는 유익할지 몰라도 장기적으로는 '중립적이거나 부정적이었다.' 그 내용은 다음과 같다.

풀의 진화는 들불, 곤충, 발굽동물로 인한 주기적 식생 제거가 있었기에 가능했다. 방목 같은 교란작용이 없을 경우, (생장기 후에 남은 죽은 풀잎 등) 전년 성장의 잔재가 계속 축적된다. 이렇게 몇 년씩 쓰레기가 쌓이면 식물은 스트레스를 받고, 잔재 때문에 새순이 햇빛을 받지 못한다. 결국은 식물 전체의 활기가 죽고, 방목지의 생산성과 생명력이 떨어진다. 많은 무척추동물과 야생생물 종들이 생산적인 초지에 의존한다. 특히 겨울에는 더 그렇다. 식물의 활기 감퇴와 방목지 건전성 저하 문제만 있는 게 아니다. 식물 잔재의 축적은 연료를 쌓아두는 것과 같아서 초지를 산불에 취약하게 만든다.[19]

땅을 융단처럼 뒤덮었던 초식동물들

더 중요한 것이 있다. 과거 미국 서부에서 일어난 일을 두고 과방목이라 하는 것은 어폐가 있다. 과방목이란 단어는 쟁점을 흐린다. 근본적인 오해를 조장한다. 과방목에는 '과잉'의 개념이 가득하다. 과다한 가축, 과잉 풀 뜯기, 과잉 배설, 과잉 짓밟기. 이는 소가 땅의 환경을 훼손할 수 있다는 개념이다. 하지만 미국 서부가 너무 많은 가축 때문에 훼손됐다는 증거는 없다. 나는 그 땅이 과잉방목됐다고도 믿지 않는다. 다만 부적절하게 방목됐다. 그리고 그 차이는 매우 중요하다.

내가 이런 말을 하는 이유는? 역사와 진화 때문이다. 지구는 수백만 년 동안 대형 초식동물의 거대한 무리로 뒤덮여 있었다. 1800년의 들소 7000만 마리는 한때 북미 대륙을 융단처럼 덮었다가 사라져 간 대형 초식동물의 남은 부분에 불과했다. 초식동물은 번성하는 포식자의 압박을 받아 거대 밀집 대형을 형성하고 끊임없이 움직였다. 북미의 순록과 세렝게티의 영양 등, 세계에 현존하는 대형 야생동물 무리를 보라. 방대한 무리가 마치 하나의 거대한 유기체처럼 먹고, 싸고, 땅을 짓이기다가 이 지역에서 저 지역으로 이동한다. 그렇게 지역을 지나간 무리는 한동안 돌아오지 않는다. 오늘날의 육생 유기체와 생태계의 대부분은 이런 조건—집중적 동물효과—에서 진화했다.

오늘날 복원 노력의 결과도 맥을 같이 한다. 환경 조건이 과거처럼 복구된 곳에서는 땅, 물, 생물다양성에 극적인 개선이 이루어졌다. 소를 무조건 반대하는 색안경을 잠깐만 벗어도 그 주장이 이치에 맞지 않다는 생물학적, 역사적, 실질적 증거가 보인다. 그 증거에 따르면 문제는 소나 방목이나 심지어 과방목이 아니라, 소가 관리되는 방식이라는 것을 알 수 있다. 다시 말하지만 "문제는 소가 아니라 **방법**이다."

풀 뜯는 가축을 그저 밖에 내놓는 것만으로는 생태학적 이득을 온전히 챙길 수 없다. 오늘날 세계에는 포식자가 비참할 정도로 희귀하다. 포식자는 동물이 빽빽이 뭉쳐서 자주 이동하게 만드는 중요한 생태계 요소였다. 따라서 옛날 야생 무리의 이동을 모방해서 동물을 한데 모으고 계속 움직이게 하는 관리기법을 써야 한다. 즉 가축에 대한 주의 깊은 관리가 필수다. 지구는 방목을 필요로 한다. 하지만 그냥 방목이 아니라 관리형방목을 요하고, 대대적인 시행을 요한다.

다행히 이제는 주류 생태학 담론에서도 과방목을 재고하는 분위기가 생겼다. 1998년 세계은행과 유엔에 제출된 보고서가 이 같은 변화의 전조였다.

건조지역 방목지의 '사막화'와 황폐화 책임이 대개 방목축산에 있다는 것이 통념이었다. 지금은 많은 연구결과가 이 오해를 바로잡고 있다. 오해는 크게 두 가지다. 첫째, 근본적 생태역학에 대한 이해 부족으로 건조지역 퇴화 정도가 크게 과장돼 있다. 둘째, 가축이 땅에 기여하는 부분이 그동안 간과돼왔다.[20]

방목에 대한 이해가 새로 정립되면서 방목의 강도와 타이밍 같은 중요 요인에 대한 관심이 증가했다. 2011년 학술지 《목축Pastoralism》에 실린 기사에 따르면 "1980년대와 1990년 초반 문건은 반복적으로 가축을 방목지 퇴화에 연결시켰지만, 더 최근의 연구는 이에 반박해 땅을 오래 놀리는 것이 오히려 훨씬 심각한 퇴화를 초래한다고 말한다."[21]

앞서 언급했던 랄과 스튜어트의 토양 연구에 따르면 "사막화는 사회경제적, 정치적 요인이 추동하는 생물물리학적 과정(토양, 기후, 식생)이다." 두 학자의 논문은 사막화의 반전을 말한다. 즉 "토질 개선, 토양의 탄소량과 생물량 증가, 탄산염 집적을 유도하고 결과적으로 대기로 가는 탄소 배출량을 줄일 것"을 촉구한다. 또한 해법 모색 차원에서 우선적으로 "적합한 종을 채택해 땅에 식생덮개를 만들어" 토양침식을 방지할 것을 권고한다.[22] 논리적으로 이 계획에는 기후에 맞는 풀과 풀을 유지하는 데 필요한 동물이 모두 포함된다.

가축이 지구환경과 푸드시스템 문제를 해결하는 데 필수적이라는 증거도 쌓이고 있다. 초지와 농장 내 풀밭이 주는 혜택 외에 가축분뇨도 세계 푸드시스템에 없어서는 안 될 자산으로 인식되고 있다. 알다시피 토양에 거름을 추가하면 비옥도가 올라가고 침식은 줄어든다. 워싱턴대학교의 연구진이 1948년과 1985년 사이의 토양유실을 직접 측정했다. 그 결과 화학비료를 적용한 밭의 표토 손실이 분뇨만 비료로 쓴 유기농 밭보다 네 배나 많았다.[23]

또한 소의 발굽, 입, 소화기관이 망가진 땅을 직접 보수하고 있다. 콜로라도에서는 목장주와 토지보호단체가 연대해 광산사업으로 훼손된 땅을 되살리는 장기적 토지 재생 운동, 일명 '소의 걸음cattle stomp' 운동을 전개한다. 이 운동은 바이오차biochar*와 퇴비를 통합하고, 윤작과 방목을 결합한다. 토지에 토종풀을 파종한 뒤 밀짚으로 덮고, 울타리를 둘러 구획들로 나누고, 거기서 소들에게 건초를 먹인다. 소들이 각각의 구획에서 건초를 뜯을 때 발굽이 풀씨와 밀짚을 밟아 토양에 밀어 넣고, 소들의 분뇨는 땅에 수분과 천연비료를 공급한다.[24]

고금을 막론하고 현실세계의 증거들은 소의 풀 뜯기와 땅 밟기가 환경에 유익할 뿐 아니라 필수적이라고 말한다. 소를 비롯한 방목동물이 환경 훼손을 야기한 경우, 문제는 과도한 방목이라기보다 부적절한 운영 방식이었다. 방목이 제대로 기능하기 위해서는

---

* 산소가 없는 조건에서 바이오매스를 열분해해서 얻는 고형물이다. 토지개량제로 쓰는 일종의 숯이다.

계획이 필요하고, 거기에 따라 소들을 적극 관리해야 한다. 이런 인간의 적절한 개입이 있을 때 소 떼가 풀을 뜯고 거름을 공급하고 흙을 밟는, 생태계에 꼭 필요한 대형 초식동물의 역할을 다할 수 있다.

6

자연이
사람의 미래다

이 책은 소고기는 건강한 식품이고, 소는 토양에 생물학적 활기를 줄 뿐 아니라 햇빛과 물이 만든 풀을 다시 고기와 우유로 바꾸는 역할을 하며, 따라서 지속가능한 푸드시스템에 필수적인 존재라고 주장한다. 여기에 대해서는 논쟁이 치열하다. 해당 쟁점을 두고 많은 주장이 있었고, 앞으로도 그럴 것이다.

그런데 소 사육에는 상대적으로 미묘하고, 오늘날 대중 담론에서 잘 언급되지 않는 다른 장점들도 있다. 내가 많이 하는 생각이 있다. 사람들에게는 좋은 일자리가 필요하고, 농업에는 **사람들이 필요하다**. 소는 사람들에게 일자리와 생계 수단을 제공한다. 젖소와 고기소 모두 농장의 다각화에 기여하고, 그 다각화한 농장에 부가가치를 더한다. 고기소만이 할 수 있는 일도 있다. 특히 미국 극서부와 같은 건조지역과 반건조지역에서 진가를 발한다. 다시 말해 소는 작물재배가 환경적으로 바람직하지 않거나 불가능한 외진 땅에 농장들과 제반 사업이 존재할 기회를 준다.

농부나 목장주로 사는 것은 언제나 결코 쉬운 일이 아니었지만 요즘 특히 힘들다. 미국 농무부 자료에 의하면 미국 농업 종사자의 93% 이상이 현재 적어도 하나 이상의 부업을 가지고 있다. 자기 소유의 땅에서 일하는 사람은 잘해야 근근이 살아간다. 농장 수입이 박할 때일수록 가축은 농장에서 소중한 자산이다.

나는 작물(곡물, 채소, 과일)과 가축을 함께 기르는 기르는 농부를 많이 만났다. 그들은 한결같이 농장의 존속은 가축 덕분이라고 말했다. 가축과 가금류 사육은 농장에서 가장 힘들지만 가장 수익성이 높은 부문이다. (우리 목장을 포함해서) 내가 아는 많은 목장은 비가 드물게 오거나 연중 가장 추운 계절에만 오는 건조하고 바람 많은 구릉지에 있다. 환경적, 그리고 경제적인 이유로 이런 땅은 작물재배에 이용될 수 없다. 미국을 포함한 세계 곳곳의 많은 땅이 경운과 경작으로 심하게 침식되고 고갈되어 이제는 방목가축 외에 다른 것은 부양할 수 없는 상태가 됐다. 이런 물리적 조건에서는 풀과 풀을 먹는 동물은 살 수 있지만 작물재배는 불가능하다. 간단히 말해, 소 사육은 농가의 재정적 생존을 가능하게 해줄 때가 많다.

이게 왜 중요한지 물을 수도 있다. 요즘은 미국인의 17%만 농촌에 거주하고, 농업에 직접 종사하는 사람은 1% 미만이다. 내가 이 글을 쓰는 현재 코로나19의 대유행이 도시 거주의 바람직함에 대한 미국인의 견해를 뒤집고 있다. 하지만 여전히 많은 사람들이 도시화를 불가피한 현상으로, 가족단위 농장과 목장의 소멸을 어쩔 수 없는 일로 간주한다. 하지만 나는 그러한 견해에 강력히 반대한다.

우선 우리가 먹는 것 가운데 가족단위 농장과 목장에서 오는 식료의 비중을 줄일 게 아니라 오히려 늘려야 한다. 원산지가 알려져 있고 신뢰할 수 있는 투명한 식품, 지역경제에 보탬이 되는 식품, 인도적인 방식과 재생유기농법으로 생산된 신선한 식품, 유전자변형 기술을 쓰지 않은 식품 등을 소비해야 한다.

가족단위 자영농은 작물과 가축의 품종 다양성을 보존하면서 소, 가금류, 과일, 채소, 콩류, 곡물 등 맛 좋고 영양가 높은 식료를 생산한다. 코로나19의 세계적 유행으로 산업적 푸드시스템의 결함들에 대한 경각심이 높아졌다. 산업형 농업은 유전적 다양성이 부족하고, 대규모 단일재배 방식이며, 지역 시장보다 글로벌 시장을 대상으로 한다. 산업형 농업의 취약성이 훤히 드러났다. 반면 현지생산 식품은 공급망 악재의 영향을 덜 받는 것으로 입증됐다. 이제는 많은 사람이 신종 질병에 저항력이 강한 '옛날식' 유전적 다양성의 가치를 높이 사기 시작했다.

모든 살아 있는 것과의 교감

실제 농장들, 특히 동물을 기르는 곳은 인간에게도 비할 데 없는 생활환경을 제공한다. 나는 어릴 때부터 지금까지 수십 군데의 농장과 목장을 가봤고, 농사로 먹고사는 사람을 수백 명 만났다. 나는 땅을 일구는 일이 사람에게 어떤 품성을 길러주는지 보았다. 농부와 목장주는 수완과, 손재주 있고, 강인하고 용감하며, 독립적이고, 어려움 앞에 동요하지 않는다.

농장이나 목장에서 어린 시절을 보내는 것은 굳건한 몸과 인격 형성에 좋다. 비, 눈, 바람, 더위 속에 매일 수행하는 야외 노동은 육체적 강인함과 극기심을 길러준다. 들불이나 폭풍 한 번에 수개월의 고생이 수포가 될 수도 있다. 자연의 예측불허성과 함께하는 삶은 사람에게 겸양과 투지를 가르친다. 도시에서 멀리 산다는 것은 물건 고치러 와달라고 전화할 데가 없다는 뜻이다. 농부와 목장주는 어쩔 수 없이 정비공이자 배관공이자 목수가 된다. 이 모든 것이 창의성, 손재간, 자립심을 기른다.

또한 농장과 목장의 사람들은 누구보다 깊고 진정한 환경 윤리를 장착한 사람들이다. 그들의 삶은 날씨와 계절에 밀접히 연동하고, 자연계의 사건과 긴밀히 연계한다. 그들은 생명주기와 생명리듬에 몰두하고, 자신을 둘러싼 동식물의 건강과 안녕을 치열하게 돌본다. 구애, 짝짓기, 출산, 양육, 성장, 부상과 질병, 노화, 그리고 가장 중요한 죽음. 이것들이 농가에서는 매일의 경험을 구성한다.

땅을 일구며 동물을 돌보는 일이 사람을 자연과 한데 묶기 때문에 종사자는 최고의 환경관리인이 된다. 인구의 상당수가 농업에 종사하고 자연계와 연결돼 있는 것은 나라에 큰 보탬이 된다. 이는 보존 가치가 있는 연결이다. 그런데 국가 차원에서 가족단위 농장과 목장이 줄면서 무형자산이자 필수자산이 함께 사라지고 있다. 또한 이것이 국민성을 약화시키고 있다.

농촌생활은 도시에 직장을 두고 재택근무하면서 시골에 사는 것과는 다르다. 농장 없는 농장 환경은 존재하지 않는다. 농장은 우리가 보호해야 할 인간 환경이다.

농부와 목장주의 노동은 온 가족이 함께 참여한다는 점에서도 특별하다. 내가 아는 목장 중에는 세 살짜리도 매일 일을 거들고, 다섯 살이면 말을 타고, 열세 살이 농장 트럭을 몰고, 열다섯 살이 트랙터를 운전하는 곳이 많다. 아이들도 실질적 책임이 따르는 임무를 부여받고, 가족의 협업에 심지어 생계 능력에 의미 있게 기여한다. 이 아이들은 상황 대처에 높은 수완을 보인다. 농장 아이의 책임감과 침착성과 말솜씨는 볼 때마다 감탄스럽다.

이 아이들은 열심히 일하는 만큼 놀기도 열심히 논다. 이들의 놀이는 스케일이 다르다. 광활한 바깥이 이들의 놀이터다. 이들은 현대판 허클베리 핀과 로라 잉걸스다. 이들과 진짜 모험을 갈라놓는 것은 아무것도 없다. 이들의 모험들은 부모나 교사의 감독이 붙는 부자연스런 나들이와는 거리가 멀다. 농장과 목장의 아이들은 어른의 간섭이 최소화된 환경에서 매일 몇 시간씩 자연세계를 탐험하며 보낸다. 이들은 직접 체험을 통해 원숙함을 배우고, 지식을 쌓고, 자연에 대한 호기심을 개발한다.

빌과 내가 방문했던 한 목장에 여덟 살짜리 아들이 있었다. 아이는 우리에게 정중히 인사하고 몇 분간 똘똘하게 응대를 해주다가 중간에 자리를 뜨는 것에 대해 양해를 구한 다음, 낚싯대와 도시락을 챙겨들고 개를 옆에 거느리고 밖으로 나갔다. 아이 설명으로는 좋아하는 낚시터에 가는 길이며, 저녁 식사 전에 돌아올 예정이었다. 그렇게 독립심이 강한 10세 미만 아이를 본 것은 내 어린 시절 이후 처음이었다.

내가 어렸을 때는 농장생활과 교외생활의 격차가 지금처럼 크지 않았다. 나는 1970년대와 80년대 미시건주 칼라마주 외곽에서 컸는데, 그때 우리 가족은 자주 농장으로 놀러갔고, 매일 집 근처 야외를 탐험했다. 부모님은 적어도 일 년에 여남은 번은 우리 남매를 다 데리고 타운 서쪽의 농장에 갔다. 거기서 우리는 과일을 따고, 달걀, 채소, 사과술을 농부에게 직접 구매했다. 12월에는 크리스마스트리를 고르고 골라 직접 톱으로 베어왔다.

자연은 집에서 멀지 않았고, 나는 매일 그것을 누렸다. 집에서 몇 걸음 밖에 풀과 관목과 숲이 우거진 약 80만 제곱미터의 탁 트인 땅이 있었다. 동네 어른에게는 그저 평범한 미개발지나 개를 산책시키는 장소에 불과했지만, 우리 아이들에게 그곳은 온갖 가능성으로 가득한 드넓고 신비로운 황야였다. 우리는 그곳을 자력으로 탐험하고 배웠다. 우리는 나무, 들꽃, 곰팡이, 곤충, 설치류, 새, 두꺼비, 여우, 사슴과 함께 시간을 보냈다. 그 시대 아이들이 대개 그랬듯 나도 맘껏 헤매고 다녔다. 나는 날마다 미개발지에 나가 놀았다. 나무를 오르고, 딸기를 찾고, 돌을 뒤집고, 동물 흔적을 따라가고, 꽃, 씨앗, 나뭇잎, 솔방울을 모았다. 그저 보기만 할 때도 있었다. 혼자 드러누워 흘러가는 구름을 보던 기억이 난다. 때로는 책을 가져와 읽었다. 또 어떤 때는 배낭에 과자, 스케치북, 연필을 넣어가지고 왔다. 일요일이면 가족 모두 황무지로 오래 산책을 나갔다가 집에 돌아와 벽난로 앞에 둘러앉아 몸을 녹이곤 했다.

겉보기에는 특별할 것 없는 땅이었지만 그곳은 생명이 터질 듯 넘쳐나고 계절에 따라 끝없이 변하는 나의 제2의 집이었다. 나는 거기 나무들 사이에 있을 때 신의 존재를 가장 강하게 느꼈다.

나는 대학에서 생물학을 전공하면서 세포대사, 생태계, 동식물의 발생과 생장을 공부했다. 나는 야외 실습을 즐겼고, 어릴 적 제2의 집이었던 황무지에서 식물과 곤충 표본을 수집했다. 그렇게 어른이 된 후에도 나는 고향집에 갈 때마다 그 들판을 걸었다. 주로 아버지와 함께, 그리고 아버지의 충직한 반려견들과 함께. 그러다 그 땅이 상업개발의 위협을 받게 됐을 때 나는 노스캐롤라이나를 떠나 고향으로 돌아갔다.

야외에서 자라며 야생과 깊이 교감하는 것은 요즘 아이들에겐 쉽지 않은 경험이다. 오늘날의 도시화, 교외화된 환경에서 아이들은 많은 시간을 화면 앞에서 보낸다. 밖에서 보내는 시간은 적고, 자연에서 보내는 시간은 거의 없다. 야외 경험의 대부분은 어른의 감시하에 이루어진다. 사람들은 이를 정상으로 생각한다. 양육 방식의 변화가 가져온 결과를 짚어보는 일도 거의 없다. 농장이나 목장에서 자라는 아이들만 거의 유일하게 이 삭막한 규준에서 벗어나 있다.

저널리스트 리처드 루브는 그의 책 《자연에서 멀어진 아이들》에서 어릴 때 자연에서 보내는 시간의 필요성을 강력하고 설득력 있게 주장한다.[1] 그는 아이들이 지금처럼 자연과 분리되면 그 피해는 아이들은 물론이고 궁극적으로는 나라 전체에 미친다고 경고한다. 루브는 "아이들이 땅에 애착하지 못하면 자연에서 얻는 심리적, 정신적 혜택을 누리지 못하고, 환경과 터전에 꾸준히 헌신할 필요도 느끼지 못할 것"이라고 썼다.[2]

루브는 가끔씩 공원에 놀러가고 자연 프로그램을 시청하는 것은 효과가 없다고 말한다. "열정은 비디오테이프나 CD로 배달될 수 있는 것이 아니다. 열정은 개인적인 것이다. 열정은 아이들이 흙투성이 손으로 대지에서 직접 들어 올리는 것이며, 풀물이 든 소매를 따라 심장으로 흘러가는 것이다."[3]

17년 동안 목장생활을 해온 나로서는 루브의 말이 깊이 와닿는다. 뉴욕에서 거의 5년을 살다가 이곳으로 왔을 때 나는 더운 여름날 진흙 속을 신나게 뒹구는 돼지가 된 기분이었다. 자연계에 둘러싸인 삶으로의 귀환은 내 안에 깊이 잠자고 있던 희열과 평화를 일깨웠다. 어릴 때 발견한 기쁨과 평온이 어디 가지 않았다. 그동안 내가 얼마나 자연이 주는 육체적, 정신적, 영적 건강과 일체감에 목말랐는지 깨달았다.

이 경험은 또한 현대의 도시와 농촌을 나누는 간극에 대해 생각하는 계기가 됐다. 세상이 자연과 얼마나 단절돼 있는지 새삼 보였다. 우리 목장에는 요리사, 환경운동가, 동물보호운동가, 소매상, 저널리스트, 지인과 친척 등 다양한 방문객이 자주 찾아온다. 하지만 어른이나 아이 할 것 없이 그들이 자연의 작용을 낯설어하는 모습은 때로 놀라울 정도다.

워싱턴 DC에서 온 젊은 여성이 기억난다. 그녀는 암염소가 젖을 먹으려는 새끼염소를 뿔로 밀어내는 것을 보고 충격을 받았다. 하지만 그것은 사나운 공격이 아니었다. 염소나 소의 무리에서 흔히 볼 수 있는 '내 젖통에서 떨어져' 실랑이였다. "아, 저거 정상이에요. 자기 새끼가 아니거든요." 내가 설명했다. 하지만 이 말도 속상해하는 우리의 방문객을 달래주지 못했고, 나는 더 자세한 설명을 붙였다. "어미는 자기 새끼를 위해 젖을 간수해야 해요. 그리고 새끼마다 찾아가야 할 어미가 따로 있어요." 내가 무슨 말을 해도 방문자는 생각을 바꾸지 못했다. 그녀에게 그 암염소는 그저 한 마리 못된 염소였다.

뉴욕에서 온 젊은 유명 요리사도 생각난다. 우리 개가 숲에서 발견한 것을 자랑스럽게 물고 뛰어왔다. 우리 클레어의 입에 물려 있었던 것은 코요테가 사냥 후 남기고 간 사슴다리였다. 그걸 본 요리사는 하얗게 질려서 구역질을 했다.

샌프란시스코에서 온 다섯 살짜리 남자아이도 기억에 남는다. 밝고 영민한 아이였지만 가장 기본적인 생물학적 사실도 알지 못했다. 칠면조에 둘러싸여 목초지를 함께 걸으면서 나는 아이에게 '수컷'과 '암컷'을 알려주었다. 꼬마에게서 아무 반응이 없어서 '남자 칠면조,' '여자 칠면조'로 바꿔 말했다. 여전히 반응이 없길래 결국 아이엄마에게 도움을 청했다. 아이엄마는 "'엄마 칠면조'와 '아빠 칠면조'라고 해보세요."라고 했다. 아이는 그 말도 알아듣지 못했다. 나는 그제야 아이가 동물에게도 성별이 있음을 모른다는 것을 눈치챘다.

자연과 동물과 격리된 현대인의 삶은 많은 부작용을 낳는다. 나는 그게 사람들의 사고방식에 두루 영향을 미친다는 리처드 루브의 말에 격감한다. "도시화한 사람들에게 식료의 원천과 자연의 실체는 점점 더 추상적으로 변해간다. 또한 도시 사람들은 동물을 과보호하거나 과하게 두려워하는 극단으로 흐를 가능성이 높다."[4]

또한 나는 자연과의 단절이 현대인을 삶의 불가피한 요소들에서 유리시킨다는 생각이 든다. 신체적 노화와 쇠락을 피해 갈 수 있는 사람은 없다. 우리 모두 질병, 부상, 고통, 그리고 궁극적으로 죽음을 겪게 된다. 이런 삶의 요소들을 다른 생물들을 통해 간접 경험하면 우리 자신을 거대한 생명순환의 일부로 보는 관점을 갖게 된다. 이는 우리를 각자의 삶의 여정에 대비하게 한다.

목장생활은 특히 이런 이해와 인식을 얻는 데 도움이 된다. 아이들은 매일 식물과 동물을 보고, 만지고, 듣고, 냄새 맡는다. 식물은 끊임없이 싹을 내고, 자라고, 꽃피우고, 열매 맺고, 말라가고, 씨앗을 떨어뜨리고, 죽는다. 야생동물이든 가축이든 동물은 모두 짝짓기를 하고, 태어나고, 어미젖을 먹으며 자라고, 싸우고, 병들고 다치고, 죽는다. 올빼미, 큰까마귀, 매, 뱀, 거미, 코요테, 보브캣, 땅다람쥐, 쥐, 소, 말, 개, 고양이, 닭, 칠면조, 염소, 당나귀, 노새. 깃털, 모피, 뼈, 먼지. 이것이 우리의 나날을 이루는 성분들이다.

(의식적, 무의식적으로) 야생동물을 보고 듣는 것이 일상에 포함된다. 또한 하루의 상당 부분이 (의도적·비의도적으로) 농장동물을 돌보는 데 할애된다. 우리는 동물에게 사료와 물을 공급하고, 그들의 안위를 살피고, 소재를 파악하고, 병을 돌보고, 심지어 그들에게 말을 건네고 노래를 불러준다. 동물의 필요와 욕구, 습성이 남의 일이 아닌 내 일이 된다. 자기 자신 너머를 생각하는 태도가 제2의

천성이 된다.

내가 빌과 결혼하기 전에는 롭과 미셸 스톡스라는 젊은 부부가 여기 살면서 우리의 땅과 소 떼를 훌륭히 관리했다. 현재 그들은 십대 딸들과 함께 오리건주에 살며 그들 소유의 목장을 운영한다. 스톡스 가족은 소, 돼지, 염소, 칠면조를 모두 초지에서 키운다. 한때 우리 목장으로 돌아와 이곳에서 몇 달간 염소 떼를 사육하기도 했다. 부부의 첫딸이 세 살 때였다.

하루는 미셸이 폐렴에 걸린 어미 염소를 돌보다가 내게 도움을 구했다. 처음에는 염소가 치료에 잘 반응하는 것처럼 보였다. 그런데 예상치 않게 상태가 악화됐다. 경과가 좋아진 듯싶어 염소를 초지에 내놨는데 혼자서 서지도 못할 만큼 약해졌다. 미셸과 나는 염소를 다시 헛간으로 데려와 바람을 피해 건초 위에 눕혔다. 우리는 액체 영양보충제를 투여하며 염소를 소생시키려 애썼다. "힘내, 염소야." 미셸이 계속해서 염소를 얼렀다. 염소는 얼마 후 미셸의 무릎에 머리를 얹은 채 숨을 거뒀다. 미셸의 꼬마 딸이 몇 미터 떨어진 곳에서 우리를 지켜보며 질문을 했다. 미셸은 염소를 간호하면서 딸에게 담담하게 상황을 설명했다. 그녀는 딸아이의 질문에 다정하면서도 솔직하게 답했다. 나는 미셸이 아이의 호기심과 걱정에 온화하고 능숙하게 대응하는 모습에 깊은 감명을 받았다.

그 일이 있고 몇 년 후 나와 미셸은 자녀를 목장에서 양육하는 이점에 대한 글을 나눴다. 우리가 어미염소를 살리려 애썼던 그날이 떠올랐다. 미셸은 이렇게 썼다.

우리 집 아이들은 각각 5년과 9년이라는 짧은 세월 동안 대개의 사람이 평생 보는 것보다 더 많은 죽음을 보았습니다. 그럼에도 우리는 여전히 그 죽음들을 애도합니다. 아이들은 상실을 배웁니다. 하지만 아이들은 탄생의 기적과 삶의 축복에 끝없이 관여하는 행복도 누립니다. 아이들은 우리가 동물을 살리고 잃는 과정의 고군분투를 목격합니다. 아이들은 다른 생명이 우리의 욕구보다 우선할 때가 많으며 때로는 우리의 필요보다 우선한다는 것을 배웁니다. 이 모든 경험이 아이들에게 모든 살아 있는 것에 공감하는 능력을 줍니다.

이제는 빌과 내게도 두 아이가 생겼고, 이제는 나도 아이들이 목장의 삶에서 얼마나 많은 것을 얻는지 매일 목도한다. 큰아들 마일스는 세상에 나온 지 불과 며칠 후부터 매일 빌이나 내게 안겨 함께 일터로 나갔다. 생후 2년쯤에는 매일 마당에서 몇 시간씩 놀았다. 목장에 나오면 자기보다 키가 큰 칠면조들 사이를 느긋하게 걸어 다녔고, 일을 돕겠다고 성화를 부렸다.

우리는 마일스에게 칠면조 알을 모으고, 칠면조 떼를 몰고(아이에게 소 떼는 아직 무리였다!), 급수기에 물을 채우는 등 소소하지만 실질적인 일들을 주기 시작했다. 마일스는 다섯 살 때 울타리 문을 여닫았고, 딴 데로 새는 칠면조를 모아들였다. 현재 열한 살인 마일스는 농장 트럭을 운전하고, 뭐든 고장이 나면 수리하는 데 손을 보태는 등 많은 일에서 없어선 안 될 조수가 됐다. 아이의 도움은 우리에게 매우 유용하며, 아이도 자신의 기여에 자부심을 느끼는 게 눈에 보인다.

일곱 살 난 작은아들 니컬러스도 열정적이고 유능한 조력자다. 니컬러스는 아빠를 따라 나가 동물에게 건초를 주고, 달걀을 모으고, 소 떼를 살피는 것을 좋아한다. 집에 돌아오면 내가 있는 부엌에 와서 자신이 어떤 일을 어떻게 도왔는지 미주알고주알 이야기한다.

다른 목장 아이들처럼 우리 아이들도 매일 뛰고, 오르고, 신선한 공기를 마시고, 햇빛을 흠뻑 받으며 밖에서 몇 시간씩 보낸다. 아이들은 늘 동물에 둘러싸여 있고, 따라서 동물에 대한 두려움이 전혀 없다.(우리가 아이들에게 조심할 때를 가르쳐야 할 정도다.) 두 아이는 지역의 새, 곤충, 꽃, 나무를 수십 종씩 구분한다. 두 아이는 에너지와 힘이 넘친다. 심지어 무릎이 까지고, 다리를 긁히고, 옷이 흙투성이가 돼도 좀처럼 알아차리지 못한다. 여름에는 아예 새벽부터 해질녘까지 밖에서 보낸다.

게리 폴 나한과 스티븐 트림블의 공저 《어린 시절의 지리: 아이들에게 야생이 필요한 이유 The Geography of Childhood: Why Children Need Wild Places》는 아이들과 자연의 관계를 논한다. 두 저자는 아이들이 어쩌다 한 번씩 근접 감독하에 자연을 접하는 것만으로는 부족하며, 그보다 훨씬 많은 시간을 자연과 함께 보내야 한다고 주장한다. 저자들은 목장 아이들의 경험을 애리조나 원주민 호피족의 경험과 비교하며 다음과 같이 썼다.

> 목장 아이들은 말과 반려동물과 가축을 돌보며 세심한 관찰력을 기르고 행동의 미묘한 차이를 배운다. 또한 가축은 인간의 필요 충족을 위해 존재한다는 실리주의적 입장도 배운다. 동물의 죽음을 보며 마음이 아프긴 하겠지만 충격을 받지는 않는다. 그들이 동물에게 갖는 친밀감은 생명에 대한 친밀감이다.[5]

소가 사는 여느 농장과 목장처럼, 우리 목장에서도 자연 이해가 농가 역량의 기본이다. 유능한 목장주는 자기 동물에게 관심을 쏟을 뿐 아니라 해당 지역의 강우, 바람, 기온의 패턴에 박식하다. 그것들이 땅, 식생, 동물에 어떤 영향을 미치는지 환히 안다. 지역의 야생 동식물에 해박하고, 지역의 강과 하천, 그것들의 작용에 익숙하다. 간단히 말해서 좋은 목장주는 밖에서 일하는 데 그치지 않는다. 자신의 일터인 자연과 끝없이 상호작용하고 거기에 의지한다. 농장은 자연주의자를 길러내는 이상적인 인큐베이터다.

그리고 지금은 어느 때보다도 자연주의자들이 필요하다. 과학자들은 자연을 연구하지만, 그들 모두가 진정한 **자연주의자**는 아니다. 자연주의자는 찰스 다윈, 베아트릭스 포터, 헨리 데이비드 소로, 알도 레오폴드, 웬델 베리의 정신을 계승해 자연세계를 사랑하고 이해하는 사람들이다. 캘리포니아 라호야의 스크립스 해양연구소 SIO의 해양학 교수 폴 데이튼 박사는 지구가 사상 최대의 공격을 받는 이때에 학계는 오히려 교과과정에서 자연 체험을 사실상 빼버렸다고 비판한다. 데이튼은 이 배제가 "젊은 과학도와 일반 대중 모두에게서 기본 지식을 습득할 기회를, 즉 환경 변동에 대한 복잡계 complex systems ●의 반응을 예측할 소양을" 빼앗는다고 말한다.[6]

지구적 위기를 벗어날 최대 기회는 자연을 진정으로 이해하고 아끼는 현재 세대와 미래 세대를 길러내는 데 있다. 리처드 루브는 이렇게 썼다. "환경보호주의와 환경을 구하기 위해 먼저 구해야 할

● 수많은 변수가 유기적, 복합적으로 작용해 큰 영향력을 발휘하는 체계, 또는 복잡한 현상들의 집합체 속에서 기능하는 법칙을 발견해내는 학문을 말한다.

멸종위기 지표종이 있다. 그건 바로 자연의 아이들이다."[7]

 농장, 특히 동물을 키우는 농장은 아이들이 생물학적 이해를 얻고, 야생과 사랑에 빠지기 위한 최적의 장소 중 하나다. 루브는 다음과 같이 어느 환경운동가의 이야기를 전한다.

> 재닛은 자연 속에서 보낸 어린 시절을 자신의 환경 운동(웨스트버지니아 산악지대를 지키는 운동)의 원천이자 자신의 정신적 자양분으로 본다. 그녀가 가장 좋아하는 장소는 이모 부부가 운영하는 낙농장이었다. (…) 그곳에서 그녀는 헛간으로, 닭장으로, 산비탈과 목초지로, 개울로 달려가 눈앞에 펼쳐진 자연의 풍요로운 보고(寶庫)를 탐험했다. 자연은 재닛에게 무궁한 기회를 제공했다. 새끼고양이의 탄생을 지켜볼 때나 차가운 땅에 죽어 있는 깃털도 나지 않은 새끼 새를 애도할 때, 자연은 재닛에게 삶에 대한 호기심을 채워주고 죽음의 필연성을 가르쳤다.[8]

 농장이나 목장에서 어린 시절의 전체 또는 일부를 보낸 사람들이 환경운동가만 되는 건 아니다. 무엇보다 그들은 사회의 생산적인 구성원이 된다. 나는 환경변호사로 일하기 전에는 그저 가끔씩만 소를 키우는 사람들을 만났다. 하지만 어렸을 때는 미시간주 남서부의 소규모 혼합농장을 꽤 많이 다녔다. 나는 카토•와 토머스 제퍼슨이 어째서 농부를 이상적인 시민으로 칭송했는지 알 것 같다. 내가 어린 시절에서 기억하는 농부들은 근면하고, 억세게 독립적이고, 공민의식이 강한 사람들이었다. 그들은 땅을 사랑했고, 지

• 기원전 234~149. 고대 로마의 정치가.

역의 기후와 토양에 대한 깊은 체험 지식을 보유했다. 지역의 동식물에 해박했고, 지역 전승지식의 보고이자 역사의 산증인이었다. 당연히 사회는 그들을 귀하게 여겨야 한다.

나는 워터키퍼의 선임변호사로서 전국의 농부와 목장주와 일하기 시작했고, 농장에서 점점 더 많은 시간을 보냈다. 그 과정에서 이들의 비상함에 다시 한번 감명받았다. 농업 인구의 감소는 단지 국가적 고용 문제만이 아니었다. 그것은 대체 불가한 인적 자원의 유출이다.

이는 나만의 뜬금없는 생각이 아니다. 포춘 500에 드는 어느 유명 기업의 CEO도 라디오 인터뷰에서 같은 지적을 했다. 라디오 진행자는 그에게 입사지원자에게서 무엇을 중요하게 보는지 물었다. 예상과 달리 그는 출신 학교나 인턴십 이력 같은 것을 말하지 않았다. 그는 주저 없이 자신은 농장에서 자란 사람을 항상 1순위로 본다고 말했다. 그는 다년간 사람들을 고용하고 감독해온 경험을 통해 농장 아이들이 믿음직스럽고, 근면하고, 상황 대처 능력이 뛰어나다는 것을 알게 됐다고 말했다.

아내와 농장을 시작한 어느 퇴역 장교도 비슷한 취지의 말을 했다. 그는 비록 자신은 농장에서 자라지 않았지만 자신의 아이들은 농장에서 키우고 싶다고 했다. 그도 수십 년의 군생활을 통해 최고의 군인들은 농장에서 자란 사람들이라는 것을 알았다. 그들은 예의 바르고, 규율 있고, 착실했다. 그는 그것이 자신이 바라는 자녀의 미래 모습이라고 했다.

대학교 입학사정관도 비슷한 생각을 하지 않을까 싶다. 대학에서 교편을 잡았던 내 부모님도 가장 성실한 학생들 중에 농장 출신

학생들이 많다고 했다.

 농민의 소멸을 보여주는 통계들이 자주 언급된다. 탄식도 자아낸다. 하지만 미국의 인구학적 변화에서 대체로 간과돼온 측면이 하나 있다. 농장과 목장을 잃으면서 미래 세대 양육을 위한 특출한 환경도 잃어간다는 것이다. 미래의 훌륭한 시민을 길러내는 천연의 인큐베이터가 사라지고 있다.

자연 면역 환경이 사라진다

역시 과소평가되는 점은 농장은 미래 세대를 강하고 면역력 있는 어른으로 길러내기에 더없이 좋은 물리적 환경이며, 우리가 이 환경을 잃어가고 있다는 사실이다.

 우리 아들 마일스가 아직 뱃속에 있을 때였다. 나는 그때도 매일 목장에 나가 몇 시간씩 일을 했다. 마일스는 태어나기도 전부터 목장 일을 한 셈이었다.(가족친지 사이에서는 마일스가 태어나던 날 얘기가 아직도 회자된다. 어느 날 아침 목장에서 아침 일을 하고 있을 때 양수가 터졌다. 하지만 나는 부활절 예배에 참석해 바흐 성가 독창을 소화하고 난 다음에야 병원으로 향했다.)

 나도 때로는 뱃속의 아이를 사료, 건초, 거름의 먼지와 소와 칠면조의 비듬에 노출하는 것이 좋은 생각일까 걱정했다. 하지만 필요 없는 걱정이었다. 최근의 연구가 내 우려를 완전히 뒤집었다. 동물들 주변에서 일하는 것은 뱃속 아이를 해치기보다 반대로 아이의 건강을 지키는 효과가 있었다. 또한 아이가 태어난 후에도 가축과 함께 자라는 경험이 아이들에게 긍정적으로 작용한다.

2013년 《뉴욕타임스》에 농장에서 가축화 함께 자라는 아이들이 알레르기와 천식에 강하다는 학계의 견해와 그 이유에 대한 특집 기사가 났다.[9] 주민의 92%가 농장 일을 하는 아미시Amish● 공동체의 경우 알레르기와 천식 발생률이 매우 낮다는 발견이 있었고, 그것이 해당 연구의 계기가 됐다. 서구화―보다 정확하게는 (아미시파가 강하게 거부하는) 산업화와 도시화―가 진행되면서 알레르기 질환 발생률이 급격히 증가했다. 하지만 꽤 최근까지도 그 이유에 대해서는 알려진 바가 없었다.

지금의 중론은 이렇다. 이른바 농장 효과라는 것이 있는데, 이것이 농장 아이들의 면역체계를 활성화시켜 아이들을 알레르기에서 보호한다. 농장과 목장의 사람들은 심지어 태어나기도 전부터 소의 분뇨, 비듬, 건초 등에 있는 미생물에 꾸준히 강도 높게 노출된다. 임신기를 포함해 노출이 빨리 시작될수록 보호 효과도 커진다. 《뉴욕타임스》 기사에 의하면 "임신기에 가축을 돌보는 일을 하고, 출산 후에도 신생아를 데리고 다니며 일하는 엄마의 아이가 나중에 알레르기 질환에 가장 강한 경향을 보인다." 의사이자 뮌헨대학교 연구원인 비앙카 쇼브의 연구도 농장에서 태어난 아기가 알레르기 반응 억제에 더 뛰어나다는 것을 보여준다. "엄마가 소, 돼지, 닭을 더 많이 접할수록 그 자녀가 먼지 진드기와 나무 꽃가루에 더 강한 내성을 가진다."[10]

이 연구는 축산농가와 목장의 엄마들이 아기의 면역체계에 일종

● 미국 기독교의 일파로, 현대 문명을 거부하는 것으로 유명하다. 신도들이 공동체를 이루고 한데 모여 살면서 그들만의 전통과 규율에 따라 18~19세기 방식의 농경생활을 유지한다.

의 자연치유제가 될 가능성을 말한다. 즉 "태아의 면역체계가 알레르기 질환에 내성을 갖게끔 미리 프로그래밍해준다.[11] 최근 수십 년 동안 알레르기와 천식이 유행병처럼 퍼졌다. 그리고 이것이 현대인의 생활 방식, 특히 농장과 농장동물들과의 연이 끊어진 것과 무관하지 않다는 것을 시사하는 연구결과가 점점 늘어나고 있다.

마야 셰트리트-클라인 박사는 의사이자 어머니이며 《흙 치유The Dirt Cure》의 저자다. 박사는 농장 아이가 건강한 이유가 그들이 노출되는 미생물의 양이 아니라 다양성에 있다고 주장한다. 박사는 이렇게 말한다. "미생물 다양성이 관건으로 보인다." 아이가 접하는 세균의 종류가 다양할수록 "면역체계가 균형을 유지할 가능성이 높고, 특정 세균 하나가 통제 불능으로 증식해 감염으로 번질 가능성은 낮아진다." 박사는 식물 건강도 이와 유사하다고 설명한다. "식물영양소는 식물 면역체계의 일부다." 그리고 해충은 식물을 자극해 더 많은 식물영양소를 만들어내게 한다. "여러 유기체에 노출되는 것은 식물 건강을 향상할 뿐 아니라 우리 건강도 강화한다."[12]

세균에 노출되는 것이 몸에 좋다는 것은 사실 새로운 생각이 아닙니다. 재레드 다이아몬드의 역대급 저서 《총, 균, 쇠》에 따르면 인류사 자체가 가축, 특히 소에 대한 노출의 중요성을 증명한다. 다이아몬드는 특정 문화가 다른 문화에 비해 기술 발전에 앞서고 결과적으로 정치·군사적으로 우세해진 복잡다단한 이유를 해부하는 과정에서 인류가 전염병에 대한 면역력을 얻는 데 가축, 특히 소의 공헌이 지대했다고 말한다.

우연히 지리적 로또를 맞은 몇몇 문화가 있었다. 즉 가축화하기 쉬운 동물이 많았던 지역에 살았던 사람들이 엄청나게 유리했다. 특히 소가 의미 있었다. 소는 고기와 우유와 거름을 제공할 뿐 아니라 수레와 쟁기를 끌 수 있었다. 동물들을 길들여 함께 붙어살면서 인간은 질병을 옮기는 유기체에 더 많이 노출됐다. 이것이 한편으로는 전염병을 일으켰다. 하지만, 다이아몬드의 주장에 따르면, 다른 한편으로는 소를 비롯한 동물이 옮기는 세균과의 접촉 여부가 문화의 성패에 결정적 요인으로 작용했다. 세균에 노출된 인간 집단은 그 덕분에 질병에 대한 면역을 얻었다.

일찍부터 동물을 길들였던 문화와 가축이 없어서 가축 매개 질병에 노출된 적이 없었던 문화가 충돌했을 때의 결과는? 가축 없는 문화 측의 재앙이었다. 신세계에 상륙한 유럽인이 야기한 죽음의 대부분은 세균 감염에 의한 것이었다. 유럽인에게 묻어온 병원균들은 아메리카 원주민이 그전까지 한 번도 접해보지 못한 것들이었다. 전염병의 확산이 아메리카 대륙 전체에서 원주민의 전투력을 붕괴시켰고, 곧 원주민 문화의 전멸로 이어졌다.

(우리 아이들을 비롯해) 내가 아는 농장 아이들이 누리는 이점이 세균이 많은 환경에서 오는 면역학적 이점만은 아니다. 농장의 아이는 야외에서 보내는 시간이 훨씬 많고, TV나 컴퓨터 앞에서 보내는 시간은 훨씬 적다. 현재 일반적인 미국 아동은 하루 평균 3시간을 TV 앞에서, 5~7시간을 (비디오게임, 스마트폰, 컴퓨터 등을 포함한) 스크린 앞에서 보낸다.[13]

이 습관은 위험할 만큼 일찍 시작된다. 미국소아과학회 AAP는 2세 이하 아동에게는 '스크린 타임'을 전혀 허용하지 말 것을 권한다. 아동이 스크린 앞에서 많은 시간을 보내는 것은 여러 행동 장애의 원인이 된다. 특히 주의력 결핍 과잉 행동 장애ADHD와 관계 있다.[14] 아동의 '스크린 타임' 증가와 비만과 비타민D 결핍 증가도 무관하지 않다.[15]

존스홉킨스 아동병원 웹사이트는 다음과 같이 말한다. "다수의 대규모 조사에서 비타민D의 결핍이 만연하다는 결과가 나온다. 미국 아동 열 명 중 한 명이 비타민D 부족으로 추정되며, 아동의 60%가 비타민D 최적 수준에 미달하는 것으로 보인다."[16] 대개는 해를 쬐기만 해도 필요한 비타민D의 90%를 확보할 수 있다.[17] 음식만으로는 비타민D를 충분히 확보하기는 어렵고, 연구에 의하면 비타민D 알약도 햇빛 같은 효과를 내지 못한다. 이것이 매일의 야외활동이 신체적, 정신적 안녕에 지극히 중요한 또 다른 이유다.

목장생활이, 특히 아동에게 양질의 물리적 환경을 제공한다는 것은 딱히 소와는 관계없는 얘기로 들릴 수 있다. 하지만 소가 실질적이고 중요한 위치에 있다. 미국에서는 소가 대다수 농장과 목장의 존재 이유이기 때문이다. 소가 우리의 푸드시스템에서 사라지면 목장이라는 인간 환경도 함께 사라진다. 이는 우리의 문화와 사회에 막심한 손실이 된다. 우리가 감당할 수도 없고, 또 감내해서도 안 될 손실이다.

2부

소고기와 사람

소고기는 어쩌다 건강의 적이 되었나

우리는 왜 소고기에 끌리는가

7

소고기는 어쩌다 건강의 적이 되었나

식습관과 관련해 미국이 공중보건 위기에 처해 있다는 점에는 의심의 여지가 없다. 통계자료가 보여주는 충격적이지만 명백한 사실은 미국이 병든 나라라는 것이다. 국민의 비만도와 혈압이 계속 상승하고, 이에 따라 심장병, 당뇨, 뇌졸중 등 만성질환 발생률과 사망률도 높아지고 있다.

폭풍의 중심에는 날로 늘어나는 우리의 허리둘레가 있다. 현재 미국 성인의 3분의 2(69%)가 과체중이고, 39%가 비만(남자의 경우는 체지방 25% 이상, 여자는 30% 이상)이다. 1960년부터 현재까지 미국 남성의 평균 체중은 약 75킬로그램에서 약 87킬로그램으로, 여성은 약 64킬로그램에서 약 74킬로그램으로 늘었다. 수많은 건강문제가 체중과 관계 있기 때문에 비만의 극적 증가는 의료보건상의 엄청난 골칫거리가 아닐 수 없다.

젊은이들의 상황은 더 심각하다. 내가 아이였던 1970년대를 돌아보면 그때는 비만의 정의를 충족할 만한 아이가 동네에 바글대는 아이들 중 한 명 있을까 말까 했다. 그러다 1970년부터 2000년까지 과체중 아동 수가 두 배 이상 늘었고, 비만율은 세 배로 뛰었다. 지금은 거의 3분의 1(32%)이 과체중이고, 17%가 비만이다. 최근 미국공중보건협회APHA는 이 추세가 "세대 전체를 심혈관질환, 당뇨병 등 심각한 만성질환의 고위험군으로 만들고 있다"고 경고했다.[1] 지난 20년 동안 아동 비만의 임상치료와 연구에 몸담은 캘리포니아대학교 샌프란시스코 캠퍼스의 로버트 러스티그 박사는 이 추세가 심지어 아기들에게까지 이르렀다고 말한다. "현재 생후 6개월 아기들 사이에 비만이 전염병처럼 퍼져 있다."[2] (영아 비만의 이유에 대해서는 뒤에서 논하기로 한다.)

체중 증가 추세와 밀접하게 연동하는 것이 만성질환의 증가다. 현재 미국 성인의 3분의 1(33%)이 고혈압을 앓고 있다. 미국인의 주요 사망 원인 다섯 가지 중 네 가지가 만성질환이다.[3] 순위대로 말하면 심장병, 암, 사고, 호흡기질환, 뇌졸중이다.

이 추세는 우리를 특히나 심란하게 한다. 비만, 고혈압, 만성질환들이 극적으로 감소할 법한 여러 요인이 있는데도 감소는커녕 계속 증가하거나 변동이 없기 때문이다. 심장질환과 관련 사망률을 예로 들어보자. 현재 모든 병원에서 심장마비에 대한 선진 의료 처치가 가능하다. 다시 말해 스텐트 삽입술과 관상동맥 우회술이 일상적으로 수행된다. 2011년 《미국의학협회저널JAMA》에 실린 한 심장 시술 관련 논문에 따르면 "관상동맥 우회술CABG과 관상동맥 스텐트 시술PCI로 구성되는 관상동맥 재개통술은 미국 의료시스템이 가장 흔하게 제공하는 의료 시술 중 하나로, 연간 백만 건 이상 수행된다.[4] 처치 방법만 발달한 게 아니다. 심장병의 주요 위험 인자 중 하나인 흡연이 과거에 비해 대폭 줄었다. 성인 남성 흡연율은 1950년대의 55%에서 오늘날 18%로 급감했다.[5] 그럼에도 지난 10년간 심장질환 발병과 관련 사망은 예상처럼 급격히 감소하지 않고 고작 안정세를 유지했을 뿐이다. 오늘날 성인 사망의 42%가 심장질환으로 발생한다. 1900년에는 심장질환이 사인인 경우가 8%에 불과했을 것으로 추정된다.[6] 당시는 심장질환이 네 번째 사인이었다.[7] 실제 수치들을 보면 오늘날 어느 때보다 많은 미국인이 심장병으로 세상을 뜨고 있다.

신체활동 감소도 현대 만성질환 증가세의 명백하고도 주요한 인자다. 자동차, 텔레비전, 컴퓨터의 등장으로 사람들이 앉아서 지내는 시간이 많아졌다. 격렬한 육체노동을 수반하는 직업을 가진 사람들이 오늘날은 20% 정도지만 20세기 중반만 해도 약 50%에 달했다.[8] 하버드 공중보건대학원HSPH의 역학 교수이며 최근 운동 부족의 영향에 관한 연구를 수행했던 이이민 박사는 세계적으로 신체활동 부족이 흡연과 비만만큼 건강에 해로운 영향을 끼쳤다고 말한다.[9] 그런데 자료에 따르면 미국인의 생활 방식이 몸을 움직이지 않는 방향으로 바뀐 것은 이미 1960~70년의 일이었다.[10] 따라서 운동 부족만으로는 최근의 우려스런 추세가 온전히 설명되지 않는다.

최근 수십 년 동안 비만이 전염병처럼 급속히 퍼진 이유는 무엇이며, 심장병 같은 만성질환이 극적으로 감소해야 할 요인들에도 불구하고 일파만파 퍼지고 고질병이 된 이유는 무엇일까? 증거들은 식습관을 가리키고 있다. 하지만 사람들이 흔히 예상하는 방향과는 다르다.

우리 식습관은 어떻게 병들어왔나

지난 50년간 우리는 식습관이 현대 서구사회가 겪는 건강문제의 근본 원인이라는 말을 숱하게 들었다. 작가 마이클 폴란이 이 상황을 예리하게 묘사했다. "과학자들은 최선의 의도를 내세우고 최고의 도구로 무장하고서, 우리가 먹는 기쁨을 깎아내리는 방식으로, 그렇지만 건강에는 거의 또는 아무 도움이 되지 않는 방식으로 음식을 바라보게끔 만들었다."[11]

지금까지 우리가 지겹게 들은 메시지가 있다. '우리 식단은 버터 바른 토스트와 크림 넣은 커피, 저녁으로 먹는 스테이크로 요약된다. 이게 문제다.' 공중보건당국, 영양사, 의사들은 지난 수십 년 동안 거의 한목소리로 우리에게 적색육과 지방, 특히 동물성지방의 섭취를 줄일 것을 권고해왔다.[12]

이 권고의 기원은 미네소타대학교의 역학자 앤셀 키스가 1953년에 발표한 이른바 〈7개국 연구 Seven Countries Study〉[13]다. 키스는 포화지방이 심혈관질환의 주범이라고 주장했다. 이 주장이 그를 유명인으로 만들었고(그는 1962년 《타임》 표지를 장식하기도 했다), 아래 세대의 식습관을 바꿨다. 나는 키스라는 이름은 들어본 적 없어도 그의 주장은 어려서부터 워낙 많이 접했던지라 그것을 반박의 여지없는 진리로 생각했고, 대학 시절 결국 육류를 끊기로 결심했다.

수많은 사람이 나처럼 키스의 메시지를 금과옥조로 알았다. 20세기 후반, 특히 1970년 이후 미국인들은 어디서나 들려오는 키스의 권고에 따라 적색육과 동물성지방 섭취를 줄였고, 식물성기름으로 조리했다.(나도 부모님이 몸에 더 좋다며 버터를 옥수수기름 마가린으로 바꾸던 것을 생생하게 기억한다.) 또한 미국인은 충실하게 과일, 채소, 통곡물 섭취를 늘렸다. 예외가 없진 않지만 내가 겪은 바에 따르면 지금도 건강한 식생활이란 지방과 적색육을 피하는 것이라고 믿는 사람이 대부분이다.

하지만 수십 년이 흘렀는데도 이러한 식습관 변화가 미국인의 건강 개선으로 이어지지 않았다. 개선은커녕 오히려 해당 기간 상황은 상당히 악화됐다. 비만과 고혈압이 급증했고, 심장질환과 뇌졸중 발생률은 떨어지지 않았다. 우리가 수십 년간 들었던 충고—'식단에서 지방과 적색육을 줄이면 건강이 올라간다'—는 현실세계에서 틀린 것으로 판명됐다.

이렇듯 권장 식단의 무익함이 명백해졌기에 의료계와 공공보건계 연구자와 종사자들이 이제까지의 표준 권장 식단에 대한 재검토에 들어갔고, 결과적으로 대대적인 사고 전환이 이루어지고 있다. 일부 용감한 의사와 과학자들은 미국인이 지난 반세기 동안 잘못된 식생활 권고를 받아왔음을 공개적으로 인정하기 시작했다.

우리가 먹고 마시는 것과 지금의 건강 위기 사이의 연관성에 대한 의료 및 공중보건 연구에 대해서는 잠시 후에 자세히 말하기로 하자. 지금은 지난 세기, 특히 최근 수십 년 동안 우리의 식이 패턴이 실제로 어떻게 변했는지 구체적 데이터를 통해 살펴보는 것이 우선일 듯하다.

식료별 소비 수준 파악은 상대적으로 논란이 없는 정부 자료를 참고하는 것이 좋다. 미국 농무부는 한 세기 넘게 우리가 먹고 마시는 모든 것의 소비량을 추적해왔다.

첫 번째 주목할 점은 지금의 미국인이 전보다 훨씬 많이 먹는다는 것이다. 1970년과 2003년 사이에 일평균 칼로리 섭취량이 1인당 자그마치 523칼로리나 증가했다.[14] 이 놀라운 증가세의 원인에 대한 가설은 여러 가지다. 하지만 이유가 무엇이든 일단 이 사실 자체가 문제다. 523칼로리라는 증가분이 어디에서 왔는지도 문제다. 현재 패스트푸드가 미국인이 소비하는 총칼로리의 3분의 1(34%)을 차지한다. 최근 칼로리 증가분의 절반 이상이 군것질에 기인한다.[15] 반면 저녁식사로 섭취하는 칼로리는 감소했다. 다시 말해 전에 비해 도리토스 과자는 더 많이 먹고, 순무는 더 적게 먹는다는 뜻이다. 더 정확히 말하자면 도넛은 더 먹고, 스테이크는 덜 먹는다.

　이는 중요한 질문으로 이어진다. 우리가 어느 때보다 적색육과 동물성지방을 많이 먹는다는 것이 과연 사실일까? 한마디로 말하자면 아니다. 오히려 그 반대다. 우리는 적색육도, 동물성지방도 전보다 적게 먹는다.

　20세기 동안 미국의 육류 소비는 등락을 거듭했다. 1940년대는 전시 배급으로 인해 소비량이 뚝 떨어졌다.(이때 설탕 역시 공급 제한 품목이었다. 이 점이 중요하다. 이유는 뒤에 설명하겠다.) 1970년경 소고기 섭취량이 불쑥 솟은 적이 있었다.(당시 과잉 생산으로 인해 육류 소매가가 유례없이 낮았기 때문으로 보인다.) 하지만 지난 100년에 걸쳐, 특히 최근 30년 동안 적색육과 동물성지방의 섭취량은 전반적으로 하향세였다. 즉 둘 다 소비량이 100년 전에 비해 오늘날 현저하게 낮다.

　실제 수치를 보면 더 실감이 난다.(별도로 명시된 경우를 제외하고, 내가 농업과 식량 생산 및 소비와 관련해 언급하는 모든 수치는 내가 직접 검토한 미국 농무부 원본 기록의 전자 버전이 출처임을 말해둔다.) 1905년에는 미국인의 1인당 연간 소고기 소비량이 약 32킬로그램이었던 반면 2010년에는 약 27킬로그램에 불과했다. 같은 기간 송아지고기 소비량은 1인당 약 3킬로그램에서 약 0.2킬로그램으로 줄었다. 양고기의 경우는 약 2.7킬로그램에서 약 0.5킬로그램로 감소했고, 돼지고기는 약 28킬로그램에서 약 22킬로그램으로 감소했다. 달걀 소비 추세도 다르지 않아서 1인당 284개에서 243개로 떨어졌다. 이렇듯 소비량이 모두 현저히 감소했다. 바꿔 말해 현재 우리는 100년 전에 비해 소고기는 연간 약 5킬로그램, 송아지고기는 약 3킬로그램, 양고기는 약 2.2킬로그램, 돼지고기 약 6.3킬로그램, 달걀은 41개

덜 먹는다.[16] 미국은 동물성지방과 적색육 소비가 늘어난 나라가 아니다.

이제, 최근 몇십 년을 더 자세히 들여다보자. 이 기간 적색육 소비가 강하게 감소했고, 특히 소고기 감소세가 두드러졌다. 1970년부터 2005년까지 소고기 소비는 22% 감소했고, 돼지고기 소비는 3% 감소해서 전체적으로 적색육 소비는 17% 감소했다.

포화지방이 풍부한 식품의 경우는 감소세가 한층 뚜렷하다. 1970년부터 2005년까지 버터 소비는 15%, 라드(돼지기름)는 47% 줄었고, (지방을 빼지 않은) 전유의 소비는 75% 급감했다. 이 추세의 유일한 예외는 치즈였다. (피자 같은 패스트푸드의 소비량에 힘입어) 치즈 소비량은 증가했다.

하지만 치즈 소비 증가가 전반적이고 일관적인 동물성지방 소비 감소세를 중화하기에는 충분치 않았다. 지방을 전문적으로 연구하는 식품과학자이자 《너의 지방을 알라Know Your Fats》를 쓴 메리 에닉 박사의 계산에 따르면 20세기 동안 미국인들의 포화지방 소비가 전반적으로 21% 감소했다.[17]

이 시점에서 심히 의아해진다. 소비량 추이 데이터가 이렇게 뻔히 있는데 어떻게 미국의 건강 위기를 동물성지방과 적색육의 탓으로 돌릴 수 있었단 말인가? 보다시피 실제 데이터는 키스의 가설을 역행한다.

여기서 끝이 아니다. 적색육과 동물성지방의 소비 감소는 우리 식이 패턴 변화의 일부에 지나지 않는다. 동물성지방의 소비가 줄면서 식물성지방의 소비가 대폭 늘어난 것이다. 1인당 조리용 지방의 소비량이 1909~2009년의 한 세기 동안 약 16킬로그램에서 약 36킬로그램으로 두 배 이상 늘었다. 1970~2000년에만 63% 증가했다. 식물성지방 소비는 1910~1970년에 이미 400% 넘게 뛰었다.[18] 이 같은 변화는 우리 부모를 비롯한 수많은 미국인이 동물성지방을 식물성기름으로 대체하라는 권장사항을 충직하게 따른 결과다. 가장 많이 쓰는 식물성기름은 값도 싸다. 저렴한 가격도 분명히 변화 유발 요인이다. 이유가 뭐든 데이터는 미국인이 동물성지방을 식물성기름으로 널리 대체해왔음을 명백히 보여준다.

변화가 가져온 불필요한 비극

동물성지방만이 아니다. 의사와 영양학자가 적색육에서 벗어날 것을 촉구하자 이번에도 미국인은 충직하게 돼지고기, 소고기, 송아지고기, 양고기를 버리고 대신 닭고기, 칠면조고기, 생선으로 갈아타기 시작했다. 1909년 미국인의 평균 닭고기 소비량은 연간 약 6.8킬로그램이었는데, 2009년에는 이 수치가 다섯 배 증가한 약 36킬로그램이었다. 칠면조고기의 평균 소비량도 1935년에 약 1킬로그램이었는데 2009년에는 약 4킬로그램으로 네 배 넘게 증가했다.[19] 또한 미국인은 육류 대신 생선을 더 먹는 선택을 했다. 미국인의 1인당 연간 생선 소비량도 1910년에서 1999년까지 약 5킬로그램에서 약 7킬로그램으로 (37%) 늘었다.[20]

만약 정말로 적색육이 문제고 가금류와 생선이 건강에 훨씬 좋다면, '백색육'은 많이 먹고 라드, 유지방, 적색육 섭취는 줄였는데 어째서 대표적인 식이 관련 질병들이 죄다 악화됐을까?

또한 동물성지방 소비가 줄고 대신 식물성지방의 소비가 늘었는

데 어째서 건강이 더 나빠진 걸까? 식물성지방이 동물성지방보다 몸에 훨씬 좋다고 하지 않았나? 그렇다. 그때의 충고는 사실상 최악이었다고 볼 수 있다. 우선 20세기에 미국인이 애용한 식물성지방 중에는 부분경화유가 많았다. 다시 말해, 악명 높은 인공지방인 트랜스지방이 많았다.

《사이언티픽 아메리칸Scientific American》에 실린 한 논문에 따르면 "트랜스지방이란 식물성기름의 산패를 억제하기 위해 수소를 첨가하는 가공 과정에서 만들어지는 지방이다. 트랜스지방은 일반적으로 식품의 유통기한을 늘리고, 식감을 개선하고, 맛을 유지하기 위해 식품에 첨가된다."[21] 긴 유통기한! 트랜스지방을 첨가하면 식품의 저장 수명이 늘어나 우리의 입에 들어오기 전 수개월씩 창고나 자동판매기에 쌓아놓을 수 있게 된다!

미국의 대표적 소비재 회사 P&G가 1911년 식품브랜드 크리스코Crisco를 론칭하며 상온에서 보관이 가능한 제빵용 지방을 선보였다. 이때 인공 트랜스지방이 미국인의 식단에 처음 들어왔다. 이후 20세기에 걸쳐 트랜스지방은 감자칩부터 오레오까지 들어가지 않는 데가 없는 기본 식료가 됐다. 어린 시절, 가수 로레타 린이 TV 광고에 나와 크리스코의 "얇고 파삭한 파이 껍질"을 자랑하던 것이 지금도 기억에 생생하다.(좋은 점은 또 있었다. 크리스코는 냉장고에 넣지 않고 찬장에 몇 달씩 두어도 무방했다.)

놀랍게도 소비자보호단체들은 로비를 통해 패스트푸드 업체에 소기름(우지)과 야자유를 트랜스지방이 함유된 부분경화유로 대체할 것을 요구했다. 이에 맥도날드는 한때 맛있었던 감자튀김에 소기름을 쓰는 것을 중단했다. 많은 사람이 이 변경으로 감자튀김의

맛이 예전만 못하다는 것을 즉각 알아차렸다. 맛의 감퇴만이 아니었다. 나중에 알게 된 일이지만 이 변경은 수많은 고객의 건강도 해쳤다.

트랜스지방을 심장병에 연계하는 과학 연구들이 나오자 2003년 덴마크는 식품에 들어가는 인공 트랜스지방의 양을 엄격하게 제한하기 시작했다. 다른 유럽 국가와 캐나다의 일부 도시, 주도 그 뒤를 따랐다. 블룸버그 뉴욕시장은 2006년 뉴욕시 식당들을 대상으로 트랜스지방 사용 금지 조치를 밀어붙였다. 당시 뉴욕에서 내 지인 중 일부는 블룸버그를 도를 넘는 공중보건 광신도로 부르며 비난했다.

하지만 역사는 트랜스지방에 대한 블룸버그의 강행 조치가 옳았음을 입증했다. 같은 해, 미국 연방정부는 인공 트랜스지방을 함유한 식품에 해당 표시를 할 것을 요구했고, 2013년 11월에는 FDA가 인공 트랜스지방을 식품에서 전면 배제할 대상으로 선언해 트랜스지방의 종말을 예고했다. 이와 함께 FDA는 트랜스지방을 제거하면 심장병으로 인한 사망을 매년 7,000건, 심장마비는 최대 2만 건까지 줄일 수 있다는 미국 질병통제예방센터CDC 추산을 인용했다.[22] FDA는 이렇게 공표했다. "인공 제조 트랜스지방이 만성질환 증가의 이유 중 하나라는 점에는 의심의 여지가 없다." FDA는 안전한 식품 공급을 보장할 책임이 있는 기관으로서 트랜스지방이 더는 '일반적으로 안전하다고 인식되는 물질GRAS' 기준에 부합하지 않는다는 예비 판정을 내렸고, 추후 이 결정을 확정했다. 그리고 2018년 6월 18일, FDA는 인공 트랜스지방(또는 FDA의 호칭에 의하면 부분경화유)이 첨가된 식품을 불량 식품으로 규정하고 불법화했다.[23]

인공 트랜스지방에 대한 정부 조치는 칭찬받을 일이고 필요한 일이었지만, 불행히도 한 세기나 늦은 조치였다. 식물성지방으로 만든 인공 트랜스지방이 함유된 쿠키, 파이, 감자튀김을 먹은 사람들 수만 명이 이미 심혈관질환과 심장마비로 현재 고통받고 있거나 언젠가 고통받게 된다. 인공 트랜스지방은 20세기에 심장병 발병률이 감소하기는커녕 어째서 그렇게 완강하고 높은 증가세를 유지했는지에 대해 부분적이지만 확실한 이유다.

트랜스지방이 건강에 미치는 악영향을 알리는 데 힘썼던 미국 학자 프레드 쿠머로 박사의 연구와 삶에 주목할 필요가 있다. 박사는 이미 수십 년 전 트랜스지방의 위험을 경고했다. 그는 포화지방이 심장병을 유발한다는 앤셀 키스의 가설에 소리 높여 의문을 제기해온 여러 저명한 과학자 중 한 명이었다. 최근 보건당국이 트랜스지방에 대한 그의 경고를 인정했지만 쿠머로 박사는 지방에 대한 공중보건 메시지가 여전히 잘못돼 있다고 여겼다.[24] 쿠머로는 일리노이대학교의 젊은 영양학 박사였던 1957년부터 꾸준히 지방에 대한 연구를 수행했고, 102세로 작고하기 직전까지 연구 활동을 활발히 이어갔으며, 동물성 식료에 있는 천연 포화지방이 본질적으로 건강에 해로울 이유가 없다고 부단히 주장했다.(그가 평생 적색육을 먹었으며, 매일 아침 버터로 익힌 달걀프라이를 먹었다는 것도 주목할 만하다.)

생전에 쿠머로 박사는 중요한 건 포화지방인지 여부가 아니라 지방이 산화됐는지 여부라고 설명했다. 그는 2013년 《뉴욕타임스》 인터뷰에서 이렇게 말했다. "산화되지 않은 콜레스테롤은 심장병과 아무 상관이 없다." 영업장에서 튀김요리에 쓰는 고도불포화 식물성기름은 고온으로 가열하면 산화가 일어난다. 대두유와 옥수수유는 체내에서도 산화된다. 《뉴욕타임스》 기사는 "이것이 사실이면, 심장병 환자 절반의 LDL 콜레스테롤* 수치가 정상이거나 오히려 낮았다는 조사결과가 설명이 된다"고 했다.[25] 《뉴욕타임스》에서 인용한 조사가 있었던 이듬해인 2009년, 전국적으로 시행된 조사에서는 더 심한 불일치가 발견됐다. 즉 심장마비로 입원한 환자의 75% 정도가 콜레스테롤 수치로 봤을 때 심혈관질환 고위험군에 해당하지 않는 것으로 나타났다. 이런 불일치는 콜레스테롤과 심장병의 연관성에 대한 의구심을 심화한다.[26] (흥미롭게도, 뒤에서 논하겠지만, 높은 조리 온도가 원래는 건강에 좋은 식료를 건강문제를 야기하는 식료로 바꾸는 요인으로 보인다.)

인공 트랜스지방에 대해 가장 화나는 점은 그것이 불필요한 비극을 야기했다는 것이다. 수만 명의 사람이 그게 나쁜 줄 모르고 먹은 결과로 고통받다가 죽었다. 모두가 일어날 필요가 없었던 고통과 죽음이었다. 트랜스지방에는 애초부터 영양 강화나 건강 증진 같은 좋은 목적이 없었다. (그렇다고 맛을 더하지도 않는다!) 굶주린 사람을 먹이기 위해 만들어지지도 않았다. 그저 유통기한을 늘리려는 상업적 용도로 연구실에서 만든 물질에 불과했다. 그런 물질이 우리를 병들게 했다는 건 사실 놀랄 일도 아니다.

이런 제반 상황은 영국의 생리학자이자 의학교수였던 존 유드킨이 이미 수십 년 전에 제시한 총칙에 완벽히 들어맞는다. 유드킨 박사는 다양한 음식이 인체에 미치는 영향을 역학적, 임상적으로

---

* 저밀도 지방단백질 콜레스테롤 low-density lipids cholesterol로. 흔히 '나쁜 콜레스테롤'이라 불린다.

검증하는 데 연구 인생을 바쳤다. 그는 특히 심장병에 관심을 쏟았다. 수십 년에 걸친 조사를 통해 박사는 다음과 같은 대단히 합리적인 결론에 도달했다. 인류와 인류의 조상들이 수백만 년 전부터 먹어온 음식은 심장병 같은 심각한 만성질환을 유발할 가능성이 낮다. 그런 취지에서 박사는 고기, 생선, 과일, 채소는 본질적으로 믿을 만한 식료에 해당한다고 했다.

유드킨 박사에 따르면 반대의 경우도 성립한다. 즉 인류와 인류의 조상들이 과거 수백만 년의 진화시간 동안 먹지 않았던 음식은 뭐가 됐든 의심해봐야 한다.²⁷ 자당*이 그중 하나다. 이 얼마나 간단하고 합리적인 생각인가. 유드킨 박사의 원칙을 적용하면 인공 트랜스지방은 장기적 연구로 안정성이 입증되기 전까지는 절대 먹이사슬 안으로 널리 도입되지 말았어야 했다. 애초에 우리가 그런 접근법을 취했다면 수만 명의 건강과 생명을 지킬 수 있었다.

유드킨은 인체와 함께 진화한 음식은 유죄 판명 전까지 무죄라고 믿었고, 이런 믿음이 1960년대와 1970년대의 학계에서는 고루하게 들렸을지 모른다. 당시는 탕Tang** 같은 우주시대 음식과 트윙키Twinkies 같은 설탕 과다 간식이 절찬리에 발명되던 시대였다. 하지만 오늘날은 주류 학계와 의료계가 유드킨의 주장을 심각하게 받아들이고 있다. 유드킨 박사의 주요 연구결과와 그것을 뒷받침하는 최근의 연구들을 잠시 알아보기로 하자.

- 포도당과 과당으로 구성된 당분으로 사탕수수 등의 식물에서 대량으로 생산되고 음식에 단맛 추가를 위해 광범위하게 쓰인다.
- 비타민을 넣은 오렌지향 분말가루.

육식에 대한 의심과 증거

우선 적색육과 포화지방을 현재의 비만, 고혈압, 만성질환의 확산과 연관 지을 증거가 있는지, 있으면 무엇인지 전반적 질문으로 돌아가 보자. 만성질환의 원인 규명에 이용되는 몇 가지 범주의 연구들이 있다.

우리가 이제까지 검토한 식품 소비 데이터는 역학연구에도 이용된다. 이 데이터는 미국인이 한 세기 전에 비해 포화지방, 적색육, 달걀을 적게 먹고 있으며, 식물성기름, 생선, 가금류는 더 많이 먹고 있다는 것을 분명히 보여준다. 미국 농무부의 소비 데이터에 의하면 지난 30년 동안 미국인의 통곡, 과일, 채소 소비량도 늘었다. 또한 만성질환과 합병증에 크게 영향을 미치는 다른 요인들(흡연율, 의료서비스 등)도 발병률과 사망률이 떨어져야 마땅한 방향으로 변화했다. 그런데 놀랍게도 이 모든 변화도 미국인의 건강 악화 추세를 꺾지 못했다. 적어도 의미 있는 억제 효과는 없었다. 뭔가 다른 데서 잘못된 게 분명하다.

물론 식품 소비 데이터는 그 자체로는 특정 식품이 미국인의 건강문제를 야기한다는 증거로 쓰일 수 없다. 이런 데이터는 가설을 세우고, 용의자 명단 작성을 돕는다. 이는 퍼즐의 한 조각이다. 나는 전직 지방검사보였다. 검사는 법정에서 형사피고인의 유죄를 합리적 의심의 여지없이 입증해야 한다. 반면 피고는 자신의 무죄를 입증할 필요가 없다. 피고는 그저 답 없는 질문을 던져서 자신의 혐의에 대한 의구심만 키우면 된다.

나는 생물학 전공자이기도 하다. 따라서 과학 가설을 검증하는 방법에 익숙하다. 법률 판단의 경우처럼, 특정 가설의 견실성을 판정하는 일에는 단지 가설의 허점을 찾는 일보다 훨씬 많은 부담이 따른다. 특정 음식을 만성질환의 주범으로 찍고 나쁜 음식으로 취급하려면, 높은 입증 기준이 요구된다.(또는 요구받아야 한다.) 더구나 유드킨 박사의 말처럼, 문제의 음식이 수백만 년간 인류의 식단에 있었던 거라면 입증의 부담이 더욱 높아진다. 물론 장기적 질환의 원인을 확정해 집어내기란 불가능에 가깝다. 하지만 다양한 형태의 조사 방법이 있고, 이들을 조합하면 합리적인 증명으로 인정될 수 있다.

적색육과 동물성지방이 피고라면 최초의 고발자는 앤셀 키스다. 소비 데이터는 그의 가설에 대해 심각한 의문을 제기한다. 바꿔 말하자면, 소비 데이터는 적색육과 지방이 건강에 좋다는 것을 단적으로 입증하기에는 충분치 않지만, 이 식품들이 미국의 건강을 해친 범인이라는 혐의에 심각한 의문을 제기하기에는 충분하다.

재판 비유를 계속 이어가보자. 키스의 〈7개국 연구〉는 적색육과 포화지방의 유죄 확정을 위한 입증 기준을 결코 충족하지 못했다. 심지어 키스 본인의 가설을 과학적으로 뒷받침하는 데도 역부족이다. 키스는 그저 각국의 두 가지 조건(포화지방 소비 수준과 심장병 발병률)과 두 조건 사이의 연관성만 보았고, 거기서 인과관계를 추론했다. 하지만 이런 범주의 역학연구의 경우, 가설 검증을 위해서는 다양한 형태의 추가 조사가 뒤따라야 한다.

키스의 연구 같은 관찰연구가 가치 없다는 뜻은 아니다. 이런 연구가 특정 상황에서는 매우 유용하다. 예를 들어 전염병의 최초 발생지를 알아내야 할 때가 그렇다. 이때는 피해자를 면담하지 않고 단지 그들의 물리적 위치를 파악하는 것만으로 해당 병원균의 진원지로 의심되는 곳의 명단을 도출할 수 있다. 하지만 특정 식품과 만성질환의 인과관계를 증명해야 할 경우 키스 방식의 역학연구는 설득력이 극히 약하며, 단지 연구의 시작점으로 삼았어야 했다.

그 이유는 이렇다. 키스의 연구는 7개국 조사대상자 각각의 식습관에 대해서는 아무것도 말해주지 않는다. 키스의 조사 방식에서는 조사대상자 중 포화지방을 다량 섭취한 그룹이 심혈관질환이 있는 사람들과 같은 그룹인지, 두 그룹이 어느 정도나 겹치는지 전혀 알 수 없다. 다시 말해, 포화지방을 다량 섭취한 사람 중 아무도 심장병에 걸리지 않았을 수도 있고, 반대로 포화지방을 거의 입에도 대지 않은 사람이 심장병 환자들이었을 수도 있다. 키스가 우리에게 보여준 것은 세계 여러 나라 중 7개국에서 **포화지방 총 섭취량과 심장병 총 발병 건수** 사이에 어느 정도 상관관계가 있었다는 것뿐이다.

키스의 결론은 그의 방법론 때문에 더욱 힘을 잃는다. 그는 애초 7개국뿐 아니라 적어도 22개국의 데이터를 확보했다. 그러나 자신의 가설에 가장 부합하는 7개국의 자료만 취사선택했다.[28] 이는 연구 조작이다. 22개국의 데이터를 모두 그래프에 넣으면 상관성이 확실히 약해진다. 이런 모든 이유로 키스의 연구는 증거 능력이 희박하다. 포화지방에게 현재 미국을 병들게 만든 주범이라는 유죄 판결을 내리기에는 턱없이 불충분한 증거다.

포화지방 유죄 가설의 입증을 위해 채택된 또 하나의 주요 증거는 콜레스테롤 수치였다. 키스 이론이 발표된 이후 1970년대 임상시험들에서 포화지방 섭취가 LDL 콜레스테롤 수치를 높이는 것으로 나타났다. 뒤에서 자세히 설명하겠지만 지금은 이 연구에도 심각한 한계가 있는 것으로 드러났다. 하지만 콜레스테롤 연구 초창기에는 연구의 한계성이 제대로 고려되지 않았다. 포화지방이 LDL 콜레스테롤에 미치는 영향이 곧 포화지방이 관상동맥질환을 유발한다는 증거로 간주됐고, 포화지방은 유죄를 선고받았다.

관찰 연구의 오류와 편향

최근 포화지방과 적색육에 대한 재판이 재개됐다. 그동안 세 가지가 변했다. 첫째, 앞서 설명한 키스의 〈7개국 연구〉처럼 애초 연구들의 문제성이 점차 분명해졌다. 둘째, 소고기와 포화지방과 건강 문제를 연결하는 후속 연구의 기저에 중대한 결함이 있었다. 셋째, 뒤에 설명하겠지만, 만성질환을 육류가 아닌 다른 식품과 연결했던 예전 연구들이 재조명되고 새 연구들이 나왔다.

　식이 건강 연구의 심각한 결점 중 하나가 '건강한 사용자 편향'이 개입한다는 것이다. 크리스 크레서는 캘리포니아주 버클리의 통합의학 전문의이자 작가로, 소고기와 지방을 건강 증진 식단의 중요 구성 요소로 본다. 나는 크레서를 직접 만났고, 심지어 작년에 식단 변경을 고려할 때 그의 도움을 받기도 했다. 크레서 박사는 건강한 사용자 편향을 이렇게 설명한다. "적색육이 주류 언론에서 오랫동안 악당 취급을 받았기 때문에, 적색육을 적게 먹는 사람들은 실제로 건강에 좋지 않은 음식(정제 설탕, 트랜스지방, 가공식품 등)을 적게 먹고, 건강한 생활 방식(운동, 금연 등)을 따를 가능성이 높습니다." 또한 크레서는 음식 섭취 추적을 위한 설문조사들은 결과가 부정확하기로 악명 높다고 말한다. "혹시 지난 화요일에 점심으로 무엇을 먹었는지 기억나세요? 나도 기억 안 나요." 연구 과정상의 이런 결함들이 적색육과 건강에 대한 신빙성 없는 연구를 잔뜩 만들어냈다.[29]

이런 유형의 결함은 워낙 문제가 커서 지금은 식이 관련 의학적 관찰연구들의 유효성 자체가 심각하게 재고되고 있다. 스탠퍼드 의과대학의 보건의료 연구 및 정책 전문가이자 의학박사인 존 이오어니디스 교수도 기존 의학 연구의 재평가를 촉구하는 학자 중 한 명이다. 2010년 《디 애틀랜틱 The Atlantic》은 이오어니디스를 "의학 연구의 신뢰성 평가에 있어서 세계 최고의 권위자"이자 "현존하는 가장 영향력 있는 과학자 중 한 명"으로 칭했다. 이오어니디스의 최대 업적은 "지금까지 발표된 생의학 연구결과들—의사들이 항생제나 혈압약을 처방할 때, 우리에게 섬유소를 더 먹고 고기를 덜 먹으라고 조언할 때, 또는 환자에게 심장병이나 요통 수술을 권고할 때 염두에 두는 판단들—의 상당수가 오해의 소지가 있거나 과장됐거나 심지어 완전히 틀렸음을" 밝힌 것이었다. 《디 애틀랜틱》은 다음과 같이 썼다. "그의 발견은 의학계에서 널리 인정받았고, 이 분야 최고 학술지들에 실렸으며, 논문에 빈번히 인용된다. 그는 학회의 인기스타다."

이오어니디스 박사의 주요 관심 분야 중 하나가 영양학이었다. 끝없이 상충된 결과를 쏟아내며 혼선을 빚는 식이 연구에 대해 박사는 짧고 우아한 답변을 내놓는다. "다 무시하세요." 그의 회의론에는 여러 이유가 있다. 첫째, 영양 인자와 건강 인자들을 모아놓은 대규모 데이터베이스에는 연관성이 보이지만 실제 건강 효과가 아니라 그저 유행에 불과한 것들로 가득하다. 둘째, 건강과 특정 영양소의 연관성이 정확히 밝혀졌다 해도, 개인이 그 영양소를 더 섭취한다고 딱히 건강이 좋아지란 법이 없다. 이오어니디스에 따르면 영양소들은 일종의 네트워크처럼 함께 작용하기 때문에 특정 영양소의 섭취량을 늘리면 그 네트워크에 해당 연구가 감지하지 못한 일이 일어날 수 있다. 거기에 특정 영양소 하나를 더하는 것은 "도움이 될 수도 해가 될 수도 있다." 셋째, 식이요법 연구는 역사가 오래되지 않았기 때문에 식이 변화의 장기적 영향에 대한 정보가 거의 없다. 단기 연구들은 콜레스테롤 수치 같은 '건강지표들'을 주로 측정한다. 하지만 "메타분석 전문가에 따르면 이런 지표들의 변화는 우리의 믿음과 달리 장기적 건강과는 상관없을 때가 많다."[30]

이오어니디스가 지적하는 문제점은 여기서 끝이 아니다. 사망률 추적이 가능할 만큼 오래 지속되는 연구는 소수고, 그나마도 그 결과가 단기 연구의 결과와 상충될 때가 많다. 그 밖에 부수적이지만 심각한 문제의 예를 들면 이렇다. "측정 오류가 만연하고(예컨대 조사대상자는 상습적으로 자기 식단을 틀리게 보고한다.), 분석 오류가 일상적으로 일어난다.(연구자들은 결과 분석을 위해 본인도 이해 못하는 복잡한 소프트웨어에 의존한다.) 또 흔한 일은 아니지만 대놓고 사기 치는 연구들도 있다.(무기명 설문조사 결과, 사기성 연구가 학계에서 인정하는 것보다 훨씬 많은 것으로 나타났다.)" 마지막으로 학자들이 식단과 건강 사이 실제 연관성을 정확히 밝혀내는 데 성공한다 해도, 개인이 식단 변경으로 이익을 얻는다는 보장이 없다. 《디 애틀랜틱》에 따르면 "일반적으로 연구자들은 광범하게 분포하는 개별 결과를 대표하는 평균적 결과를 보고한다. (…) 즉 연구가 감지하는 것은 대략적인 결과에 불과하다. 연구의 성과는 우리가 특정 질병에 걸릴 가능성을 낮은 수준에서 살짝 더 낮은 수준으로 깎아줄 뿐이다." 이오어니디스는 이렇게 종합한다. "이런 연구에서 뭐라도 유용한 결과를 건질 가능성은 낮다."[31]

2018년《스탠퍼드 의대 뉴스Stanford Medicine News》와의 인터뷰에서 이오어니디스 박사는 역학적 식이 건강 연구들의 낮은 유용성에 대한 자신의 견해를 다음과 같이 요약했다.

우리는 영양문제를 평가함에 있어서 여전히 비非무작위 연구에 크게 의존한다. 비무작위 연구는 교란 요인들 때문에 믿을 만한 결과를 내지 못하는 것으로 악명 높다. 영양 연구에서는 그 불확실성이 더 증폭한다. 일단 식습관 측정 방법의 정확도가 여전히 제한적이고, 무엇보다 연구 참가자가 정확하게 기억하지 못하거나 기억이 왜곡되는 회상 편향이 심각하게 개입한다. 거기다 전반적인 식습관은 중요할지 몰라도, 특정 영양소 하나는 건강 관리에 작거나 미미한 영향을 미칠 뿐이다. 이 때문에 모든 연구결과에는 관찰연구에 따르는 오류와 편향들로 인한 잡음이 심하게 끼어 있다. 가장 큰 문제는 연구의 압도적 대부분이 비무작위 실험이라는 점이다. 사람들이 무엇을 먹는지 관찰해 그것을 질병 발생과 연결시키겠다는 것은 무리다. 심지어 무엇을 먹었는지 물어서 그렇게 하겠다는 것은 더더욱 노력 낭비다. 그런 연구들은 대부분 폐기될 필요가 있다. 벌써 너무 많은 자원을 낭비했고, 너무 많은 혼란을 야기했다. 이제는 초점을 다시 맞출 때다. 연구기금과 자원과 노력은 더 적은 수의, 보다 면밀히 설계된 무작위 실험을 선별해 집중 투입될 필요가 있다.[32]

다시 말하지만, 이 분야 연구결과는 뭐가 됐든 많이 에누리해서 들어야 한다.

한편 이 분야의 주요 연구 중에는 포화지방 및 적색육과 인간의 질병 사이 상관성을 발견했다고 주장하는 것들도 많지만 반대로 어떠한 상관성도 없다고 말하는 것들도 많다. 또한, 지방과 적색육이 아닌 다른 식품이 오늘날 만연한 건강문제의 원인이라는 연구도 늘어가고 있다.

포화지방, 누명을 벗다

적색육과 포화지방이 심장병을 일으킨다는 주장과 일반의 인식을 조금씩 깨는 연구와 데이터 재해석을 몇 가지 소개하자면 다음과 같다.

1998년 《임상역학저널 Journal of Clinical Epidemiology》에 지방 섭취의 영향에 대한 대대적 메타분석 결과가 실렸다. 분석 대상에는 임의 통제 실험뿐 아니라 생태조사, 동적 인구조사, 횡적·단적 연구, 코호트 연구 cohort study•, 환자-대조군 연구 등 수십 가지 연구들이 포함됐다.[33] 이 메타분석은 포화지방이 많고 고도불포화지방이 낮은 식단이 "죽상동맥경화증 및 심혈관질환의 주요 원인이라는" 기존 통념에 주목하고, 포화지방산과 고도불포화지방산이 심혈관질환에 미치는 영향을 중점 검토했다. 그랬더니 연구결과들이 연구

• 특정 요인에 노출된 그룹과 노출되지 않은 그룹을 추적해 요인과 질병 발생 관계를 조사하는 연구.

유형에 따라 상당히 상충되는 양상을 보였다. 심지어 앤셀 키스가 내세운 유명한 상관성—국가별 지방 및 포화지방 총 섭취량과 심혈관질환 사망률 사이의 비례관계—조차 "더 최근의, 더 규모 있는 연구들에서는 부재하거나 반대로 나타났다." 종합적으로 말하자면 이렇다. 메타분석 결과, 어떤 유형의 연구에도 포화지방과 관상동맥질환의 연관성을 말하는 증거는 없었다.

이 메타분석에 이어 2010년 《미국임상영양학저널AJCNA》에 캘리포니아대학교 샌프란시스코 캠퍼스 산하 생의학 연구소인 오클랜드 연구소 의사들이 수행한 메타분석 결과가 발표됐다. 연구진은 21건(총 연구대상자 34만 7,747명)의 연구를 검토해 포화지방과 심혈관질환의 연관성을 평가했다. 그들은 "포화지방 섭취 감소가 심혈관 건강에 좋다는 것이 지금까지의 통념"이었다고 지적하면서, 본 분석의 목표는 "주요 역학적 전향연구*에 나타난 포화지방과 관상동맥질환, 뇌졸중, 심혈관질환의 연관성을 말하는 연구결과들을 요약하는 것"이라고 밝혔다. 연구진은 21건의 연구결과와 변량효과모형 random-effects model을 이용해 관상동맥질환, 뇌졸중, 심혈관질환에 대한 상대적 종합 위험도를 추산했다. 결과적으로 연관성에 대한 믿을 만한 증거가 나오지 않았고, "포화지방 섭취는 관상동맥질환, 뇌졸중, 심혈관질환의 발병 가능성 증가와 연관이 없다"는 결론을 내렸다.[34]

---

* 질병 발생 원인을 밝히기 위해 시행하는 역학조사의 한 방법으로, 위험인자의 노출을 받는 그룹과 받지 않는 그룹의 건강 상태를 미래 방향으로 추적한다. 계획추적 연구, 코호트 연구라고도 한다.

2010년 하버드 보건대학원에서도 주목할 만한 분석 결과가 나왔다.[35] 연구진은 (베이컨과 볼로냐소시지 같은) 가공육을 먹는 것이 심장병과 당뇨병의 발병 위험도를 약간 높인다는 것을 발견했다. 하지만 가공하지 않은 적색육(소고기, 돼지고기, 양고기 등)을 먹는 경우는 위험도가 전혀 증가하지 않았다. 하버드 연구진은 현행 식이지침들이 육류 소비를 줄일 것을 권고하는 경향이 있지만, "이전의 연구들은 육류 소비와 심혈관질환 및 당뇨병의 관계에 대해 엇갈린 결과를 보여준다"고 말했다. 또한 이렇게 엇갈린 결과가 나온 이유는 이전 연구들이 가공한 적색육과 가공하지 않은 적색육이 건강에 미치는 영향을 분리해서 따지지 못했기 때문이라고 결론지었다. 이 분석을 위해서 연구진은 1,600건에 달하는 연구들을 체계적으로 검토했다. 그중 가공육과 비가공육을 구분한 것은 20건이었다. 해당 연구들의 피검자들을 모두 합하면 4대륙 10개국의 121만 8,380명이었다. 연구진은 가공육의 지방과 콜레스테롤 함량은 비가공육과 다르지 않으며, 오히려 주요 차이는 나트륨과 질산염 함량이라고 말했다. 이들의 결론은 이러했다. "가공육은 심장병과 당뇨병의 발생 위험을 높이지만 비가공육은 그렇지 않다. 중요한 것은 지방 함량이 아니라 소금과 방부제 함량이기 때문이다."

포화지방이 심장질환과 관계있다는 주장을 깨는 또 하나의 연구가 2014년 초에 나왔다. 《미국 내과학회지AIM》에 실린 이 연구보고서를 두고 《뉴욕타임스》는 포화지방과 심장병의 연관성을 평가하기 위한 "국제 합동 연구진의 포괄적이고 철저한 분석"으로 평했다. 연구진은 50만 명 이상이 참여한 80여 건의 연구를 검토했으며, 피검자가 먹었다고 말한 음식뿐 아니라 그들의 혈류와 지방조직의 지방산 성분 같은, 보다 객관적인 측정치도 참고했다. 나아가 연구진은 생선기름 같은 고도불포화지방 보충제를 복용하는 것이 심장 건강을 향상하는지 여부를 평가한 27건의 무작위대조 실험의 결과도 함께 검토했다. 이렇듯 기존 의학 연구를 광범위하게 검토했지만 "포화지방 섭취가 심장마비를 포함한 심장 이상 증세의 가능성을 높인다는 증거는 발견되지 않았다."[36] 또한 분석 결과, (올리브유 같은) 단일불포화지방과 (옥수수유 같은) 고도불포화지방을 더 많이 섭취한다 해서 심장병 위험이 줄지는 않았다.

《뉴욕타임스》는 "포화지방이 본질적으로 건강에 나쁘다는 통념에 이의를 제기하는 연구가 늘고 있으며, 이번 연구결과도 그중 하나"라고 말했다. 케임브리지대학교 심혈관역학자이자 이 연구의 수석저자인 라지브 초우두리 박사는 이번 연구결과를 이렇게 요약했다. "우리가 걱정해야 할 것은 포화지방이 아니다."

미국공영라디오NPR 탐사기자로 활약했던 니나 타이숄스는 저서 《지방의 역설》(부제 '비만과 콜레스테롤의 주범 포화지방, 억울한 누명을 벗다')를 통해 이오어니디스 박사를 비롯한 학자들이 지적한 부류의 문제를 포함해 포화지방을 비난하는 연구 전체에 이의를 제기했다. 타이숄스의 책은 2014년 《이코노미스트》 올해의 책과 《월스트리트저널》 논픽션 베스트 10에 선정됐다. 〈커커스 리뷰Kirkus Reviews〉는 이 책을 "견실한 과학 보고서"로 평했다.

기존 식이지방 연구들을 철저히 검토한 타이숄스는 다음과 같은 결론을 내렸다. "우리가 사실로 믿었던 것, 우리의 통념은 60년간의 잘못된 영양 연구가 낳은 결과였다." 그녀는 다음과 같이 썼다.

고지방 식단이 저지방 고탄수화물 식단보다 모든 면에서 몸에 더 좋다고 거의 단정적으로 말할 수 있다. 현재 엄밀함에서 손꼽히는 여러 연구가 이 결론을 뒷받침한다. (…) 지난 10년간 식이지방의 중요성을 증명하는 유력한 연구들이 꾸준히 나왔으며 이제는 증거들이 거의 반박 불가의 수준으로 쌓였다.[37]

《지방의 역설》이 출간된 후 나는 뉴욕시에서 니나 타이숄스를 만났고, 니나의 박식함, 솔직함, 신뢰성에 깊은 인상을 받았다. 우리는 주류 식이 권장사항에 대한 문제의식을 공유했을 뿐 아니라 저작 활동과 육아에 대한 의견과 정보도 나눴다. 우리가 다시 만날 인연이었는지, 1년쯤 후 영국의 지속가능식품신탁이 미국에서 콘퍼런스를 계획하면서 내게 동물성지방 섭취에 대해 논할 패널을 구성해 달라는 요청을 해왔다. 나는 즉시 니나에게 패널의 일원이 되어줄 것을 청했고, 기쁘게도 동의를 얻었다. 그런데 얼마 후 지속가능식품신탁으로부터 어느 유명한 미국인 채식주의자가 니나가 토론에 포함된 것을 두고 항의를 했다는 말을 들었다. 그 사람은 지방 섭취에 대한 주류 의견에 강경히 반대하는 사람은 콘퍼런스에 참여할 수 없다고 주장했다. 지속가능식품신탁은 전혀 동요하지 않았고, 오히려 니나의 참여를 매우 반겼다. 하지만 이 해프닝은 지배적 집단사고에 대해 많은 생각을 하게 했다. 지배적 규준에 도전하는 사람은 누가 됐든 공격적으로 배척당한다.

법과 과학의 관점에서 볼 때, 니나 타이숄스의 저술을 비롯한 최근의 많은 연구가 소고기와 포화지방이 심장병을 유발한다는 혐의에서 무죄임을 입증한다. 거기다 기존 식이 건강 연구에 내재한 심각한 결함까지 감안하면, 적색육과 포화지방의 유죄 주장은 바람 빠진 풍선이 됐다. 최근 연구들은 과거의 연구들이 잘못된 결론에 도달하게 된 이유에 대한 설명이기도 하다. 또한 육류 자체가 아니라 육류에 자주 사용되는 식품첨가제가 건강문제들의 원인임을 시사한다.

기존 연구결과들을 무효화하는 또 다른 요인은 고기의 조리 방식이다. 유명한 식품과학자 해럴드 맥기는 적색육을 먹는 것은 좋지만 "고기를 유의해서 조리해야 한다"고 경고한다. 일부 조리 방식은 건강에 좋지 않은 화합물을 만들어낸다. 알다시피 (일부 소시지처럼) 질산염을 함유한 육류를 고온 가열하면 니트로사민이 생성될 수 있다. 또한 맥기에 따르면 학계는 흔한 요리법으로 생성될 수 있는 잠재적 발암성 화학물질을 두 가지 더 밝혀냈다. 한 가지는 헤테로사이클릭아민$_{HCAs}$으로, (육류에 소량으로 존재하는 화합물인) 크레아틴과 크레아티닌이 고온에서 아미노산과 반응해서 생성된다. 두 번째는 다환 방향족 탄화수소$_{PAHs}$인데, 유기물질이 탈 때 발생한다. 따라서 연기 나는 장작불 위에서 요리하면 나무의 PAHs를 고기로 옮겨놓는 것이 된다.(육류뿐 아니라 직화로 굽는 모든 식품에 PAHs가 붙는다.)[38] PAHs 연구에 따르면 조리도구 중 그릴은 자주 사용하기보다 특별한 경우에만 쓰는 것이 현명하다. 연구의 초점이 고기에 있는 이유는 사람들이 그릴로 굽는 것이 주로 고기이기 때문이다. 따라서 여기서도 고기 자체가 문제는 아니다. 가공되지 않았고, 타지도 않았고, 타는 연료 위에서 직접 조리하지 않은 소고기는 건강에 대한 우려를 제기하지 않는다.

이제, 포화지방이 LDL 콜레스테롤 수치에 미치는 영향으로 돌아가 보자. 앞서 언급했듯 과거 임상시험에서는 포화지방이 LDL 콜레스테롤 수치를 높이는 것으로 나타났다. 1970년대에는 이것이 포화지방의 유죄를 강력하게 시사했다. 하지만 현재는 과학적으로 더 많은 것이 밝혀졌다. 특히 콜레스테롤에 대한 이해가 몰라보게 늘었다.

높은 콜레스테롤 수치가 심장마비를 일으킨다는 것이 종래의 통념이었다. 하지만 조사에 따르면 심장마비 환자의 75%는 LDL 콜레스테롤 수준이 정상이거나 낮다.³⁹ 다시 말해 심장마비를 겪는 사람들의 4분의 1만이 실제로 LDL 콜레스테롤 수치가 높다. 이 사실 하나만으로도 심장병에는 LDL 콜레스테롤 수치보다 훨씬 복잡한 내막이 있음을 알 수 있다. 지금은 포화지방과 LDL 콜레스테롤의 연관성이 포화지방과 **관상동맥질환**의 연관성을 말해주지 않는다는 것이 학계의 중론이다. 다시 말해 LDL 콜레스테롤 수치가 높은 것 자체는 병이 아니다. LDL 콜레스테롤 수치는 의료전문가들이 발병 가능성 예측에 참고하는 생체지표일 뿐이다. 더구나 LDL 콜레스테롤은 콜레스테롤의 한 가지에 불과하다. 콜레스테롤의 나머지 한 가지는 HDL 콜레스테롤*이다. 지금은 LDL뿐 아니라 HDL 콜레스테롤 수치도 함께 따지고, LDL과 HDL 콜레스테롤의 비율도 중요한 생체지표로 본다.

식단이 LDL과 HDL 콜레스테롤 수치에 미치는 영향을 조사한 임상연구들을 통해 복잡한 내막이 드러나고 있다. 네덜란드 연구진이 60건의 식이 임상시험 결과를 검토해서 진상 파악에 나섰

---

* 고밀도 지방단백질 콜레스테롤. 흔히 '좋은 콜레스테롤'이라 불린다.

다.⁴⁰ 이 연구는 "LDL 콜레스테롤 수치보다 전체 콜레스테롤 대비 HDL 콜레스테롤의 비율이 관상동맥질환과 더 연관성 있는 지표" 임을 밝힌 뒤, 지방이 콜레스테롤 비율에 미치는 영향을 조사했다. 조사결과에 따르면 포화지방이 LDL 콜레스테롤을 증가시키는 것은 사실이었다. 하지만 심장역학자이자 터프츠 의대 교수인 다리우시 모자파리안 박사의 평에 따르면 "많이는 아니었다." 다른 발견도 있다. 탄수화물이 식이포화지방을 대체해도 콜레스테롤 비율은 변하지 않았다. 하지만 지방을 탄수화물로 대체했을 때는 공복 시 중성지방* 농도가 확실히 증가했다. 이 연구가 종합한 결론은 이러했다. "식이지방이 전체 콜레스테롤 대비 HDL 콜레스테롤 비율에 미치는 영향과 식이지방이 LDL 콜레스테롤에 미치는 영향은 별개일 가능성이 높다." 이전의 연구들은 LDL 콜레스테롤 수치만 따졌고, 그 결과 핵심을 크게 빗나갔다. 전체 대비 HDL의 비율을 함께 봤다면 전혀 다른 얘기가 됐을 수 있다.

 최근의 콜레스테롤 연구는 LDL 콜레스테롤에도 종류가 있다는 것을 보여준다. 입자가 크고 성긴 LDL 콜레스테롤의 증가는 현재 무해한 것으로 알려진 반면, 작고 조밀한 LDL 콜레스테롤의 증가는 우려스럽게 본다. 최근 연구들의 결정적 발견은 포화지방이 높이는 LDL 콜레스테롤은 가볍고 성긴 콜레스테롤이라는 것이다. 다시 말해 포화지방은 한때 믿었던 것만큼 해롭지 않은 것으로 드러났다.⁴¹

---

* 콜레스테롤과 함께 동맥 경화를 일으키는 혈중 지방 성분.

콜레스테롤에 대한 오해

우리 식단과 콜레스테롤의 관계는 계속 진화하는 이야기다. 네덜란드 연구가 보여주듯 지방에 대한 통념이 사실과 다름이 드러나면서 이제 초점은 지방보다 탄수화물로 이동하고 있다. 케임브리지대학교 심장역학자 라지브 초우두리 박사는 2014년 《뉴욕타임스》 기사에서 "포화지방과 LDL 사이의 관계는 복잡다단하다"라고 말했다. 포화지방은 LDL 콜레스테롤 수치를 높이기도 하지만, 좋은 콜레스테롤이라 불리는 HDL 콜레스테롤도 늘린다. 또한 초우두리 박사는 "포화지방이 증가시키는 LDL은 입자가 크고 성글기 때문에 일반적으로 양성"이라고 말한다. 《뉴욕타임스》 기사는 현재의 연구결과를 다음과 같이 요약한다. "차우두리 박사에 따르면 동맥을 막는 조밀한 입자들은 포화지방이 아니라 설탕과 탄수화물의 과잉 섭취로 인해 증가한다. 박사는 '식이지침이 신경 써야 할 것은 고탄수화물 또는 고당분 식단'이며, 'LDL을 더 나쁜 방향으로 몰고 가는 것이 있다면 그건 바로 탄수화물'이라고 말한다."[42]

이뿐만이 아니다. 최근 10년간의 연구는 HDL 콜레스테롤 수치는 오히려 높은 게 좋다고 말한다. 이제는 HDL 콜레스테롤 수치가 높으면 심장병 예방에 좋다고 여긴다. 특히 여성의 경우, LDL 콜레스테롤 수치가 높은 사람이 심장병에 걸릴 위험보다 HDL 콜레스테롤 수치가 높은 사람이 심장병에 걸리지 않을 가능성이 더 높다. 또한 포화지방을 비롯한 지방은 실제로 HDL 콜레스테롤을 높인다. 심장전문의 모자파리안 박사에 의하면 "HDL을 높이는 가장 좋은 방법은 포화지방을 먹는 것이다."[43]

인체가 탄수화물에 비해 지방에 어떻게 반응하는지 알기 위해서는 제프 볼렉 박사의 연구를 보면 좋다. 공인 영양치료사이자 오하이오주립대학교 인문과학부 교수인 볼렉은 20년 동안 탄수화물 섭취에 대한 인체 반응을 파악하는 연구를 수행했다. "사람은 '무엇을 먹는지'에 달려 있다'는 말이 있다. 하지만 사실은 '먹는 것에서 무엇을 저장하는지'에 달려 있다." 볼렉은 이렇게 말한다. "지방에서 무엇을 저장할지 결정하는 일차적 인자가 탄수화물 섭취량이다. (…) 포화지방에 대한 오해가 만연하다. 연구에 따르면 식이 포화지방과 심장질환 사이에 어떠한 연관성도 없는 게 분명한데도 식이지침들은 계속해서 포화지방의 섭취를 제한할 것을 권고한다. 이는 과학적이지 않을뿐더러 현명하지도 않다." 볼렉의 연구에서 포화지방 섭취량이 두 배로 늘어나도 혈중 포화지방 농도가 증가하지 않았다. 볼렉의 연구는 혈중 포화지방 농도를 결정하는 주요 요인은 지방 섭취가 아니라 탄수화물 섭취라는 것을 보여준다.[44]

우리 세대 사람들이 대개 그렇듯 나도 키스가 주창한 포화지방 가설을 교과서처럼 듣고 자랐다. 그래서 지방이 콜레스테롤 수치에 오히려 도움이 된다는 말은 처음에는 얼토당토않은 소리 같았고, 명망 있는 의사와 과학자들이 키스의 가설에 끈질기게 이의를 제기한다는 것을 알았을 때 적잖이 놀랐다. 하지만 실상을 말하자면, 1950년대와 1960년대에 미국과 영국, 그리고 서구화된 나라에서 심장병 발병률이 증가했고, 그 현상을 설명하기 위한 다양한 이론이 대두했다. 각각의 이론은 그것을 뒷받침하는 나름의 역학적 증거를 달고 있었다.

그중 포화지방 유죄 이론은 딱히 가장 과학적 근거가 충실한 편이 아니었다. 그런데도 (키스의 강단 있는 성격을 포함한) 다양한 이유로 그의 이론이 다른 경쟁 이론을 압도하면서 대세가 됐다.

포화지방 이론을 공격한 대표적 회의론자 중 한 명이 앞서 언급한 영국의 의사이자 생리학자인 존 유드킨이었다. 유드킨 박사는 유럽 최초로 대학에 영양학과를 창설한 명망 높은 학자다. 세계 다른 과학자들처럼 그의 연구팀도 접근 가능한 공중보건 데이터를 분석해 심장질환 발병률 증가의 원인을 찾았다. 분석 결과, 키스의 주장과 달리 포화지방을 비난하는 증거들은 설득력이 없었다.

설탕과 고기, 무엇이 더 해롭나

유드킨 박사는 1950년대부터 수많은 역학적 증거를 검토한 끝에 서유럽과 미국에서 심장병 발병률이 증가하는 이유를 눈치챘다. 그는 발병률 증가가 지방이 아니라 설탕 때문이라고 믿었다. 그는 그래프에 7개국만 표시했던 키스와 달리, (키스의 7개국을 포함해) 22개국의 동종 데이터를 검토했다. 이 분석에서 심장병 발병률과 설탕 소비량 사이에 강한 상관관계가 나타났다. 유드킨 박사는 이 연구가 단지 첫 단계에 불과하다는 인식하에 심도 있는 조사를 위해 곧바로 런던대학교 퀸엘리자베스 칼리지의 연구자들과 함께 일련의 실험을 개시했다.

이후 10년 넘게 유드킨과 그의 연구팀은 설탕의 체내작용을 알아내기 위한 수십 건의 실험을 진행했다. 연구팀은 사람과 설치류 등 동물에게 설탕을 섭취하게 하고(탄수화물과 지방을 섭취하게 하는 실험들과 병행했다.) 그 영향을 면밀히 추적했다.[45]

실험 결과를 일부 소개하자면 이렇다. 쥐 실험들에서 설탕 섭취가 혈압을 올리고, 혈중 중성지방 수치를 높이고, 혈당 증가에 대한 대응력을 감퇴시키는 일관적인 결과를 보였다. 또한 설탕은 혈소판의 점착성을 높였다. 다시 말해 혈소판들을 자기들끼리 그리고 동맥벽에 더 쉽게 들러붙게 만들었다. 이는 죽상동맥경화증의 전조다. 다른 쥐 실험에서는 쥐와 사람의 간에 존재하는 두 가지 효소(피루브산 키나아제와 지방산 합성효소)의 검사 수치가 (각각 다섯 배와 두 배로) 크게 증가해 간에서 지방 생산이 증가했음을 나타냈다. 다른 설치류 동물들도 설탕 섭취로 인해 간이 25~100% 확대됐다. 또한 일부 실험에서는 설탕이 인슐린 내성을 높이는 것으로 나타났다. 특정 종(개코원숭이, 닭, 돼지, 토끼)의 경우는 설탕이 콜레스테롤 수치를 높였다.[46]

이후 (유드킨을 비롯한 연구자들이) 사람을 대상으로 수행한 급식 실험에서도 비슷한 결과가 나왔다. 인간의 식단에서 설탕은 콜레스테롤과 중성지방 수치를 높였다. 같은 실험에서 인간의 인슐린 수치도 눈에 띄게 상승했다. 고당분 식단을 적용한 지 불과 2주 만에 40%나 증가했다. 인간의 부신호르몬도 300~400%나 급증했다.

유드킨 박사는 설탕의 체내작용 연구가 아직 미지의 영역임을 인정했다. 다만 설탕이 어떤 이치로 그렇게 많은 질병에 관여하는지, 그 내막을 이해하기 위해 특히 주목할 점이 두 가지 있다고 했다. "첫 번째는 설탕이 실험대상 동물의 간과 콩팥의 확장을 야기한다는 것이다. 해당 장기의 세포를 부풀릴 뿐 아니라 세포 수까지 증가시킨다." 이를 조직의 비대hypertrophy와 과형성hyperplasia이라고 한다.[47] 유드킨 박사가 주목한 두 번째 설탕 효과는 설탕이 일부 사람들의 인슐린, 에스트로겐, 부신피질호르몬 수치를 높인다는 것이다. 설탕의 이런 체내작용은 설탕이 여러 건강문제에 연루돼 있을 가능성과 개연성을 높인다. 유드킨 박사는 설탕이 호르몬과 주요 장기에 미치는 영향만 보더라도 "상식적인 사람이면 설탕이 범상치 않은 식품이란 것을 알 수 있다"고 경고했다.[48]

죽상동맥경화증은 동맥, 즉 산소를 실은 피를 몸 곳곳으로 보내는 혈관의 벽에 흡착물질이 쌓여서 혈관이 좁아지는 병이다. 유드킨은 죽상동맥경화증에 대한 '작업가설'•을 하나 제시했다. 이 가설은 이 병의 기저 원인을 높은 인슐린 수치라고 본다. 동맥경화증이 있는 사람들 중 다수가 혈중 인슐린 수치가 높았기 때문이다. 뿐만 아니라 관상동맥경화증은 높은 콜레스테롤과 중성지방 수치를 동반하고, 기타 생화학작용과 혈소판 거동에서도 다양한 장애를 보인다. 유드킨 박사는 "이렇게 폭넓고 다양한 변화를 설명할 수 있는 것은 호르몬 체계 교란밖에는 없다"는 가설을 세웠다. 이미 다양한 증거가 고장의 진원지로 인슐린 호르몬을 가리키고 있었다.

유드킨 박사의 조사는 신중하고, 체계적이고, 실증적으로 진행됐다. 그리고 수년간 영국 최고권위의 의학저널《랜싯The Lancet》을 포함한 여러 학술지에 300여 편의 논문을 발표해 연구결과를 보고했다. 설탕 관련 현존 의학 연구를 모두 검토한 후에도 그는 설탕의 유해성에 대한 일부 주장(예를 들어 설탕을 아동의 과잉행동과 학습장애에 결부시키는 미국의 연구)에는 회의적이었다. 또한 그는 설탕이 심장

• 실험, 관찰, 조사 등으로 검증해야 할 구체적 가설.

병의 유일한 원인은 아니라고 했다. 그는 심장병을 다수 인자가 관여하는 복잡한 질병으로 여겼다.

궁극적으로 유드킨은 자신의 광범위한 임상시험 결과들이 그간의 역학연구들을 강하게 뒷받침한다는 것을 발견했다. 종합해보면 그의 연구는 현대의 세계적 심장병 증가 추세의 주요 원인이 설탕이라는 강력한 증거를 제공했다.

유드킨은 설탕의 영향은 사람마다 다르다고 판단했다. 설탕은 전반적으로 충치와 잇몸질환을 촉진한다. 다수의 사람에게 소화불량을 유발한다. 설탕이 식도나 위의 점막에 염증을 일으키거나 악화시킬 수 있기 때문이다. 또한 설탕은 당에 민감한 사람들(유드킨의 추정에 따르면 전체의 25~30%)에게 다양한 건강문제를 폭넓게 유발한다. 그중에는 심장질환도 있다. 설탕의 영향은 흡연과 비슷하다. 평생 담배를 피운 사람 중 일부는 폐기종에 걸리고, 일부는 폐암에 걸리고, 일부는 아무것에도 걸리지 않는다. 현대인의 식단에 일반적으로 포함되는 정도로 설탕을 섭취하는 사람 중 일부만이 심장병을 앓는다.

유드킨은 수년에 걸친 실험 동안 수시로 영양학 콘퍼런스에 나가 연구결과를 발표했고, 다수의 논문을 냈다. 설탕에 관한 임상조사를 완료한 후에는 1년을 바쳐서 연구결과와 결론을 요약한 책 《설탕의 독》을 썼다.(이 책은 1972년에 처음 출간됐고, 1986년에 개정판이 나왔다.) 그는 이 책에서 심장병을 육류와 포화지방—인류가 까마득한 옛날부터 먹어온 음식—과 연결하는 기존 주장에 날카롭게 의문을 제기했다.

그는 이렇게 썼다. "우리 견해는 이렇다. 관상동맥질환의 기저

원인은 호르몬 균형 교란에 있다. 예를 들어 많은 환자가 인슐린과 부신호르몬의 증가 외에 에스트로겐 증가를 보인다." 그리고 교란의 범인은 설탕이었다.

유드킨은 유명 대학 영양학과의 창립자이자 학장이었고, 영국에서뿐 아니라 국제적으로 유명한 학자였다. 그가 설탕을 분명하고 강력하게 비판한 《설탕의 독》은 당시 급성장하는 가공식품업계에게는 그야말로 독이었다. 각국 보건당국이 지방의 위험을 경고하고 나서자 가공식품업계는 이른바 '저지방' 식단을 고안했다. 그들의 저지방 식단들은 지방과 더불어 사라진 풍미를 보충하기 위해 설탕으로 채워졌다.

가공식품업계는 유드킨의 라이벌이었던 앤셀 키스와 연대해 유드킨의 연구를 공격하는 캠페인을 전개했다. 유드킨의 생애를 다룬 어느 특집기사에 따르면 "키스는 유드킨을 증오했고, 심지어 《설탕의 독》이 세상에 나오기도 전부터 유드킨의 증거를 '엉성하기 짝이 없다'고 매도하는 기사를 냈다."[49] 유드킨의 수십 년에 걸친 엄정한 연구결과에도 불구하고 제당업계는 유드킨의 진술을 '감정적 주장'으로 일축하고, 그의 저서를 '공상과학 소설'로 폄하하는 보도자료를 풀었다. 유드킨이 고소했고, 그들은 결국 정정기사를 내보내야 했다. 하지만 발언 철회는 5년 후에야 이루어졌고, 그때는 이미 그들의 의도대로 유드킨의 명성이 치명적인 타격을 입은 뒤였다.

설탕에 관한 유드킨의 과학적 저술과 진술은 조롱의 대상이 됐고, 그는 남은 평생 개인적으로, 직업적으로 고통받았다. 가공식품업계와 제당업계는 유드킨을 공공연히 적으로 취급했다. 그는 국제학회들에서 '불청객'이 됐고, 직접 조직한 학회를 취소해야 했고, 연구결과를 발표할 기회를 차단당했다.[50] 심지어 그가 재직했던 대학은 은퇴 후에도 연구소 사용을 허가하겠다는 약속을 번복했다. "유드킨의 변호사가 항의 서한을 보낸 후에야 유드킨은 별도의 건물에 작은 방 하나를 할당받았다."

이런 상황에서 유드킨이 겪은 절망감이 그의 《설탕의 독》 개정판에 여실히 드러나 있다.

> 건강문제 연구에 매진할 가치가 있기는 할까? 상상하기 어렵겠지만 때로 이런 생각을 할 만큼 허탈하기 짝이 없다. 사람들이 질병을 피하도록 도울 수 있는 중요한 연구결과가 나오면 뭐하나? 상업적 이익을 위해 고안된 정치선전이 사람들을 호도한다. B급 영화에서나 등장할 법한 일이 실제로 일어나고 있다.[51]

유드킨의 위신을 깎고 그의 발견을 매장하려는 업계의 노력에도 불구하고 다른 많은 과학자가 유드킨의 연구를 듣고 읽었다. 그중 일부는 직접 설탕에 대한 조사에 나섰다. 유드킨 박사의 연구실에서 일한 적 있는 메릴랜드대학교 영양학 교수 리처드 아렌스 박사는 미국에서 직접 실험을 진행했고, 설탕이 쥐와 사람 모두에게 혈압 상승을 유발한다는 것을 확인했다. 아렌스 박사는 자체 실험과 역학연구를 통해 선진국 심장질환의 주요 원인은 지방이 아니라 설탕이라는 결론에 이르렀다. 그는 "전 세계적으로 봤을 때, 관상동맥질환 증가는 자당 소비 증가에는 대략 비례하지만 포화지방 섭취량에는 비례하지 않는다"라고 밝혔다.[52]

한편 메릴랜드주 벨츠빌 소재 미국 농무부 영양연구소의 셸던 라이저 박사가 사람을 대상으로 설탕 섭취 실험을 한 결과, 실험대상자의 약 25%가 당 민감성으로 나타났다. 설탕 소비에 따른 인슐린 수치 증가는 미국인의 식단에서 전형적으로 일어나는 일이다. 라이저 박사의 실험은 식단에 설탕이 추가되면 중성지방, 콜레스테롤, 포도당의 혈중 농도가 증가한다는 것을 확인했다. 심지어 제당업계가 후원한 노스캐롤라이나 웨이크포레스트대학교 연구도 설탕을 먹인 돼지의 콜레스테롤 수치와 죽상동맥경화증 발병률이 높아졌다고 보고했다.[53]

이런 과학적 발견이 쌓여갔다. 이 발견들의 총체적 무게가 의학계에 압력으로 작용해 설탕이 인체에 미치는 영향, 특히 설탕과 관상동맥질환의 관계에 대한 보다 심도 깊은 조사들이 이루어질 법도 했다. 혹시 육류와 포화지방이 그간 억울한 손가락질을 받은 게 아닐까 하는 의심이 들 법도 했다. 그런데 그렇지 않았다. 오히려 반대의 일이 일어났다. 즉 설탕의 유죄를 제기하는 유드킨 계열의 연구가 씨가 말라갔다. 유드킨이 학계에서 당한 따돌림이 다른 연구자의 사기에도 찬물을 끼얹은 듯했다. 최근의 기사에 따르면 1970년대 말까지 "그가 얼마나 찬밥 신세였던지 과학자들은 비슷한 공격을 받게 될까 두려워 감히 설탕에 대해 부정적인 내용을 발표할 엄두를 내지 못했다."[54]

유드킨 박사의 발견이 시대에 심히 앞서 있었다는 것이 문제였다. 그의 실험들이 설탕의 유해성을 일관적으로 보여주긴 했다. 하지만 그 유해성의 메커니즘에 대해서는 박사 자신도, 다른 누구도 제대로 알지 못했다. 《달콤한 독Sweet Poison》의 저자 데이비드 길레스피에 따르면 "당시는 유드킨의 이론을 설명할 호르몬 중 서너 가지는 아직 발견되지 않았던 때였다."

그러다 최근 10년간의 역학연구와 임상연구들이 유드킨의 명예를 완전히 회복시켰고, 그가 개척한 연구 영역에 새로운 활기를 불어넣었다. 로버트 러스티그 박사의 표현에 따르면, 유드킨 박사의 연구는 '예언'에 가까운 통찰로 재평가됐다. 최근의 발견들은 단지 설탕을 질병의 전조인 비만과 연계하는 데 그치지 않는다. 최근 연구들은 설탕 섭취를 심장병과 당뇨 같은 심각한 기저질환과 직접 연결한다.

전에는 설탕이 비만을 부르고, 비만은 (당뇨, 고혈압, 심장병 등의) 여러 건강문제를 일으킨다는 문제의식이 없었다. 사실 유드킨과 몇몇 학자들을 빼면 꽤 최근까지 설탕을 딱히 위험하게 보지 않는 것이 설탕에 대한 일반적 태도였다. 하지만 설탕이 만병을 부르는 비만의 원인이라는 생각의 무게가 변했다. 설탕은 단지 영양가 없는 칼로리라는 생각을 넘어 이제는 설탕이 **비만 유발 여부에 상관없이** 건강에 유해하다는 것이 일반의 인식이다.

몇 가지 예를 들어보자. 20년 넘게 약 9만 명의 여성의 생활 습관과 업무환경, 건강 상태를 추적한 간호사 건강 연구NHS에 따르면, 하루에 2회분 이상 감미 음료를 마신 여성의 경우 단 음료를 거의 마시지 않은 여성보다 심장질환으로 인한 심장마비나 사망의 위험이 40% 더 높았다.[55] 같은 맥락으로, 20년 동안 4만 명의 남성을 추적한 연구에서도 당분이 함유된 음료를 하루 평균 한 캔 마신 남자가 거의 또는 전혀 마시지 않은 남자보다 심장마비를 겪거나 심장마비로 죽을 위험이 20% 더 높았다.[56] 다른 연구에서도 단

음료를 하루에 한 개 이상 꾸준히 섭취하는 사람이 제2형 당뇨병에 걸릴 위험이 26% 더 높은 것으로 나왔다.[57] 또한 22년에 걸쳐 여성 8만 명을 조사한 연구에서는 단 음료를 매일 1캔 섭취한 사람이 통풍을 앓을 위험이 75% 더 높았다.[58]

설탕에 대한 인식의 변화를 《미국의학협회내과저널 Journal of American Medical Association Internal Medicine》의 2014년 2월 3일호에서 구체적으로 실감할 수 있다. 이 저널은 설탕을 심장질환 사망과 연관 짓는 최근의 한 연구를 소개하면서 캘리포니아대학교 샌프란시스코 캠퍼스 의과대학 로라 슈밋 박사의 주목할 만한 논평을 함께 실었다. 슈밋 박사는 〈설탕의 쓴 진실들 New Unsweetened Truths about Sugar〉이라는 글에서 설탕을 둘러싼 최근의 대대적 관점 변화를 다음과 같이 묘사했다.

설탕이 건강에 미치는 영향을 다루는 연구 분야에서 현재 거대한 패러다임 전환이 일어나고 있다. 이 변화는 미국 대중의 첨가당 과다섭취량이 하늘을 찌르는 상황에서 촉발했다. '첨가당 과다섭취량'이란, 식품 제조나 조리 중에 추가되는 설탕(즉 신선 과일의 당분처럼 자연발생적으로 생긴 당분이 아닌 당분)의 하루 총 섭취량 중에서 전문가 집단이 권고하는 허용치를 초과하는 양을 말한다. 과거 설탕 유해성에 대한 우려는 주로 비만과 충치에 대한 것이었다. 전부터 첨가당 과다 섭취는 심혈관질환의 발병 가능성과 연계됐다. 하지만 과거의 패러다임에서는 설탕을 건강하지 않은 식습관이나 비만의 지표로 여겼을 뿐이다. 이제 패러다임이 바뀌고 있다. 새로운 패러다임은 설탕 과다 섭취를 심혈관질환뿐 아니라 당뇨병, 간경변증, 치매를 포함한 많은 만성질환의 독립 위험인자로 본다.

모두 이상지질혈증, 고혈압, 인슐린 내성을 수반하는 신진대사 교란과 관계된 병들이다. 새로운 패러다임은 설탕이 그저 비만을 부르는 '영양가 없는 칼로리'라는 그간의 이해를 넘어, 설탕이 건강에 유해한 작용을 한다는 가설을 제기한다. 설탕 과다 섭취는 우리를 뚱뚱하게 만드는 데 그치지 않는다. 우리를 병들게 한다.[59]

슈밋 박사가 논평과 함께 소개된 연구는 하버드대학교, 에모리대학교, 미국 질병통제예방센터 합동 연구진이 수행한 연구였다. 연구 제목은 〈미국 성인의 첨가당 섭취와 심혈관질환 사망률〉이다. 연구진은 오래전부터 역학연구들이 설탕과 심혈관질환의 연관성을 보여주었음에도, 설탕과 심장병 사망률의 연관성을 제대로 조사하는 전향적 연구들이 부족한 현실을 인식하고, 이 상황을 타개하는 것에 연구의 목적을 두었다. 연구진은 약 15년간의 후속 조사를 통해 831건의 심장질환 사망을 포함한 16만 3,039인년 person-year*을 추적했다.[60] 연구진은 연령, 성별, 사회경제적 배경을 포함한 수많은 변수를 조정한 후 다음과 같은 결론을 얻었다. "첨가당에서 얻는 칼로리 비중이 늘어나면서 심혈관질환 사망 위험이 기하급수적으로 증가했다."

좀 더 구체적으로 말하자면 이 연구는 일단 첨가당이 하루 칼로리 섭취량의 15%를 넘어가면 심혈관질환 사망의 위험이 올라가는 것을 발견했다. 하루에 탄산음료 한 캔만 마셔도 심혈관질환 발병 위험이 30% 증가한다.[61] 연구진은 "미국 성인 대부분이 권장량보

• 의료 통계에서 1인당 수명을 뜻하는 기간.

다 많은 양의 첨가당을 소비한다"고 지적하면서 "본 연구에서 첨가당 섭취와 심혈관질환 사망 위험 사이에 유의미한 상관관계가 발견됐다"는 결론을 내렸다.⁶²

숨은 살인자, 대사증후군

설탕의 유해성이 이제는 의사를 통해 주류 대중에게 전달되는 메시지가 됐다. 《허핑턴포스트》에 건강 칼럼을 쓰는 클리블랜드 클리닉 기능의학센터CCCFM 소장 마크 하이먼 박사도 그중 한 사람이다. "여기서 핵심 메시지는 이것이다. 우리를 뚱뚱하게 만드는 것은 지방이 아니다. 설탕이 뚱뚱하게 만든다." 그는 사람들에게 (풀을 먹여 키운 소고기를 비롯한) 양질의 "진정한 자연" 식품을 먹고, 지방 섭취에 대해서는 걱정하지 말라고 권고한다.⁶³

설탕이 만성질환의 주범이라는 것은 어쩐지 선뜻 이해되지 않는다. 우선 설탕이 어디나 들어 있다 보니 해로울 리 없다고 가정하는 경향이 있다. 둘째, 지방이 비만과 심장병을 유발한다는 말이 어쩐지 더 논리적으로 보인다. 우리 핏속을 둥둥 떠다니며 동맥을 틀어막는 지방 덩어리는 쉽게 상상이 된다. 하지만 설탕은? 설탕이 어떻게 작용한다는 건지? 직관적으로 와닿지 않는다.

최근 우리의 제반 이해가 확장됐음에도 설탕의 체내 작용 메커니즘은 아직 자세하고 분명하게 규명되지 않았다. 하지만 유드킨의 시대 이후 엄청나게 많은 진전이 있었다. 그동안 연구자들은 자당의 두 성분, 과당과 포도당이 체내에서 어떻게 대사되는지 밝혀냈다. 과당은 주로 간에서 대사되는 반면 포도당은 모든 세포에서 대사된다. "다시 말해 과도한 과당 섭취는 간에 부담을 주고, 그 경우 간은 과당을 지방으로 바꾼다." 그리고 지방간은 대사증후군의 원인이 된다.

대사증후군은 나름대로 신조어다. 한 사람에게 복합적, 동시다발적으로 나타나는 심혈관질환 위험인자의 집합을 지칭하는 말로, 비교적 최근에 쓰이기 시작했다. 일반적으로 한 사람이 다섯 가지 위험인자(복부 비만, 고혈압, 고혈당, 높은 혈중 중성지방, 낮은 HDL 콜레스테롤 수치) 중 세 가지에 해당할 경우 대사증후군으로 분류한다. (맞다. 이 조건 중 몇 가지는 이미 수십 년 전 유드킨이 자신의 실험에서 설탕과 연결한 바로 그 병증들이다.) 대사증후군이 있는 사람들은 대부분 인슐린 내성도 있고(이 역시 유드킨의 설탕 섭취 실험에서 발견된 것 중 하나였다), 제2형 당뇨병이 있을 가능성도 있다. (제2형 당뇨도 과거부터 여러 연구자가 설탕과의 연관성을 보고했던 병이다.)[64] 또한 대사증후군이 있을 경우 심혈관질환과 제2형 당뇨병 외에 다낭성난소증후군, 지방간, 콜레스테롤 담석, 천식, 수면 장애, 여러 암 등에도 취약하다.[65]

2014년 런던 크로이던 대학병원 심장전문의 아심 말로트라는 〈서구 식단에서 이제 설탕이 제1의 적Sugar Is Now Enemy Number One in the Western Diet〉이라는 제목의 논문[66]에서 유드킨 박사를 계승한 듯한 논지를 폈다. 그는 의료계와 공중보건계가 고기와 지방에 대한 우려에서 벗어나고 대신 설탕 소비 감소에 집중할 것을 촉구했다. 말로트라의 논문은 건강 유해성 면에서 설탕 섭취를 흡연과 동일시했다. 또한 학자를 겁박하고 과학을 조작했던 과거 식품업계 캠페인을 담배산업의 악명 높은 전략에 비견했다. 말로트라는 형편없는 식단이 흡연, 알코올, 운동 부족을 다 합친 것보다 더 많은 질병을 야기한다고 지적하면서, 현재 많은 과학적 증거가 문제의 근원으로 특정 식이변화를 가리키고 있다고 말했다. "식품에 첨가되는 설탕이 문제라고 말하는 증거가 쏟아지고 있다."

말로트라는 웹매체《메디컬뉴스 투데이MNT》에서 설탕을 겨냥하는 과학적 증거를 더 구체적으로 언급했다.[67] 그는 포화지방과 콜레스테롤에 대한 비방은 잘못된 생각이라고 말한다. "이제는 포화지방이 심장병의 원인이라는 미신을 깨고, 그동안 비만 유행에 일조해온 잘못된 식이권고의 폐해를 되돌릴 때다." 말로트라는 적색육과 유제품은 오히려 인간 건강에 필수적인 영양소를 함유하고 있으며, 아울러 "최근의 전향적 연구들에서 포화지방 섭취와 심혈관질환 위험 사이에 어떠한 유의미한 상관관계도 발견되지 않았다"고 강조한다. 그에 따르면 "포화지방은 오히려 질병 예방에 도움이 되는 것으로 밝혀졌다." 또한 심방마비로 입원한 사람들 중 4분의 3은 콜레스테롤 수치가 정상이었다. 대신 심장마비 입원 환자의 3분의 2에게 대사증후군이 있었다.[68]

말로트라는 진짜 문제는 죽상경화성 이상지질혈증atherogenic dyslipodemia,[69] 또는 죽종형성 지단백 표현형atherogenic lipoprotein phenotype이라 불리는 현상이라고 말한다. 이는 세 가지 지질 이상이 겹치는 경우로, 작고 조밀한 LDL 콜레스테롤 입자의 혈중 농도는 높고, HDL 콜레스테롤 입자는 반대로 낮고, 중성지방은 높은 상태를 말한다. "죽상경화성 이상지질혈증은 비만, 대사증후군, 인슐린 내성, 제2형 당뇨병이 있는 환자들에게서 특징적으로 나타난다."[70] 2010년 매사추세츠 종합병원 심혈관연구센터와 인간유전학연구센터가 수행한 연구에서 "식이포화지방 함량은 죽상경화성 이상지질혈증에 거의 영향을 미치지 않는 것으로 나타났다."[71]

이에 반해 설탕은 죽상경화성 이상지질혈증과 대사증후군에 직결돼 있다. 말로트라는 설탕 소비는 개인의 체중과 상관없이 대사증후군의 독립적 위험인자라고 말한다. 이런 병명들은 유드킨 박사가《설탕의 독》을 쓰던 때보다 훨씬 나중에 생겼지만 그 특징은 박사가 수십 년 전 식이 설탕의 영향에 대한 연구보고서에 묘사한 것과 놀랄 만큼 유사하다.

한때 사이비 취급을 받았던 유드킨의 선견지명이 이제는 폭넓게 수용되고 있다. 2014년 3월 세계보건기구WHO는 첨가당의 '목표' 권장량을 식이 칼로리의 10%에서 5%로 낮췄다.[72] 세계보건기구의 새로운 권장량은 탄산음료 한 캔에 함유된 설탕보다도 적은 수치다. 세계보건기구는 이 권장량이 현재 설탕을 비만과 만성질환과 연결 짓는 많은 연구에 근거한 것임을 밝혔다.[73] 하지만 이 방향의 움직임에 대해 저항이 없는 것은 아니다. 당시 세계보건기구 사무총장 마거릿 챈(천평푸전)은 첨가당 권장량 변경 시 제당업계의 저항이 있었음을 언급했다. 설탕산업은 가만히 앉아서 당할 생각이 없으며, 설탕을 비판하는 연구를 매장하기 위한 반박 연구와 대항 캠페인에 끈질기게 자금을 댈 것으로 보인다.

설탕, 음료, 가공식품 업계도 현재 미국인이 (식품에 자연히 존재하는 당분이 아닌) 인공 감미료에서 섭취하는 칼로리가 전체 칼로리의 15%에 달한다는 것을 잘 알고 있다.[74] 그리고 계속 이 형상을 유지하려는 야욕에 차 있다. 하지만 세계보건기구 지침은 대대적인 식단 변화를 제안한다. 로버트 러스티그 박사는 식단 변화가 미국의 만성질환 해결을 위한 초석이자 반드시 일어나야 할 변화로 믿는다. 러스티그는 과거 제당업계가 과학자들에게 가했던 호전적 공격에 굴하지 않고 설탕의 유해성을 분명하고 직설적인 언어로 설파해 일종의 '건강의 기수'가 됐다. 러스티그는 설탕이 비만과 충치뿐 아니라 심장병, 암, 알츠하이머병, 당뇨병의 주요 인자라고 믿는다. 또한 그는 담배나 코카인처럼 설탕에도 중독성이 있다는 연구결과를 중요하게 본다.

러스티그 박사는 대사증후군을 주요 만성질환을 이해하는 열쇠로 믿는 과학자와 의사 중 한 명이다. "마른 몸이 대사성 질환이나 조기 사망에 대한 안전장치는 아니다." 러스티그는 그의 저서 《팻 챈스Fat Chance》에 이렇게 썼다. "비만은 대사증후군으로 알려진 만성 대사성 질환의 원인이 아니다. 그리고 사람들을 죽이는 것은 이 대사증후군이다."[75] 유드킨, 말로트라, 슈밋 같은 학자들처럼 러스티그도 오늘날의 건강 위기에 대해 적색육이나 지방을 탓하지 않는다. 그는 설탕을 대사증후군의 근본 원인으로 꼽는다.[76]

또한 러스티그는 이 사실이 오래 가려져 있었던 이유는 딱 하나라고 말한다. 바로 설탕산업과 가공식품산업의 과도한 공세 탓이었다. 위키피디아에서 러스티그를 검색해보라. 그의 견해를 반박하기 위해 인용된 연구의 3분의 2는 코카콜라가 연구자금을 댄 것들이다.[77] 그걸 보면 러스티그의 제언이 오히려 더 신빙성 있게 느껴지는 역설적인 효과가 있다.

심장병 등 각종 성인병과 설탕 섭취의 직접적 연관성이 입증된 지금, 고기와 지방이 만성질환의 원인이라는 주장은 갈수록 설득력이 떨어진다. 그럼 소비 데이터는 설탕에 대해 어떤 말을 하고 있을까? 연방정부의 식이 자료로 돌아가 보자.

소비 데이터가 말해주는 것

설탕 소비는 현저한 상승 추세를 보인다. 1900년과 2000년 사이에 감미료의 소비가 꾸준히 증가했다. 20세기에 걸쳐 60%가 늘었고, 1970년과 2005년 사이에는 20% 증가했다. 일부 추산에 따르면 현재 미국인의 1인당 연간 설탕 섭취량은 평균 약 59킬로그램으로, 매일 하루에 136그램이 넘는 설탕을 먹는 셈이다.[78] 사람들은 이 수치에 충격을 받는다.(그리고 내 경험상 사람들은 자신은 그보다 훨씬 덜 먹는다고 장담한다.)

길게 돌아보면 오늘날의 설탕 섭취가 얼마나 극단적인 일탈인지 더 쉽게 알 수 있다. 인류는 아주 최근까지 가당 음식이나 가당 음료를 전혀 입에 대지 않고 살았다. 유드킨 박사의 표현을 빌면 인류 역사의 99.9% 동안 우리는 단것을 먹지도 마시지도 않았다. 단맛을 보는 것은 연중 과일이 익는 짧은 시기나 성난 벌떼가 지키는 야생 꿀을 운 좋게 손에 넣었을 때나 가능한 일이었다.

식품과 분리된 첨가제로서의 설탕은 불과 2,500년 전 인도에서 사탕수수에서 원당을 추출하는 방법이 고안됐을 때 처음 생겨났다.(사탕수수 원당 추출은 심지어 지금도 쉽지 않은 작업이다.) 그 후에도 설탕은 수천 년 동안 희귀 사치품이었다.[79] 중세 유럽에서 설탕 1티스푼은 오늘날 캐비아 1티스푼의 가격과 맞먹었다. 보통 사람들이 무언가에 설탕 왕창 첨가하는 것을 상상도 할 수 없는 일이었다.《미국임상영양학저널》의 설탕의 대사효과를 다룬 한 연구에 따르면 "설탕이 도입되기 전에는 꿀이 감미료 역할을 했지만, 꿀은 상대적으로 희귀하고 대량 생산이 불가능했기 때문에 꽤 최근인 19세기 초까지만 해도 사람들 대부분(특히 가난한 사람들)의 일상적인 식단에는 감미료가 전혀 없었다."[80]

1800년경에는 미국의 1인당 연간 설탕 소비량이 3~8킬로그램으로 증가한 것으로 추정된다. 물론 고대보다는 훨씬 많은 수치다. 하지만 심지어 최대치인 8킬로그램으로 따져도 오늘날 소비량에 비교하면 고작 15%에 불과하다. 당시는 전 세계 설탕 생산량도 겨우 25만 톤이었다.[81] 그러다 20세기 초에 이르러 설탕이 꽤 흔해졌다. 하지만 현재 가격과 비교하면 여전히 비쌌다. 1920년 약 2킬로그램짜리 설탕 한 봉지가 현재 시세로 7.61달러였다.(약 9,200원. 현재 가격의 두 배가 넘는다.)[82]

1800년 이후 미국 설탕 소비량의 그래프는 약 45도 직선을 그리며 꾸준히 상승했다. 제2차 세계대전 기간만 빼면 그렇다. 1943년에서 1946년에는 미국 정부가 설탕을 배급했기 때문에[83] 미국의 설탕 공급량이 그 기간에는 푹 꺼진다.[84] 소고기 등 육류와 치즈도 배급제로 공급됐다. 일부 역학 연구들은 이 기간 동물성 식품 공급이 제한됐기 때문에 그 결과 심장질환의 발생이 감소했다고 말하기도 한다. 하지만 현재 우리가 알게 된 것을 고려할 때, 당시의 심장질환 감소는 고기 배급제보다 설탕 배급제 때문이었다는 게 맞는 설명이 아닐까?

FAO에 따르면, 무게로 따졌을 때 오늘날 세계 최대 작물은 바로 사탕수수다. 2012년 기준으로 전체 재배 면적 31만 제곱킬로미터(사탕수수 26만 제곱킬로미터, 사탕무 5만 제곱킬로미터)에서 총 1억 7300만 톤의 설탕이 생산됐다.[85] 미국을 비롯한 많은 국가의 1인당 설탕 섭취량이 연간 45킬로그램 이상인 것으로 추산된다. 다시 말해 우리의 설탕 섭취량은 지난 200년 동안 무려 **아홉** 배나 증가했다. 앞서 언급한 《미국임상영양학저널》의 연구가 현재 수준을 "유행병 수준의 설탕 소비"[86]로 칭한 것은 과장이 아니다.

현대인의 식단에서 단맛의 많은 부분이 탄산음료와 주스류에서 온다. 1977년부터 2001년까지 미국의 가당 음료 소비는 두 배 이상 늘면서 하루치 식단에 278칼로리를 추가했다.[87] 현재 미국인은 1년에 평균 190리터 이상의 탄산음료를 마신다.[88] 서던캘리포니아대학교 케크의대Keck School의 아동비만연구소CORC는 탄산음료 소비 급증을 "비만 대유행의 근본적 원인"으로 부른다.[89] 연구들은 가당 음료를 특히 심장병, 지질 변질, 염증 인자 증가, 렙틴leptin● 저항성의 원인으로 꼽는다.[90]

일부 연구에 따르면 음료를 비롯한 가공식품에 들어가는 감미료가 액상과당HFCS으로 바뀐 것이 현재의 건강 위기에 더한 악재로 작용했다.[91] (사탕무와 사탕수수에서 얻은 설탕은 지난 30년간 소비량이 약간 감소한 반면 액상과당 소비는 믿기 어렵지만 1만%나 폭증했다.) 앞서 말했듯 자당의 반은 과당이고, 설탕이 건강에 미치는 악영향의 대부분이 과당 때문인 것으로 알려져 있다.

최근 서던캘리포니아대학교 연구진이 탄산음료에 들어가는 액상과당의 과당 함량이 무려 65%라고 밝혔다. 일반적 추정보다 거의 20%나 높았다. "미국인 대부분이 마시는 탄산음료의 과당 수치가 생각보다 높다. 과당이 몸에 미치는 부정적 영향을 생각할 때 우려스럽지 않을 수 없다." 케크 의대의 예방의학과, 생리학과, 생

● 지방세포에서 분비되는 식욕 억제 호르몬.

물리학과, 소아과 교수이자 해당 연구의 저자인 마이클 고란 박사는 이렇게 설명했다. "액상과당의 다른 성분인 포도당과 달리, 과당은 과다 섭취 시 건강에 부정적인 영향을 직접적이고 광범위하게 미친다." 고란은 우리 몸이 과당을 처리하는 방식이 포도당과는 다르다고 말한다. (과일에 있는 천연과당을 제외한) 과당의 다량 섭취는 지방간 질환, 인슐린 내성, 혈중 중성지방 증가, 급성 고혈압을 초래한다. 다시 말해 대사증후군을 야기해 만성질환의 발병 위험을 크게 높인다.[92]

설탕 섭취 데이터와 설탕이 인체에 주는 피해를 밝히는 최근 연구들을 검토하면서 나는 아버지 생각을 많이 했다. 내 조부모는 아버지가 42세 때 몇 달 간격으로 돌아가셨다. 두 분 모두 사인은 심장마비였고, 70대 초반이었다. 아버지는 자신은 부모와 같은 운명을 맞지 않기로 결심했다. 부모의 식생활이 가장 문제였다고 확신한 아버지는 즉시 설탕을 끊었다. 아버지는 할머니의 비만과 당뇨의 주원인이 설탕이라고 생각했다. 자제력이 남달랐던 아버지는 이후 40년 동안 단것을 멀리했다. 본인 생일에 집에서 구운 케이크를 얇게 한 조각 먹고 드물게 집에서 만든 과일 파이를 먹는 것 외에, 아버지가 유일하게 소비한 단 음식은 과일, 그리고 아침에 직접 짜서 마셨던 오렌지즙뿐이었다.

고등학교 때 내가 아버지의 식단을 흉본 기억이 난다. 내 눈에는 아버지의 조심이 지나쳐 보였다. 당시 나는 사탕 중독자였고 항상 배낭에 사탕을 챙겨 다녔다. 그래도 나는 날씬했고 활동량도 많기 때문에 단것을 좀 밝혀도 무방하다고 생각했다. 나는 아버지에게 당시 통념을 그대로 대변하는 말을 했다. "설탕의 유일한 단점은 영양소가 전혀 없다는 거예요." 당시 제인 브로디의 《뉴욕타임스》 건강 칼럼에서 본 문구를 따라 말한 기억이 난다. "그저 칼로리만 있을 뿐." 그 후로도 오랫동안 나도 수많은 영양사도 그렇게 믿었다. 아버지는 감미료가 치아와 몸에 본질적으로 해롭다는 말로 자신의 설탕 회피를 방어했다. 아버지는 전통주의자였지만, 설탕 문제에 있어서만큼은 시대에 훨씬 앞서 있었다. 아버지는 몇 해 전 85세에 심장병이 아닌 다른 원인으로 돌아가셨다. 나는 설탕을 피한 아버지의 선택이 그의 생애에 마지막 10년을 더했다고 믿는다.

유드킨, 러스티그, 말로트라, 슈밋의 연구는 설탕 재평가의 빙산의 일각일 뿐이다. 점점 더 많은 의사와 과학자가 설탕이 한때 생각했던 것처럼 무해한 물질이 아니라는 데 동의한다. 임상시험뿐 아니라 많은 역학조사와 실험조사들이 이를 분명히 보여준다. 그 누구도, 심지어 젊고, 건강하고, 날씬한 사람조차 설탕의 유해한 영향에서 자유롭지 않다.

설탕이 관상동맥질환, 당뇨, 대사증후군의 발병 위험을 높일 뿐 아니라 뇌기능 저하에도 관계있다는 연구결과가 있다. 신경의학자이자 미국 글로벌뇌과학재단 GNIF 상임이사인 섀힌 E. 라칸 박사는 "비자연적 과당"이 정신건강, 특히 인지력과 기억력 저하에 악영향을 미친다고 믿는다.[93] "여러 연구에서 첨가당 섭취와 인지기능 저하 사이에 연관성이 있는 것으로 나타났다." 또한 "첨가당 섭취와 대사증후군의 연관성은 체질량지수나 나이와는 무관했다."

온라인 의학저널 《메드스케이프 MedScape》의 최근 기사 평에 의하면 라칸 박사는 식단과 정신건강이라는 신생 연구 분야에서 선두에 있는 인물이다. 그는 특히 식단과 장내 미생물의 관계에 주목한다. "최근 연구는 식단 → 장내 미생물 → 염증 → 정신건강으로 이어지는 경로를 제시한다."[94] 이 방면 연구는 아직 시작 단계다. 다만 현재 연구에서 섭취물과 가장 먼저 접촉하는 세포들, 그중에서도 장내 세균이 신체, 정신 건강에 중요한 역할을 할 가능성을 시사한다.

단맛의 중독성을 의심하라

식이 설탕의 재앙을 다루는 일은 골치 아픈 공중보건 과제다. 인간은 본능적으로 단 음식에 끌린다. 단맛은 바로 먹을 수 있고, 맛있고, 열량이 풍부한 많은 것을 신호한다. 자연에서는 극히 드물었기 때문에 더 갈구하게 됐다. 현재까지 알려진 바로는 천연의 단맛에 독성이 있는 경우는 없다. 하지만 자연에서 과일이 달게 익어 있는 시기는 잠깐이고, 그나마도 1년에 딱 한 번만 온다. 과일 속 당분은 다량의 섬유질과 단단히 결합돼 있어서 소화가 더디고 과잉 섭취가 어렵다. 전문가들은 과당을 비롯해 과일과 채소가 자연히 함유하는 당분은 문제가 되지 않는다고 말한다. 감미료가 잔뜩 들어간 현대의 가공식품이 문제다. 이는 당분에 본능적으로 끌리는 인간의 본능적 욕구를 상업에 이용한 것이다.

설상가상으로 설탕에는 생리적 중독성이 있다. 최근 연구에 따르면 설탕은 우리의 몸과 뇌에 코카인 같은 중독성 물질과 매우 유사하게 작용한다.[95] 설탕은 중독성 약물처럼 점점 더 많이 섭취하려는 억제하기 힘든 충동을 키운다. 프린스턴대학교 연구진이 쥐 실험에서 설탕 중독을 확인했다.[96] 2013년 오리건 연구소 ORI가 수행한 인간 대상 임상시험은 지방보다 단맛이 뇌의 '보상중추'를 훨씬 더 활성화하는 것을 보여준다.[97] 우리는 설탕을 갈망한다. 먹으면 먹을수록 더 탐하게 된다.

　탄수화물 중에서도 특히 설탕은 뇌를 자극해 일시적으로 기분을 좋게 한다. 심리 상태는 인체 생리와 밀접하게 엮여 있다. 러스티그 박사는 "행복은 심리 상태일 뿐 아니라 세로토닌이라는 신경전달물질이 중개하는 생화학적 상태이기도 하다"라고 말한다. "몸에서 세로토닌 합성을 늘리는 한 가지 방법이 탄수화물을 많이 섭취하는 것이다." 문제는, 여느 중독성물질의 경우처럼, 우리 몸이 동일한 쾌락 반응을 얻는 데 점점 더 많은 양의 탄수화물을 요한다는 것이다. "탄수화물, 특히 설탕의 섭취 증가는 두 가지 기능을 한다. 즉, 세로토닌 분비와 전달을 촉진해서 그에 따른 쾌감을 한시적 행복감으로 바꾼다. 하지만 자극이 반복되면 뇌의 도파민 D2 수용체의 감도가 떨어져 같은 효과를 위해서는 점점 더 많은 설탕이 필요해진다.[98]

　여기서 잠시 개인적인 고백을 하나 하겠다. 나는 고등학교 졸업 후에도 사탕을 끊지 못했다. 그 버릇은 끈질기게 이어졌다. 그것은 평생의 투쟁이었다. 설탕의 중독성에 관한 연구 내용들은 내 경험과 정확히 일치한다. 성인이 된 후 내가 가까스로 설탕 섭취를 줄이는 데 10년이 걸렸다. 나는 가당 음료는 모두 없앴고, 사탕은 끊다시피 했고, 간식이나 후식은 먹는 양을 확 줄였다. 그렇지만 점심과 저녁을 먹고 나면 어김없이 단것이 당겼고, 그 억제하기 힘든 충동은 좀처럼 사라지지 않았다. 종소리를 들은 파블로프의 개처럼 나는 **식사를 마치면 단것이 당겼다**. 설탕 갈망에서 완전히 벗어나는 유일한 방법은 설탕을 식단에서 완전히 배제하는 것이라는 생각이 들어서 실험적으로 1년 가깝게 설탕을 끊은 적도 있었다. 연구결과에 따르면 평생에 걸친 나의 단것 밝힘증은 후천적 학습인 동시에 생물학적 본능이다.

엄마를 사랑하고 존경하지만 이 문제의 일부는 엄마의 탓이다. 엄마는 평생 시계처럼 정확하게 매일 오후와 저녁에 단것을 먹었다. 최신 연구에 따르면 산모의 식단이 태내에서 자라는 아기의 음식 기호에 영향을 미친다.[99] 단것에 환장하는 내 입맛이 내가 태어나기도 전에 생겼을 가능성이 있다. 미국인이 점점 더 많은 양의 설탕을 섭취함에 따라 모태의 태아들도 점점 더 많은 양의 설탕에 노출됐다. 미국인의 설탕 중독은 자체적 영속화, 강화 회로였다.

다행스런 점은, 당시 유행하던 의학적 권장사항이 "귀찮게 왜 모유 수유를 하세요?"였지만, 우리 엄마는 모유 수유를 했다는 것이다. 미국의 조제분유 사용 관련 자료를 보면, "1950년대와 1960년대 동안 모유 수유가 꾸준히 감소하다가 1970년대 초에 이르면 생후 1주일 유아의 25%, 생후 2~3개월 유아 중 14%만이 모유를 먹었다."[100] 로버트 러스티그 박사는 그의 저서 《팻 챈스》에서 명시적으로 "모유 수유 감소"를 오늘날 비만 유행의 주요 원인 중 하나로 꼽았다.[101] 모유를 조제분유로 대체한 것이 오늘날 만성질환 발병률을 키운 또 하나의 요인일 가능성이 농후하다.

분유 맛이 심하게 달콤하다는 것이 문제의 일부다. 인간의 모유에는 자당이 전혀 들어 있지 않다. 자당은 과당과 포도당의 조합이란 것을 기억하자. 모유에는 유당(7.2%)만 있는데 유당은 단맛이 훨씬 덜하다.[102] 1950년대 아기 분유의 주요 감미료는 자당이었다.

이후 일부 분유에서 자당이 제외됐지만 현재 미국 슈퍼마켓의 진열대를 메운 주요 브랜드 제품들에는 여전히 들어 있다. 예를 들어 시밀락 오가닉Similac Organic과 시밀락 소이 포뮬라Similac Soy Formula는 각각 약 140그램마다 1티스푼가량 자당을 함유한다. 《뉴욕타임스》의 유아용 조제분유 시음에서 참가자 전원이 유당을 첨가한 것보다 자당을 첨가한 분유에서 단맛을 훨씬 강하게 느꼈다.

지나치게 달콤한 아기 분유는 두 가지 문제를 일으킨다. 우선, 과식을 유발한다. 존스홉킨스대학교 블룸버그 공중보건대학원의 인간영양센터CHN 소장이자 소아비만 전문가인 벤저민 카발레로 박사는 부자연스럽게 달콤한 유아용 조제분유에 대해 큰 우려를 표하며 "단맛이 과다 섭취를 부추기는 경향이 있다"고 말한다. 그는 유아와 아동에게 선택이 주어졌을 때 예외 없이 더 달콤한 음식을 선택한다고 말한다. 자당 자체도 문제지만 단맛이 강하면 원래 먹을 양보다 더 많이 먹게 된다.[103]

둘째, 단맛이 강한 분유는 아기들을 평생 설탕에 탐닉하는 길로 보낸다. 소아치과 의사이자 영양학자인 케빈 보이드 박사는 자당이 첨가된 분유에 대해 이렇게 말한다. "아기들을 단것에 환장하게 만드는 것이나 다름없다." 그가 '초당super sweet 분유'라고 부르는 자당 첨가 분유는 아동들을 단맛에 길들이고, 이는 "아이들을 더 먹게 만든다."[104] 예일 의대 존 B. 피어스 연구소John B. Pierce Laboratory 이반 드 아라우조 박사에 따르면 최근 연구에서 동물들이 다른 단맛 보다 자당을 선호하고, 자당 섭취가 단맛 갈망sugar craving을 야기하는 것으로 나타났다. 박사도 아기 분유에 자당을 넣는 것은 장기적으로 부정적 결과를 초래한다는 데 동의한다.[105]

아직 정확한 이유(분유의 성분, 과다 섭취 정도, 전달 매체로서 젖병의 역할 등)는 불분명하지만 많은 연구가 분유를 먹은 아기들이 나중에 과체중을 비롯해 다양한 건강문제를 겪을 가능성이 높다는 것을 보여준다. 예컨대 브리검영대학교의 연구에 따르면 생후 6개월 동안 모유를 먹인 아기들과 비교했을 때 분유를 먹은 아기들이 두 살 때 비만 상태인 경우가 두 배 이상 많았다.[106] 또한 여러 연구에서 조제분유 수유가 중이염, 음식 알레르기, 천식 등 다양한 유아기 건강문제와 관계있는 것으로 나타난다.[107] 《소아과학회지 Pediatrics》의 한 논문은 미국 가정의 90%가 생후 6개월 동안 모유만 수유하는 지침을 따를 경우 미국이 의료비 및 기타 비용을 연간 130억 달러나 절감할 수 있을 것으로 추산했다.[108]

이런 연구들 덕분에 현재 미국소아과학회는 생후 6개월까지는 모유만 수유하고, 고형식을 먹이기 시작한 후에도 적어도 한 살까지는 모유 수유를 지속할 것을 권장한다. 하지만 불행히도 현실은 딴판이다. 미국 유아 중에 생후 6개월까지 조금이라도 모유를 먹는 경우는 전체의 20%에 불과하다.[109] 분유 수유는 앞으로도 계속해서 비만 위기를 심화할 것으로 전망된다.

탄수화물은 어째서 유해한가

설탕의 유해성에 대한 증거는 분명하다. 하지만 다른 부류의 탄수화물 역시 비만과 만성질환 증가에 기여하고 있을 가능성이 높다. 그건 바로 곡물이다.

육류, 동물성지방, 설탕과 대조적으로, 밀을 비롯한 곡물은 건전함을 의심받은 적이 거의 없다. '생명의 빵' 같은 표현만 봐도 곡물이 인간의 식단에서 오래 누려온 중추적 위상을 말해준다. 밀은 전 세계 식이 칼로리의 20%를 차지한다. 그런데 일부 의사와 과학자들이 곡물, 특히 현대의 유전자변형 품종들이 기본 식료로 적합한지에 대해 의문을 제기하기 시작했다.

우리 몸은 모든 정제 탄수화물을 비슷한 방식으로 처리한다. 혈당지수는 음식이 혈당과 인슐린에 미치는 효과를 나타내는 척도다. 혈당지수가 높은 음식일수록 혈당 수치에 악영향을 준다. 하버드 공중보건대학원 뉴스레터에 의하면 "흰 밀가루로 만든 빵처럼 혈당지수가 높은 음식은 빠르게 소화돼 혈당에 상당한 변동을 야기한다."[110]

일각에서는 문제가 흰 밀가루에 그치지 않는다고 말한다. 위스콘신주 밀워키의 예방심장의학자 윌리엄 데이비스 박사는 그의 책 《밀가루 똥배》에서 이렇게 주장한다. 빵은 생명의 양식이 아니라 인간 건강에 대한 위협이다.[111] 데이비스 박사는 현대의 육종 기술로 만들어진 품종, 이른바 '현대 밀'이 문제라고 말한다. 수확량이 많고, 성장이 빠르고, 이삭이 커도 쓰러지지 않는 왜소종 밀은 낱알이 훨씬 크게 달리는 이전 품종들보다 약 2.5피트 짧다. 통밀도 나쁜 건 마찬가지다. 현대 밀은 몸 속에서 빠르게 당으로 전환된다. 밀 특유의 탄수화물인 아밀로펙틴A 때문이다. 아밀로펙틴A는 유난히 소화가 빠른 만큼 혈당을 높이 끌어올린다. 데이비스에 따르면 통밀빵 두 조각이 캔디바보다도 혈당을 더 많이 올린다. 이렇게 올라간 혈당은 곧 떨어져 다시 시장기를 느끼게 하고, 이는 체중 증가와 내장지방 축적으로 이어진다.

데이비스 박사는 연구와 개인 관찰을 통해 밀의 건강 위해성을 확인했다. 밀에 대한 우려 때문에 그는 당뇨병 전증과 당뇨병 환자들에게 식단에서 밀을 완전히 배제할 것을 권하기 시작했고, 그의 충고를 따른 환자들은 건강이 극적으로 개선됐다. 데이비스 박사에 따르면 그의 환자들은 밀을 끊은 결과 체중 감소, 천식과 역류성 식도염의 개선, 정신 명료성 등의 효과를 보았다.[112] "나는 이 효과를 수천 명의 환자에게서 확인했습니다."

또한 데이비스 박사는 탄수화물이 LDL 콜레스테롤 미세입자 형성의 최대 원인으로 간주한다. LDL 콜레스테롤 입자는 혈관을 막는 죽상동맥경화 플라크를 만들고, 이는 다시 심장병과 뇌졸중을 유발한다. 데이비스에 따르면 탄수화물 섭취는 심장병 위험을 높이며, 이는 "날씬하고, 활동적이고, 건강한 사람이라 해도" 예외가 아니다.

아울러 데이비스는 "탄수화물이 혈당을 높이고, 이것이 당화반응을 야기한다고 지적한다. 당화반응은 과당이나 포도당 분자가 단백질이나 지질 분자에 달라붙어 세포 구조를 파괴하는 것을 말한다. 이 작용으로 인해 축적되는 부산물은 염증을 일으켜 면역체계를 자극하고,[113] 조밀한 당화 LDL 콜레스테롤 입자들은 죽상동맥경화증 위험을 높인다.

플로리다주 네이플스의 신경전문의이자 미국영양협회 회원인 데이비드 펄머터 박사도 탄수화물이 많은 식단, 특히 밀에 대해 데이비스와 견해를 같이 한다. 펄머터는 "탄수화물이야말로 모든 주요 퇴행성 질환의 근원"이라고 말한다.[114] 그는 그 질환들에 알츠하이머병, 심장병, 각종 암을 포함한다. 펄머터에 따르면 혈당 상승은, 비록 상승 정도가 약해도, 뇌 구조에 변화를 일으키고 뇌 수축을 야기하며, "알츠하이머병 발병과 강하게 연계된다." 그는 곡물 기반 음식은 혈당지수가 높고, 탄수화물 급증과 염증을 유발하고, 결과적으로 뇌에 해롭다고 말한다. "뇌 조직의 염증반응이 알츠하이머병, 파킨슨씨병, 다발성경화증의 발병과 진행의 근원이다. 모든 신경퇴행성 질환은 결국 염증 때문이다."

인간의 식단은 탄수화물, 단백질, 지방의 세 가지 주요 영양소로 구성된다. 오늘날 미국인들은 대략 탄수화물 60%, 단백질 20%, 지방 20%(대부분 대량생산 종자유)를 먹는다. 이는 펄머터가 말한 최적의 식단의 정반대다. 그가 말하는 최적의 식단은 지방 75%, 단백질 20%, 탄수화물 5% 수준이다.

일각에서는 펄머터가 극단적이고 과격한 식단 변화를 주장한다고 비난한다. 하지만 펄머터는 자신이 제안하는 것은 변화가 아니라 회귀라고 말한다. 그는 우리 몸의 진화와 함께했던 식단으로 돌아갈 것을 제안한다. "나는 우리가 이 거대한 실험을 끝내고, 우리의 진화와 함께했던 식단으로 돌아갈 것을 권고할 뿐이다." 그는 극단적 변화는 오히려 최근 몇 세기 동안의 식습관 변화였다고 말한다. "19세기 초의 미국인은 설탕을 매년 약 2.5킬로그램 조금 넘게 소비했을 뿐이다. 현재는 약 42킬로그램 넘게 소비한다. 반면 건강에 좋은 지방 섭취는 급감했다." 펄머터는 이 변화의 결과가 단백질의 당화, 인슐린 내성 증가, 미지의 후생적 병증이라고 경고한다.

아울러 펄머터는 비타민D 부족이 오늘날 만성질환 유행에 기여했다고 믿는다. "비타민D는 뇌 건강에 중요한 역할을 한다. 뼈를 강하고 건강하게 지켜줄 뿐 아니라, 인체 생리에서 900개 이상의 유전자를 활성화하는데, 그중 대부분은 뇌 건강에 중요한 것들이다. 비타민D 수치 저하는 다발성경화증, 치매, 파킨슨씨병의 위험 증가와 맞물린다." 농장과 목장 등 야외에서 일하는 사람이 줄고, 스크린 앞에서 시간을 보내는 사람이 늘면서 비타민D 결핍이 이미 인구 전체에 만연해 있고, 이 현상은 계속 악화일로에 있다.

저탄고지가 해결책일까

베스트셀러 《굿 칼로리 배드 칼로리》와 《왜 우리는 왜 살찌는가》의 저자 게리 타우브스는 현대 식단의 핵심 문제는 탄수화물 과잉, 즉 너무 많은 "설탕과 밀가루"라고 주장한다. 탄수화물 대사는 체내 인슐린 분비를 요한다. 타우브스에 따르면 단기적으로 이는 체중 증가로 이어지고, 장기적으로는 인슐린 내성을 야기한다.

인구통계 데이터가 타우브스의 주장을 강력히 뒷받침한다. 알다시피 설탕 소비는 그동안 극적 증가세가 꾸준히 유지됐다. 최근 수십 년 동안 곡류에도 같은 일이 일어났다. 1970년부터 2000년까지 미국의 1인당 곡물 소비량은 놀랍게도 48%나 폭증했다.[115]

그동안 적색육이 심장병을 비롯한 여러 만성질환과 건강문제의 주범으로 손가락질받았다. 비만, 당뇨, 때로는 심지어 뇌 변성에도 적색육이 연루됐다. 하지만 이제는 설탕이 이 모든 문제의 유력한 용의자로 밝혀졌다. 나아가 아이러니하게도 통념과 정반대의 증거, 즉 적색육이 만성질환의 예방에 도움이 된다는 증거가 쌓이고 있다.

게리 타우브스의 저서들은 비만과 당뇨의 임상 사례들을 한 세기 이상 추적해서 유일하고도 매우 효과적인 전략을 발견했다. 그건 바로 탄수화물 제한이었다. 이 치료법은 소고기와 소고기 지방을 허용할 뿐 아니라 오히려 장려한다. 로버트 앳킨스 박사가 주창한 고단백 저탄수화물 식단은 소고기와 소고기 지방을 제한 없이 허용한다. 불과 10여 년 전만 해도 이러한 식단은 논란의 대상이었다. 미국 공중보건당국과 의료계가 한목소리로 권고했던 저지방 고탄수화물 식단과 정면으로 배치되기기 때문이다.

"그러다 지난 5년 동안 과학적 합의에 미묘한 변화가 일었다." 타우브스는 2002년에 이렇게 썼다. "과거에는 연구는 고사하고 대립가설*의 가능성을 고려하는 것조차 돌팔이 진료에 맞먹는 지탄의 대상이었다. 하지만 이제는 기성 연구자 중에서도, 저탄수화물 식단 의사들이 줄곧 해온 말을 진지하게 받아들이는 사람들이 서서히 늘어나고 있다."[116]

심지어 하버드 공중보건대학원 같은 보수적인 기관들도 이러한 변화를 인정했다. 이 대학원은 2014년 1월호 뉴스레터에 "저탄수화물 식단이 살을 빼는 데 도움이 될까?"라는 질문을 제기하며 "저탄수화물 식습관이 건강 전반에 미치는 영향에 대한 논쟁이 뜨겁다"고 했다. 그러면서 최근 20년 동안 여성 8만 80명을 대상으로 시행한 한 연구를 인용해 이렇게 말했다. "해당 연구에서 저탄수화

---

* 통계적 가설에는 귀무가설null hypothesis와 대립가설alternative hypothesis이 있다. 귀무가설은 부정하고 싶은 내용을 가설로 설정한 것이고, 대립가설은 주장하고 싶은 내용을 가설로 설정한 것이다.

물 식습관은 심장병 위험을 높이지 않았다."[117]

새로운 연구들이 과학계의 중론을 느리지만 꾸준히 바꾸고 있다. 현재 여러 연구가 설탕을 비롯한 탄수화물 과다 섭취가 인체에 미치는 유해성을 속속 밝히고 있다. 동시에 저탄수화물 식단의 체중 감량과 당뇨 조절 효과를 입증하는 연구도 늘고 있다.

그중에서도 특히 한 연구의 영향력이 컸다. 스탠퍼드 의대 연구팀이 1년 동안 임상시험을 진행했다. 이 연구는 '네 가지 대중적 식단에 대한 최대 규모의 최장기 비교연구'로 꼽힌다.[118] 연구팀에 따르면 이전의 임상시험에서도 저탄수화물, 에너지 무제한 식단이 "적어도 저지방 고탄수화물 식단만큼 체중 감소에 효과적인" 것으로 나타났다. 이전의 임상시험이 작은 표본, 높은 표본 탈락률, 짧은 조사기간, 제한적 식단 평가에 따른 한계를 보였다면, 스탠퍼드 연구는 300명이 넘는 여성이 참여했고, 이들은 초고탄수화물 저지방 식단('오니시 다이어트' 그룹)부터 저탄수화물 고지방 식단('앳킨스 다이어트' 그룹)을 포함한 네 가지 식단의 그룹 중 하나에 무작위로 배정됐다. 나머지 두 그룹은 각각 지방과 탄수화물을 중간 수준으로 유지했다.

〈스탠퍼드의 연구가 앳킨스 식단의 손을 들어주다〉라는 보도자료 제목이 곧 연구의 결론이었다. 보도자료에 따르면 "결과는 탄수화물이 가장 적은 앳킨스 식단의 승리였다. (…) 무작위 배정에 따라 1년 동안 앳킨스 식단을 따른 사람들이 다른 참가자에 비해 체중이 가장 많이 줄었을 뿐 아니라 콜레스테롤과 혈압 면에서도 가장 큰 효과를 보았다."

스탠퍼드 연구는 저탄수화물 식단의 체중 감량 효과를 입증하는 수준을 넘어섰다는 데 중요한 의미가 있다. 또한 이 연구는 저탄수화물 식단이 건강에 나쁘다는 혐의에서 무죄임을 밝혔다. 연구팀은 《미국의학협회저널》에 발표한 논문에 다음과 같이 썼다. "본 임상시험 결과에 대한 우리의 해석은 이렇다. 나머지 식단에 비해 앳킨스 식단을 따른 여성의 경우 지질 변수들에 아무 역효과가 없었을 뿐 아니라, 본 연구 중에 측정한 체중 변수들에서도 측정 시점을 불문하고 아무 역효과가 관찰되지 않았다."

연구자의 주장을 '증명'하기 위한 여느 실험 시나리오와 달리, 스탠퍼드 연구팀은 애초에 저탄수화물 식단을 옹호하기 위해 연구를 시작하지 않았다. 오히려 그 반대였다. 오래전부터 채식주의자인 연구 팀장 크리스토퍼 가드너 박사는 연구를 시작한 이유가 부분적으로는 앳킨스 식단에 대한 의구심 때문이었다고 털어놓았다. 그는 "그동안 우리를 포함한 다수의 건강 전문가는 초저탄수화물 식단의 체중 감량 효과를 무시했거나 거기에 대해 매우 회의적이었다. (…) 하지만 연구결과에 따르면, 저탄수화물 식단이 다이어트 하는 사람들에게 유효한 대안으로 보인다."[119]

저탄수화물 식단에 따른 총 지방과 포화지방 섭취량 증가가 건강에 부정적 영향을 미칠 거라는 우려는 사실이 아닌 걸로 나타났다. 연구팀은 "본 연구처럼 최근 실험들에서도 일관적인 결과가 나왔다. 즉 중성지방, HDL 콜레스테롤, 혈압, 인슐린 내성의 측정치들이 그룹 간 별반 다르지 않거나 초저탄수화물 그룹에서 더 긍정적이었다."

유일한 예외는 LDL 콜레스테롤이었는데, 저탄수화물 식단 그룹에서 이 수치가 올라갔다. 하지만 여기서도 연구팀은 이 영향이 우려할 일이 아니라고 판단했다. "LDL 콜레스테롤 농도 증가가 역효과로 보일 수 있지만, 해당 실험 여건에서는 역효과가 아닐 가능성이 높다." 연구팀의 설명은 이렇다. 저탄수화물 식단으로 중성지방이 감소하면 그 영향으로 LDL 입자의 크기가 커지고, 이 현상이 LDL 죽종*을 줄인다. 이 연구에서 혈중 LDL 콜레스테롤 농도는 소폭(2%) 늘어난 반면 중성지방 농도는 30%나 감소했다. 이 연구에서 LDL 입자 크기는 따로 측정하지 않았지만, 연구결과가 LDL 입자 크기 증가에 따른 이로운 현상과 맞아떨어졌다. 이에 따라 스탠퍼드 연구팀은 저탄수화물 식단이 체중 감량에 가장 효과적이며, 주목할 만한 부작용은 없다는 결론을 내렸다.

지방과 비만, 그리고 당뇨병

상당히 많은 연구가 제2형 당뇨병을 설탕과 연관 짓는다. 설탕이 인체의 신진대사에 미치는 영향을 생각하면 당뇨병과 직접적 연관이 있고, 비만을 촉진한다는 점에서는 간접적 연관이 있다. 설탕 섭취는 이렇게 직간접적으로 당뇨병 발생 위험을 높인다.

과거 일부 연구는 당뇨병과 적색육에도 비슷한 연관성이 있다고 주장했다. 이 주장은 실증적 증거가 적고, 완전히 틀렸을 가능성이 높다. 메이오 클리닉Mayo Clinic과 질병통제예방센터에 따르면 과체중이 제2형 당뇨병의 최대 요인이다. 그런데 스탠퍼드 연구가 보여주듯 적색육과 지방은 오히려 체중 감량과 체중 관리에 도움이

• 동맥벽에 지방이 침착돼 동맥내막이 솟아올라온 상태.

된다.

적색육과 당뇨병의 연관성을 정밀히 짚어내기란 쉽지 않다. 몇 가지 문제가 있는데 그중 하나가 앞서 언급했던 '건강한 사용자 편향'이다. 건강과 체력에 신경 쓰는 사람들이 오랫동안 접한 식이요법 조언은 소고기를 멀리하라는 것이었다. 이것이 누가 소고기를 주로 소비하는지에 중요한 영향을 미쳤다. 적색육과 포화지방을 멀리하는 사람은 정제 설탕, 소금, 트랜스지방, 가공식품도 멀리하는 경향이 있다. 그렇다 보니 적색육을 피하는 그룹은 과체중일 가능성이 낮고, 신체적으로 더 활동적이며, 담배를 피울 가능성은 훨씬 낮다. 다시 말해 당뇨병에 걸리기 쉬운 사람은 건강한 생활 방식을 따르지 않는 사람일 때가 많다.

또한 앞서 언급했다시피 육식 연구의 대부분은 가공육과 비가공육을 분리하지 않는 실수를 범했다. 이는 특히 당뇨병 연구에 있어서는 심각한 결함이다. 가공육과 비가공육을 구분한 연구에서는 오직 가공육에서만 당뇨를 비롯한 건강문제와의 연관성이 발견됐다. 이는 육류와 제2형 당뇨병의 연관성에 책임이 있는 것은 고기 자체가 아니라 다른 무언가(소금, 아질산염, 또는 다른 첨가제)라는 뜻이다.[120]

육류와 당뇨병의 이 연관성을 지지하는 듯한 연구 가운데 가장 유명한 것이 2013년 하버드 공중보건대학원을 포함한 여러 기관이 참여한 연구다. 하지만 이 합동 연구는 육류와 당뇨병의 연관성에 불확실한 자료만을 보탰을 뿐이다.[121] 육류와 심장병의 연관성을 주장하는 연구들처럼 이 연구도 임상시험이 아니라 연구진이 데이터만 수집해 검토하는 관찰연구였다. 이런 연구의 가치는 본질적으로 제한적이다. 더구나 이 하버드 합동 연구의 경우는 결론을 내지도 못했다.

크리스 크레서가 〈적색육이 당뇨병에 위험한가?〉라는 글에서 설명했듯, 연구진이 체질량지수를 고려하자 적색육과 당뇨병의 연관성이 사라졌다. "체지방 과다가 제2형 당뇨병의 최대 위험인자다. 따라서 체질량지수가 높은 사람들의 포도당 대사 생체지표들이 이상적이지 못한 것은 놀랄 일이 아니다." 크레서는 이렇게 지적한다. "또한 과체중이나 비만일 경우 기저질환성 만성염증이 있을 가능성이 높다. 따라서 체질량지수가 높은 사람들의 염증 생체지표 수치가 높은 것도 신기한 일이 아니다."[122]

'원초적 식단'*의 주창자인 마크 시슨도 위의 당뇨병 연구를 언급하며 그것이 '건강한 사용자 편향'에 심하게 휘둘렸다고 지적한다. 그는 연구진이 중요한 식습관 요인들(특히 설탕 섭취 수준)과 생활 방식 요인을 고루 고려하지 못했다고 비판한다. 이러한 허술함에도 불구하고, 이 연구 데이터가 분명히 보여주는 것이 하나 있다. 조사대상자 중 '고기 애호가'가 건강한 식습관과 생활 방식에 훨씬 무관심한 경향을 보였다.

육류 섭취의 최상위 5분위(최상위 20%)의 사람들은 활동량이 가장 적고 앉아 있는 시간이 가장 많은 사람들이었다. 그들은 운동을 가장 적게 하고, 담배를 가장 많이 피웠다. 다른 구간 사람들보다 음주량이 많았고, 탄산음료와 가당 음료도 더 많이 마셨다. 육류 섭취의 상위 구간 사람들은 하위 구간 사람들보다 하루에 800칼로리를 더 섭취했다. 체중도 훨

---

* 수렵채집 생활을 하던 원시시대의 식단으로 돌아가는 식이요법.

씬 더 나갔다. (…) 트랜스지방 섭취도 상위 구간에서 더 높았고, 감자 섭취량도 마찬가지였다. (…) 상위 구간 사람들의 곡물 섬유질 섭취량이 가장 적었고, 따라서 정제 곡류 섭취량은 가장 많을 가능성이 컸다. 커피는 가장 많이 마셨고, 과일과 채소는 가장 적게 먹었다. 간단히 말해서, 적색육과 가공육을 가장 많이 먹는 사람들은 원초적 식단 그룹과 주류 식단 그룹 모두에서 가장 건강하지 못했다. (…) 이들(아이러니하게도 모두 건강 전문가들)은 건강에 신경 쓰지 않을 가능성이 가장 높은 사람들이었다. (…) 첨가당은 고려되지 않았다.[123]

게리 타우브스가 그의 책에서 설득력 있게 전달했다시피 오늘날 비만의 최대 원인은 과도한 탄수화물 섭취다. 소고기에는 탄수화물이 없다. 소고기는 양질의 단백질과 건강한 지방이 풍부하다. 그리고 스탠퍼드 연구와 다른 많은 연구가 보여주듯 소고기는 체중 조절 식단에서 중요한 역할을 한다.

육류와 미생물, 그리고 심장병

최근 적색육과 관련해 새로운 이론이 부상했다. 적색육이 우리의 소화관에 사는 미생물 집단에 영향을 미친다는 것이다. 2013년 클리블랜드 클리닉의 연구진이 적색육 섭취가 장내세균의 트리메틸아민 N-산화물trimethylamine N-oxide, TMAO 생성을 촉진한다는 가설을 내놓았다. 장내세균의 대사산물인 TMAO의 수치가 높으면 심장마비 위험이 증가한다고 알려져 있다.[124] 클리블랜드 클리닉의 보도자료에는 채식주의자의 체내에서는, 심지어 고기를 먹었을 때조차, TMAO 생성 수준이 낮았다는 언급도 있었다.

적색육이 TMAO 생성을 촉진한다는 가설은 그걸 뒷받침하는 믿을 만한 과학적 증거가 거의 없는 참신한 발상이다. 심장전문의 모자파리안 박사는 클리블랜드 클리닉의 연구에 대해, TMAO 분자가 인간에게 동맥경화를 일으키는지 알기에는 "너무 이르다"고 평했다.[125] 최근 연구들은 식단에서 육류를 배제하는 것이 딱히 수명 연장이나 건강 증진으로 이어지지 않는다는 것을 보여주며,[126] 이는 TMAO 가설의 신빙성을 떨어뜨린다. 또한 TMAO 가설은 유력한 역학연구들에서 적색육과 심장병이 무관한 것으로 나타난 이유를 설명하지 못한다.

더구나 식단이나 습성의 개인차에 따라 육식자의 혈중 TMAO 수치가 각기 달라질 수 있다. 예를 들어 클리블랜드 연구의 육식자들은 적색육을 많이 먹는 대신 과일과 채소는 적게 먹고, 정제된 탄수화물, 밀가루, 설탕을 많이 먹었을 수 있다. 이전 연구에 따르면 적색육을 먹는 사람들 사이에 이런 식습관이 흔했고, 이런 식습관은 장내 미생물의 바람직하지 못한 변화로 이어졌다.[127] 같은 연구진의 앞선 연구들에 의하면 특정 장내세균 수치가 높은 사람들이 TMAO 생성 수치도 높았다. 또한, TMAO를 생성하는 장내세균 수치가 통곡물 섭취량과 관련 있다는 다른 연구도 있다.[128]

보다 최근인 2018년 10월 국제 영양학술지 《뉴트리언츠Nutrients》에는 기존 TMAO 연구와 이론을 모두 상세히 검토한 논문이 발표됐다. 이 논문은 TMAO 가설의 방대한 불확실성을 적나라하게 보여준다. 논문은 'TMAO가 실제로 문제를 일으키는가? 아니면 단지 생체지표에 불과한가?' 같은 가장 근본적인 질문부터 제기한다. 또한 이 논문은 TMAO의 혈당 수치를 결정하는 요인들이 다양하다는 점에 주목한다. TMAO 수치를 높이는 것으로 밝혀진 음식에는 생선, 버섯, 콩도 포함된다. (케일과 브로콜리 같은) 십자화과 채소도 알 수 없는 방식으로 TMAO 생성에 영향을 미친다. TMAO 생성에 미치는 요인은 식단 외에도 많다. 장내 미생물 구성, 다양한 의약품, 간의 FMO3 Flavin Monooxygenase 효소 활동 등. 이 논문에 따르면 높은 TMAO 수치와 죽상동맥경화증 사이에 상관관계가 있지만 "이 상관관계 기저의 정확한 메커니즘은 현재 알려진 바가 없다."[129]

답이 없는 질문이 너무나 많다. 일각에서 주장하는 적색육, TMAO, 질병 사이의 관계는 개연성이 떨어진다. 적색육은 우리 인류가 수백만 년 동안 먹어온 음식이라는 점에서 더욱 그렇다. 우리 조상의 생존과 번영을 도왔던 음식이 인간에게 본질적으로 위험하다는 발상은 논리적이지 않다. TMAO 가설에서 유일하게 확실한 점은 그것이 소고기에 대한 믿을 만한 고발장은 되지 못한다는 것이다.

적색육은 암과 관계있을까?

적색육과 암의 연관성 주장도 신빙성이 떨어지기는 마찬가지다. 이 방면 연구는 문제점투성이다. 일단, 2013년 《메드스케이프》의 한 기사에 따르면 "수많은 조사에도 불구하고 현재까지 이 중 어떤 가설도 적색육 섭취와 암 발병 위험 사이의 연관성을 설득력 있게 설명하지 못했다."[130] 다시 말해 해당 생리학적 메커니즘을 믿을 만하게 설명하는 연구가 없었다.

둘째, 심장병 연구처럼 적색육과 암에 대한 연구에도 '건강한 사용자 편향'이 크게 개입했다. 이 편향은 사실 다른 어디보다 암 연구에서 강하게 개입한다. 많은 연구가 과일과 채소에 있는 항산화 물질이 인체의 암 저항력을 높인다고 말한다. 실제로 건강을 염려하는 사람들은 적색육을 피하고 과일과 채소를 많이 먹는 경향이 있다. 따라서 청과물을 가장 많이 먹는 집단이 소고기를 거의 또는 전혀 소비하지 않는 인구와 상당히 겹친다. 이 점이 소고기와 암의 연관성을 말하는 연구의 신빙성을 더욱 희석한다.

셋째, 육류와 암의 연관성을 다룬 연구들 역시 꼭 필요한 구분을 무시한다. 대개의 연구가 육류의 형태(신선육 대 가공육)를 고려하지 않고, 거의 모든 연구가 조리 방식(굽기, 튀기기, 조리기 등)을 고려하지 않는다. 영농 방법을 고려한 경우는 전혀 없다. 하지만 앞서 말했다시피 이 구분은 지극히 중요하다. 이 차이는 사람이 먹었을 때, 특히 암 위험을 따질 때 육류의 유해성 여부를 결정하는 요인들이다. 예를 들어 2013년 유럽에서 발표된 한 연구에 따르면, 대규모 그룹(약 50만 명)을 중앙값 12.7년간 추적한 결과 (소시지과 베이컨 같은) 가공육 섭취는 암 위험을 높였지만 비가공 육류의 경우는 위험을 높이지 않았다.[131]

암 중에서도 육류 섭취와 관련해 언론에 가장 많이 오르내리는 암은 대장암이다. 2011년 《유럽 암 예방 저널 EJCP》에 〈적색육 소비와 대장암 관련 전향적 연구들에 대한 메타분석〉이라는 논문이 올라왔다. 이 논문은 적색육과 대장암의 연관성에 관한 '과학적 논쟁'을 다룬다. 논문 저자들은 25건의 독립적이고 겹치지 않는 전향적 연구를 대상으로 메타분석을 수행했다. 그 결과 해당 연관성이 "약했고," "일관적이지 않았으며," "그 영향은 다른 식습관과 생활 방식 요인들에 의해 교란될 가능성이 높았다." 논문의 결론은 이러했다. "가용 역학 자료는 적색육 섭취와 대장암 사이에 독립적이고, 분명한 연관성을 말해주지 않는다."[132]

적색육과 유방암의 연관성도 대장암 못지않게 관심을 끌었다. 하지만 2002년 하버드 공중보건대학원 연구진이 유방암과 우유나 고기 사이에 어떠한 믿을 만한 연관성도 발견되지 않았다는 연구결과를 냈다. "육류 및 유제품 소비와 유방암 발병률의 연관성을 찾고, 식단 밖의 위험인자들이 그 관계에 변화를 주는지" 조사하는 것이 연구의 목표였다. 같은 문제를 다룬 연구가 이미 20건 넘게 있었지만 상반된 결과들이 나왔다. 이에 하버드 연구진은 북미와 서유럽의 전향적 연구 8건에서 수집한 일차데이터•를 200건 이상의 유방암 발병 사례, 식품 및 영양 섭취 조사결과, 식생활 진단도구 검증 결과와 결합해 대대적인 검토에 들어갔다. 해당 데이터는 35만 1,041명의 여성을 포함했고, 그중 7,379명이 최대 15년의 추적검사 동안 침습유방암을 진단받았다. 연구진의 결론은 이러했다. "본 연구에서는 육류 및 유제품 섭취와 유방암 위험 사이에 어떠한 유의미한 상관성도 발견되지 않았다."[133]

이 하버드 검토 연구에 의하면 유제품과 유방암에 관한 기존 연구들은 엇갈리는 결과를 보여주었다. 하지만 적색육의 경우처럼, 최근 신중히 수행된 연구들에서는 유제품이 유방암을 야기한다는 믿을 만한 증거가 나오지 않았다. 이 상황을 뒷받침하는 또 다

• 조사대상자로부터 직접 수집한 데이터.

른 연구 중 하나가 2005년 《국제 산부인과 저널International Journal of Fertility and Women's Medicine》에 발표된 연구였다. 이 연구의 목적은 "유제품 섭취와 유방암 위험의 관계에 대한 현행 역학 연구서를 검토하는 것"이었다. 연구진은 39건의 환자-대조군 연구, 11건의 코호트 연구, 2건의 메타분석, 여러 건의 논문을 검토했다. 이 방대한 증거들에서 나온 결론은 이러했다. "유제품 섭취와 유방암 위험 사이의 유의미한 연관성을 뒷받침할 만한 실질적인 역학 증거는 어디에도 없다."[134]

반대로, 유제품이 암 발병 위험을 낮춘다는 연구들은 있다. 사실 놀라운 일도 아니다. 과일과 채소처럼 유제품도 항암효과가 있다고 알려진 물질을 함유하기 때문이다. 유제품에 있는 항암물질은 공액리놀레산(이하 CLA)이다. 2017년 《국제 암 관리 저널IJCM》에 실린 한 논문은 관련 연구를 다음과 같이 요약했다. "CLA는 암의 여러 단계에 영향을 미친다. 유방, 전립선, 대장, 위, 간, 자궁내막, 골육종에서 암 세포 확산을 억제하고, 세포자연사apoptosis*를 유도하고, 전이를 예방한다. 실험용 쥐에게 매일 CLA를 최소 0.5% 함유한 사료를 꾸준히 공급하자 암 발생률이 줄었다는 연구도 있다. CLA가 암의 통제 및 예방에 효과적이라는 결론이 가능하다.[135] CLA는 방목 젖소의 우유와 특히 방목 우유로 만든 치즈에 많이 함유돼 있다.[136]

최근의 난소암과[137] 췌장암[138] 연구들에서도 적색육과 유제품 사이의 주목할 만한 연관성은 발견되지 않았다.

상충되는 연구결과를 대할 때 유념할 것이 있다. 소고기와 유제

---

* 세포가 생리적 제어로 사멸하는 현상. 세포 예정사라고도 한다.

품처럼 영양이 풍부한 진짜 식품을 먹는 이득은 명확히 입증돼 있다. 반면 그런 식품의 유해성은 미미하고, 불확실하고, 증명되지 않았다. 이 점이 2019년 말에 나온 일련의 연구를 계기로 더욱 가시화됐다. 해당 연구들은 7개국 14명의 학자로 구성된 합동 연구진이 3년에 걸쳐 수행한 작업을 기초로 한다. 합동 연구진은 적색육이나 가공육이 심혈관질환이나 암에 미치는 영향을 다룬 현존 연구들을 조사했다. 그 결과 적색육을 줄일 것을 권고하는 현행 식이지침의 근거가 될 만한, 통계적으로 유의미한 건강상의 위험은 발견되지 않았다. 《뉴욕타임스》는 이 결과를 두고 다음과 같이 평했다. "놀라운 반전이다. 국제 합동 연구진이 일련의 분석을 행한 후, 지금까지 주류 식이지침의 핵심이었던 적색육 섭취를 줄이라는 권고에 대해 이를 뒷받침할 마땅한 과학적 근거가 없다는 결론을 내렸다."

《뉴욕타임스》 기사를 더 구체적으로 소개하자면 이렇다. 합동 연구진은 61건의 논문을 검토했다. 총 55개 그룹, 총 참가자 수 400만 명 이상을 연구대상으로 포함하는 규모였다. 아울러 적색육을 암과 심장병에 연계하는 무작위대조 실험들도 검토했고, 적색육과 암 발병률 및 사망률의 연관성을 조사한 73건의 논문도 검토했다. "각각의 연구에서 적색육 섭취와 질병과 사망의 연관성은 적었으며, 있다 해도 근거의 질이 낮거나 매우 낮은 수준이라는 결론이 도출됐다." 이 연구 프로젝트의 수석연구자이자 캐나다 달하우지대학교 역학자 브래들리 존스턴 박사의 말에 따르면, 합동 연구진은 적색육을 섭취를 줄이라는 식이요법 권고는 과학적으로 유효하지 않다는 결론을 내렸다. 이 연구는 적색육 섭취의 실질적 이득이 불확실한 위험보다 결코 적지 않다고 말한다. 다만 존스턴 박사는 "위험 경감의 확실성 또한 낮거나 매우 낮았다"라고 말했다.[139]

예상했다시피 이 국제 합동 연구는 결과가 발표되기 무섭게 맹렬한 공격을 받았다. 합동 연구진의 방법론이나 분석에 대해서는 심각한 반박이 없었다. 다만 채식주의단체와 일부 주류 영양학자들이 연구진에게 편견이 있었다고 비난했다. 하지만 합동 연구진이 실제로 수행한 일이라고는 문제를 과학적으로 검토해서 명백한 것들을 말한 것뿐이었다. 비가공 적색육과 심장병과 암 사이의 연관성은 과거에도 지금도 희박하다.

분명한 것은 오늘날의 만성질환 대유행은 여러 다양한 요인이 만나 서로 복잡하게 작용한 결과다. 그중 항생제 남용과 유전자변형 농산물 등 특히 혐의가 짙은 몇몇 요인이 이제 막 심판대에 오르고 있다. 오늘날 주요 작물들의 85~95%가 유전자변형작물GMO이다. 일부는 사람 입으로 직접 들어가는 것들이다. 몇 개만 예를 들면 옥수수, 콩, 파파야, 사탕무, 감자, 카놀라 등이다. 옥수수와 콩은 (인간이 직접 먹기도 하고) 가축의 사료로 쓰여 간접적으로 인간에게 돌아오기도 한다. 우리의 먹이사슬에 있는 유전자변형성분들이 장기적으로 건강과 환경에 미치는 영향은 아직 알려지지 않았고, 사실상 알아내기도 어렵다.

하지만 한 가지는 점점 분명해지고 있다. 만성질환의 급증은 소고기나 소고기 지방처럼 인류가 오랜 세월 먹어온 진짜 음식 때문이 아니다. 역사적으로 봤을 때 만성질환은 소고기와 동물성지방의 소비가 떨어지고 있던 시기에 증가했다. 심장전문의인 모자파리안 박사도 그의 강연 〈심혈관질환 예방을 위한 최적의 식단은 무엇인가?〉에서 말했듯 포화지방이나 적색육은 위험인자로 보기 어렵다.¹⁴⁰ 대신 모자파리안 박사의 지적처럼, 현재의 증거들은 가공식품, 특히 고도가공식품을 강하게 가리키고 있다.

전 세계 영양 전문가들은 '고도가공식품'이라 불리는 부류를 특히 우려한다. 고도가공식품은 주로 "자연식품을 거의 또는 전혀 함유하지 않으며 기름, 지방, 설탕, 녹말, 단백질의 혼합물로 구성되고 산업적으로 제조된 물질"로 정의된다. 또한 일반적으로 이런 식품에는 외양과 질감을 개선하고 유통기한을 연장하기 위해 향미료, 색소, 유화제, 방부제 등의 인공첨가물이 들어간다. 최근 연구들은 이러한 고도가공식품이 세포 수준에서 우리 몸을 해칠 수 있다고 경고한다. 텔로미어telomere는 염색체 말단 부위를 말하는데, 염색체를 보호하고 DNA 복제를 돕는 역할을 한다.¹⁴¹ 세포가 분열을 거듭할수록, 즉 세포가 늙을수록 텔로미어 길이가 짧아져 결국 DNA를 보호할 수 없게 돼 세포가 죽는다. 《미국임상영양학저널》에 발표된 최근 연구는 텔로미어 길이가 생물학적 연령을 말해주는 지표이며, 이것이 산화 및 염증 메커니즘을 통해 식생활 변수에 영향을 받을 가능성을 시사한다. "고도가공식품 섭취량이 가장 많은 참가자가 섭취량이 가장 적은 참가자에 비해 텔로미어 길이가 짧을 확률이 거의 두 배였다." 이는 새로운 연구 분야고 아직 알아내야 할 것이 많다. 다만 이 연구는 선진국 식단의 핵심 문제는 고기가 아니라 가공식품이라는 내 믿음에 힘을 싣는다.¹⁴²

가짜고기는 지속가능하지 않다

말이 나온 김에 고도가공식품 중에서도 특정 부류에 대해 한마디 하고 싶다. 그건 바로 가짜고기다. 나도 젊은 시절 베지버거는 많이 먹었다. 하지만 소고기보다 환경과 건강에 좋은 먹거리임을 표방하는 요즘의 하이테크 대체육은 심히 우려스럽다. 실리콘밸리가 후원하는 이른바 '청정고기clean meat'가 요즘 유행이다. 우리는 고기 섭식에 대한 죄책감을 식물로 만든 너깃과 패티를 소비함으로써 없앨 수 있다고 믿는다. 일부에겐 솔깃한 해법처럼 들릴지 모르나 가짜고기는 진보가 아니라 본질을 흐리는 물타기다.

청정고기라는 용어부터가 노골적이다. 이는 기존 푸드시스템의 판세 '교란'을 꾀하는 하이테크 기업가들이 처음 사용한 말이다. 다국적기업들이 이제 '청정'의 기치를 들고 그들 자신이 만든 문제적 유산에서 발을 빼면서 '고기 없는meat-free' 제품 출시에 열을 올리고 있다. 내가 수질오염과 대기오염 혐의로 연방법원에 제소한 기업 중 하나인 미국 최대 감금사육 양돈기업 스미스필드Smithfield Foods도 최근 퓨어 팜랜드라는 대체육 브랜드를 출시했다.

이것만 봐도 푸드시스템을 바로잡겠다는 가짜고기의 명분이 얼마나 어불성설인지 여실히 알 수 있다. 내가 생각하는 농업은 옷을 더럽히고, 머리에 건초를 덮어쓰고, 손톱 밑에 흙이 끼는 일이다. 농업의 보람은 자연과 매일 교감하고, 그 결과로 영양가 많고 건강에 좋은 식료를 사람들에게 제공하는 것이다.

식물성 고기 생산업체들은 우리가 고기의 영양분과 맛은 즐기면서 오염과 말썽은 피할 수 있다고 믿기를 바란다. 그들은 은연중에 대체육에는 수질오염도, 대기오염도, 도살도 없다고 말한다. 무엇보다 그들이 제공하는 '깨끗한' 선택을 통해 동물의 살을 소비하는 도덕적 허물을 피할 수 있다고 말한다. 그들의 광고는 현대 식품 가공 기술 덕분에 우리가 조상의 체질과 잔인함을 극복하게 됐다는 메시지를 깔고 있다.

하지만 이것이 정말 제대로 된 선택일까? 가짜고기가 과연 그 약속에 부응할까? 대체육이 건강에 좋다는 말부터 따져보자.

대체육 생산업체 비욘드미트Beyond Meat의 창립자 이던 브라운은 그의 제조품이 자연이 제공하는 것보다 더 완벽한 식품이라고 말한다. 그의 대변인은 "인간 건강의 향상이 우리 브랜드의 핵심 신조"라고 했다. 이에 대응해 가짜고기의 건강 주장들을 평가하는 논문들이 쏟아졌는데, 거의 다 이 신세대 대체육류를 건강식으로 부르는 것은 적당치 않다는 결론을 냈다. 논문들은 대체로 대체육의 포화지방 함량(적색육과 비슷한 수준), 나트륨(매우 높음), 유전자변형성분에 집중했다.

하지만 내 우려는 보다 근본적인 것이다. 우리는 '어디서 어떻게 만든' 음식을 먹고 있을까? 전 세계의 모든 엄마처럼 나도 매일 나와 가족에게 맛있고 건강에 좋은 진짜 음식을 먹이려 노력한다. 나는 하루의 상당 부분을 음식을 내고, 점심을 싸고, 요리하고, 빵을 굽고, 통조림을 만들며 보낸다. 먹거리가 어디서 오고 어떻게 길러지는지 아는 것이 내 우선과제다. 우리 주식은 우리 텃밭과 지역 농장에서 재배한 과일, 채소, 허브다. 우리가 먹는 소고기와 칠면조는 우리 목장 목초지에서 왔고, 유기농 달걀은 이웃 뒷마당에 사는 암탉들이 낳은 것이며, 생선, 굴, 게는 서로 알고 지내는 지역 어부에게서 온다. 우리는 구매와 물물교환을 통해 우정을 쌓고 지역 먹거리 경제를 활성화한다. 이렇게 투명성, 신뢰, 인간관계에 기반한 거래와 극명한 대조를 이루는 하이테크 가짜고기는 그저 가공식품의 최신 버전일 뿐이다. 내게는 먹음직스럽지도 기분이 좋지도 않은 음식이다.

이런 제품들을 '가공품'으로 표시하는 것은 당연한 일이다. 영양 전문가들은 이들을 '고도가공식품'으로 분류한다. 미국의 유명 가짜고기 제조업체들은 유전자변형물질을 사용하고, 들어가는 종류는 20가지가 넘는다. 《뉴 리퍼블릭 The New Republic》의 최신 기사는 이렇게 지적한다. "이들이 말하는 단백질이란 대두와 완두콩에서 기계적으로 추출, 분리한 물질이다. 이들의 지방은 가공된 식물유와 종자유다." 이 기사는 첨단 대체육류는 '육류'가 아닌 별도의 범주에 넣어야 한다고 말한다.

임파서블 푸즈 Inpossible Foods와 비욘드미트 같은 업체들이 고도가공식품의 경지를 새로이 한 단계 더 높였다. 엔가젯●도 말했듯 "치토 Cheeto나 트윙키 Twinkie는 명백한 합성물질이다." 이들 가짜고기 제품들이 특히 중점을 두는 것이 '진짜' 느낌이다. 이 제품들은 우리의 감각을 속여서 우리가 그것들을 자연식품으로 느끼도록 설계된다. 그리고 육류회사들은 마케팅 단계에서 속임수를 더 공고히 하기 위해 언어 조작을 도모한다.[143]

현재 고도가공식품이 선진국에서 식생활 관련 최대 문제로 대두

● 다국적 테크놀로지 웹로그.

했다. 《뉴 리퍼블릭》 보도에 의하면 올해 초 "미국 국립보건원NIH이 미국의 비만 유행의 주원인이 고도가공식품임을 보여주는 획기적인 연구를 발표했고," 연이어 같은 달에 "유럽에서 고도가공식품 소비와 심혈관질환 사망 위험의 연관성을 다룬 두 건의 대규모 연구가 나왔다."

하지만 이런 연구결과보다 훨씬 설득력 있는 것이 상식이다. 우리는 인체가 특정 식료들과 더불어 진화했으며, 유전자변형식품으로 진화하지 않았다는 것을 안다. 동물 영양 전문가 프레드 프로벤자 박사는 그의 저서 《영양의 비밀》에서 건강한 인간집단의 토대는 '영향 지혜'라고 말한다. 이는 사람들이 저마다 자신에게 필요한 영양을 담은 음식을 알아보는 능력을 뜻한다. 프로벤자는 식단은 생화학적 영양이 풍부하고, 우리 환경과 문화에 결부된 식료에 기반해야 하고, 이런 식단은 연장자로부터 젊은 세대에게 전수되는 것이며, 그 과정에서 '맛-피드백 관계들'이 형성된다고 말한다. 가짜고기는 이중 어느 측면도 만족시키지 못한다. 프로벤자는 이런 유대들이 끊어지면 "생태계와 문화가 제대로 기능하지 못한다"고 썼다. (업계가 가짜고기 광고에 사용하는 말들인) '청정clean'과 '순수pure'를 인간과 농업에 '좋다good'는 뜻으로 이해하는 것은 잘못일 뿐 아니라 위험한 일이다.

또한 가짜고기 제조업체들은 대담하게도 그들의 제품을 지구의 구원자로 홍보한다. 임파서블 푸즈의 창업자 팻 브라운은 2019년 《뉴욕타임스》 기사에서 "동물 기반 식품은 식물 기반 식품보다 모든 측면에서 훨씬 환경파괴적이고 자원낭비적"이라고 말하면서, 자신의 목표는 2035년까지 전 세계 식품 공급에서 동물을 완전히 제거하는 것이라고 공언했다. 임파서블 푸즈의 웹사이트는 자사 제품은 육류에 비해 땅과 물을 훨씬 적게 쓰고, 온실가스를 배출 수준이 훨씬 낮기 때문에 "환경에 미치는 영향이 극히 적다"고 주장한다. 이 업체는 자사 제품을 주류 육류 생산과 자주 비교한다. 2019년에는 재생농법 축산을 '청정 고기 석탄'이라 부르며 노골적으로 공격해 언론의 주목을 받았다. 가축이 어디서 어떻게 사육되든 고기는 본질적으로 환경파괴적이라는 의미였다.

이에 우리 재생농업 종사자들이 대응에 나섰다. 우리는 지난 20년간 미국 수질오염의 주원인이 농약 집약적 대규모 유전자변형작물 단일재배라는 것을 적시했다. GMO는 다름 아닌 임파서블 푸즈를 비롯한 대체육 제조업체들이 생산 원료로 쓰는 물질이다. 나아가 우리는 생태적으로 최상의 농법은 작물재배와 가축사육이 결합된 혼합농업임을 분명히 했다. 소를 없애는 것은 목욕물을 버리려다 아기까지 버리는 것과 같다. 재생농업의 모범 사례들은 우리에게 동물이 필수불가결한 존재임을 보여준다.

화이트오크 목장 경영자 윌 해리스가 임파서블 푸즈의 공격에 특히 격분했다. 나도 방문한 적 있는 화이트오크 목장은 농업적, 생태적, 경제적 다양화의 놀라운 본보기다. 해리스 가족은 그들의 영농법에 매년 유익한 복잡성을 더해가며 생산하는 식재와 식품의 종류를 늘리고 있다. 최근 화이트오크 목장을 대상으로 수행된 환경 감사는 이 목장의 소고기 생산시스템이 탄소를 방출하는 양보다 토양에 격리하는 양이 많다는 평가를 내렸다. 하지만 화이트오크는 자사의 소고기를 '탄소 중립'으로 부르며 겸손한 태도를 취한다. 이들은 내가 애용하는 슬로건인 "문제는 소가 아니라 방법이다"를 현실세계에서 우아하게 증명하고 있다.

지금의 주류 고기 생산은 개선이 필요하다. 이럴 때 가짜고기는 필요한 집중을 방해하는 역행적 요인이다. 대체육은 빌 게이츠 같은 기술전문가와 투자자를 혹하게 했다. 이것이 농업 개선을 위한 노력과 언론의 관심과 자금을 꼭 필요한 곳에서 엉뚱한 곳으로 빼돌린다. 우리에게 꼭 필요한 것은 주류 농업을 착취적 농업에서 재생적 농업으로 바꾸기 위한 전방위적 노력이다. 산업화된 농업의 병폐를 막을 진정한 해법은 빌 게이츠 같은 사람들에게서 나오는 게 아니다. 윌 해리스와 노스다코타의 농부 가베 브라운 같은 사람들에게서 나온다. 브라운은 저서 《흙에서 토양으로Dirt to Soil》를 통해 기존 농업 관행에서 재생농업으로 가는 한 가족의 여정을 감동적으로 기록했다.

한창 개발 중이라는 첨단 하이테크 가짜고기, 즉 배양육에 대해서도 특별히 언급하고 싶은 게 있다. 투자자의 기대가 무색하게도, 고기배양 공정 창조의 비용과 현실성 자체가 현재로서는 넘기 어려운 걸림돌이다. 더 심각한 걸림돌도 있다. 바로 '혐오감 요인'이다. 2018년 《와이어드Wired》의 심층 산업보고서는 배양육 부문의 '지저분한 문제'를 강도 높게 비판했다. "이 부문 주요 업체 중 어디도 동물 혈청을 사용하지 않고 고기를 배양하는 데 성공하지 못했다. 동물 혈청은 조직배양용 단백질 혼합물인데, 주로 동물의 피로 만든다. 여기에 가장 많이 쓰이는 것이 소태아혈청FBS이다. 소태아혈청은 낙농업이나 육류가공업이 도축된 어미소에서 분리한 소 태아의 피로 만든다."[144] 현재 배양육 생산에는 이런 혈청이 엄청나게 요구된다. 최근 나는 혈청 수요를 충당하기 위해 미국의 일부 도축장이 임신한 암소를 데려오는 농부와 목장주에게 웃돈까지 지불한다고 들었다. 속상하고 메스꺼운 일이 아닐 수 없다.

최근 나는 임파서블 푸즈의 팻 브라운과 가짜고기의 장점을 논하는 공개토론회에 두 번이나 초대받았다. 토론회 준비를 위해 나는 그의 인터뷰 영상을 찾아보았다. 나를 놀라게 한 것은 자신은 먹는 데서 즐거움을 느끼지 못한다는 그의 고백이었다. 그는 음식은 그저 연료에 불과하다고 했다. 애석한 일이었다. 내게 음식은 연료 이상의 것이다. 음식은 감각적 쾌락의 근본이고, 활기와 건강의 원천이다. 음식은 우리를 가족, 공동체, 문화집단, 역사와 묶는다.

가짜고기는 건강과 환경에 대한 우려에 부응하는 척할 뿐 결코 해답이 아니다. 가짜고기는 우리를 더 건강하게 하지도, 더 행복하게 하지도 못한다. 그것은 생태계와 인간을 위협하는 문제의 핵심에 있는 산업적 푸드시스템을 더 견고히 할 뿐이다. 우리에게 필요한 것은 농법과 식이의 뿌리에 보다 근접한, 보다 원리적이고 진정성 있는 해법이다. 가축을 자연의 일부로 기르면서 영양이 풍부한 식료를 생산하는 재생농업이 바로 그 해답이다. 또한 그것이 유일하게 실현가능한 방법이기도 하다.

적색육과 동물성지방의 소비 증가가 미국인의 건강 악화를 야기한 것이 아니다.(오히려 그 반대다.) 그럼에도 오해는 쉽게 불식되지 않고 여전히 일반 대중과 공중보건 및 의료계에 팽배해 있다. 하지만 가설을 증명하거나 반증하는 방법은 여러 가지다. 인구통계학적, 역학적, 임상학적 데이터를 떠나 이번에는 이 문제를 다른 각도에서 접근해보자.

역사학과 인류학의 식단 연구

역사적, 인류학적 판단도 적색육과 동물성지방이 인간 건강에 미치는 영향을 평가하는 방법이 된다. 인과관계 파악이 간단하면서 정확한 방법은 고기와 동물성지방을 다량 섭취한 사람들의 과거와 현재 몸 상태를 조사하는 것이다. 만약 특정 음식이 본질적으로 심장병을 비롯한 건강문제를 야기한다면, 그것을 많이 먹는 사람들 사이에 질병이 만연해 있어야 한다. 만약 적색육과 동물성지방이 아닌 다른 것이 원인이라면 기대했던 연관성은 나타나지 않을 것이다.

앞서 나는 만성질환의 주범으로 설탕, 밀가루, 가공유를 꼽았다. 이상적인 실험이 되려면 적색육은 먹지만 이런 식품은 먹지 않는 그룹을 조사해야 한다. 하지만 불행히도 설탕, 밀가루, 종자유가 한 세기 이상 널리 식용된 식품들이라서 그런 실험은 쉽지 않다. 하지만 불가능한 건 아니다.

역사학자와 인류학자가 전 세계 현존 수렵채집인의 식단을 연구한 결과들이 있다. 수렵채집사회는 동물의 살, 지방, 내장, 피, 젖, 알을 포함한 동물 기반 음식은 예외 없이 많이 먹지만 곡물, 설탕, 종자유 작물은 재배하지 않는다. 20세기까지는 대다수가 가공식품을 접할 길이 없었고, 일부는 지금도 가공식품을 드물게 쓰거나 전혀 쓰지 않는다.

인류학자들인 마이클 거븐과 힐러드 캐플런이 전 세계 수렵채집인의 건강 상태를 파악했다.[145] 두 학자는 수렵채집인들이 만성질환을 앓고 있는지, 그들의 평균 수명은 얼마나 되는지 조사했다.

그 결과 수렵채집사회에 유아 사망률이 높고 사고사와 부상이 흔한 반면 만성질환은 드물었다. 사망자의 9%만이 만성질환으로 사망했다. 이와 대조적으로 미국에서는 전체 사망의 3분의 2가 만성질환으로 일어난다.[146]

> 퇴행성 질환에 의한 사망은 비교적 적다. 사인은 주로 유아기 질병들, 장년기 뇌혈관계 문제, 뚜렷한 증상이나 병증이 없는 '노령' 문제로 국한된다. 심장마비와 뇌졸중은 드물게 나타나고, 수면 중에 발생하는 경향이 있는 '자연사'의 원인도 아니다. (…) 비만은 희귀하고, 고혈압은 적고, 콜레스테롤과 중성지방 수치는 낮고, 최대산소 섭취량은 높다. 전반적으로 퇴행성 질환이 사인인 경우는 6~24%(평균 9%)다.[147]

인류는 수렵채집자로 살 때 영양 상태가 좋았고, 결과적으로 더 건강했다. 스티븐 린 박사는 치과의사 입장에서 대개의 치아질환을 우리 식단 탓으로 본다. 린 박사는 그의 책 《덴탈 다이어트The Dental Diet》에서 현대인의 가공식품 위주의 식단이 치아 건강을 해치고 전반적 건강문제를 야기한다고 말한다. 고당분 고탄수화물 식단이 충치와 잇몸질환을 부르는 것은 분명하다. 하지만 문제는 충치 수준에서 끝나지 않는다. 린은 인류학 연구를 비롯한 여러 연구를 인용하면서, 부실한 영양 섭취가 우리의 얼굴 생김새―광대뼈, 치열, 턱선―마저 틀어지게 한다고 주장한다. 그에 따르면 세계 어디나 영양 상태가 좋은 사람들, 특히 전통적 식단을 따르는 사람은 치아가 있을 공간이 충분한, 보기 좋게 각진 얼굴을 가지고 있다.

인류학자 로버트 코루치니는 현대인과 고대인의 턱뼈와 치아 수천 점을 조사했다. 또한 켄터키주의 도시와 시골의 인구집단을 조사해서, 치아 공간이 부족한 치아밀집dental crowding 현상이 전통적 식단을 버리고 현대의 식단을 채택한 것과 상관있다는 것을 발견했다. 코루치니는 부정교합(잘못된 치아 배열)의 원인이 현대인의 식단을 지배하는 부드러운 가공식품에 있다고 꼬집어 말한다. 그는 부정교합을 '문명의 폐단'으로 부른다.[148]

"인류가 농작물에 의존하면서부터 건강이 나빠졌다." 해럴드 맥기가 그의 역작 《음식과 요리》에서 한 말이다. "선사시대 수렵채집인은 육류, 칼슘이 풍부한 잎채소, 활발한 신체활동의 조합 덕분에 튼튼한 뼈와 턱, 치아, 강건한 몸을 뽐냈다."[149] 그러다 인류가 정착생활에 접어들고 농경이 시작된 이래 인류의 건강이 꾸준히 약화됐다. 다만 맥기에 따르면 19세기 후반에 인류가 "과거 수렵채집인의 건장함을 일부 회복한" 적이 있었다. 이때 동물성 식료에 대한 접근권이 다시 한번 많은 사람에게 확대됐기 때문이다. "당시 고기와 우유를 통한 영양 보급이 증가했고, (…) 이것이 핵심적인 역할을 했다."[150]

현존 수렵채집 공동체들에서 만성질환이 나타나지 않는 것이 그들의 수명이 짧아서 젊어서 죽기 때문이라는 해석도 있다. 일부 초창기 연구자들은 수렵채집인의 삶은 "끔찍하고, 야만적이고, 짧았으며," 그들이 40~50세를 넘겨 사는 일은 드물었다고 말했다. 하지만 거븐과 캐플런의 연구는 이 같은 주장이 사실과 다르다는 것을 보여준다. 유아 사망률은 높았지만 일단 성년에 도달하면

68~78세까지 사는 일이 흔했다. 식단과 건강상태가 공식적으로 연구된 현존 수렵채집민 중에는 이누이트족을 비롯한 아메리카 원주민과 아프리카의 마사이족이 있다.[151]

현존 수렵채집인의 건강과 식단

아메리카 원주민의 식단은 기후와 지역에 따라 다양했다. 농경이 시작되기 전에는 모든 식단이 동물의 고기와 지방에 크게 의지했다. 여기에는 계절과 지역에 따라 "사슴, 버펄로, 야생 양, 염소, 영양, 무스, 엘크, 카리부, 곰, 페커리"와 "비버, 토끼, 다람쥐, 스컹크, 사향쥐, 너구리 같은 소형 동물, 뱀, 도마뱀, 거북이, 악어 등의 파충류, 어패류, 오리와 거위를 포함한 조류, (…) 바다 포유동물"이 포함됐다.

많은 사람이 아메리카 원주민은 기름기가 적은 야생동물만 먹었고, 따라서 동물성지방과 포화지방의 섭취량은 있더라도 미미했을 것으로 생각한다. 하지만 그들이 먹은 육류에 대한 동물학적 정보는 다른 말을 한다. 바다표범과 다람쥐를 제외하면 "원주민이 사냥하고 먹었던 동물들의 지방은 고도불포화지방산 함유량이 10% 미만이었고, 일부는 2% 미만이었다. 사냥감 중 가장 귀한 대접을 받은 것이 반추동물의 콩팥지방이었는데, 여기에는 포화지방이 최대 65%나 됐다."[152]

역사적 기록은 전통적 아메리카 원주민이 동물성지방에 어떤 가치를 부여했는지 생생히 보여준다. 20세기 초 북미 원주민과 오랜 기간 함께 살며 자세한 기록을 남긴 인류학자이자 북극탐험가 빌하며 스테판슨에 따르면 원주민은 송아지나 생후 1~2년 된 동물보다 "나이 든 동물의 살"을 선호했다. 나이 든 동물은 등을 따라 두껍게 형성된 지방 덩어리 때문에 귀하게 취급받았다. "동물의 몸무게 약 455킬로그램 중 이 지방판의 무게가 18~22킬로그램이었다. 이들은 동물의 뱃속에서도 9~13킬로그램의 고도로 포화된 지방을 분리해냈다." 이 지방은 모두 저장됐다. 일부는 녹여서 썼고, 일부는 음식에 맛을 내거나 음식을 보존하는 데 쓰였다. 계절에 따라 동물성지방은 북부 원주민 식단의 총 칼로리 중 최대 80%까지 차지했다.[153] 기억하는가? 펄머터 박사가 인간 식단에서 이상적이라고 말한 지방 비중과 일치한다.

캐나다, 그린란드. 미국에 분포한 원주민인 이누이트족의 식단 또한 시사하는 바가 크다. 이누이트의 전통적 식단도 적색육과 지방 위주였다. 또 다른 특이점은 식물은 거의 없었다는 것이다. 주식은 바다표범, 고래, 바다코끼리, 무스, 카리부, 순록, 오리, 거위, 메추리, 연어, 송어, 대구, 민물꼬치고기, 메기, 게 등이었다. 바다표범기름은 조리에 이용되거나 소스로 쓰였다.[154] "전통적인 에스키모(이누이트) 식단에는 식물성 식료라고 할 만한 것이 거의 없었고, 농작물이나 유제품은 아예 없었으며, 따라서 탄수화물 비중이 비정상적으로 낮았다." 현대 이누이트족의 건강에 대한 분석은 그들의 천문학적으로 높은 흡연율(79%)을 비롯한 여러 변수 때문에 깔끔한 판단이 쉽지 않다. 그럼에도 연구에 따르면, 이누이트 중에서도 전통 식단에 가장 가까운 식생활을 하는 사람들, 즉 포화지방을 포함한 동물의 고기와 지방을 다량 섭취하는 사람들이 심장병에 걸릴 확률이 가장 낮다.

옛날 아메리카 원주민의 건강에 대한 문서기록은 제한적이다. 하지만 남아 있는 기록은 그들의 건강 상태가 대체로 훌륭했고 만성질환이 거의 없었음을 암시한다. 16세기 에스파냐 탐험가 카베사 데 바카를 비롯한 초기 탐험가가 남긴 글에도 아메리카 원주민의 이례적인 활력에 감탄하는 내용이 있다. 데 바카는 "원주민 남자들은 온종일 쉬지도 않고 별로 피로한 기색도 없이 사슴을 쫓아다녔다"라고 했다. 1930년대에 세계 각지의 원주민 공동체에서 많은 시간을 보낸 치과의사 웨스턴 프라이스는 "전통적 삶의 방식을 고수하는 아메리카 원주민에게는 충치와 치아 기형이 아예 없다시피 했다."[155] 프라이스 박사는 현지 보건의료인들도 인터뷰했는데, 그중 알래스카의 로미그 박사라는 사람은 "원주민과 36년이나 접촉했지만, 문명화한 원주민에게는 흔히 발생하는 악성 질환을 원시생활을 유지하는 에스키모인과 인디언에게서는 한 건도 보지 못했다"고 전했다.

이런 문헌기록을 보완하는 것이 고고학적 조사, 특히 인간 뼈와 치아에 대한 분석이다. 이 분야 연구를 통해 고대 신대륙 인간집단들에서 철분결핍성 빈혈로 인한 만성 건강문제가 있었음이 밝혀졌다. 이 증거는 사람들이 수렵채집 생활을 포기하고 점점 더 농경에, 특히 옥수수 농사에 의지하게 되면서 빈혈이 퍼지게 됐음을 암시한다. "북미에서 농경의 발달로 인구밀도가 높아졌고, 그 밖에 농경 심화와 관련된 여러 생태적, 인구학적 변화가 일어났다. 이 상황이 사람들의 건강에 심각한 영향을 미쳐 전염병과 철분결핍성 빈혈이 통계적으로 유의미한 증가세를 보였다."[156]

이번엔 아메리카 대륙 너머를 보자. 아프리카 마사이족은 오래전부터 서구사회의 호기심의 대상이었다. 케냐와 탄자니아 일대에서 목축을 주업으로 하는 마사이족은 선진국에 팽배한 동물성지방과 적색육 기피 풍조와는 상반된 삶을 산다. 《사이언스 노르딕Science Nordic》의 2012년 기사에 따르면 "그들의 식단은 서구인의 식단만큼이나 지방으로 가득하다."[157] 하지만 그들의 지방은 콩, 옥수수, 야자, 카놀라로 제조한 가공유가 아니라 소에서 나온다. 1895년부터 8년 동안 마사이족과 함께 살았던 독일인 모리츠 메르케르가 남긴 기록을 보면 마사이족의 전통적 식단이 대개 우유와 적색육으로 구성돼 있음을 알 수 있다. "메르케르에 따르면 마사이족이 애용한 음식은 우유, 고기, 그리고 피였다. 그들은 소와 양과 염소의 피를 신선한 상태나 응고된 상태로 섭취했다."[158] "하지만 서양인과 달리 마사이족에게는 생활습관병lifestyle disease●과 관련된 문제들이 없었다."[159] 최근에는 마사이족의 건강 비결이 그동안 알려진 것과 달리 격렬한 운동이 아니라는 연구결과가 나왔다. 마사이족의 신체 활동은 "온건하지만 꾸준한" 편에 속한다. 그럼에도 마사이족에게 만성질환이 없다는 것은 적색육, 동물성지방, 유제품에 심장병 등 만성질환을 야기하는 본질적 유해성이 없다는 뜻이다.

지역을 막론하고 원주민의 전통 식단은 포화지방을 다량 함유한 적색육에 의존한다. 그러나 식단 관련 질환의 발병이 높았던 적은 없다. 이런 진짜 음식은 만성질환을 일으키지 않는다는 증거다.

특히 웨스턴 프라이스 박사의 광범위한 조사가 전통 식단을 따르는 사람들의 탁월한 건강 상태를 잘 보여준다. "프라이스 박사는

● 성인병.

아일랜드와 스위스의 고립된 마을부터 북미와 아프리카의 원주민 공동체까지 14개 집단을 조사했다. 이들 부족민과 마을주민 거의 모든 구성원이 최상의 건강을 누리고 있었다. 그들에게 지병이란 없었다."[160]

세계 어디서나 식단이 서구화하면서, 다시 말해 가공식품이 대세가 되면서 사람들의 건강이 쇠퇴했다. 재레드 다이아몬드도 《총, 균, 쇠》에서 인간사회가 "기술적으로 진보할수록" 영양 상태는 퇴화하는 공통의 역설을 언급한다. "에이커당 칼로리 생산량은 증가했지만 막상 식량 생산자의 영양 상태는 그들이 대체한 수렵채집인보다 더 나빠졌다."[161]

싼 만큼 대가를 치르는 이유

설탕, 밀가루, 그리고 종자유. 이것들이 현대 가공식품의 초석들이다. 산업화에 따라 가공식품이 싸게 넘쳐나고, 우리는 이것을 과다 섭취한다. 그리고 우리의 집단 건강이 그 대가를 치르고 있다. 우리의 과잉 문화는 더이상 음식을 소중하게 보지 않는다. 우리는 음식이 싸기를 기대하고, 실제로 그렇다.

얼마 전까지만 해도 미국인은 영양 섭취에 돈을 많이 썼다. 1933년에는 소득의 25%가 식비로 나갔다. 이것이 1950년까지 31%로 늘었다. 하지만 오늘날 우리 식비 비중은 소득의 9%를 약간 넘을 뿐이다.[162] 우리가 음식에 쓰는 액수가 우리의 태도와 함께 간다. 사람들은 싸게 얻는 것에서는 대단한 가치를 기대하지 않는다.

지난 수십 년 동안 미국은 곡물을 비롯한 재화를 엄청나게 과잉 생산했다. 사람들은 늘어나는 인구를 먹이기 위해 어쩔 수 없이 공장식 농장과 비육장이 생겼다고 생각한다. 하지만 이는 역사적 사실과 다르다. 사실 미국 농업의 과잉 생산은 오래된 이야기다. 농학 교수 윌러드 코크레인과 농학 연구원 메리 라이언은 농업의 역사를 다룬 논문 〈미국의 농업 정책 1948~1973〉에서 다음과 같은 결론을 냈다. "전쟁 시기를 제외하면 1930년 이래 미국 농장들은 넘쳐나는 자원들로 너무 많은 제품을 생산해왔다. 이 과잉 생산력이 영농 부문의 근본 문제다."

과잉 생산 추세와 더불어 우리는 현재 어느 때보다 많은 음식을 내버린다. 미국에서 생산되는 식품의 거의 절반이 남는다. 무게로 따졌을 때 음식물 쓰레기가 미국이 배출하는 쓰레기에서 압도적 1위다. 미국 농무부는 버려지는 식품의 25%만 회수해도 2000만 명을 먹일 수 있다고 추산한다.

건강에 나쁜 식품과 식품첨가제의 생산을 지원하는 정부시책이 위기를 더 악화시킨다. 영양 가치는 가장 낮고 건강 유해성은 가장 높은 설탕이 미국 납세자로부터 연간 무려 40억 달러(약 4조 8000억 원)의 보조금을 받는다. (액상과당의 원료로 쓰는) 옥수수는 지난 15년 동안 800억 달러(약 95조 6000억 원)의 정부지원금을 받았다. 농업보조금의 약 45%는 대규모 단일재배에, 특히 사료로 쓰는 콩과 옥수수에 투입된다. 보조금의 다른 30%는 밀과 쌀에 들어간다. 이 작물들 또한 미국인이 과다 소비하는 가공식품의 주원료다.

현재의 산업화된 푸드시스템은 과잉 생산, 과식, 낭비를 조장한다. 그 결과는 환경파괴와 건강하지 못한 인구집단이다. 우리는 지불한 만큼 얻는다. 싼 음식은 싸구려일 뿐이다. 작가 마이클 폴란의 기막힌 표현을 빌자면 "지금 식품점에 지불하거나 나중에 의사에게 지불하거나"다.

8

우리는 왜
소고기에 끌리는가

지금쯤 여러분도 소고기가 건강에 해롭다는 지적은 잘못된 비난이라는 데 동의할 것으로 기대한다. 하지만 아직도 의구심이 남았을 수 있다. 우리는 왜 고기를 먹을까? 우리는 소가 환경에 기여하는 바와 소고기가 건강에 기여하는 바를 불신하도록 깊이 훈련됐다. 아니면 고기를 되도록 피하거나 먹어도 뜸하게 먹는 습관이 들었다고 할까?

그럼에도 우리 대부분은 적어도 가끔씩은 햄버거나 스테이크, 로스트비프나 파스트라미 샌드위치, 미트볼 스파게티를 몹시 먹고 싶어 한다. 커피 끓이는 냄새나 베이컨 굽는 냄새를 제외하면, 숯불구이 소고기만큼 입에 침이 돌게 하는 냄새도 없다. 이 글을 쓰기 며칠 전이었다. 오랜 채식주의자인 친구가 페이스북에 전날 밤 그만 참지 못하고 소고기버거를 먹었다고 고백했다. 소고기를 먹지 말아야 한다는 말을 귀에 못이 박히게 들어도 소고기가 끌리는 이유는 뭘까?

식품과학자 해럴드 맥기는 '사람들은 왜 고기를 좋아할까?'라는 질문을 다음과 같이 숙고했다.

고기를 향한 깊은 우리의 갈망은 아마도 본능과 생리작용에서 온다. 우리가 문화적 동물이 되기 전부터 '영양 지혜'가 우리의 감각기 기관, 혀의 맛봉오리, 코의 냄새 수용체, 그리고 뇌에 내장됐다. 특히 혀의 맛봉오리는 중요한 영양소를 알아보고 쫓아가기 위해 진화했다. 즉 우리에게는 필수 염분, 열량 높은 당분, 단백질의 재료인 아미노산, 뉴클레오티드라고 불리는 핵산 구성 물질을 잡아내는 수용체들이 있다. 날고기는 이 모든 맛을 촉발한다. 근육세포(고기)는 상대적으로 연하면서 생화학적으로 매우 활동적이기 때문이다. (…) 그래서 고기에는 식물성 식품은 내지 못하는 감칠맛이 난다. 고기 요리의 풍미는 이 같은 생화학적 복잡성에서 나온다.[1]

우리의 본능은 우리를 소고기로 이끈다. 동시에 우리 뇌는 현대의 건강 권고사항들이 주입한 경종과 경적을 울려대며 우리를 고기로부터 돌려세운다. 하지만 나는 우리가 삶에서, 특히 음식에 대해서는 우리 본능을 우선시할 필요가 있다고 믿는다. 우리에게 깊이 내재된 충동을 무시하거나 억제해야 할 때도 많지만 오히려 본능이 우리를 올바른 방향으로 인도할 때도 많다. 우리 몸은 소의 젖, 지방, 육수, 고기에 맛과 영양이 풍부하다는 것을 안다. 프레드 프로벤자 박사가 그의 책 《영양의 비밀》에서 말했듯 우리 각자에게는 선천적 영양 지혜가 있다. 우리 몸은 영양분을 체내 가용한 형태로 제공하는 대체 불가한 음식을 본능적으로 알아본다. 영양 전문가 크리스 크레서는 말한다. "연구결과들의 공정한 검토에 따르면 적색육은 우리에게 주어진 최고의 건강식품 중 하나다."[2]

인류 진화가 말해주는 것

우리가 무엇을 먹어야 하는지와 그 이유에 대해서는 이론이 분분하다. 고기를 절대 먹어서는 안 된다는 주장부터 고기만 먹는 것이 최상이라는 주장까지 다양하다. 나로서는 다음의 간단명료한 생각에 가장 신뢰가 간다.

우리 몸은 무엇을 먹도록 진화했는가? 그것을 먹어야 한다.

현생 인류의 조상들은 적어도 260만 년 전부터 동물을 먹기 시작했고, 150만 년경부터는 상당량을 먹기 시작했다.[3] 인간의 뇌 용량이 커진 것은 고기의 풍부한 영양 덕분이자 사냥 행위의 복잡성 때문이었다. 육식은 수백만 년에 걸쳐 인간 진화라는 복잡한 직물을 짠 중요한 실이었다.

잡식성은 생존에 엄청난 이점으로 작용했다. 잡식동물의 반대편 끝에는 코알라, 팬다, 제왕나비 등이 있다. 각각은 아주 제한된 먹이만 먹고 산다. 만약 그 특정 먹이가 전멸하면 함께 멸종될 수밖에 없다. 반면 우리 인간은 적응성이 뛰어나다. 우리는 수만 가지 식물, 동물, 균류를 먹고 산다. 인간의 식단은 인간이 흩어져 살았던 곳의 기후와 지리를 면밀히 반영하며 오랜 세월 폭넓게 다양화했다. 전 세계 인간집단은 각자의 지역이 제공하는 다양한 먹거리를 섭렵했고, 그 먹거리는 지역별로 현격히 달랐다.

나는 금과옥조처럼 지켜야 하는 하나의 식이 원칙은 없다고 생각한다.(사실 나는 뭐가 됐든 '융통성 없는 식단'은 어리석다고 본다.) 다만 인간 조상들이 그랬던 것처럼 지금 우리도 육식에서 큰 이득을 보는 것만큼은 분명하다고 생각한다. 들소, 영양, 무스, 알파카, 야크, 자젤, 사슴, 엘크, 낙타, 카리부 등은 사람은 식료로 삼지 못하는 풀 같은 셀룰로오스 식물을 먹고 사는 초식동물이다. 소도 그렇다. 다른 방목동물과 마찬가지로 소도 장내 미생물과 공생하며 억센 식물을 기적처럼 필수영양소가 꽉꽉 들어찬 젖과 고기로 바꾼다. 또한 우유와 소고기의 영양분은 식물의 성분과 달리 체내 활용도가 유례없이 높다.(여기에 대해서는 잠시 후에 논하겠다.)

나는 우리가 필요 영양분을 가급적이면 음식에서 얻어야 한다고 굳게 믿는다. 인공 조제한 알약, 가루약, 물약은 음식이 아니다. 햇빛, 물, 흙의 협업으로 만들어진 음식이 진짜 음식이다. 때로는 식품보충제가 도움이 될 수 있고, 심지어 필요할 때도 있다. 하지만 인공보충제에 장기적으로 의존하는 것은 결국 바람직하지 못한 식생활을 한다는 방증이며, 이는 길게 봤을 때 활기찬 건강으로 이어질 수 없다.

영양 전문가들은 영양의 최고 원천은 음식이라는 데 널리 동의한다. 미국 정부의 식이지침도 "영양분은 일차적으로 음식물에서 얻을 것"을 강조한다.[4] 메이요 클리닉의 웹사이트는 영양보충제와 비교할 때 음식이 지니는 세 가지 주요 이점을 다음과 같이 명시하고 있다. 첫째, 음식은 양질의 영양을 제공한다. ("자연식품은 복잡해서 우리 몸에 필요한 미량영양소micronutrient•를 다양하게 함유한다.") 둘째, 음식물에는 필수 섬유소가 있다.

마지막으로, 진짜 식품 또는 최소한으로 가공한 식품은 다양한 예방 물질을 함유한다.("자연식품은 피토케미컬과 항산화제 등 건강에 좋은 물질을 함유한다.")[5] 프로벤자 박사는 《영양의 비밀》에서 이런 "이차화합물들"이 건강 유지와 질병 퇴치 면에서 우리 식단의 가장 중요한 부분이라고 말한다. 비가공 자연식품을 다양하게 먹었던 고대의 식단이 오늘날 균형 잡힌 영양 섭취 비결로 부상하고 있다. 유드킨 박사가 하늘에서 기뻐할 일이다.

바람직한 섭식을 말하는 책과 기사들이 매년 쏟아져 나오지만

• 미량만 필요하지만 생체 기능 유지를 위해 환경이나 음식물로부터 반드시 섭취해야 하는 물질.

영양학은 아직 초보 단계에 있다. 알려진 것보다 미지의 것이 더 많다. 나는 이 지적 공백이야말로 필수영양소가 풍부한 식단을 지향해야 하는 가장 강력한 이유라고 생각한다. 인공 식이보조제가 우리 조상이 음식에서 얻은 영양소들을 과연 적합하게 대체할 수 있을지 알지 못하기 때문이다. 뉴욕대학교 영양학 교수 매리언 네슬은 이렇게 말한다. "임상시험에서 영양보충제 복용의 이렇다 할 이점이 나타난 경우가 드물며, (…) 때로는 심지어 유해성이 나타났다."[6]

나는 운 좋게 순조롭게 출발했다. 부모님은 운동과 잘 먹는 것을 건강의 기본으로 여겼다. 어머니는 우리 먹거리에 정성을 쏟았다. 텃밭에서 많은 시간을 보냈고, 지역 농장을 수시로 방문했고, 늘 신선 재료로 요리했고, 직접 빵을 굽고, 과일을 통조림하고, 요거트를 만들었다. 어머니는 우리에게도 식료를 기르고, 보존하고, 조리하는 법을 가르쳤고, 매일 우리에게 사랑하는 이들과 식탁에 둘러앉아 대화와 가정요리를 푸짐하게 나누는 행복을 보여주었다.

나는 신선식품과 발효식품—제대로 재배되고, 현지에서 생산되고, 가공되지 않은 식료—에 기반한 식단을 유지하려 노력한다. 마흔을 넘긴 후 지난 10년 동안 양질의 지방과 단백질을 더 얻기 위해 의식적으로 달걀과 유제품 섭취를 늘렸다. 동시에 단것과 밀가루는 줄였다. 2013부터 2014년까지 1년 동안 감미료가 첨가된 것들을 완전히 끊는 '설탕 단식'을 하기도 했다. 현재 나는 어느 때보다 과일, 채소, 나물을 많이 먹는다. 견과류, 아보카도, 올리브유, 코코넛오일, 버터 같은 지방성 식품을 식단에 많이 포함시킨다. 나는 이것들이 필수 건강식품이라고 생각한다.

나는 평생 액체 우유, 요거트, 치즈, 버터, 그리고 때로는 아이스크림의 형태로 소의 젖과 지방을 섭취해왔다. 다만 고기는 30년 넘게 먹지 않지 않았다. 고기를 먹지 않았던 세월 중에는 목장주와 결혼해 목장에서 일하고 산 16년도 포함된다. 내가 이 말을 하면 사람들은 당연히 놀란다. 하지만 작년에 그것마저 바꿨다. 50세가 됐을 때 나는 식단 재평가에 들어갔다. 내가 건강 유지에 최선을 다하고 있는지 확인하고 싶었다. 골 손실과 근육 감소가 걱정됐다. 체중 증가도 걱정이었다. 내가 읽는 것마다 이를 경고했고, 주변 50대 여성들이 그 문제를 실제로 겪고 있었다. 내게도 같은 일들이 일어나기 시작했다. 체중이 늘고 근육은 줄었다. 나는 골밀도 검사를 받았고, 골다공증 전조인 골감소증이라는 결과를 받았다.

환경변호사, 목장 운영자, 그리고 지속가능한 농업을 배우는 사람으로서 나는 가축을 환경친화적 푸드시스템의 필수 요소로 보게 됐다. 영양학 연구원으로서 나는 인간의 이상적인 식단은 잡식임을 깨달았다. 나는 내 채식주의 식단이 최선이 아니라는 찝찝한 기분을 오랫동안 애써 눌러왔다. 내가 고기 없는 식단을 지속한 건 어떤 면에서는 습관이었다. 딱히 고기에 대한 욕구를 느끼지 않았기 때문에 내 몸이 고기를 필요로 하지 않는다고 쉽게 믿었고, 그래서 기존 식단을 유지했다. 하지만 솔직히 말하면, 그렇게 오래 엄격하게 지켜온 식단을 버리는 데 따를 일들과 씨름할 마음이 나지 않았다.

그러다 2019년 8월, 나는 궁리 끝에 식단 변경을 단행하기로 했다. 그렇게 30년 만에 처음으로 고기를 먹었다. 30년 만의 첫 고기는 버거였다. 우리 목장에서 기른 소에서 나오고 남편이 그릴에서 구운 진짜 소고기 버거였다. 그것을 입으로 들어 올릴 때 벌써 향기로운 영양분이 느껴졌다. 문득 두려움이 치밀었다. 먹고 후회하지 않을까? 하지만 처음 한 입 먹자마자 기분이 좋아졌다. 고기 맛이 끝내줬다. 안도감이 밀려왔다. 그 순간 고기를 자제하는 것보다 고기를 먹는 것이 내 가치관과 신념에 더 부합한다는 깨달음이 왔다. 버거를 먹을 때 50대 이후에도 내가 내 건강에 주도권을 행사할 수 있겠다는 자신감이 생겼다.

30년 이상 채식주의자로 산 사람으로서 나는 육식을 피하는 이들의 선택을 존중한다. 다만 소고기를 먹지 않는 이유가 환경이나 건강에 해롭다는 생각 때문이라면 그건 정보 부족에 따른 오해라는 말을 하고 싶다. 소 사육이 환경에 본질적으로 해로울 것은 전혀 없다. 축산에 따른 환경파괴는 잘못된 관리 때문이다. 소고기가 건강에 해롭다는 우려도 사실무근으로 판명되고 있다. 반면 고기 섭취의 이점은 태고부터 알려져 있다.

"인류의 원시 조상들은 주로 고기와 지방으로 연명하면서 채소, 과일, 씨앗, 견과류로 식단을 보충했다." 샐리 팰런은 《영양 공급 전통Nourishing Traditions》에서 이렇게 말한다. "원시인의 화석 유골 연구를 통해 그들이 튼튼한 골격, 육중한 근조직, 완벽한 치아를 가지고 있었다는 것을 알 수 있다." 팰런은 고기와 지방 위주의 식단이 원시인과 고대인의 원기왕성함의 비결이었음을 보여주는 인류학적, 고고학적 연구들에 주목한다. 고기가 흔했던 시기에 살았던 고대 마야인의 유골을 보면, 고기가 귀해진 후대의 유골에 비해 성인 남성의 골격이 평균 8센티미터 더 크다. 100세 이상 노인 비중이 세계에서 가장 높은 코카서스 산지의 러시아인들은 기름진

고기와 유제품을 많이 먹기로 유명하다. 또한 러시아에서 독립한 조지아에서도 고기와 지방을 가장 많이 먹는 집단과 가장 장수하는 집단이 겹친다. "세계적으로 유명한 장수촌인 에콰도르 빌카밤바의 주민들도 지방을 빼지 않은 전유와 지방이 많은 돼지고기를 즐겨 먹는다."[7]

팰런은 이를 당연한 일로 본다. 동물성 식품 없이는 단백질과 무기질을 인체가 이용 가능한 형태로 얻기 어렵기 때문이다. 동물성 식품은 단백질과 무기질의 공급원일 뿐 아니라 무기질 흡수에 필요한 지용성 촉매를 제공한다. "동물성 식료로 섭취된 (아연, 철, 칼슘 등의) 무기질이 체내에서 더 쉽고 빠르게 흡수된다."[8]

현대 영양학이 갈 길은 아직 멀지만, 소고기의 여러 이점이 이미 증명됐다. 《가디언》의 2013년 기사는 소고기를 '세상에서 가장 영양가 있는 음식 중 하나'로 꼽았다. "소고기에는 근육과 뼈를 만드는 필수 아미노산(이소루신, 루신, 라이신, 메티오닌, 페닐알라닌, 트레오닌, 트립토판, 발린 등)을 골고루 함유하는 양질의 단백질이 풍부하다." 또한 소고기는 "비타민B, 철분, 아연의 뛰어난 공급원이다."[9] 이 목록에 나는 비타민D를 추가하고 싶다. 비타민D는 극소수의 음식물에서만 발견되는데, 그중에서도 특히 소의 간에 생체이용성이 가장 높은 형태로 존재한다.

뒤에서 더 자세히 논하겠지만, 가장 영양가 높고 건강에 좋은 소고기는 목초와 여물로만 사육한 소고기다. 하지만 우리가 식품점에서 흔히 보는 소고기에도 영양이 매우 풍부하다. 곡물비육 소고기 약 85그램짜리 한 조각이 제공하는 영양분이 다음과 같다. 기준은 미국 성인 남성을 위한 하루권장량이다.

단백질: 23그램(미국 농무부 하루권장량의 45%)

무기질: 철분 13%, 마그네슘 5%, 아연 42%, 구리 4%. 인 20%, 셀레늄 24%

비타민B: 티아민(비타민B_1) 5%, 리보플라빈(비타민B_2) 10%, 니아신(비타민B_3) 16%, 피리독신(비타민B_6) 14%, 시아노코발라민(비타민B_{12}) 54%

소 내장육의 경우는 영양분 밀도가 이보다도 높아서 가히 '슈퍼푸드'라 불릴 만하다. 소 내장육 단 3온스가 제공하는 영양분은 다음과 같다.

단백질: 21그램(미국 농무부 하루권장량의 43%)

비타민C: 71%

무기질: 철분 186%, 마그네슘 4%, 아연 16%, 구리 39%. 인 26%, 칼륨 7%, 셀레늄 111%

비타민B: 티아민(비타민B_1) 3%, 리보플라빈(비타민B_2) 15%, 니아신(비타민B_3) 24%, 판토텐산(비타민B_5) 7%, 피리독신(비타민B_6) 2%, 시아노코발라민(비타민B_{12}) 71%[10]

체중 관리를 하는 사람이라면, 소고기는 어느 부위에도 탄수화물을 전혀 함유하지 않으며 혈당지수 순위가 가장 낮다는 점에 주목할 필요가 있다. 이런 특성 때문에 소고기는 다이어트하는 사람, 당뇨 환자, 그리고 40세 이상의 누구에게나 더할 수 없이 좋은 선택이다. 나는 천연 포화지방이 건강에 해롭다고 생각하지 않지만 포화지방을 걱정하는 사람들을 위해 말하자면, 스테이크는 포화지방 하루 허용량의 16%, 내장육은 6%만을 함유한다. 소고기는 단연 최고 영양식의 반열에 든다.

소고기의 영양분적 가치

소고기의 영양적 이점을 더 깊이 파보기로 하자. 가장 명백한 것 중 하나가 바로 철분이다. 영양성분표가 보여주듯 소고기에는 철분이 풍부하다. 작은 스테이크의 경우 하루권장량의 13%가 있고, 내장육의 함량은 무려 186%에 달한다. 스테이크의 철분 함량은 양고기보다도 높다. 칠면조 고기에 비해서는 두 배 이상, 그 밖에 흔히 접하는 고기보다 서너 배 높다. 고기의 철분은 체내 유용성이 높기 때문에 특히 가치 있다.

철분 부족은 인간 건강에 심각한 문제를 일으킨다. 세계보건기구에 따르면 "철분 결핍은 세계에서 가장 흔하고 가장 널리 퍼진 영양 장애다." 전 세계 인구의 최대 80%가 철분 결핍을, 30%가 고도 결핍 상태인 빈혈을 앓고 있을 것으로 추정된다. 철분이 결핍되면 여성들, 특히 임신한 여성과 아이가 가장 타격을 받는다. 개발도상국의 경우 임산부 절반과 미취학 아동 약 40%가 심각한 철분 결핍 상태일 것으로 추정된다. 개발도상국만 문제가 아니다. 세계보건기구에 따르면 철분 결핍은 "선진국까지 만연해 있는 유일한 영양 결핍"이다.[11]

미국의 경우도 소녀와 여성, 특히 저소득층과 임산부 사이에 철분 결핍이 널리 퍼져 있다. 한 연구에서 20~49세 여성의 80% 이상이 식사에서 철분을 권장량만큼 섭취하지 못하는 것으로 나타났다.[12] 비건(완전채식주의자)의 대부분(미국의 경우 79%)이 여성이란 점에서 특히 우려되는 상황이 아닐 수 없다.

심각한 철분 부족은 빈혈을 일으킨다. 빈혈은 혈액 내 적혈구 수가 정상치보다 적거나 적혈구에 들어 있는 헤모글로빈(산소를 폐에서 몸의 각 조직으로 나르는 색소 단백질) 농도가 부족한 상태를 말한다. 철분 결핍은 단기적으로는 활력 저하와 기억력을 비롯한 정신 기능의 감퇴를 부른다.[13] 장기적 빈혈은 심각한 의학적 문제를 일으킬 수 있으며 특히 임부에게 위험하다. 빈혈은 앓는 사람 모두에게 장기 기능 손상을 야기할 수 있고, 임부의 경우는 거기 더해 태아의 신체, 인지 발달에 해를 끼칠 수 있다. 또한 전체 임산부 사망의 20%가 빈혈에 기인한다.

미국 국립보건원 보고에 따르면 "저소득층 임산부의 빈혈 비율이 1980년대 이후 약 30%에서 변화가 없다."[14] 300만 명 이상의 미국인이 만성 빈혈을 앓고 있으며, 그중 대부분이 여성과 만성질환자다.[15]

이 수치들이 보여주듯 철분 결핍의 최대 위험군은 여성이다. 가임기 여성이 철분을 가장 많이 요한다.(미국의 경우 18~50세 여성의 하루권장량은 18밀리그램이다.) 임산부의 경우는 그것의 거의 두 배(약 30밀리그램)가 필요하다.[16]

문제는 철분을 함유한 음식을 찾기 어려워서가 아니다. 관건은 인체의 철분 활용 능력이다. 클리블랜드 클리닉은 철분 섭취량이 곧 철분 흡수량은 아니라고 경고한다.[17] 철분은 주로 헴철 heme iron*과 비헴철 non-heme iron** 형태로 존재한다. 육류 특히 적색육은 헴철을 다량 함유한 반면, 시금치나 렌틸콩 같은 철분 함유 식물에는 비헴철만 있다. 또한 철분강화식품이나 철분보충제에 들어가는 철분은 비헴철이다. 현대인의 식이에 있는 철은 대부분 비헴철이다. 그런데 국립보건원에 따르면 문제는 "헴철의 체내 흡수가 비헴철보다 훨씬 용이하다는 것이다."[18] 식물성 철은 흡수율이 떨어지기 때문에 국립보건원은 비건과 채식주의자는 고기를 먹는 사람보다 식이 철분을 매일 두 배 더 확보할 것을 권고한다. 클리블랜드 클리닉도 "식물보다 고기에서 얻는 철분의 체내 흡수율이 훨씬 높다"고 밝혔다.[19]

더 구체적으로 말해 국립보건원에 따르면 "고기 단백질의 헴철이 체내 흡수율이 높으며," 다른 음식물의 영향을 받는 일도 별로 없다. 반면 "쌀, 옥수수, 검정콩, 대두, 밀 같은 식물성 식품의 비헴철은 2~20%만 흡수되며, (…) 그나마도 다른 음식에 의해 흡수율이 영향을 받는다." 상황이 이렇다 보니 오로지 식물에서만 철분을 충분히 확보하기란 매우 어렵다. 고기가 양적으로도 더 풍부하고 질적으로도 더 유용한 철분을 제공한다.

음식이 철분 흡수를 도울 수도 방해할 수도 있다는 점 또한 주목할 만하다. 육류는 헴철을 제공할 뿐 아니라 몸이 비헴철을 흡수하는 데 도움을 준다. 반면 비헴철의 흡수는 대두를 비롯한 식물성 단백질 식료에 의해 방해를 받는다.[20] 해럴드 맥기는 철분 흡수율이 달라지는 문제에 대해 "이유는 잘 알려져 있지 않다"고 말한

- • 헤모글로빈에 묶여 있는 철.
- •• 헤모글로빈에 묶여 있지 않은 철.

다.[21] 다만 분명한 것은 적색육을 규칙적으로 먹는 사람이 그렇지 않은 사람보다 철분 결핍을 겪을 가능성이 낮다는 것이다.

한때 내게는 적색육 없이 충분한 철분을 얻는 것이 절실한 과제였다. 두 번의 임신 모두 피검사 결과 철분 수치가 위험할 정도로 낮았다. 첫 임신 때는 매일 임산부용 영양제 복용과 신중하게 설계된 섭식을 통해 철분 수치를 겨우 허용 범위 내로 끌어올릴 수 있었다. 하지만 두 번째 임신 때는 엄청난 노력에도 불구하고 식물성 식품과 임산부 비타민으로는 내 몸의 철분 수준을 나와 태아에게 안전한 수준으로 끌어올리지 못했다. 그러다 매일 액체 철분보충제를 추가해 겨우 충분한 수준을 맞출 수 있었다. 내가 철분에 관심을 두고 유의한 것이 천만다행이었다. 둘째를 낳자마자 나는 분만 후 출혈로 응급수술을 받아야 했다. 출혈이 워낙 심해서 나중에 의사들이 내게 현대 의학의 도움이 아니었다면 죽었을 거라고 했다. 출산 전 몇 달 동안 내 몸이 저장해놓은 철분이 내 생존과 회복에 결정적인 역할을 했다. 하지만 내가 적색육을 먹는 사람이었다면 애초에 철분 결핍 문제에 직면하지 않았을 것이다. 채식주의자 임산부를 위한 나의 조언은 철분 결핍을 각별히 조심하라는 것이다. 채식주의자가 아닌 임부들은 식사에 소고기를 정기적으로 포함하는 것이 좋다.

철분에 관한 흥미로운 정보가 더 있다. 인간의 진화와 함께한 음식이 인간에게 가장 잘 맞는 음식이라는 원칙이 여기서도 성립한다. 유아는 모유에 있는 철분을 분유의 철분보다 훨씬 쉽게 흡수한다. 국립보건원에 따르면 "모유 속 철분이 분유의 철분보다 아기의 장내에서 흡수율이 높다. 분유의 철분은 흡수율이 12% 미만인 데 비해 모유의 철분 흡수율은 50% 이상으로 추정된다."[22] 하지만 혈액학 교재에도 "모유 철분의 생체이용률이 높은 이유는 알려져 있지 않다"고 나온다.[23](이는 우리가 인체 영양에 대해 제대로 아는 것이 얼마나 적은지 새삼 일깨우는 동시에, 자연의 영양 지혜, 특히 모유 수유의 가치에 더욱 주목하게 한다.)

소고기의 영양 정보에서 알 수 있듯 약 85그램 스테이크 하나에 성인 아연 필요량의 거의 절반이 들어 있다. 다른 적색육과 비교해도 소고기에는 특히 아연이 풍부하다. 양고기에 들어 있는 양의 약 3분의 1이 더 들어 있고, 송아지고기나 돼지고기보다 두 배 이상 많이 들어 있다.

국립보건원은 아연이 건강에 필수적이라고 말한다. 아연은 면역 기능, 단백질과 DNA 합성 등에 필수적인 미량 무기질로, 체내 모든 세포에 분포한다. 국립보건원에 따르면 아연은 임신기, 유아기, 아동기의 성장발육에 필수적인 역할을 하며, 상처 치유를 돕고, 미각과 후각 기능에도 중요하다.[24]

아연 결핍도 세계적으로 만연해 있다. 세계보건기구는 세계인구의 약 3분의 1이 아연 결핍을 겪고 있을 것으로 추정한다.[25] 일부 연구에 따르면 미국도 아연 결핍에서 자유롭지 않다. 한 연구에서 미국 사춘기 소녀와 성인 여성의 40%가 아연 하루권장량을 얻지 못하는 것으로 나타났고, 다른 연구에서는 70세 이상의 남성 60%가 적정량의 아연 섭취에 실패하는 것으로 나타났다.[26]

철과 마찬가지로 아연도 소고기에 함유된 아연이 체내 이용률이 더 높다. FAO에 따르면 고기를 포함한 식단의 아연이 고기 없는 식단의 아연에 비해 두 배 가량 더 많이 흡수된다. 그 이유가 흥미롭다. (콩, 통곡물, 씨앗, 견과류처럼) 아연 함량이 높은 식물성 식품에는 무기질 흡수를 억제하는 물질인 피트산염도 많기 때문이다. 하지만 FAO에 따르면 철분의 경우처럼 식단에 동물성 단백질을 포함하는 방법으로 식물성 아연의 생체 이용률을 높일 수 있다.[27]

뼈, 근육, 뇌가 원하는 것

소고기를 먹는 또 다른 이유는 단백질이다. 앞서 언급했듯 소고기 스테이크 한 조각이 단백질 하루권장량의 거의 절반을 책임진다. 개발도상국에는 단백질 결핍도 만연하다. 대체로 미국인의 경우는 단백질 결핍을 걱정할 정도는 아니다. 하지만 나라마다 상황은 달라도 단백질과 지방이 많고 탄수화물이 적은 식단의 유효성이 입증되고 있다. 앞서 논했다시피 탄수화물 섭취를 줄이는 것이 당뇨병을 억제하고 체중 감량을 돕는다. 철과 아연의 경우처럼 소고기의 단백질도 체내 가용성이 높은 양질의 단백질이다. 양질의 단백질은 건강에 늘 중요하지만 나이 들수록 특히 중요해진다.

일본 오하사마 지역에서 있었던 연구가 이 점을 뒷받침한다. 2014년 3월 《미국노인의학저널 JAGS》에 실린 오하사마 연구는 "추정상 교란변수들을 조정한 결과, 동물성 단백질 섭취량에서 상위 25%의 남자들이 하위 25%의 남자들보다 상위수준 운동기능 저하 위험이 현저히 낮았다"고 밝혔다. 하지만 식물성 단백질은 남녀 어느 쪽에도 이점이 없었다. 연구의 결론은 다음과 같았다. "상질의 단백질, 특히 동물성 단백질을 많이 섭취한 남성 노인의 경우 상위수준 운동능력 저하의 위험이 낮은 것으로 나타났다."[28]

2018년에 발표된 연구도 노인들이 근력운동과 더불어 식단에 단백질을 보강하는 방법으로 근육 손실을 피할 수 있다고 말한다. 캐나다 맥마스터대학교 연구팀이 49건의 과거 실험들을 검토했다. 남녀 총 1,863명의 실험대상자를 통해 검토한 결과, 현행 권장량을 크게 웃도는 수준으로 단백질을 많이 섭취하는 것이 특히 40세 이상의 사람들에게 근력운동 효과를 상당히 높여주는 것으로 나타났다. "근력운동을 병행하며 단백질 섭취를 늘린 남녀가 그렇지 않은 사람보다 근육이 더 넓고 강하게 발달했다." 단백질 섭취를 늘린 사람들은 "통제 그룹에 비해 근력이 약 10%, 근육량이 약 25% 더 늘었다." 이 연구의 단백질 권장량은 체중 1킬로그램당 하루 약 1.6그램이었다. 이에 따라 체중이 약 79킬로그램인 남성의 경우 매일 약 130그램의 단백질을 섭취했다. 이 섭취량은 남성의 경우 하루 56그램, 여성의 경우 하루 46그램의 단백질 섭취를 권고하는 현행 연방정부 식이 권장량보다 상당히 높은 편이다.[29]

   고기에 있는 양질의 단백질은 근육 손실과 골 소실 예방에 매우 중요하다. 40세가 넘으면 우리 몸은 근육량 유지에 부쩍 어려움을 겪고, 뼈는 약해지기 시작한다. 이 두 문제는 밀접하게 연관돼 있다. 2008년 《미국임상영양학저널》에 실린 한 논문은 "노년기의 뼈 강도와 골 밀도 유지는 적절한 근육량과 근육 기능 유지에 크게 연동하며, 이는 다시 양질의 단백질의 충분한 섭취에 달려 있다"고 말한다.[30] 이 논문은 "칼슘 섭취가 적절했을 때, 고단백 식단이 골량 증가 및 골절 위험 감소와 상관성을 보였다"는 결론을 내렸다. 논문 저자들은 고령 환자의 식단에서 단백질이 중요하며 이에 대한 의료진 재교육을 촉구했다.

하버드 의대 부속 노인건강센터 히브리시니어라이프 Hebrew SeniorLife 노화연구소IFAR에서도 같은 연구결과가 나왔다. 노화연구소는 2000년 《뼈와 무기질 연구 저널JBMR》에 발표한 연구에서 단백질 섭취, 특히 동물성 단백질 섭취가 뼈 건강을 증진한다고 밝혔다. 연구진은 단백질 섭취 감소와 골 소실 사이에 의미심장한 연관성을 발견했다. 이는 "단백질 섭취가 고령자의 골밀도 유지와 골 소실 최소화에 중요하다는 의미가 된다." 또한 노화연구소의 논문에 따르면 이번 연구결과는 이전에 행한 두 건의 무작위대조 실험의 결과와도 일맥상통했다. 해당 시험들에서 단백질 섭취 증가가 고관절 골절 후 극적인 상태 호전을 가져왔다.[31]

《강한 여자, 강한 뼈Strong Women, Strong Bones》의 저자 미리엄 넬슨 박사는 골다공증이 특히 여성들에게 위험하다고 말한다. "우리는 35세 전후를 기점으로 매년 골량을 최대 1%씩 잃는다." 또한 "골소실은 완경 후 빠르게 가속화된다."[32] 넬슨에 따르면 이유는 아직 분명치 않지만 근육량이 골밀도에 영향을 미친다. 즉 근육량이 많을수록 골밀도 소실이 줄어든다. 이에 넬슨은 "단백질이 뼈 건강에 중요하다"고 밝히고 "여성의 약 30%가 단백질을 충분히 섭취하지 못하며, 이것이 골다공증 위험을 높인다"고 경고한다.[33]

뼈가 약해지는 원인 중 덜 알려져 있는 것이 있다. 바로 사람들 사이에 만연한 비타민K_2 결핍이다. 영양학자 케이트 레옴-블루 박사는 저서 《비타민K_2와 칼슘 패러독스Vitamin K_2 and the Calcium Paradox》에서 칼슘은 뼈 건강에 필요한 여러 성분 중 하나에 불과하다는 설득력 있는 주장을 편다. 박사는 칼슘만큼 중요한 것이 지용성 비타민들인 A, D, K_2라고 말한다. "이 비타민들을 제공해야 진정으로 영양가 있는 식단이라 할 수 있다." 레옴-블루 박사는 현대 과학의 힘으로 최근에야 실체가 알려진 비타민K_2는 거의 전적으로 동물성 식품에만 존재하며, 풀을 먹고 사는 동물의 젖, 고기, 알이 최고의 비타민K_2 식품이라고 말한다. 박사는 오늘날의 골다공증 확산을 현대인의 식단에 비타민K_2가 부족한 탓으로 본다. 박사는 "식량 생산의 산업화로 인해 방목이 사라지면서 식량공급망에서 메나퀴논(비타민K_2)이 속속 빠져나가고 있다"고 설명한다. "거기다 비타민K_2가 가장 풍부한 식품—달걀노른자, 치즈, 버터—에 대한 수십 년간의 모함과 트랜스지방의 유통이 문제를 심화시켰다."[34] 역시나 현대인의 건강 악화의 중심에는 진짜 음식을 산업제조품으로 대체한 문제적 식단이 존재한다.

또한 소고기는 전 연령층에 뇌 기능 강화에 유용한 영양분을 제공한다. 2008년 세계적 학술지 《네이처》에 실린 〈브레인 푸드〉라는 논문이 분명히 밝혔듯 소고기는 철, 구리, 셀레늄, 아연, 비타민 B_6와 B_{12}, 콜린, 비타민D, 비타민C 등 뇌 기능에 관련된 중요 영양소를 고루 함유한다.[35] 샐리 팰런의 《영양 공급 전통》은 유아와 아동에게 적절한 두뇌개발을 위해 콜레스테롤이 필요하다고 역설한다. 소의 지방이 콜레스테롤을 함유한다.[36] 신시내티대학교 의사들도 2020년에 의미심장한 논문을 냈다. "태아와 마찬가지로, 포유류의 신생 세포도 정상적 세포 기능을 위해 상당량의 콜레스테롤을 요한다. 모유를 먹는 유아가 시판 조제분유를 먹는 유아보다 콜레스테롤을 훨씬 많이 섭취한다." 이 논문은 모유의 콜레스테롤 함유량은 10~15밀리그램(100밀리리터당)이라고 말한다. 모유는 체중 4킬로그램의 신생아에게 매일 평균 약 75밀리그램의 콜레스테롤을 제공한다. 이에 비해 우유 기반 조제분유의 콜레스테롤 함유량은 훨씬 적어서 분유를 먹는 유아의 하루 평균 콜레스테롤 섭취량은 대략 9밀리그램에 그친다. 한편 두유 기반 조제분유에는 콜레스테롤이 아예 없다. 이 논문에 따르면 아기들은 식이 콜레스테롤뿐 아니라 체내 합성을 통해서도 콜레스테롤을 얻지만, 모유는 아기가 얻는 외생 콜레스테롤의 최대 원천이다."[37] 태아와 유아의 콜레스테롤 결핍에 따른 장기적 영향은 아직 규명되지 않았고, 그래서 더욱 우려의 이유가 된다.

또한 순전히 풀로 사육한 소의 젖, 고기, 지방은 비타민E, 오메가3 지방산, 베타카로틴을 함유한다.[38]

최고의 비타민D 공급원

근래에 비타민D에 대한 관심이 부쩍 높아졌다. 2014년 "미국과 유럽에서 인구의 3분의 2 이상이 비타민D 결핍으로 추정된다"는 《뉴욕타임스》 보도가 있었다.[39] 비타민D 부족은 갖가지 건강문제와 결부되고 있다. 당뇨, 뇌졸중, 고혈압, 자가 면역 장애부터 심장병까지 대부분의 만성질환과 연계된다.[40]

비타민D는 음식으로 얻기가 쉽지 않다. 가장 유용한 형태의 비타민D는 피부가 햇빛에 노출됐을 때 체내에서 합성된다. 극지방을 제외하면 연중 어느 때나 며칠에 한 번씩만 야외에서 시간을 보내도 비타민D를 충분히 확보할 수 있다. 오늘날 사람들에게 만연한 비타민D 부족은 실내의 컴퓨터와 TV 화면 앞에서 대부분의 시간을 보내는 현대인의 생활 방식이 부른 또 하나의 부작용이다. 자외선 노출에 따른 피부 손상을 줄이기 위해 자외선 차단제를 지나치게 열심히 바르는 습관도 상황에 도움이 되지 않는다. 더구나 나이가 들면 우리 피부가 햇빛을 받아 비타민D를 합성하는 능력이 떨어진다.[41] 넬슨 박사에 따르면 "65세 어머니와 35세 딸이 화창한 날에 10분 동안 산책했을 때, 어머니의 피부는 딸의 피부가 만들어 내는 비타민D의 3분의 1밖에 합성하지 못한다."

해를 충분히 쬐지 못하는 사람이 비타민D을 확보하는 데 도움을 주는 것이 소에서 나오는 음식들이다. 그중 하나가 (특히 방목으로 키운 암소의) 전지우유다. 흔히 전지우유에는 비타민D_3가 (약 200그램당 100IU가량) 첨가된다. 다른 하나는 100그램당 19IU를 제공하는 소간이다. 이는 1인당 필요량에 훨씬 못 미치지만 비타민D 확보 전략의 중요한 시작이 될 수 있다. 무엇보다 적색육의 비타민D는 체내 대사에 유리하다. 영양 전문가 크리스 크레서에 따르면, 적색육은 "25-하이드록시콜레칼시페롤이라는 활성형 비타민D를 함유하는데, 이 물질은 여느 식이성 비타민D에 비해 몸에 훨씬 빠르고 쉽게 흡수된다."[42] 고기가 중증 비타민D 결핍으로 인한 구루병을 예방한다는 연구결과도 있다. 이는 육류에 함유된 비타민D가 "독특하게도 체내 흡수와 이용이 가능하다"는 이론을 강화한다.[43]

비타민B 확보하기

또한 소고기는 비타민B군의 훌륭한 공급원이다. '비타민B군'이라니, 그게 뭐지? 대답하기 복잡하고, 답도 시간이 흐르면서 여러 번 바뀌었다. 한때는 비타민B를 단일 비타민으로 여겼다. 하지만 현재의 학계는 비타민B를 주로 같은 음식에서 발견되고 흔히 집단으로 함께 기능하지만 화학적으로는 뚜렷이 다른 10~11가지 비타민의 복합체로 본다.(콜린을 포함하면 11가지다.)[44] 현재 비타민B군은 "체내 모든 기관 기능과 건강의 모든 측면"에 영향을 미치는 필수 양양소로 꼽힌다.[45] 특히 비타민B군은 단백질과 DNA의 체내 생성 및 유지 과정인 메틸화 반응에 중요하고, 심혈관 건강에 요긴하고, 뇌기능과 기분을 관장하는 신경전달물질들을 만드는 데 필수적인 물질로 알려져 있다.[46]

한때 학계는 비타민B군 결핍을 드문 현상으로 여겼다. 하지만 이 견해는 바뀌고 있다. 최근의 학설은 오히려 비타민B군 결핍이 만연해서 미국 인구의 자그마치 60%가 영향권에 있을 것으로 본다.[47]

소고기와 소 내장은 B_1(티아민), B_2(리보플라빈), B_5(판토텐산), B_{10}(PABA), 이노시톨, 콜린을 비롯한 거의 모든 비타민B의 좋은 공급원이다. 미국국립과학원은 남성은 매일 550밀리그램, 여성은 425밀리그램의 콜린을 섭취할 것을 권장한다. 소고기 분쇄육 단 85그램 정도에 67.4밀리그램(남녀 권장량의 각각 12%와 16%)의 콜린이 들어 있다.[48] B_6 결핍은 심혈관질환과 인지 저하를 포함한 심각한 건강문제에 일조하는 것으로 알려져 있다. 하지만 B_6는 소고기와 소 내장 모두에 존재한다.[49]

동물성 식품에만 존재하는 비타민B_{12}(코발라민)이 특히 관심을 모으고 있다. 미국인의 1.5~15%가 B_{12} 결핍으로 추정되는데, 특정 인구집단에서 결핍 비율이 부쩍 높다. 최대 위험군은 50세 이상의 사람들, 악성빈혈이 있는 사람들, (크론병과 셀리악병을 포함한) 위장장애가 있는 사람들이며, 이들의 공통점은 B_{12} 흡수에 어려움을 겪을 가능성이 높다는 것이다.

비건도 B_{12} 결핍에 취약하다. 옥스퍼드대학교 2010년 연구에 따르면 비건의 절반 이상과 채식주의자의 7%가 B_{12} 결핍이다.[50] 2003년 《미국임상영양학저널》에 실린 연구에서도 독일과 네덜란드에 거주하는 외견상 건강한 사람 174명을 추적 조사한 결과, 대상 중 비건의 92%가 B_{12} 결핍이었고, 채식주의자는 3분의 2가 결핍으로 나왔다. 반면 고기를 먹는 사람들은 단지 5%에만 B_{12} 결핍이 있었다.[51]

임신 중이거나 수유 중인 여성과 그들의 아기들도 B_{12} 결핍을 겪을 위험이 높다. 미국국립보건원은 "임산부나 수유부가 비건이나 엄격한 채식주의자일 경우 그들의 아기도 비타민B_{12}를 충분히 공급받지 못할 가능성이 높다"고 경고한다. B_{12}가 부족한 아기들은 여러 가지 발달 문제와 거대적혈모구빈혈이라는 쇠약증을 겪을 수 있다.(거대적혈모구빈혈이란, 적혈구가 세포분열의 정지나 지연으로 인해 미숙한 채로 거대해져서 건강한 세포로 기능하지 못하는 데서 생기는 빈혈이다.)

성인의 B_{12} 결핍은 피로, 허약, 우울증, 치매, 거대적혈모구빈혈의 원인이 된다. 우울증으로 입원한 환자의 최대 30%가 B_{12} 결핍이다.[52] B_{12} 결핍은 장기적으로 신경계 손상을 초래할 수도 있다. 정기적으로 고기를 먹는 건강한 사람 중에서는 B_{12} 결핍이 흔치 않다. 국립보건원에 따르면 모든 소고기는 B_{12}를 함유하고, 특히 소 간은 이 영양소의 최고 공급원 중 하나다.[53]

지금쯤 여러분도 눈치챘겠지만, 소의 내장은 각종 영양소가 지극히 유용한 형태로 가득 들어 있는 식품으로 유명하다. 소 내장은 인간의 식단에서 가장 중요한 영양소를 다종 다량 함유하는 명실상부한 최고의 영양소 공급원이다. 통합의학 전문의 크리스 크레서는 내장육을 "자연이 주는 최고의 강력한 슈퍼푸드"라고 부른다. 그는 일부 문화권에서는 예로부터 내장육 위주로 먹었으며 오늘날 미국에서 주로 먹는 순수 근육, 즉 살코기는 버려지거나 개에게 줬다고 말한다.[54] 크레서에 따르면 대체적으로 "내장육은 살코기보다 영양소가 10~100배 더 많다." 또한 소간에 환경독소가 쌓인다는 일각의 우려가 있지만 연구로 입증되지 못했다. 농축사료를 먹이지 않고 풀을 먹여 잘 키운 가축의 살이나 내장에 독소가 있을 가능성은 희박하다. 크레서는 그의 환자들에게 "호르몬, 항생제, 시판 사료 없이 신선한 목초지에서 키운 소의 고기와 내장육을 먹을 것"을 권한다. "풀로 사육한 소에서 나온 식품의 영양 가치가 훨씬 높다."

목초사육과 곡물사육의 차이

크레서의 권고는 말은 목초사육 달걀에 대해서는 확실히 유의미하지만, 소고기와 유제품에 관해서는 다소 과장일 수 있다.(이 점에 대해서는 잠시 후에 말하겠다.) 그러나 어쨌든 풀을 먹여 키운 소의 고기와 우유를 우선시할 이유는 분명하다. 미국에서는 고기소의 과반이 (목장과 비육장에서) 성장호르몬을 맞는다. 또한 고기소 대부분이 비육장에서 항생제 등 약품을 첨가한 사료를 먹는다. 하지만 진정한 목초사육 농장이나 목장에서 이런 방법을 쓴다는 말은 들어보지 못했다. 이 책의 전반부에서 논했던 대규모 비육장의 환경문제와 공장식사육의 동물복지 이슈를 생각할 때, 전적으로 풀로 키운 소로 생산한 식료를 선택할 이유는 충분하다고 본다.

앞에 말한 많은 이유로 나는 방목 기반 농업과 목축을 강력히 선호한다. 그것이 더 생태 친화적이다. 그것이 가축에게 보다 인도적이고 건강한 삶을 보장한다. 그것이 가축을 기르는 사람에게도 더 나은 작업환경을 제공한다. 그리고 더 건강하고 안전한 식품을 생산한다.

목초지의 삶은 칠면조, 닭, 돼지 같은 잡식성 동물에게도 다방면의 혜택을 제공한다.[55] 오래전부터 나는 가축을 축사에 영구 감금해서 사육하는 것에 반대해왔다. 모든 동물은 매일의 운동, 신선한 공기, 햇빛을 누리며 건강하고 고통 없는 삶을 누릴 권리가 있다. 동물에게 좋고 영양가 있는 식료를 제공받으려면 먼저 그들에게 질 좋은 삶을 제공해야 한다. 동물에게 인도적인 조건이 그들을 돌보는 인간에게도 인도적인 노동환경을 의미한다.

가축 사육 방식이 거기서 얻는 식료의 질에 직접적인 영향을 미친다. "고속으로 동물의 몸집을 불리는 감금사육은 백색근섬유 생성을 유도하므로 지금의 육류는 과거에 비해 더 창백하다." 유명한 식품과학자 해럴드 맥기는 이렇게 썼다.[56] "육질도 더 연하다. 동물에게 운동이 거의 허용되지 않는 데다, 고속 성장으로 인해 동물의 결합조직 콜라겐이 계속해서 해체와 재건을 반복하기 때문이다." 반면 맥기에 따르면 "고기의 풍미는 정상적인 삶을 누린 동물에게서 나온다." "운동량이 많아서 적색근섬유 비중이 높은 근육(닭다리, 소고기)이 운동을 하지 않아 대부분 백색근섬유인 근육(닭 가슴살, 송아지고기)보다 풍미 있는 고기를 만든다. (…) 운동과 맛의 관계는 오래전부터 알려진 사항이다."[57]

맥기는 지방과 맛의 관계에도 주목한다. 지방질이 적은 품종을 우선시하고 동물을 어리고 가벼울 때 도살하는 작금의 추세가 고기의 식미를 떨어뜨렸다. "효율 증대를 위한 산업화와 동물성지방에 대한 소비자의 반감 때문에 고기가 점점 어려지고 기름기가 빠졌다. 그 결과 우리는 육즙도 풍미도 없는 고기를 먹게 됐다."[58]

소에게 먹이는 성장호르몬과 항생제 같은 약물은 배설물로 배출돼 환경오염을 유발한다. 또한 그런 소에게서 나오는 식료는 약물, 호르몬, 항생제 내성 박테리아로 오염돼 있기 쉽다. 연구에 따르면 도축 시점까지 소에게 (곡물 같은 농축사료가 아닌) 여물을 먹이는 것이 위험한 대장균 변종인 장출혈성 O157.H7의 발생을 막고 안전한 소고기를 얻는 방법이다.[59]

그렇긴 한데 이쯤에서 소 사료를 둘러싼 두어 가지 오해를 바로잡고 싶다. 언론에서 자주 말하는 내용과는 달리, 소에게 일정량의 곡물을 먹이는 것이 본질적으로 잘못된 것은 아니다. 앞서 말했듯 고기소든 젖소든 현대의 소 품종은 인류가 길들여서 적어도 얼마간은 곡물을 먹여가며 키웠던 소들의 먼 후손들이다. 소가 충분히 성숙한 후에 적정량의 곡물을 주는 경우는 별 탈이 없다.

이 모든 것을 감안할 때 나는 풀이 소에게 최적의 식단이자 환경이라고 생각한다. 초지는 가축에게 단연코 가장 자연적인 삶을 제공하고, 가장 안전하고 맛있고 영양 많은 식료를 만들어낸다. 주류 소고기산업은 비육 소고기와 목초사육 소고기 사이에 차이가 없다는 것을 보여줄 요량으로 여러 보건 및 환경 연구에 자금을 지원해왔다. 이렇게 현행 방식의 정당화를 위해 설계된 연구들은 신빙성이 부족하다. 반면 목초사육 동물의 우수한 영양 프로필을 보여주는 연구들은 견실하다. 수치로 봤을 때 영양소의 함량 차이는 크지 않다. 다만 풀과 여물로만 사육된 소의 고기와 젖이 일관적이고 전반적인 영양상의 우위를 점한다.

목초사육과 곡물사육 소고기의 영양을 비교한 연구를 가장 포괄적으로 검토한 결과를 꼽자면 영양학 박사이자 비영리단체 참여과학자모임UCS의 선임과학자인 케이트 클랜시의 보고서라고 할 수 있다. 다만 유감스럽게도 〈더 푸른 초원Greener Pastures〉이라는 제목의 이 보고서는 주로 지방에 초점을 둔다. 분명히 말하지만 나는 지방 함유를 문제로 보지 않는다. 그렇긴 해도 이 보고서는 중요하고 믿을 만하다. 보고서의 전반적인 결론은 이렇다. "전체 지방 함유량은 목초지에서 자란 소가 관행적으로 사육된 소보다 적다. 하지만 건강상의 이점을 제공한다고 알려진 특정 지방의 경우, 목초지에서 자란 소의 고기와 우유가 함유량이 더 높았다." 이 보고서는 목초사육과 곡물사육 소의 영양상 차이가 "목초와 곡물의 화학적 차이와 반추동물이 먹이를 처리하는 복잡한 방법"에 기인한다고 말한다.[60]

좀 더 구체적으로 들어가 보자. 클랜시 박사는 검토 대상 연구 모두에서 목초사육 스테이크가 "기름기 적음" 또는 "기름기 없음"에 해당하는 것을 발견했다. 일부는 심지어 '저지방(1인분의 지방 총량이 3그램 미만)'으로 분류될 정도였다.[61] 목초사육 스테이크와 분쇄육은 대개 지방 총량이 낮았다. 목초사육 스테이크는 오메가3 지방산인 ALA(알파리놀렌산)의 함유량이 높은 편이었고, 목초사육 분쇄육은 CLA(공액리놀레산)의 함유량이 높은 편이었다. 한편, 목초사육 우유는 ALA 함량이 높은 편이었고, CLA 함량은 항상 높았다. ALA

는 심장병 예방에 좋은 성분으로 알려져 있다. CLA는 앞서 언급했 듯 심장병과 면역체계뿐 아니라 암에도 긍정적인 영향을 미친다. "동물실험에서 CLA는 죽상동맥경화증, 당뇨병, 면역 기능, 체성분과 관련해 (…) 여러 건강상 이점을 제공하는 것으로 나타났다."[62]

〈더 푸른 초원〉 보고서는 목초사육 소의 식료가 비타민 함량도 높다는 것을 발견했다. "알파-토코페롤(비타민E)을 측정한 상당수의 연구에서 풀로 키운 소의 고기와 우유가 곡물사료를 먹은 소의 고기와 우유보다 비타민E 함량이 뚜렷이 높았다."[63] 비타민A의 전구체인 베타카로틴도 같은 패턴을 보였다. "풀은 베타카로틴을 다량 함유하는 반면 곡물에는 그 함량이 매우 낮다." 또한 "베타카로틴은 쉽게 산화하기 때문에 저장된 사료에는 베타카로틴의 농도가 현저히 낮다."[64] 따라서 목초사육이 소의 건강에 더 좋고, 결과적으로 소고기와 우유의 비타민E와 베타카로틴의 함량을 높인다. 다만 인정할 것이 있다. 이 두 영양소는 목초사육 소고기와 우유라 할지라도 소량씩만 존재한다.

〈더 푸른 초원〉 보고서가 나온 이후 몇 년 동안 소를 풀로만 사육하는 것의 이점을 타진하는 연구들이 새롭게 쏟아졌다. 대부분 〈더 푸른 초원〉 보고서와 놀랄 만큼 일치하는 결론을 냈다. 그중에는 곡물사육이 소 지방의 오메가3 함량에 불리하다는 연구도 있었다. 풀에 있는 지방산이 대개(60%) 오메가3이기 때문이다.[65] 소를 전적으로 풀로만 사육하면 소 지방의 약 3%가 오메가3 지방이다. 하지만 오메가3 함량은 소가 비육장에 오래 있을수록 꾸준히 떨어져서 196일째에는 수치가 0이 된다.[66]

따라서 목초사육 소고기와 곡물사육 소고기의 지방이 현저한 질적 차이를 보이는 것은 놀랄 일이 아니다. 2009년 클렘슨대학교와 미국농무부가 공동 수행한 연구에서 곡물로 비육한 소고기에 비해 끝까지 풀만 먹인 소고기의 CLA 함량과 오메가3 지방산 총량이 더 높았으며, 오메가6 지방산과 오메가3 지방산의 비율도 더 균형적이었다.(목초사육 소고기의 경우 1.65, 곡물사육 소고기의 경우 4.84였다.) 또한 목초사육 소고기가 베타카로틴, 비타민E(알파-토코페롤), 칼슘, 마그네슘, 칼륨, 비타민B군 중 티아민과 리보플라빈의 함량도 더 높았다.[67]

오메가6 지방과 오메가3 지방 비율을 중점적으로 검토한 연구도 있다. 캘리포니아주립대학교와 캘리포니아대학교가 공동 수행하고 2010년 《영양학저널 Nutrition Journal》에 보고한 연구가 그것이다.[68] 이 연구보고에 의하면 오메가6 지방산이 오메가3 지방산보다 대략 1~4배 많은 것이 건강한 식단이라고 할 수 있는데, "미국인의 보편적 식단은 오메가6 지방산이 오메가3 지방산보다 11~30배나 많다." 또한 이 보고서는 목초사육 소고기와 곡물사육 소고기가 오메가6 대 오메가3 비율에서 상당한 차이를 보인다는 증거를 제시한다. 이 보고서가 검토한 연구들을 종합했을 때, 목초사육 소고기의 평균 비율은 1.53, 곡물사육 소고기의 평균 비율은 7.65였다. 다시 말해 목초사육 소고기의 오메가6와 오메가3의 비율이 훨씬 균형적이다.

2011년 《영국영양학저널 BJN》에 실린 연구는 단 4주 동안, 목초사육 고기를 많이도 아니고 적당히 섭취하는 것만으로도 피험자의 오메가6와 오메가3의 비율이 개선된다는 것을 보여주었다.[69] 2018년에는 미네소타대학교 연구진이 3년여에 걸쳐 100% 목초사육 젖소에게서 채취한 1,000점 이상의 우유 샘플을 대상으로 우유 지방산 프로파일을 정량화한 다음, 이를 관행적 낙농업 젖소에게서 얻은 우유의 프로파일과 비교한 결과를 발표했다. 이 연구에서 목초사육 우유의 오메가3 지방산 수치가 훨씬 높았다. 우유 100그램당 함량이 0.05그램으로, 관행적으로 생산된 우유의 0.02그램/100그램에 비해 147%나 높은 수치였다. 또한 목초사육 우유는 관행적 우유보다 오메가6의 함량이 52% 낮았다.[70]

아일랜드에서 수행한 2019년의 연구도 젖소의 먹이—풀(꼴)이냐 농축사료냐—가 "우유의 성분과 품질에 중요한 차이를 만든다"고 판단했다. 이 연구에서 목초사육 젖소의 우유는 (오메가6 대 오메가3 비율을 포함한) 영양소 구성이 더 훌륭하고, 지방과 단백질 함량도 더 높은 것으로 나타났다. 또한 목초사육 젖소가 생산한 우유는 박센산, CLA, 베타카로틴, ALA 등 여러 유용한 영양소 함량이 높았다.[71]

한편 2010년의 캘리포니아 연구(캘리포니아대학교와 캘리포니아주립대학교 공동 연구)에는 건강 유지에 중요한 영양소로 새로이 알려진 글루타티온GT에 대한 내용이 있다. 글루타티온은 "비교적 최근에 음식물에서 확인된 새로운 단백질"로, "항산화작용을 한다." 글루타티온은 세포 내에서 활성산소를 억제하고, 산화지질이나 산화단백질로부터 세포를 보호하고, DNA 손상을 방지한다. 이 연구보고에 따르면 신선 채소와 소고기 모두 글루타티온 함량이 높다. "글루타티온 화합물이 녹색 식물에 많기 때문에 풀을 먹여 키운 소고기가 곡물을 먹은 소고기에 비해 글루타티온 함량이 특히 높다. 풀만 먹이는 방식은 소고기의 산화효소 농도를 낮춰 근육지질의 산화를 막는다. 목초사육 소고기는 우리에게 산화방지화합물의 좋은 공급원이 된다.[72] 이렇듯 목초사육이 곡물사육보다 더 건강하고 더 영양가 있는 소고기와 유제품을 생산한다는 증거가 다각도로 쌓이고 있다. 이 책의 초판이 출판된 이후 목초사육 소의 고기, 우유, 치즈(그리고 달걀)를 구하기가 더 쉬워지고 가격은 내려갔다. 나는 뭐가 됐든 소고기와 우유를 먹는 것이 좋은 식이 선택이라고 믿는다. 다만 그중에서도 목초사육으로 생산한 소고기와 유제품이 가장 바람직하다는 증거들이 계속 더 많이 나올 것으로 전망한다.

결코 포기할 수 없는 맛

음식, 건강, 환경을 둘러싼 논쟁이 분분하다. 하지만 무엇을 먹을지에 대한 문제에서 가장 중요한 것은 결국 맛이다. 적어도 나와 내 남편 빌에게는 그렇다. 아이들과 식탁에 둘러앉아 저녁을 먹는 것이 우리에게는 가장 중요한 매일의 의식이다. 식사는 우리가 스스로에게 영양을 공급하는 일이자 소중한 대화의 장이다. 우리는 때로는 셰파니스Chez Panisse 같은 레스토랑에서 친구들과 특별한 저녁을 보낸다. 정말로 좋은 음식을 먹는 것, 특히 사랑하는 사람과 음식을 나누는 일은 인생에서 가장 달콤한 즐거움이다. 목초사육 치즈와 소고기가 아무리 건강에 좋아도, 막상 맛이 좋지 않다면 굳이 먹을 이유가 있을까? 맛. 이것이 우리가 음식 선택에 적용하는 기본 원칙이다. 이것이 우리가 제철이 아닌 딸기와 토마토를 사지 않는 주된 이유다. 과거에 빌이 완전 목초사육법의 도입을 고민할 때였다. 빌은 일단 작고 시험적인 단계들부터 밟아나갔다. 빌은

"맛이 끝내주는" 소고기를 일관성 있게 생산할 방법을 찾지 못한다면 굳이 할 의미가 없다고 여겼다.

빌은 전부터 아르헨티나, 호주, 남아프리카공화국, 뉴질랜드를 여행하면서 혀에서 녹을 만큼 맛있는 목초사육 소고기를 여러 번 접했다. 그 고기들은 풍미 있고, 감칠맛 나고, 씹히는 정도가 딱 좋았다. 그런데 빌이 미국에서 시식한 목초사육 소고기의 상당수는 신통찮았다. 고기가 뻑뻑하고, 맛이 아릿하고, 질겼다. 한번은 우리가 중서부에 있는 고급 레스토랑에 갔다. 주방장이 직접 우리 테이블로 와서 현지 목장에서 풀을 먹여 키운 스코티시하이랜드 종 육우의 고기를 자랑스럽게 내놓았다. 우리만 남았을 때 빌은 내게로 몸을 숙이고 속삭였다. "이거 먹을 게 못 돼." 물론 빌은 먹었다. 하지만 그건 단지 요리사와 농부에게 예의와 존경을 갖추기 위해서였다. 빌이 걱정한 것이 그런 종류의 소고기였다. 하지만 근래에는 미국에서도 여러 지역에서 빌을 감동시키는 목초사육 소고기들이 나오고 있다.

《뉴욕타임스》요리작가 매리언 버로스도 비슷한 경험을 했다. 그녀는 이렇게 썼다. "내가 2002년에 목초사육 소고기에 대해 쓸 당시는 약 50명의 생산자가 있었고, 그들이 생산한 고기는 대부분 맛이 좋지 않았다." 그러다 2006년 그녀는 목초사육 소고기 부문의 괄목상대할 발전을 실감했다. 버로스는 목초사육 소고기를 생산하는 농가와 목장을 1,000여 곳이나 발견했고, 식미 차원에서 "제대로 해내는 곳들이 늘어간다"는 느낌을 받았다. 그녀의 평가는 이러했다. "내가 시식한 결과, 100% 목초사육 소고기는 모든 면에서 뛰어나다. 지속가능성은 물론이고, 깨끗하고 육즙이 풍부하고 살이 실하고 영양도 높다.(하지만 지방이 적은 편이기 때문에 상대적으로 낮은 온도에서 짧게 조리해야 한다.)"[73]

목초사육 소고기의 조리법에 대한 견해에도 변화가 일고 있다. 요리작가 린 커리의 책《순수 소고기 Pure Beef》가 이를 대변한다. 커리는 목초사육 소고기에 대한 표준 조리법("센 불에서 조리하지 마세요!" "미디엄 레어 이상 굽지 마세요!" "조리 전에 소금을 치지 마세요, 육즙이 마르니까!")에 이의를 제기한다. 다만 커리는 100% 목초사육 소고기는 얼마간의 특별한 주의를 요한다고 말한다. 그녀의 조언은 다음과 같다. 간을 잘 한다. 원한다면 갈색이 될 때까지 익혀도 무방하다. 적절한 조리 기구를 사용한다. 원하는 서빙온도보다 약간 낮게 조리한다.[74] 하지만 커리는 목초사육 소고기도 다 같지 않다는 것을 인정한다. 특히 일부 목장주들은 "환상적인 목초사육 소고기를 생산하는 마법의 공식을 찾아내는 데 성공했다." 커리가 실명을 언급하진 않았지만, 나는 그녀가 (우리 목장에 와서 우리 소고기를 먹어본 후) 우리 목장의 소고기를 그 명단에 넣었다고 생각한다.

여기서 미리 양해를 구하고 자랑을 좀 하려 한다. 내 남편 빌은 누구 못지않게 근면한 사람이다. 자기 일에 대한 열정이 골수에 사무치는 사람이다. 완벽하지 않은 것은 무엇도 그를 만족시키지 못한다. 배우자 입장에서 봤을 때는 이것이 장점도 되고 단점도 된다. 하지만 빌의 고객들은 그의 가차 없는 탁월함 추구에서 언제나 이득을 얻는다.

미국 전역과 세계 곳곳의 목초사육 소고기를 시식해본 후 빌은 다음을 깨달았다. 목초사육 고기는 나쁘면 정말로 나빴다. 하지만 좋을 때는 소고기 중 단연 으뜸이었다. 1990년대 후반부터 빌은 소를 풀로만 기르는 방식을 진지하게 고려하기 시작했다. 내가 그를 처음 만난 2000년 당시 빌은 자신이 설립자이자 CEO인 니먼 목장에 100% 목초사육 소고기 생산 부문을 만들 구상에 빠져 있었다. 빌은 당시 읽고 있던 자료와 환경운동가, 작가, 요리사들과 나눈 대화에 한껏 고무된 상태였다.

그중에 세계적으로 유명한 레스토랑 운영자이자 빌의 오랜 고객인 앨리스 워터스도 있었다. 워터스는 고기소는 모두 풀로만 길러야 한다고 믿는 사람이었다. 하지만 빌처럼 워터스 역시 목초사육 소고기끼리도 식미가 들쑥날쑥하다는 것을 알고 있었다. 하지만 그녀는 빌과 오래 거래한 경험을 근거로 빌이 마음만 먹으면 훌륭한 품질의 목초사육 소고기를 생산할 수 있을 거라 믿었다. 빌과 친해지면서 나도 그의 계획을 격려했다. 이때쯤에는 나도 자료와 현장답사를 통해 소를 풀로만 키우는 것이 환경에 무수한 이점을 제공한다는 것을 알고 있었다.

복잡한 준비과정 외에 빌을 망설이게 한 유일한 것은 식미에 대한 걱정이었다. 그는 최소한 도축 직전 곡물로 비육한 소고기만큼만 맛있는 소고기를 **일관적으로** 생산할 수 있다면 목초사육에 참여할 의지가 있었다. 이것이 몇 년이나 이어진 탐구의 시작이었다. 시작하기 전에 그는 목축업에 오래 종사한 목장주에게 훌륭한 100% 목초사육 소고기를 얻으려면 소를 어떻게 길러야 할지 의견을 구했다. 요리사에게도 육류 식재에 대한 경험과 기대를 물었다.

이후 7년 동안 빌은 시험 삼아 매년 소수의 소를 볼리나스의 농장에서 오로지 풀을 먹여 키웠고, 매년 목초지 상태와 소의 몸 상태에 따라 순차적으로 도축했다. 그는 각각의 소를 관찰해 상태가 절정이라고 판단될 때 한 번에 (두세 마리씩) 적은 수만 도축했다. 소의 상태를 꼼꼼히 기록하면서 그것이 지방과 육질의 차이들과 어떻게 상응하는지 관찰했다. 그는 늘 그랬듯 본인이 직접 소를 도축장으로 운반했고, 도축과 해체의 전 과정을 직접 감독했다. 도축한 다음에는 니먼 목장의 동료들과 함께 소의 각 부위를 체계적으로 시식했고, 아울러 매년 그가 미각을 인정하는 요리사를 초대해 고기 시식회를 열었다.

그 세월 동안 빌이 얻은 정보와 경험이 그만의 사육법 개발로 이어졌다. 우리는 이 방법을 나름 비법이라고 생각한다. 하지만 사실 어찌 보면 우리의 방법이란 동물 사육방식과 적당한 도축 시점에 대해 옛 조상의 지혜를 따르는 것에 불과하다. 우리는 청하는 사람 누구에게나 우리가 알아낸 것을 기꺼이 나눌 준비가 되어 있다.

끝내주는 소로 키우기

우리 방법의 기본은 이렇다. 먼저, 적절한 품종과 혈통의 소를 선택하는 것이 관건이다. 우리 목장의 암소와 수소는 모두 영국 품종(이 업계에서는 토종소라고 부른다)이다. 몇 년에 한 번씩 헤리퍼드 품종 수소를 들이지만, 우리 목장의 어미소 전체와 수소 대부분은 애버딘앵거스 품종이다. 빌은 니먼 목장을 운영해온 수십 년 동안 그야말로 수천 마리의 고기를 시식했고, 그 결과 영국 품종들이 최고 식미의 고기를 일관적으로 생산한다고 확신한다. 빌의 말에 따르면 "영국 음식 문화는 예나 지금이나 소고기 문화라 할 수 있고,

그들은 풀을 최상의 고기로 바꾸는 품종을 개발하는 데 집중했다."
거기다 애버딘앵거스 소는 다루기가 쉽다. 성질이 유순하고, 새끼도 잘 낳아 잘 기르고, 건강문제가 별로 없고, 뿔도 없다.

우리 목장의 소들은 12월 중순부터 2월 중순까지 겨울에 짝짓기를 한다. 짝짓기는 자연스럽게 이루어지고, 소들은 그 과정을 엄청나게 즐긴다.(농담이 아니다. 번식기에 수소가 암소의 목을 비비고 핥는 모습을 보여주고 싶다.) 우리 목장에서 매년 암소의 95% 이상이 새끼를 밴다. 우리의 목표는 외부 도움 없이 출산할 수 있는 어미소와 그것이 가능하게끔 적당한 크기의 새끼를 배게 할 수소로만 소 떼를 구성하는 것이다.

소의 임신 기간은 9.5개월이기 때문에 송아지들은 같은 해 9~12월에 태어난다. 초지 상태와 맞추기 위해 우리는 일부러 소의 분만 시기를 이때로 조정한다. 어미소는 새끼를 키울 때 더 많은 영양분이 필요하고, 이 지역 풀은 늦겨울부터 봄까지 무성하다.(반대로, 우리가 알아낸 바로는, 어미소가 분만 시기에 풀을 너무 많이 먹게 되면 송아지에게 전염성 설사증이 발생할 가능성이 높고, 어미소에게는 젖통에 병이 생길 가능성이 높다.)

송아지와 어미소는 7~9개월 동안 함께 지낸다.(송아지 한 마리를 키우려면 정말로 소 마을 하나가 필요하다. 어미소는 집단으로 새끼를 보살핀다. 특히 포식자로부터 새끼들을 지키는 경우에는 더 그렇다.) 이후 우리는 '울타리 젖떼기'라는 기법을 이용해 송아지들을 어미들에게서 분리한다. 어미소와 새끼소를 같은 곳에 두되 울타리 양편에 갈라놓는 것으로 어미와 새끼의 스트레스를 최소화하는 방법이다. 젖 뗀 새끼들은 이 시점부터 자기들끼리 지내며 최상의 목초지로 옮겨 다닌다. 한

창 몸이 크느라 영양분 수요가 높기 때문이다.

(번식용으로 계속 키울 암송아지들을 제외한) 송아지들은 두 살까지 목초지와 방목장에서 산다. 더 정확히 말하면 우리 소들은 평균 생후 24~30개월에 도축장으로 간다. 수소는 몸무게가 약 565~610킬로그램일 때, 암소는 520~565킬로그램일 때 도축된다.

소 목축에서 이 무게들은 완전히 자라고 살이 오른 성체를 의미한다. 우리는 이들을 '풀로 살찌운 소'라고 부른다. 소는 먹이가 풍부한 곳을 만날 때마다 먹이가 궁할 때를 대비해 의도적으로 몸을 살찌운다. 빌은 그것을 곰이 동면 전에 연어를 잔뜩 먹는 것에 비유한다.

우리는 이 두 가지—성숙과 지방—를 최고의 소고기 생산을 위한 필수조건으로 본다. 유명한 농장 속담이 있다. "늙은 암탉이 최고의 수프가 된다." 동물의 나이가 풍미를 더한다. 해럴드 맥기의 책에도 이렇게 나온다. "프랑스 요리의 기본기를 가르치는 책《요리 기법Technologie Culinaire》(1995)에 따르면 생후 2년 미만인 동물의 고기는 '싱겁기 짝이 없다.' '최상급' 고기는 3~4살짜리 수소의 고기다."75(말해둘 것이 있다. 처음 2년 동안은 빌도 비슷한 생각으로 생후 3~4년 된 소만 도축했다. 하지만 생후 2년짜리 고기에 비해 맛에서 어떤 장점도 발견하지 못했다.) 앞서 말했듯 우리는 소고기 지방, 특히 제대로 방목한 소의 지방은 인간의 식단에 건강과 맛을 더한다고 확신한다.

복숭아, 딸기, 토마토의 경우처럼 소고기도 지역마다 제철이 다르다. 지중해성 기후인 캘리포니아에서는 그때가 풀이 메마르기 시작하는 5~6월이다. 미국의 다른 지역들에서는 첫 된서리가 내린 직후, 그러니까 10월쯤이다. 내가《돼지가 사는 공장》에 자세히 썼다시피 소에게 옥수수 등 곡물을 먹여 살을 찌우는 비육장은 원래 소고기 공급량의 계절적 변동을 없앨 목적으로 고안됐다. 농부, 요리사, 소비자들은 이 원칙을 염두에 둘 필요가 있다. 맛 좋은 목초사육 소고기를 원한다면 (그리고 영양적 절정에 있는 소고기를 원한다면) 제철에 도축된 소의 고기를 구해야 한다. 소고기는 제철에는 신선하게 먹고, 다른 시기에는 냉동 등의 방법으로 저장된 것을 먹는 게 좋다.

우리가 최상급 목초사육 소고기를 일관성 있게 생산하기 위한 필요조건이라고 생각하는 것은 요약하자면 다음과 같다. 영국 품종의 소, 완전 방목, 성체가 될 때까지(최소한 24개월) 사육하기, 풀이 절정에 달하고 소가 최상의 상태에 도달한 시점(즉 살진 시점) 직후에 도축하기.

고기소든 번식용 소든 우리 소들은 모두 살아 있는 내내 목초지나 천연 방목장에서 산다. 유일한 예외는 아픈 소가 생겼을 때다.(아픈 소는 병이 나을 때까지 목장 울타리 안의 '요양 우리'에서 지낸다.) 그리고 송아지가 젖을 뗄 때다. 앞서 말했듯 이유기 송아지는 목초지에 남아 있는 어미소와 울타리를 사이에 두고 며칠간 격리된다. 목초지의 풀 상태가 유난히 좋은 해에는 반대로 하기도 한다. 즉 송아지에게 영양가 높은 늦봄의 풀을 뜯게 하고, 어미소는 울타리 너머로 격리한다.

소의 식단은 아주 간단하다. 우리는 소에게 어떠한 종류의 곡물도, 부산물도, 약물도 먹이지 않는다.(당연히 어떠한 성장호르몬도 쓰지 않는다.) 송아지는 태어나 젖을 뗄 때까지 어미소의 젖을 먹고 목초지의 풀을 뜯는다. 새끼 때 어미젖 외에 우리 소들이 먹는 것이라고는 목초지의 풀, (클로버와 살갈퀴 같은) 천연식생, 초지에서 먹이는 소량의 알팔파 건초뿐이다.

우리가 사용하는 건초는 소의 연간 식이에서 1%도 되지 않는다. 건초를 먹이는 것은 우리에게도 좋을 게 없다. 건초는 타지에서 재배해 우리 지역으로 운반해온 것이기 때문에 자원 소모가 따르고 우리의 투입 비용을 높인다. 하지만 알팔파 건초의 단백질은 우리 목장 풀의 영양 함량이 가장 낮은 건기에 어미소에게 유용한 보충식이 된다. (우리는 최고급 건초만 구매한다. 하지만 유제품만큼 고단백—단백질 약 20%—은 아니다.) 물론 건초 없이도 유지가 가능하다. 하지만 그 경우 동물의 활기가 떨어지고, 질병에 취약해지고, 무엇보다 출산율이 떨어질 가능성이 있다. 소 떼의 건강과 번식력 감퇴는 환경에 대한 부담 증가로 이어진다.[76] 알팔파 건초에 대해 피먼텔 부부는 다음과 같이 말한다. "대개의 작물과 달리 알팔파는 질소비료를 거의 또는 전혀 필요로 하지 않는다. 또한 콩류 작물처럼 알팔파도 공기 중의 질소를 고정해 토양으로 돌린다. 질소비료는 에너지 비용이 높은 투입물이기 때문에 질소비료가 필요 없는 알팔파는 상대적으로 에너지 효율이 높은 작물이다."[77] 모든 것을 감안해서 우리는 건초사료를 제한적으로 사용하는 것은 나쁘지 않다고 본다.

우리 이름(빌 니먼 목장)을 달고 판매되는 소고기는 모두 우리가 직접 키우는 소들이나, 우리와 긴밀히 협력하고 우리와 동일한 사육법과 축산법을 쓰는 목장의 소들에서 나온다. 우리는 절대로 소를 가축경매장에서 사지 않는다. 개인적으로 아는 목장에서만 산다. 이 접근법은 우리가 파는 소고기의 산지와 이력에 대한 투명성을 온전히 보장한다.

많은 요리사가 우리 소고기를 그들이 맛본 최고의 소고기로 평했다. 목초사육 소고기 중 최고가 아니라 모든 소고기 중의 최고로 인정했다. 세계적인 요리사 댄 바버는 우리 소고기를 먹는 것을 "변혁적 경험"으로 표현했다. 우리는 우리 일을 더 개선할 방법을 부단히 찾는다. 하지만 나는 우리가 성공적 공식을 발견했다고 생각한다. 우리는 우리의 사육법과 소고기에 자부심이 있다. 우리 소고기는 이례적으로 영양가 있고, 건강에 좋고, 안전하다. 무엇보다, 맛이 뛰어나다.

오래 맘껏 즐기자

마지막으로 소고기의 장점을 하나 더 언급하고자 한다. 소고기를 특히 가치 있는 먹거리로 만드는 정점이면서 흔히 간과되는 장점이기도 하다. 바로 소고기는 다른 음식에 비해 쉽게 부패하지 않는다는 점이다. (1834년) 냉장법이 등장하기 전까지 세계 사람들은 고기를 비롯한 음식물을 저장할 때 전적으로 건조, 훈연, 염장, 절임 같은 기법에 의존했다. 그중 고기는 방법에 따라 몇 년씩 저장할 수도 있었다.[78] 소고기는 가장 오래 유지되는 음식 중 하나였다.

아이러니하게도, 최근 소고기 비방에 가장 많이 이용된 것, 바로 포화지방이 소고기의 높은 지속력의 비결이다. 해럴드 맥기의 설명에 따르면 "불포화지방은 산패에 매우 취약하다. 바꿔 말하면 생선, 가금류, 새가 가장 빨리 상한다. 소고기는 육류 중 포화지방이 가장 많다. 따라서 가장 안정적이고, 가장 오래간다."[79]

맥기는 또한 이렇게 말한다. "건강한 가축의 손상 없는 근육에는 일반적으로 미생물이 없다." 그리고 "고기를 망치는 박테리아와 곰팡이는 가공 과정에서 주로 동물 가죽이나 포장 기계에서 유입된다." 소고기와 달리 "가금류와 생선은 껍질이 제거되지 않고 팔리기 때문에 특히 부패에 취약하고 세척해도 박테리아가 상당히 남아 있다."

물론 오늘날에는 적어도 선진국에서는 소고기를 주로 냉동 보관한다. 정육업자이자 작가인 애덤 댄포스는 그의 책《소고기 도살Butchering Beef》에서 소고기는 한 마리당 얻는 고기의 양뿐 아니라 고기가 멀쩡하게 유지되는 시간에서도 유례없이 뛰어나다고 말한다. 댄포스에 따르면 소 한 마리당 고기 수확량은 평균 180킬로그램이 넘으며, 이는 평균 규모의 두 가족이 일 년 동안 먹을 양에 해당한다. "또한 냉동 보관 시 소고기는 다른 고기보다 오래 맛 좋은 상태로 유지되기 때문에 이 수확량을 일 년보다 훨씬 오래 먹을 수 있다."[80] 소고기를 현명하게 선택하자. 그다음에는 맘껏 먹고 즐기자.

3부

현실 그리고 미래

문제 해결을 위한 선택

윤리적 잡식주의자를 위하여

9

문제 해결을 위한 선택

앞서 논했듯 나는 오늘날 미국의 소 사육법과 소고기 생산 방식에 잘못된 점이 많다고 생각한다. 《소고기를 위한 변론》이란 책 제목을 생각할 때 내 비판의식이 다소 의외로 느껴질 수 있다. 현행 축산 관행에 대한 내 우려에 대해서는 전작 《돼지가 사는 공장》에 자세히 썼기 때문에 여기서 재론하지는 않겠다. 그동안 소 사육과 소고기의 '어두운 면'을 보여주는 데 전력하는 책과 기사가 그야말로 홍수처럼 쏟아져 나왔다. 내가 이 책에서 분명히 밝혔다시피 지금껏 나온 저술의 대부분이 빈약한 증거나 터무니없는 날조에 불과했다. 하지만 일부 비판은 타당성이 있다. 이제 그 점들을 짧게나마 짚어보고자 한다.

소와 관련해 제기된 문제들을 범주화하면 대략 다음과 같다. 소와 토지가 관리되는 방식, 소에게 먹이는 물질, 성장 촉진을 위해 투여하는 호르몬과 약물, 환경오염을 유발하는 관행들, 자원 낭비, 살아 있는 가축의 장거리 운송, 도살장에서의 취급 방식. 달리 말해 소 관련 문제들은 토지 관리, 자원 낭비, 오염, 동물복지, 식품 안전성에 관한 것들이다.

목축업자가 되기 전 환경변호사로 활동할 당시 나는 다른 부문의 오염문제를 다룰 때처럼 이 우려들에서도 심리적 거리를 유지했다. 솔직히 말해 당시에는 이 이슈들을 훨씬 객관적으로 보았다. 하지만 그때는 내 이해의 깊이가 지금보다 얕았다. 이제는 소를 키워 소고기를 파는 업계의 일원으로서 해당 이슈들을 훨씬 면밀히 파악하고 있고, 해결책에 대한 절박감을 더 강하게 느낀다. 축산업에서 문제성 관행이 계속되는 한 소를 기르는 사람들과 소고기의 생산, 판매, 가공에 관여하는 사람들 모두 비난에서 벗어날 수 없다.

호르몬과 항생제의 문제

모든 자구책의 첫 단계는 자기반성과 자기인정이다. 나는 매달 육류산업 관련 정기간행물을 몇 권씩 숙독한다. 읽을 때마다 업계가 소비자 우려에 대처하는 태도에 충격을 받는다. 인정은 거의 없고 부인만 난무한다. 업계는 비판을 공정하게 평가하고 문제 해결에 힘을 모을 생각은 없고 번번이 고질적인 방어 태세로 일관한다. 베타아고니스트beta-agonist●, 호르몬, 항생제 등의 약물 문제에서도 마찬가지다. 매번 쇠귀에 경 읽기다. 소고기산업은 비판가들을 그저 "축산업을 잘 모르거나," "세상을 먹여 살리는 데 관심 없거나," "교육이 필요한" 사람들로 치부한다. 업계는 조정이나 변화에 대한 의지도 관심도 없고, 그런 태도를 숨기지도 않는다.

앞서 말했듯 미국인의 소고기 소비량은 지난 30년 동안 급감했다. 산업화된 세계 전반에서도 이 추세가 이어지고 있다. 이는 업계의 막무가내 태도에 소비 하락의 부분적인 책임이 있다고 본다. 조사마다 식품첨가제에 대한 미국인들의 경계심이 커지고 있음을 보여준다.(지난 수십 년간 식품산업에서 가장 빠른 성장세를 보인 분야가 유기농이다.) 하지만 지금도 비육장에서는 매일 소에게 성장호르몬을 투여하고 베타아고니스트와 항생제를 먹이고 있다. 이것이 산업 전반의 주류 관행이다. 육류산업의 자체 조사도 사람들이 육류 소비를 줄이는 이유가 품질 우려 때문임을 보여준다. 최근 실시한 '육류+가금류' 설문조사에서 적색육 소비를 줄이는 사람들과 '높은 품질'

● 동물의 체내 단백질 합성을 늘리고 지방 합성을 줄이는 사료 첨가제.

의 적색육을 찾는 사람들이 겹치는 것으로 나타났다.(이것이 정확히 무엇을 의미하는지는 아직 분명치 않다.) "과거에 비해 적색육을 덜 먹는다고 답한 미국인의 16%가 현재 더 높은 품질의 적색육을 소비하고 있다."[1] 이는 업계가 수익성 유지를 원한다면 소비자 우려를 해소할 필요가 있음을 보여준다. 그런데도 소고기산업이 주도하는 변경은 여전히 더 적은 비용으로 더 많은 고기를 생산하는 데 집중돼 있으며, 이는 소고기의 질을 올리기보다 떨어뜨릴 게 분명하다.

축산업의 전형적인 문제 대처 방식을 단적으로 보여주는 최근의 사례가 있다. 바로 질맥스Zilmax라는 약물을 둘러싼 문제다. 글로벌 제약사 머크Merck가 제조하는 질맥스는 베타아고니스트 계열에 속하는 약품으로, 동물의 체내에서 스테로이드처럼 기능한다. 즉 사료를 지방보다 근육으로 전환해 동물의 덩치를 빠르게 불린다. 2007년 시장에 처음 도입된 이래 이 약물은 삽시간에 비육장에 퍼졌다. 2012년에는 미국 소의 70~80%에게 질맥스 또는 옵타플렉스Optaflexx라는 유사 약물이 투여됐으며, 덕분에 같은 해 제조사 머크가 1억 5900만 달러라는 천문학적 매출을 올린 것으로 추산됐다. 비육장은 이런 약품을 애용한다. 상대적으로 적은 사료를 투입해 소의 근육조직(고기)을 늘릴 수 있기 때문이다.

이런 근육증가제 사용이 보편화하면서 소들이 제대로 걷거나 서지 못하는 파행 증세를 보였고, 곧 이 이슈가 표면화됐다. 타이슨 푸즈Tyson Foods는 질맥스를 투여한 소들이 제대로 걷지 못하는 상태로 도축장에 실려 오는 것을 알게 된 후 질맥스를 먹인 소들을 거부했다. 로이터통신에 따르면 질맥스를 복용한 파행 증세 소들 중 일부에서 발굽이 없어지는 부작용이 보였다. 세계적 곡물기업

카길Cargill도 동물복지 문제와 아시아 시장이 보인 거부감을 언급하며 더 이상 질맥스를 먹인 가축을 구입하지 않겠다고 발표했다.[2] 놀랍게도 이런 상황에서도 FDA는 해당 약물에 대한 사용 승인을 철회하지 않았고, 다른 어떤 조치도 취하지 않았다. 어쨌거나 대형 육류회사의 구매 거부가 잇따르자 2013년 9월 머크는 어쩔 수 없이 미국과 캐나다에서 질맥스 판매를 자발적으로 중단했다. 하지만 머크는 질맥스에 실질적인 문제가 있다고 보지 않으며, 해당 약품이 사실상 안전하다는 것을 '증명'할 '연구'를 더 확보하겠다는 입장을 취했다. 질맥스의 시장 퇴출은 이루어지지 않았다.

2014년 텍사스테크대학교의 한 수의역학자가 발표한 연구에 따르면, 베타아고니스트 약물을 투여한 소의 조기 사망 발생률이 해당 약물을 투여하지 않은 소보다 무려 75~90% 더 높았다.[3] 세계적인 동물학자이자 동물복지 전문가 템플 그랜딘 박사도 소 사료에 베타아고니스트 약품을 첨가하는 관행을 말과 글을 통해 공개적으로 비판해왔다. 그랜딘 박사는 약물을 주입받는 소가 "고통당하고 있다"고 했다. 박사는 "관찰에 의하면 동물에게 베타아고니스트를 먹이는 것은 심각한 동물 학대" 해당한다는 보고서를 냈고,[4] 미국공영라디오와의 인터뷰에서는 베타아고니스트를 먹인 소가 다섯 마리 중 한 마리 꼴로 걷지 못하게 된다고 밝혔다. 그랜딘 박사는 소고기산업을 향해 상황을 바로잡을 것을 간청했다. "나는 동물에 대한 처우 개선을 위해 내 커리어를 바쳤습니다. 이 동물들은 현재 끔찍한 고통에 처해 있습니다. 학대를 중단해야 합니다."[5] 중국, 러시아, 유럽연합은 동물 사료에 베타아고니스트를 첨가하는 것을 이미 금지했다.

정말 놀라운 것은, 이렇게 부정적인 정보와 보도가 쏟아지고 매출 타격이 우려되는 상황에서도 베타아고니스트 약물이 여전히 비육장에서 보편적으로 사용된다는 사실이다. 소고기업계 간행물도 약물 사용을 옹호한다. 머크가 질맥스를 시장에서 회수한 직후 《BEEF 매거진》은 항간의 우려와 반대로 베타아고니스트는 전적으로 안전하다고 주장하는 어느 농과대학 연구원의 보고서를 커버스토리로 다뤘다. 한숨만 나온다. 쇠귀에 경 읽기다.

다른 예는 항생제에 관한 것이다. 항생제 투여는 주로 돼지와 가금류의 감금사육에 만연한 관행이지만 소 비육장에서도 항생제를 엄청나게 쓴다. 목적은 두 가지다. 소의 성장 촉진과 질병 방지. 참여과학자모임의 추산에 따르면 비非치료 목적의 항생제를 복용하는 소가 최대 55%에 이르며, 소비육장들이 소 사료에 첨가하는 항생제가 매년 약 1,678톤에 달한다.[6]

최근 수십 년간 가축에 대한 항생제 남용의 위험성을 말하는 증거들이 쌓였다. 육류 소비자의 건강에 위험하기에 미국 질병통제예방센터, 세계보건기구, 미국의학협회, 미국공중보건협회 모두 농장동물에게 항생제를 지속적으로 투여하는 관행에 반대하는 입장을 취했다. 미국 의회도 오래전부터 매년 이 관행을 불법화할 입법을 고려했다. 2009년 작고한 에드워드 케네디 전 상원의원도 미 상원의 법안 상정을 지원한 사람 중 한 명이었다. 하지만 법적 규제 노력은 (소고기 부문을 포함한) 육류산업의 심한 로비로 번번이 막혔다. 오늘날까지 이 건과 관련해 어떤 연방법도 통과되지 못했다.

2017년 FDA가 인간 건강에 영향력이 있다고 판단되는 '중요 의약품'을 성장 촉진이나 사료 효율을 위해 사용하는 것을 금지하는 규정을 발표했다. 중요한 첫 걸음이지만 충분히 멀리 내딛지는 못했다. 가축사료에 항생제를 일상적으로 첨가하는 일이 여전히 허용되고 있으며, 해당 관행도 여전히 만연한 상태다.

육류산업은 항생제 사료가 금지된 나라의 경우 치료 목적의 사용이 늘기 때문에 전체 항생제 사용량이 오히려 늘었다고 주장한다. 하지만 이 주장은 퓨Pew리서치센터의 공장식축산위원회 등 공신력 있는 기관들에 의해 틀렸음이 거듭 입증됐다. 가축사료에 비非치료 목적의 항생제 사용을 금지하면 시행 원년 이후 전체 항생제 사용량이 현저히 감소하게 된다. 하지만 FAD의 조치와 공공보건 및 환경단체가 10년 넘게 기울인 노력에도 불구하고, 소를 비롯한 가축과 가금류가 매일 먹고 마시는 사료와 물에 각종 항생제를 소량씩 꾸준히 첨가하는 것이 미국에서는 여전히 합법이다.

이는 스웨덴의 육류업계와 정부가 취한 방식과 대비된다. 스웨덴 소비자들은 1980년대 초부터 가축 사육에 항생제가 남용되는 것에 우려를 표하기 시작했다. 가축에게 항생제를 먹이는 것이 항생제 내성 질병의 증가를 부른다는 과학적 증거도 속속 등장했다. 스웨덴 육류산업은 소비대중의 불신이 가져올 위기를 예견했다. 업계는 직접 문제 해결의 주도권을 잡고 가축과 가금류를 기르는 모두에게 공평한 경쟁의 장을 유지하는 게 최선이라 판단했다. 그래서 스웨덴의 경우는 오히려 육류업계가 입법부에 로비를 전개해 식용 가축에 대한 지속적 항생제 투여를 금지하는 법안을 상정했고, 스웨덴 정부는 1986년 이 법을 통과시켰다. 이런 조치를 취한 것은 유럽에서 스웨덴이 처음이었다. 이후 스웨덴의 선례에 따라 2006년 비슷한 법이 유럽연합 전체에 발효됐다.

지속가능한 축산업의 실천

축산업이나 육류산업에 종사하는 사람에게는 두 가지 선택이 있다. 정당한 이슈 제기를 인정하고 문제 해결에 동참하거나, 반대로 부정하는 데 매진하거나. 축산업 종사자로서 나의 희망은 정당한 우려들을 인정하고 산업 스스로 해결책을 도입하는 것이다. 비판가들을 침묵시키는 데는 이보다 좋은 방법이 없다.

내가 생각하는 몇 가지 구체적 실행안은 다음과 같다.

1. 방목 관리를 개선한다. 방목이 적절한 계획과 감독 없이 이루어지는 경향이 있다. 관리형방목은 환경에 유익한 정도가 아니라 생태계가 제 기능을 하는 데 필수적이다. 하지만 잘 관리되지 못한 방목은 오히려 해가 된다. 모든 농부와 목장주들이 동참할 필요가 있다.
2. 일차포식자에 대한 살상을 멈춘다. 포식자는 건강한 생태계 유지에 필수적인 존재다.[7] 그리고 목장주는 인간사회의 그 누구보다 건강한 생태계를 필요로 하는 사람들이다. 없어선 안 될 동물들에 대한 포획을 멈추고 그들과 공존하는 법을 배워야 한다.
3. 가축에게 더는 약물을 주입하지 않는다. 항생제와 베타아고니스트를 비롯한 충격적이고 입맛 떨어지는 각종 약물과 각종 부산물이 비육장에서 소에게 일상적으로 공급된다. 이는 건강하지 않은 가축을 만들고, 이들은 인간에게 위험할 수 있는 식품이 되며, 그 과정에서 배출되는 폐기물은 강과 하천을 오

염시킨다. 동물이 자연 상태에서 먹는 것과 비슷한 순수한 사료 외에는 어떤 것도 소에게 먹이면 안 된다. 곡물이 소에게 본질적으로 나쁘다고 생각하지는 않는다. 하지만 소에게 곡물을 먹이는 것은 자원 낭비이자 수질오염과 대기오염을 거드는 일이기에 나는 곡물사료는 드물게 사용해야 한다고 생각한다. 모든 소는 최대한 자기가 직접 먹이를 찾아 먹어야 한다.

4. 호르몬 사용을 중단한다. 젖소나 육우에게 어떠한 성장호르몬도 사용해서는 안 된다. 여기에는 타협의 여지가 없다. 베타아고니스트와 마찬가지로 호르몬 사용은 소들의 건강과 복지를 위협하고, 인간에게도 위험한 식품을 낳는다. 이를 경계하는 소비자들이 늘어간다. 또한 이 관행은 시장에서 미국산 소고기의 입지를 제한한다. 유럽연합은 1981년에 가축에 대한 호르몬 사용을 금지했다. 성장호르몬 사용은 즉시 전면 중단되어야 한다.

5. 송아지를 비육장에 넣지 않는다. 소를 기르는 최상의 방법은 태어나 죽을 때까지 풀을 뜯게 하는 것이다. 설사 비육장을 허용해도 어린 소에게는 적용해선 안 된다. 같은 건강과 복지 문제도 어린 소에게는 더 증폭된다.[8] 소를 불가피하게 비육장에 보낸다 해도 적어도 생후 일 년, 가급적 생후 18개월 이전에는 보내지 말아야 한다.

6. 어린 소를 도살하지 않는다. 미국의 경우 (생후 2년 미만의) 어린 소를 도축하는 것은 비교적 최근에 생긴 관행이다. 사육 기간 단축은 베타아고니스트, 호르몬, 고농축 사료의 사용(모두 중단해야 할 관행이며 고농축 사료의 경우는 최소화해야 한다.)에 따른 결과

다. 소는 완전한 성체로 키운 다음에(최소한 생후 2년에) 도축해야 한다. 그것이 자원 낭비를 줄이고 질 좋은 고기를 생산하는 방법이다.

7. 장거리 운송을 중단한다. 목장주라면 모두 알겠지만, 소들은 트럭 운송 중에 눕지 않는다. 누우면 짓밟혀 죽는다. 이것이 소의 운송거리를 반드시 줄여야 하는 이유다. 동물복지인증AWA 기준에 따르면 소 수송은 절대 여덟 시간을 초과해서는 안 된다.⁹ 소들이 더 장시간 서 있어야 하는 장거리 수송은 비인도적이다.

8. 도축 관행을 개선한다. 소는 인도적으로 도축되어야 한다. 인도적 도축은 우리에게 음식을 제공하는 생명체에 대한 최소한의 도리일 뿐 아니라 고기의 질과 안전성과도 밀접한 연관이 있다. 동물의 스트레스를 최소화하기 위한 최선의 방법은 소가 친밀함을 느끼는 소유주가 직접 다루는 것이다. 이것이 동물이 평온을 유지하는 데 엄청난 도움이 된다. 아울러 모든 동물이 항시 인도적 취급을 받는 환경을 보장하기 위해서 모든 도축장에 비디오카메라를 설치해야 한다.

이 리스트만 읽으면 소고기 반대론자의 말처럼 들릴 수 있다. 하지만 나는 이를 축산업을 걱정하는 업계의 일원으로서 썼다. 내 희망은 이 리스트를 읽는 모두와 소의 사육, 운송, 도축에 관여하는 모두가 이를 행동 개시 경보로 받아들이는 것이다. 우리의 존속을 바란다면 우리의 현행을 개선해야 하고, 또 그렇게 할 수 있다.

10
윤리적 잡식주의자를 위하여

이 책에서 이미 논한 것 외에 소고기 소비를 둘러싼 윤리문제가 크게 두 가지 더 있다. 하나는 고기를 먹는 것 자체가 도덕적인지의 문제다. 다른 하나는 고기를 먹는 것이 세계의 기아문제를 심화하는지의 문제다. 첫 번째는 잠시 후에 논하고, 두 번째 문제부터 짚어보자.

소고기가 세계의 기아를 심화한다는 믿음이 《희망의 경계》(부제 '풍요로운 세계에서의 빈곤과 굶주림의 역설')의 인기와 성공을 견인했다. 이 책은 세계의 유한 자원이 빠르게 축나고 있으며, 날로 늘어나는 인류가 계속 고기를 먹는다면 그나마도 순식간에 고갈되고 말 거라고 주장한다. 또한 가축사육, 특히 소 사육은 유난히 자원 집약적이라서 (현재) 9억 명이 기아에 허덕이는 세상에서 도덕적으로 정당화될 수 없다고 말한다. 형태가 다양해졌을 뿐 오늘날도 우리는 같은 맥락의 논리를 여전히 사방에서 접한다. 특히 채식단체와 환경단체에게서 많이 듣는다.

오늘날 육류와 유제품 소비가 균형을 잃었다는 점에는 나도 동의한다. 선진 산업국에서는 필요 이상의 소비가 이루어지는 반면 개발도상국에서는 사람들이 육류와 유제품을 충분히 먹지 못해 일반적으로 영양실조, 구체적으로는 단백질, 철분, 아연, 비타민B_{12} 결핍을 흔하게 겪는다. 하지만 육식이 지구적 영양실조와 기아를 악화시킨다는 주장에는 여러 가지 맹점이 있다.

먼저 명백한 것부터 말해보자. 고기를 끊는 것이 정말로 세계의 기아 해소에 도움이 된다면, 이는 육식을 중단할 바람직하고 현명한 이유가 된다. 변호사로서 보기에도 자명한 이치다. 그런데 '가축이 세계 기아를 조장한다'는 주장을 20년 넘게 여러 형태로 읽고 접했건만, 육식 포기로 기아문제를 해소할 수 있음을 효과적으로 증명한 사람은 단 한 명도 보지 못했다. 그런 입증을 시도하는 일조차 없다.

요점을 말하자면, 이 주장은 내가 육식을 자제하는 것이 남들이 먹는 데 보탬이 된다는 뜻이 아니다. 그보다는 식량 형평성의 원칙을 지지하는 것에 가깝다. 남들은 먹을 것이 부족한데 자원 집약적인 식품을 소비하는 것은 불공평한 특혜라는 것이다. 하지만 같은 논리라면 세계 수십억 명이 자전거나 도보로만 이동해야 하는 형편이기 때문에 우리도 자동차 운전이나 비행기 여행을 거부해야 한다. 무더위에 냉방 시설 없이 건강을 위협받는 사람들을 생각해서 우리도 에어컨을 이용하지 말아야 한다. 이는 흥미로운 윤리문제들이다. 누구라도 윤리적인 이유를 들어 이중 한 가지 또는 모든 입장을 취할 수 있다. 하지만 이는 이타적 행동이라기보다 상징적 태도 표명으로 인식되어야 한다. 그런 행동 중 어느 것도 곤궁한 사람들에게 실질적 도움을 주지 못한다.

최근 역사에서 세계 기아의 원인이 식량의 공급 부족이었던 적은 한 번도 없다. 식품영양 전문가 매리언 네슬 박사에 따르면 세계는 지구상의 모든 남녀노소가 매일 약 3,800칼로리씩 소비할 수 있을 만큼의 식량을 생산한다. 이 열량이면 적정 영양 섭취를 위한 필요량의 거의 두 배에 해당한다.[1] 지난 40년간 1인당 식량 생산은 세계의 인구보다 16% 더 빠른 속도로 증가했다.[2] 수십 년간 식량안보 문제를 연구하고 대학에서 강의해온 마틴 M. 매클로플린 박사는 그의 책 《세계의 식량안보 World Food Security》에서 세계의 기아문제는 세계의 식량 생산량과는 관련이 없음을 분명히 했다.[3] 매클로플린은 진짜 문제는 식량 부족이 아니라 빈곤이라고 말한다. "굶주림은 (…) 정치문제이고 사회문제다." 그리고 "식량 공급, 분배, 지원 문제다."[4] 가축은 사람에게 음식을 직접 제공할 뿐 아니라 주요 소득원이 되어 다른 식료를 구매하게 해준다.

목축으로 생계를 꾸리는 사람들

분명히 말하지만 축산은 부자들의 세계에 있지 않다. 오히려 그 반대다. 세계 최고의 학술지 《네이처》의 한 논문에 따르면 세계의 극빈층 중 10억 명이 목축으로 생계를 유지한다.[5] 2013년 FAO 보고서에도 비슷한 내용이 있다. "수억 명의 목축민과 영세농이 가축에 의지해 매일의 생존을 위한 소득과 식료를 얻는다."[6] 개발도상국에서는 땅 없는 사람들을 비롯한 수많은 영세 가정이 소, 염소, 닭 등을 기르며, 거기서 나오는 달걀, 우유, 고기가 그들의 주요 수입원이자 식량이다. 인도의 한 농업관리가 쓴 2014년의 논문에 따르면 "개발도상국의 경우 대부분의 영세 농가가 닭, 토끼, 양, 염소, 돼지, 소, 버펄로, 당나귀, 말, 야크, 라마, 낙타 등의 가축을 기른다." 또한 "가축사육은 농업에 종사하지만 땅은 소유하지 못한 가정이 대다수인 시골 빈곤층의 가계에 도움을 준다."[7]

가축사육은 식량과 재정 확보에 있어서 농작물은 주지 못하는 몇 가지 중요한 이점을 제공한다. 첫째, 작물을 재배하려면 땅을 소유하거나 임대해야 한다. 하지만 가축사육은 딱히 그렇게 할 필요가 없다. 공유지에서 방목하거나, 풀을 베어 만든 꼴이나 먹다 남은 음식물 등, 전용 토지 없이 얻을 수 있는 사료를 먹이거나,

두 가지를 병행할 수도 있다. 둘째, 산발적이고 계절적이며 부패하기 쉬운 생산물을 내는 작물재배와 달리, 가축은 단기적이나 장기적으로 보유하다가 필요할 때 식료나 돈으로 신속히 바꿀 수 있는 자산이다. 이는 인류가 수천 년 전 동물을 길들여 키우기 시작한 이래 변함없이 이어진 일이다. 작가이자 농부인 사이먼 페얼리가 말하듯 "예로부터 가축사육의 주된 용도는 식량안보 확보였다. 즉 '가축화의 목적은 동물성 단백질을 비축하는 것이었다. 가축은 살아 있는 식품 저장고였다.'"[8] 이것이 가축이 때로 '빈농을 위한 ATM'으로 불리는 이유다. 이런 융통성이 지역과 시대를 막론하고 가축사육의 주요 이점 중 하나였다. 해럴드 맥기는 이렇게 썼다. "가축은 사람이 먹을 수 없는 풀과 음식물 찌꺼기를 영양가 높은 고기로 바꾼다. 걸어 다니는 식품 저장실이자 필요할 때 수확이 가능한 영양농축식료다."[9]

셋째, 지역에 따라서는 고기와 젖을 위해 사육되는 농장동물이 동력과 운반수단으로 기능하는 경우도 많다. 미국에서도 한때 황소가 흔했고, 지금도 일부 소규모 농장에서는 소가 노동력을 제공한다. 지금도 소들은 세계의 여러 지역에서 쟁기와 수레를 끈다. 모두 동물 사육에만 있는 이점들이다.

개발도상국에서는 가축 사육자의 대부분이 여성이고, 따라서 여성이 가축의 최대 수혜자다.[10] 가축은 여성과 그 가족에게 안정적 수입과 고단백 식료를 제공하며, 두 가지 모두 필요할 때마다 얻을 수 있다.

넷째, 가축은 작물재배를 훌륭히 보완한다. 《네이처》에 따르면 "세계의 식량 중 절반은 작물재배와 가축사육을 병행하는 농장에서 나온다." 또한 "가축은 쟁기와 수레를 끌고, 그들의 분뇨는 작물에 거름이 되고, 작물 수확 후에 가축이 다시 잔여물을 먹는다."[11] 세계 곳곳을 누비며 수십 년간 식량과 농업에 대해 보도해온 영국의 베테랑 과학기자 콜린 텃지는 그의 책 《사람 먹이기 Feeding People Is Easy》에서 "목축은 매우 중요하며, (…) 모두가 채식주의자가 되는 것이 세계를 먹여 살리는 가장 쉬운 방법이라는 소문은 사실무근이다"라고 말한다. 텃지는 그 이유 중 하나로 다음을 들었다. "적당한 종류의 동물을 적당한 수만큼 적당한 방식으로 사육한다 가정할 때, 작물재배만 하는 농사에 가축을 포함할 경우 생물학적 측면에서 농사 효율이 백이면 백 높아지게 돼 있다."[12]

나는 소규모 목축농의 국제 모임에 참석한 것을 계기로 세계의 빈민 수억 명에게는 농장동물이 생명줄이라는 것을 더욱 실감하게 됐다. 비영리단체 목축민연맹 LPP이 독일 본에서 주최한 콘퍼런스에 16개국에서 70명의 목축인과 연구자가 모였다. 참가자들은 파키스탄에서 낙타를 기르는 사람, 우간다에서 소를 치는 사람, 독일의 양치는 목부, 아르헨티나에서 염소를 기르는 사람 등 다양했다. FAO 〈가축의 긴 그림자〉 보고서의 수석저자인 슈타인펠트도 참석했다. 나는 영광스럽게도 미국의 축산농가와 목장주가 직면한 쟁점을 대변할 발언자로 초청받았다. 이 단체의 설립자 일세 퀼러-롤렙손이라는 독일 여성은 인류학 박사이자 수의학 박사로, 인도의 낙타 목축민 사이에서 오래 살았고 수년간 세계의 정책기구를 대상으로 영세 목축민의 이해 증진을 위해 노력해왔다. 국가적으로나 국제적으로나 영세 농민과 목축민은 농업 대기업의 이해관계에 밀려 간과돼왔다.

목축민연맹 콘퍼런스는 소농들이 사회와 생태에 기여하는 바를 강조하고, 이를 산업화된 축산이 야기하는 환경적, 사회적 폐해와 대조했다. 연구결과와 체험자의 증언들이 생태와 기후 보호, 문화 보존, 관광 활성화, 지역 노동시장 안정 등, 소규모 목축의 이점을 광범위하게 입증했다. 발표자들은 세계 도처의 건조지대, 즉 활용가치가 낮은 땅일수록 소규모 목축이 축산업의 대부분을 차지한다는 것을 보여주었다. 이들 소규모 목부들이 전 세계 동물성 식품 생산량의 30%를 담당한다. 식량안보에 대한 그들의 본질적 기여에도 불구하고 소규모 농부와 목부들은 여전히 국가 정책과 국제 정책에서 소외되고 있다.[13] 이 콘퍼런스는 그 실태를 바꾸기 위해 목축민연맹과 그 후원자들이 다년간 전개해온 전략의 일환이었다.

가축을 없애야 가난한 사람들에게 식량이 돌아간다는 주장은 입증할 증거가 없을 뿐만 아니라 그 주장 자체부터 더없이 애매한 셈법에서 나왔다. 셈법의 문제를 몇 가지 짚어보자. 우선, 그 주장은 현재 가축사료로 재배되는 곡물이 가축이 없어져도 그대로 재배돼 세계의 빈민에게 가게 될 거라는 추정에 기반한다. 하지만 이는 논리를 거스르고 현실을 무시한 억측이다. 가축이 없어져 더는 곡물 사료에 대한 수요가 없어졌는데 과연 농부들과 애그리비즈니스 회사들이 그걸 계속 재배할까? 그럴 리 없다. 재화 생산에 종사하는 다른 모두처럼 농업 관계자도 상황 변화에 따라 수요가 높은 다른 작물로 옮겨갈 것이다. 아마도 사탕무? 또는 토지를 다른 용도로, 비농업 용도로 전환할 수도 있다. 어떤 시나리오가 됐든 세계의 기아는 줄어들지 않는다.

또한 고기와 우유가 제공하는 양질의 영양분은 식물성 식품으로 대체하기 어렵다. 특히 개발도상국 사람들과 전 세계 어린이들에게는 더욱 그렇다. 동물성 식품을 곡물이나 콩으로 대체하는 것은 무게나 열량의 동량 대체처럼 간단한 일이 아니다. 피먼텔 부부도 이 점을 분명히 했다. "동물성 단백질은 인체가 단백질 합성에 필요로 하는 여덟 가지 필수 아미노산을 체내 가용한 형태와 최적의 양으로 제공한다. 따라서 동물성 단백질은 양질의 단백질로 평가된다. 이에 비해 식물성 단백질은 필수 아미노산 중 일부만을 그것도 더 적게 함유하기 때문에 동물성 공급원보다 영양의 질이 낮다고 할 수 있다."[14] 이는 특히 아동에게 중요하다. 어느 때보다 성장기에는 영양 밀도가 높은 음식의 섭취가 요망된다. "사람에게, 특히 아동에게 동물성 식품이 식물성 식품보다 나은 점은 또 있다. 동물성 식품은 식물성 식품에 비해 무게단위당 열량 집적도가 높다. 예를 들어 (…) 소고기는 사탕옥수수보다 무게단위당 식품 열량이 세 배나 많다."[15] 영양학적으로 볼 때, 세계의 빈민에게는 다른 어떤 식품보다 동물성 식품이 중요하다. 그중 직접 가축을 치는 10억 명에게는 식량 자급력이 생존에 결정적이다. 푸드시스템에서 가축을 없애는 것은 세계 빈민의 식량안보를 강화하기는커녕 더 약화시키고, 빈민을 정부의 원조에 더 의존하게 만든다.

더구나 세계 곡물 생산량 중 가축이 먹는 비중이 높다 해도(내 견해로는 너무 높다), 사람들이 흔히 생각하는 것보다는 훨씬 낮다. 개발도상국에서는 소들에게 곡물을 거의 또는 전혀 먹이지 않기 때문이다. 미국에서도 고기소의 종축군 약 3000만 마리에는 일반적으로 곡물사료를 거의 또는 전혀 쓰지 않는다. 미국에서 고기소로 사육되는 수소와 암소는 대부분 어미의 젖과 초지의 풀로 자란다. 그러다 삶의 마지막 기간에만 곡물을 먹는다.

선진국의 곡물사육 고기소와 젖소, 모두의 경우도 먹이의 상당 부분은 사람이 먹지 못하는 것들, 즉 (풀을 베어 만든) 꼴이나 (밀짚이나 쌀겨 같은) 농업 부산물로 이루어진다. 《네이처》 기사에 따르면 선진국의 경우 곡물의 약 70%가 동물 사료로 쓰이고, 그중 40%는 주로 소에게 간다.[16] 나는 이 비중을 상당히 줄일 수 있고, 또 줄여야 한다고 믿는다. 같은 기사에 따르면, 선진국의 경우 가축사료의 상당 부분을 사람이 먹지 못하는 식물 물질로 충당한다. "반추동물이 다량의 곡물을 소비하는 곳에서도, 사료의 최대 60%는 인간은 소화할 수 없는 고섬유질 사료다. (…) 유럽연합의 경우는 우유의 95% 이상이 풀, 건초, 사일리지를 주로 먹이고 거기에 곡물을 보충하는 방식으로 사육되는 젖소에게서 나온다."[17]

또한 선진국도 우유와 소고기의 일부는 전적으로 초지에서 자란 소로 생산한다. 미국 고기소의 일부도 출생부터 도축까지 곡물을 전혀 먹지 않는다. "뉴질랜드의 모범적 낙농업의 경우 소들이 전체 영양의 90%를 목초지의 풀을 뜯어서 섭취한다."[18] 반추동물의 사료를 세계적으로 곡물에서 풀로 되돌리는 일은 불가능하지 않다. 뉴질랜드의 낙농업을 비롯해 캐나다, 영국, 호주, 미국 등 세계 여러 지역 목초사육 목장을 보면 매우 희망적이다. 이런 전환이 어느 정도 생산량 감소를 의미할 수도 있다. 하지만 그 감소분은 환경, 동물의 건강과 복지, 인간 건강 증대를 통해 벌충하고도 남는다.

소 방목의 에너지 사용량은 무시해도 될 정도다. 목초사육 소고기는 사실상 곡물보다 에너지를 덜 쓴다. 피먼텔 부부는 《식량, 에너지, 사회》에서 곡물사육 축산시스템에서는 에너지 사용량의 상당 부분이 농작물 재배에 들어간다고 지적한다. "목초지에서 풀을 뜯는 소는 곡물사료를 먹는 소에 비해 에너지를 현격히 적게 쓴다."[19] 이 책은 곡물사육 소고기 대비 목초사육 소고기에 대한 에너지 투입량을 다음과 같이 수량화한다. "현재 목초지의 소고기 단백질 생산량은 1만 제곱미터당 약 66킬로그램이고, 에너지 투입량은 동물성 단백질 생산량 1킬로그램당 3,500킬로칼로리이다. 다시 말해 화석연료 에너지 투입량 측면에서 봤을 때 목초지의 동물성 단백질 생산이 곡물 단백질 생산보다 비용이 싸게 든다."[20]

애매한 셈법의 또 다른 맹점은 가축이 풀을 뜯는 땅에 관한 것이다. '세계의 기아 감소를 위해 육식을 중단하자'는 주장은 만약 농장동물이 사라지면 방목지의 상당 부분이 인간이 먹을 작물재배에 이용될 거라는 가정에 기반한다. 이 가정은 몇 가지 면에서 틀렸다. 첫째, 현재 방목에 쓰이는 땅이 세계의 가난한 이들을 위한 식량 재배에 투입될 거라는 보장이 없다. 그 땅에 대한 소유권이나 관리권이 있는 사람은 더 수익성 있는 용도를 찾을 가능성이 높다. 연방 토지처럼 대안이 있는 경우는 숫제 식량 생산 용도에서 해제될 것이다. 따라서 가축을 없앤다 해서 가축반대론자가 기대하듯 방목지가 농경지로 전환되기는 쉽지 않다.

작물재배가 불가능해진 땅

둘째, 이 점이 결정적인데, 세계적으로 방목의 대부분은 이미 농작물 재배가 불가능한 땅에서 행해진다. 지구과학 교수 데이비드 몽고메리가 이를 간단명료하게 정리했다. "양과 소는 식물에서 우리가 먹을 수 없는 부분을 고기와 우유로 바꾼다."[21] 《식량, 에너지, 사회》는 '공짜 에너지로 사육되는 가축'의 세계적 확산에 주목한다. '공짜 에너지'란 작물재배에 쓰지 않는 자투리땅에 자라는 풀이나 벼 같은 곡물을 수확하고 남은 짚 등을 말한다.[22]

대학 교재 《토양과 물 보존》은 방목장을 "고유 식생의 대부분이 초식동물이 뜯기 적합한 풀, 풀과 비슷한 식물, 광엽 초본, 관목으로 이루어진 땅"으로 정의한다. 그렇다면 "지구 육지의 거의 절반이 방목장으로 분류될 수 있으며," "그중 대부분은 농경지로 쓰기에 부적합하거나 질이 낮다. 급경사지, 토양이 얕거나 돌이 많은 땅, 한랭 건조한 기후대를 포함하기 때문이다."[23]

국립지속가능농업정보원NSAIS은 세계 푸드시스템에서 초지와 반추동물이 수행하는 대체 불가한 역할에 대해 다음과 같이 유용한 설명을 붙였다.

초지생태계는 햇빛을 잡아서 식물을 위한 자양분으로 바꾼다. (…) 미국뿐 아니라 많은 국가에서 국토 대부분이 방목지, 숲, 사막 등, 경작이 어려운 땅으로 분류된다. 이런 생태계는 식물 바이오매스의 관점에서는 매우 생산적일 수 있지만 일반적으로 경작은 불가능하다. 특히 초지생태계가 생산하는 식물(풀, 광엽 초본, 관목, 나무)은 (소화의 관점에서) 인간이 직접 이용할 수 없는 것들이다.

하지만 초지생태계(방목지와 온대초원 모두)가 생산하는 식물 물질을 반추동물은 쉽게 소화할 수 있다. (…) 따라서 반추동물에게 초지와 방목지에 자생하거나 도입된 풀들을 뜯게 하는 것은, 다른 경로로는 소화되지 않는 에너지를 우유, 고기, 양모 같은 섬유, 가죽 등 인간이 사용가능한 형

태로 전환하는 매우 효율적인 방법이 아닐 수 없다.[24]

요점은 이렇다. 햇빛을 방목동물을 경유해 인간의 식료로 바꾸는 경이로운 변환은 대개 농작물은 재배할 수 없는 지역에서 일어난다. 이런 결정적인 사실을 소고기 비판자들은 늘 무시하거나 알지 못한다. 콜린 텃지는 그의 책 《사람 먹이기》에서 이 사실을 주지시키는 데 주력한다. 그는 이렇게 썼다.

> 세계의 많은 지역이, 적어도 특정 계절에는, 농작물 재배가 매우 어렵다. 너무 높거나, 가파르거나, 춥거나, 습하다. 곡물이 여물어야 할 계절에 비가 너무 많이 오는 땅에서는 경작이 거의 불가능하다. (…) 하지만 동물들은 종에 따라 어디서나 어떻게든 살아간다. 낙타와 염소는 사막 나무의 가시 사이로 빈약하게 돋은 잎을 뜯어먹으며 살고, 순록은 이끼를 먹고, 영국의 황야에 사는 긴털 양과 긴털 소는 야생화 사이로 자라는 거친 풀로 연명한다. 그중에는 가뭄이나 한겨울에는 좋은 계절에 살찌운 동물밖에는 먹을 게 전혀 없는 곳들도 많다.[25]

초지를 다룬 최근의 대학 교재도 방목에 대한 텃지의 견해와 맥을 같이한다. "일반적으로 방목지는 강우량이 적은 데다 예측이 어렵고, 토양 비옥도가 낮기 때문에 관개 없이는 작물 농사를 지탱할 수 없다."[26] 이 교재는 이런 땅을 활용하는 것이 예나 지금이나 세계 초식동물만의 특별한 능력이자 역할이라고 말한다. "초지 동물은 질 낮은 섬유성 식물들을 고기, 우유, 피처럼 인간이 쉽게 소화할 수 있는 식품으로 바꾼다." 바로 이런 이유로 "초식동물이 제공하는 식료는 수천 년에 걸친 인간과 초지의 관계를 정의하는 본질적 요소다."[27]

가축을 이용해 거친 땅을 삶의 터전으로 삼는 사람들이 세계 곳곳에 있다. 그중 한 예가 우간다 북동부에 사는 도도Dodo 부족이 있다. 이들은 가축에게 곡물을 전혀 먹이지 않는다. 인간이 먹을 수 없는 것만 먹여서 화석연료 없이 가축을 키운다. 도도 부족은 가축이 인간에게 얼마나 요긴한 존재인지 잘 보여준다. 《식량, 에너지, 사회》는 가축이 주는 이점을 다음과 같이 요약한다. "첫째, 가축은 한계서식지에 자라는 먹이를 인간에게 적합한 식료로 바꿔준다. 둘째, 가축 무리는 비축식량 자산의 역할을 한다. 셋째, 소들은 불충분한 강우량에 따른 흉작이 몇 년씩 이어질 경우 (인간이 먹을) 곡물과 교환될 수 있다."[28] 이런 특징들이 세계 곳곳의 사람들에게 가축을 대체 불가의 존재로 만든다.

미국 땅은 이미 인간이 도래하기 훨씬 전부터 많은 부분이, 특히 서부 지역이, 작물 재배에 부적당했다. 그중 일부는 건조 지역이거나 반건조 지역이다. 비가 잘 오지 않거나 작물 재배에 좋지 않은 시기에만 내린다. 또는 심한 구릉성 지형이거나 바위로 덮여 있다.

나는 중서부 출신이라서 서부의 기후와 지형이 낯설었다. 하지만 캘리포니아 북부 해안의 딱 그런 땅에 17년째 살고 있는 지금은 이곳의 한계에 한결 익숙해졌다. 연중 바람이 부는 기후, 건조하고 서늘한 여름, 가파르고 험한 지형이 풀과 가축에게는 좋거나 심지어 이상적인 조건이지만 작물 재배는 불가능하게 만드는 요인들이라는 것을 자연스럽게 깨쳤다.

피먼텔 부부는 "미국의 목초지와 방목지는 강우량이 너무 적어

작물 재배가 어렵기 때문에 생산성 면에서는 한계지역이다"라고 말한다.[29] 이런 지역들이 미국 소의 대다수가 있는 곳이다. 미국 소고기위원회US Beef Board에 따르면 미국에서 소를 방목하는 땅의 85%는 농사를 지을 수 없는 땅이다.[30] 이 숫자는 소고기산업에서 나온 것이기 때문에 분명히 에누리해서 들을 필요가 있다. 하지만 미국의 소 방목이 대부분 경작이 불가능한 지역에서 일어난다는 것은 확실하다. 또 다른 출처, 믿을 만한 최신 대학 교재에 의하면 캘리포니아는 땅의 거의 60%인 23만 제곱킬로미터가 방목지로 분류되는데 이중 약 13만 7,500제곱킬로미터만이 실제로 방목에 이용된다.[31]

하지만 미국의 다른 곳처럼 캘리포니아에서도 집약적 토지 이용으로 인해 방목지가 계속 줄어드는 추세다. 특히 구릉 방목지들이 양조용 포도 재배, 주택지 조성, 도시개발에 밀려 사라지고 있다. 어느 대학 교재는 다음과 같이 말한다. "캘리포니아 전역에서 방목지가 다른 용도로, 경제가치가 더 높고 그만큼 더 집약적인 용도로 전환됐다."[32]

낙관적인 관점도 있다. 이 교재는 방목지의 사회, 생태 가치에 대한 인식과 인정이 점차 높아질 거라는 기대감을 표한다.

가축 생산 외에 초지생태계가 수행하는 역할들이 제대로 평가받기 시작하면서, 우리가 일차생산●과 토양생태계에서 얻는 추가적 혜택에 대한 인식도 높아지고 있다. 그 혜택이란 관개용수와 식수, 휴양 기회, 야생

● 식물의 광합성에 의한 유기물 생산.

서식지, 개활지와 조망, 전원 라이프스타일, 생물다양성, 탄소 저장량 등의 확보다. 심지어 21세기 캘리포니아에서 일차소비자primary consumers●의 가장 중요한 역할은 고기와 우유 같은 전통적 축산물을 제공하는 것이 아니라, 방목지가 초지생태계의 혜택을 기대할 수 없는 (택지개발지와 포도원 같은) 자본 집약적 토지로 바뀌는 것을 막는 것이라는 주장도 있다.[33]

이처럼 농사가 불가능한 땅에 방목되는 가축은 그들이 풀을 살과 젖으로 전환하는 효율을 따질 것도 없이 이미 존재 자체만으로 식량 공급에 플러스 요인이다. 이들은 어차피 사람이 먹지 못하는 식생을 먹기 때문에 소의 식료 전환 효율을 비판하는 데 자주 동원되는 통계치들은 의미가 없다. 사이먼 페얼리는 "동물의 사료-고기 전환 효율이 설사 떨어진다 해도, 해당 동물이 곡물 경작 등의 여타 생산 활동에 쓸 수 없는 땅에서만 풀을 뜯을 경우 그들이 사람들에게 갈 영양 총량을 깎아먹는다고 말할 수 없다. 오히려 거기에 보탬이 된다."[34] 또한 페얼리는 작물재배가 어려운 땅에서 풀을 뜯는 동물들은 "경작지의 부담을 줄여주고, 자연에서 그들이 아니면 접근할 수 없는 영양을 회수해 먹이사슬 안으로 가져오는 고마운 존재"라고 말한다.[35]

나는 여기에 지피작물을 뜯는 가축과 농사 부산물을 먹는 가축들도 더하고 싶다. 미국을 포함한 세계의 방목동물 중 많은 수가 이런 방식으로 사육된다. 이런 사육법은 농경지의 생물학적 활력을 증가시키는 동시에 푸드시스템의 효율을 높인다. 이렇게 사육

● 일차생산자를 잡아먹는 소형 초식동물.

되는 가축은 인간에게 직접 영양을 주지 못하는 것들을 먹고 인간이 맛있게 먹을 음식을 만든다.

세계 기아에 대한 우려 때문에 소고기 섭식을 망설여온 독자가 있다면 이 글을 통해 마음이 편해지기를 바란다. 세계 대부분에서 소들은 곡물을 거의 또는 전혀 먹지 않으며 농경이 어려운 땅에서 사육된다. 곡물을 소 사료의 일부로 사용하는 미국을 비롯한 선진국의 소비자에게는 선택권이 있다. 곡물이나 콩보다는 풀이나 꼴로 사육되는 소의 고기와 유제품을 찾아서 소비할 선택권. 앞서 설명한 대로 사람의 건강, 동물의 건강과 복지 등 그런 선택을 해야할 강력할 이유들이 많다. 우리가 풀 기반 식품을 선택하는 것은 곧 나라의 초지를 유지하는 일이다. 초지는 모든 농지 중에 환경적으로 가장 유익한 땅이다.

문제는 '소'가 아닌 사육 '시스템'

소고기 소비의 또 다른 도덕적 문제는 이것이다. 애초에 인간에게 고기를 먹을 자격이 있을까? 이에 답할 때는 데이터와 통계에 의존하기보다 내 개인적 경험에 중점을 두고 싶다. 내가 워터키퍼에서 농장 이슈들을 다루기 시작한 때가 20년 전이다. 그때 내 일은 오염 저감에 집중돼 있었지만 내게는 농장동물도 똑같이 중요했다. 다른 환경단체들은 폐기물 처리법 개선으로 농업의 산업화에 대응했다. 하지만 나는 그건 너무나 편협한 접근법이라고 생각했다. 그것은 공장식 농업의 최대 해악인 동물 학대를 외면하는 접근법이었다. 더구나 그런 단체들은 가축의 삶의 질과는 상관없는 오염 저감 방법을 지원함으로써 잔인하기 짝이 없는 현행 동물 사육 시스템을 사실상 더 공고히 하고 있었다.

다행히 내 상사인 로버트 F. 케네디 주니어도 나와 생각이 같았다. 그는 어린 시절부터 쥐며느리부터 수염고래까지 생물에 대해 남다른 관심과 열정을 보였다. 그는 내가 생태적으로 건전하고 동물에게 좋은 삶을 제공하는 농법을 옹호하는 것을 전심으로 지지해주었다. 우리는 공장식 축산의 잔혹함을 가까이서 직접 목격했고, 모두가 농장동물의 복지에 힘쓸 도덕적 책무를 느꼈다.

이후 오랫동안 나는 말과 글을 통해 육류 생산의 윤리성을 자주 논했다. 하지만 몇 년 전만 해도 고기를 먹는 것 자체의 윤리성 여부에 초점을 둔 적은 없었다. 채식을 둘러싼 찬반양론은 옛날부터 있었고, 그 논쟁은 여전히 맹렬하다. 하지만 나는 우리가 가축을 길러야 할지의 문제보다 우리가 가축을 어떻게 사육하는지의 문제에 내 에너지를 집중하고 싶었다.

그때 한 생태학 학술지에서 환경운동가라고 해서 육식을 자제할 필요는 없다는 취지의 에세이를 써달라는 요청이 왔다. 당시 나는 여전히 채식주의자였지만 이 요청을 수락했다. 나는 에세이의 목적을 가축이 훌륭히 기능하는 생태계의 중요 요인임을 강조하는 것으로 잡았다. 에세이가 게재된 후 나는 육식의 윤리성을 논하는 생방송 토론에 몇 번 초청받았고, 그중 두 군데에 참여했다. 두 번 모두 나는 (여전히 채식주의자였지만) '육식 찬성' 입장을 대변했다. 나중에 나는 《디 애틀랜틱》 웹사이트에 〈고기를 먹는 사람들도 환경보호론자가 될 수 있을까?〉라는 제목의 글을 올렸다.[36] 나는 사람들이 육식의 당위 문제에 내 에너지를 쏟을 의도는 없었다. 그런데 환경을 생각하는 사람이라면 육식을 피해야 한다는 개념이 점점 더 성행했고, 이 개념을 반박할 필요성은 있어 보였다. 당시 나는 육식을 옹호하는 채식주의자였다.

내가 올린 글의 제목은 〈가축은 지속가능한 식량 생산에 필수적이다〉였다. 나는 이 글에서 육류를 둘러싼 지금의 논쟁은 필요한 논조와 진실성이 결여됐다고 꼬집었다. 현재의 육식 논쟁은 양극화와 과잉 일반화가 특징이며, 한편에는 완강하게 방어적인 애그리비즈니스를, 다른 한편에는 억지스럽고 공격적인 채식운동가들을 출전시켜 싸움을 붙이는 양상이었다. 나는 "일부 비건의 맹렬한 육류 반대론은 20세기 초 금주론자들을 떠올리게 한다"고 썼다. "그들 중 일부는 심지어 사과나무가 사과술의 원료라는 이유로 사과나무를 도끼로 공격했다. 그때의 금주론처럼 지금의 육류 반대론도 극단주의로 치닫는다."[37] 나는 진짜 문제는 가축사육이 아니라 공장식사육이라고 강조했다. 축산의 산업화가 비건과 채식주의자를 넘어 미국 대중 사이에 육류산업에 대한 환멸을 낳았고, 그 환멸이 점점 더 폭넓게 퍼지고 있다.

오늘날의 공장식사육 방식이 변명의 여지가 없다는 데는 나도 전적으로 동의한다. 모두가 공장식사육 거부에 동참해야 한다. 내 눈으로 직접 봤기에 나는 산업화된 축산을 일말의 거리낌 없이 '일상화, 관행화한 동물 고문'으로 부른다. 과거의 금주론자들이 무고한 사과나무를 도끼로 공격한 것은 어이없는 일이었다. 육식의 윤리성을 둘러싼 오늘날의 많은 논쟁처럼 그들의 진짜 실패는 엉뚱한 악당을 공격한 것이었다. 그들의 적은 사과나무가 아닌 알코올이었다. 마찬가지로 정말로 비난받을 대상은 축산이 아니라 공장식축산이다.

  나는 고기 소비를 장려하는 입장이기 때문에 고기에 대한 논쟁에는 관심이 없다. 내가 갈망하는 것은 적절한 논조와 배려다. 소고기 논쟁에는 여러 미묘한 문제와 감정적 요소가 복잡하게 얽혀 있다. 서로에게 비난만을 퍼붓는 양극화 진영 싸움은 상황 개선에 도움이 되지 못한다. 진전을 방해할 뿐이다. 생태적으로 지속가능하고 인도적인 푸드시스템을 구축하는 것이 내게는 누군가가 고기를 먹고 안 먹는 문제보다 훨씬 중요하다.

  내가 보기에 진짜 문제는 우리가 동물과 지구를 잘 건사해야 하는 책임에 부응하고 있는지 여부다. 마이클 폴란은 동물은 인류와의 '계약'으로 가축화를 '선택'했다고 말한다.(계약과 선택을 따옴표 안에 넣었다. 비유적 표현이기 때문이다. 어떤 야생동물도 자기 종이 가축화돼도 좋다는 의식적 결정을 내린 적이 없다.) 가축화는 일부 동물이 인류와 일정 수준의 접촉에서 이득을 보게 되면서 수많은 세대를 거쳐 점진적으로 느리게 일어났을 가능성이 높다. 인간은 동물로부터 알, 젖, 고기의 형태로 음식을 제공받는 대가로 그들에게 먹이와 거처, 무엇보다 포식자로부터 안전할 방도를 제공하는 데 '동의'했다.(개의 경우는 계약 조건이 좀 달랐다. 개들은 보호와 영양을 제공받는 대신 인간의 사냥, 조기 경보, 자기방어에 도움을 주었다.)[38] 하지만 만약 고문이 그 거래의 일부였다면 어느 동물도 결코 그런 계약을 선택하지 않았을 것이다. 간단히 말하면 이렇다. 공장식사육은 인간이 오래전 가축화한 동물과 맺은 계약을 위반하는 행위다.

  미국의 경우 가축이 동물 개체로서 갖는 존엄성에 대한 배려가 이미 20세기 중반에 헌신짝처럼 버려졌다. 원래 '농사husbandry'

는 기술, 보살핌, 배려를 의미한다. 감금사육이 보편화하면서 농업대학들은 축산학과를 지칭하는 명칭을 'animal husbandry'에서 'animal science'로 바꿨다. 이 단어 변화가 동물에 대한 인간의 태도 변화를 그대로 대변한다.

애그리비즈니스는 그동안 압도적 보편성을 근거로 그들의 생산 방식을 옹호해왔다. 하지만 우리 모두 마음속으로는 안다. 뭔가가 단지 널리 퍼져 있다 해서 그것이 허용 가능하다는 뜻은 아니라는 것을, 그것이 옳은 일이란 뜻은 더더욱 아니라는 것을. 공장식 축산은 다툼의 여지 없이 비인간적인 잔학행위다. 그중에서도 최악의 관행은 임신한 암퇘지를 좁은 금속 우리에, 송아지고기용 송아지를 나무상자에, 산란용 암탉을 철망에 가두어 기르는 것이다. 하지만 알려진 것이 다가 아니다. 공장식 축사에서 일상적으로 일어나는 모든 일은 동물의 온당한 삶에 철저히 반한다. 동물을 고약한 냄새가 진동하는 콘크리트 바닥의 협소하고 갑갑한 우리에 계속 가둬놓는 것, 동물에게서 운동, 신선한 공기, 햇빛, 드러누울 부드러운 땅 같은 삶의 즐거움과 기본조건을 모두 박탈하는 것은 결코 사람의 도리가 아니다. 이 잔인한 관행에 아무리 '효율성,' '생산비 절감,' '저렴한 식품,' '세계 식량 공급' 같은 논리를 들이대도 이런 시스템은 도덕적으로 변명의 여지가 없다.

풀을 뜯는 동물들, 특히 (젖보다) 고기를 위해 기르는 동물은 그나마 형편이 좀 낫다. 풀만 먹어도 살 수 있는 특별한 능력이 그들을 구한 셈이다. 소를 야외에 두고 자생식물을 먹게 하는 것이 가장 경제적인 사육 방법일 때가 많다. 젖소로 쓸 암소를 포함해 거의 모든 소가 생애 초반은 풀 위에서 보낸다. 다량의 우유 생산을 위해 유전자변형으로 육종된 젖소는 성체가 되면 (다는 아니라도) 대부분 감금사육장으로 보내져 농축사료를 공급받는다. 그것이 다량의 우유 생산이라는 그들의 유전적 잠재를 최대한 실현하는 방법이기 때문이다. 그들이 풀을 뜯는 삶은 이렇게 끝난다.

고기소는 운이 좋은 편이다. 고기를 위해 사육되는 소는 번식을 위한 일부를 빼면 보통 생후 1년이 되기 전에 비육장으로 간다. 하지만 거기서도 야외에서 지내고, 부드러운 땅에 걷고 눕는다. 가장 운이 좋은 축은 번식용 소(어미소와 수소)이다. 일반적으로 이들은 평생 목초지나 방목지에서 그들의 야생 조상들과 별반 다름없는 삶을 영위한다. 어미소가 인간의 도움 없이 생존하고 출산하는 능력에 소 목장의 성패가 달려 있기 때문에 오래전부터 고기소는 원기왕성과 분만능력을 기준으로 선택됐다. 이 지점에서는 소와 목장주의 이해가 완벽히 일치한다. 이 관계는 동물의 삶의 질을 저해하기보다 돕는다.

이렇듯 고기소의 형편이 다른 가축에 비해 훨씬 낫다 보니 내 동물보호운동가 친구가 달걀보다 소고기를 먹는 게 낫다고 말할 정도다. 내 일이 환경보호운동에서 농업으로 옮겨온 이후 나 역시 고기소가 식용으로 사육되는 동물 중에서 가장 운 좋은 축에 속한다고 믿게 됐다.

생태계의 소동

식용이란 말이 나왔으니 말인데, 나는 목초지의 풀을 뜯으며 산 동물에게서 나온 것을 먹고 싶다. 악취 나는 축사에 갇혀 살았던 동물에서 나온 음식은 식욕을 돋우지 못한다. 걸음도 하기 싫은 곳에서 나온 음식을 먹고 싶어 할 사람은 없다.

이런 이슈 외에, 식품 소비에서 가축 한 마리당 고기의 양도 고려할 요소다. 앞서 나는 소 한 마리를 잡으면 두 가족이 일 년 내내 먹고 남을 고기가 나온다고 언급한 바 있다. 업계 평균은 소 한 마리당 고기 약 215킬로그램이다. 닭 한 마리의 무게는 평균 약 1.8킬로그램이고, 이중 약 70%가 고기다. 즉 닭은 한 마리당 약 1.4킬로그램 미만의 고기를 낸다. 소 한 마리에서 얻는 만큼 고기를 얻으려면 닭을 150마리 넘게 죽여야 한다. 닭 150마리를 죽이는 것과 소 한 마리를 죽이는 것의 도덕성을 비교할 방법은 알지 못한다. 하지만 그 점이 내가 남편의 목장에 처음 발을 들여놓기 전부터 다른 동물성 식품보다 소고기를 옹호했던 이유 중 하나였다.

나는 30년 이상 채식주의자로 살 때도 육식이 비윤리적이라는 견해를 받아들일 수 없었다. 치아와 소화관의 진화 같은 인체 생리의 면면을 끝까지 파서 인간이 애초에 고기를 먹도록 '설계'됐는지 여부를 따져봐야 할까?[39] 하지만 생물학 전공자의 견지에서 봤을 때 그런 논쟁은 별로 영양가가 없다. 특정 시점으로 시간을 되돌리면 인간이 초식동물이었던 때도 있을지 모른다. 하지만 그 동물들의 조상들은 잡식동물과 육식동물이었다.(뒤쥐가 무엇을 먹는지 아는가? 곤충, 민달팽이, 거미, 벌레, 양서류, 그리고 작은 설치류다.)

또한 인류의 조상들은 적어도 260만 년 전에 고기를 먹기 시작했고, 약 150만 년 전 육류 섭취가 눈에 띄게 상승한 것으로 알려져 있다. 분명한 점은 이 수백만 년 동안 인간에게 많은 진화가 일어났다는 것이다. 어느 모로 보나 현생 인류는 아주, 아주 오래전부터 고기를 먹었던 동물이다.

내 견해를 요약하면 이렇다. 인간은 복잡한 먹이그물에 속한 동물이다. 이 먹이그물에는 식물을 먹는 동물들, 다른 동물을 먹는 동물들, 심지어 동물을 잡아먹는 식물들까지 포함돼 있다. 이 책이 애써 말하고자 하는 바는 모든 생명은 흙에서 왔고, 흙으로 돌아간다는 것이다. 모든 동식물의 몸은 생장, 부패, 재생의 끝없는 순환 속에 동식물의 미래 세대에게 영양을 공급한다. 옛말처럼 재는 재로, 먼지는 먼지로 돌아간다. 나는 그렇게 자연의 작용에 충실한 것이 도덕적으로 잘못된 것일 리 없다고 본다.

우리 푸드시스템에 속한 동물이 어떻게 사는지 알게 되면서 나는 유제품과 달걀을 계속 먹는 경우라면 고기를 먹든 안 먹든 별 차이가 없다는 것을 깨달았다. 적어도 윤리적인 측면에선 그렇다. 젖소도 결국 고기가 된다. 거기다 방금 말했듯 젖소의 대부분은 고기소만큼도 안락하게 살지 못한다. 산란용 암탉 대부분도 태어나 죽을 때까지 철망우리(이른바 배터리케이지)에 빽빽이 갇혀 있다가 통조림 치킨수프와 반려동물의 사료가 되기 위해 무지막지한 방법으로 도살된다. 유제품과 달걀은 먹으면서 단지 소고기를 먹지 않는 것에 대해 도덕적 우월감을 느끼는 것은 어이없는 일이다. 일단 이 점이 분명해지자 내가 한때나마 남편의 천직에 대해 느꼈을지 모를 윤리적 거리감이 사라졌다.

하지만 처음에는 목장에 사는 데 대한 불안감이 없지 않았다. 물론 나는 **원칙적으로는** 목축을 지지했다. 하지만 실제 목장 한가운데서 매일 마음 편히 살 수 있을지는 의문이었다. 조만간 도살장으로 보내질 동물들에 둘러싸여 있는 것이 괴롭진 않을까? 더 핵심을 말하자면 그들을 죽여서 생계를 꾸리는 것에 죄책감이 들진 않을까? 나는 혹시 모를 심리적 불편을 피하기 위해 동물들에게 거리를 두어야겠다고 생각했다.

그런데 막상 일어난 일은 예상 밖이었다. 나는 운동 삼아서 그리고 아름다운 자연을 즐기기 위해 거의 매일 목장 땅을 가로질러 길게 산책을 다녔다. 그러면서 무심결에 목장 소들과 시간을 보내기 시작했다. 어미소들이 한가로이 먹이를 뜯고, 같은 무리의 암소들과 놀고, 물통 주위로 삼삼오오 모이고, 자기 새끼들을 부르고, 서로의 목을 핥았다. 나는 송아지들이 풀 속에서 까불고, 석양에 서로를 쫓아 뛰어다니고, 엄마 품으로 달려가 따뜻한 젖으로 배를 채우는 것을 보았다. 수소들과 암소들은 짝짓기 전과 후에 서로 코를 비비며 구애했다. 이 동물들이 살 만한 가치가 있는 삶, 삶다운 삶을 누리는 것이 눈에 보였다. 나는 목초지를 이리저리 다니며 울타리에 앉아 구경하는 시간이 쌓일수록 나는 나를 둘러싸고 일어나는 일들의 진가를 느끼게 됐다. 눈 돌리는 곳마다 잘 살고 있는 동물들과 잘 보살핀 땅들이 보였다.

그렇게 몇 달이 지난 후 나는 빌에게 목장의 모든 것을 배우고 싶다고 했다. 빌은 내 말에 짐짓 놀란 듯했다. 채식주의자 아내가 목장 운영에는 어느 정도 거리를 둘 것으로 예상했던 그는 흔쾌히 동의했다. 나는 도시 출신의 어리숙한 비숙련 목장 일꾼이 됐다. 나는 남편과 목장 지배인에게 도움이 되려고 최선을 다했다. 뭐가 됐든 매일 요구되는 일에 참여했다. 때로는 거기에 (비록 내 역할은 연장을 들고 있는 수준이었지만) 울타리나 물통을 고치는 일도 포함됐다. 건기에는 소들에게 건초를 가져다 주어야 했다. 나는 매일 수첩을

지참하고 걷거나 말을 타고 소 떼 사이를 누비며 각각의 동물이 건강한지 살피고 소재를 파악했다. 그러면서 차츰 소 무리의 구성원을 하나하나 구별할 수 있게 됐다. 나는 이렇게 목장 일을 익혔고, 차츰 더 많은 책임을 부여받았다.

이렇게 2년이 지났고 그 후 몇 년 동안 나는 우리 목장의 주력 일꾼으로 발돋움했다. 나는 야외 육체노동이 좋았고, 특히 동물들 사이에 있는 것이 좋았다. 문제 해결을 위한 매일의 과제를 즐겼다. 동물들에게 유용한 일을 했을 때 특히 보람을 느꼈다. 울타리 아래로 미끄러져 나간 새끼를 찾아다 어미와 재결합시켜주기도 했다. 때로는 쌍생 중 한 마리와 새끼를 사산한 어미소를 성공적으로 붙여주기도 했다. 목장 일은 육체적으로나 감정적으로나 치열한 작업이었지만 기억과 영혼에 깊이 남는 매우 보람 있는 순간을 겪게 해주기도 했다.

동시에 나는 야생생물을 관찰하고 그들과 상호작용하는 데 많은 시간을 보냈다. 자연의 아름다움과 힘과 순환을 매일 목격했다. 은밀히 먹잇감의 뒤를 밟는 어미 보브캣, 발톱에 물고기를 움켜잡고 소리 없이 하늘을 맴도는 물수리, 사슴 사체로 게걸스럽게 잔치를 벌이는 독수리들. 풀과 야생화가 싹을 내고, 꽃을 피우고, 시들고, 씨를 떨구고, 다시 죽었다. 생명의 단비가 올 때마다 우리는 시름을 놓았다. 자연의 순환이 새롭게 시작되고 있었다.

이런 경험들이 생명의 연결성을 가르쳤다. 나는 목장으로 오기 전 5년 동안 맨해튼에 살았다. 거기서 하이힐을 신고 콘크리트 위를 걸었고, 금속, 벽돌, 유리, 자동차 경적과 비행기와 지하철의 불협화음에 둘러싸여 살았다. 거기서는 내가 자연세계에서 분리된 존재로 보였다. 그러다 매일 목장에서 일하며 뉴욕 생활로 느슨해졌던 자연과의 유대를 다시 찾았고, 어느 때보다 공고히 다졌다.

또한 나는 목장 일을 통해 농업은 가장 양심적인 형태조차 자연에게 엄청난 소동이 된다는 것을 알았다. 아무리 잘 운영해도 농장과 목장은 야생의 동식물, 균류, 토양, 물의 형태와 규모에 영락없이 막대한 영향을 끼치게 된다. 우리 식료를 생산하는 사람들이 환경에 전혀 부담을 주지 않을 거라는 기대는 금물이다. 그건 도달 불가능한 일이다. 대신 자연과 조화를 이루는 식량 생산을 목표로 삼아야 한다.

호주의 목양 농부이자 생태학 박사인 찰스 매시는 그의 책 《개개비의 노래 Call of the Reed Warbler》에서 원래의 자연 기능을 복구하는 방식의 농사를 목표할 것을 권한다. 땅을 식량 생산에 이용할 때는 지구의 섭리를 배워가면서 끝없이 주의를 기울여야 한다. 인간이 만든 시스템은 지구의 시스템과 맞서기보다 자연의 패턴을 따라가야 한다. 매스 박사는 우리가 점한 경관의 본래 기능을 회복시켜야 땅의 활력과 생명력, 건강을 되살릴 수 있다고 말한다.

농작물 재배를 생각해보자. 특히 현대식 농기계를 동원하는 농법은 지역의 자생식물과 야생동물에게 엄청난 혼란을 야기한다. 경운기는 지표와 거기서 자라는 것들을 긁어내고, 토막 내고, 썰어버린다. 쟁깃날은 공생 미생물부터 토끼, 들쥐, 뱀에 이르기까지 흙에 사는 모든 것이 이루는 복잡한 공동체를 갈기갈기 해체한다. 선진국에서는 주로 거대하고 육중한 트랙터 뒤에 쟁기를 달아 땅을 갈아엎는다. 시간이 흘러 추수철이 되면 이번에는 거대한 수확기가 지나는 길에 있는 모든 식물과 동물을 짓이기고 갈가리 찢는다. 이 기계들은 땅 위나 땅속에 사는 각종 야생동물뿐 아니라 흙속에 있는 수십억 생물체에게 끔찍한 아마겟돈을 야기한다. 대규모 기계식 작물재배가 모든 농업 행위 중 가장 파괴적이라는 현실을 외면할 도리는 없다.

영국 요리사 휴 펀리-휘팅스톨은 아름다운 사진과 유려한 글이 가득한 저서 《리버코티지 미트 북 The River Cottage Meat Book》서두에서 다음의 질문들을 제기한다. "우리는 왜 고기를 먹을까? 그리고 그것이 도덕적으로 옳은 일일까?"[40] 이에 대한 대답으로 그는 "우리가 나머지 동물종과 완벽히 조화를 이루고 살 수 있다는 주장"은 헛된 생각이라는 말로 운을 뗀다. 우리가 무엇을 해도 마찬가지다. 의도적이든 아니든 동물의 모든 행동은 다른 동물에게 영향을 미친다. "부정할 수 없는 사실은 이렇다. 특정 종의 이익 추구 행동은 언제나 지구의 나머지 생명체에게 영향을 준다. 여우는 닭의 개체수에 영향을 미치고, 벼룩은 고양이에게, 비버는 숲에, 양은 풀에 영향을 미친다."[41]

어떠한 인간 활동도, 특히 농사는, 다른 생명체에 영향을 미치지 않고서는 이루어질 수 없다는 펀리-휘팅스톨의 말에 나도 동의한다. 동물성 식료를 끊으면 '잔혹 행위 없는 식생활'이 가능하다는 개념은 허구다. 농업을, 특히 식물성 식품 생산을 위한 작물재배를 제대로 들여다보면, 그 과정 내내 피해가 발생한다는 것이 금세 명백해진다. 콩과 곡물, 과일과 채소 재배는 부득이하게 동물들을 불구로 만들거나 죽이고, 말 그대로 수십억 생물의 서식지를 파괴한다.

달성 불가능한 '잔혹함의 부재'를 추구하는 대신, 나는 모든 생명을 존중하고 자연의 본을 따르는 농업을 추구한다. '내가 동물에서 나온 음식을 먹고 있는가?' 같은 질문은 결국 의미가 없다. 그 대답은 해당 음식의 생산이 해당 농장 생태계에 공존하는 동물, 식물, 균류에 어떤 영향을 미쳤는지에 대해서는 아무 말도 하지 않기 때문이다. 모든 농사, 특히 작물 농사는 다양한 모양과 크기의 동물을 대량으로 죽인다. 따라서 더 의미 있는 질문은 이것이다. '이 음식은 자연의 기능에 따라 생산된 것인가?' 내가 아는 바로는 그런 농사가 동물과 함께하는 농사다.

현대 유기농법의 선구자로 불리는 영국 식물학자 앨버트 하워드는 동물이 생태적으로 건전한 식량 생산과 불가분의 관계에 있다고 보았다. 그는 동물을 '우리 농업의 파트너'로 불렀다. 하워드 경은 이렇게 말했다. "자연에서 동물과 식물은 서로 맞물려 생존한다. 이 연결보다 더 밀접하고, 영구적이고, 중요한 관계는 없다. 숲, 대초원, 습지, 하천, 강, 호수, 바다 등 어디서나 이 파트너십의 작동을 관찰할 수 있다."[42] 하워드의 요점은, 자연이 물과 햇빛을 에너지로, 음식의 형태로 전환하는 방식은 복잡한 다단계 과정이며, 이 복잡다단한 과정의 어떤 부분도 별개로 존재하지 않는다는 것이다. 각각의 구성 요소—햇빛 줄기, 물방울, 흙덩어리, 식물, 곤충, 풀 뜯는 동물 하나하나—가 여러 다양한 역할을 하고 효과를 낸다. 이런 복잡성을 더 많이 반영하는 농업시스템일수록 더 생태적인 시스템이다.

동물과 더불어 농사를 지어야 하는 이유에 대한 내가 본 중 가장 철저하고 사려 깊은 탐구 중 하나가 사이먼 페얼리의 책《고기: 유익한 사치 Meat: A Benign Extravagance》다. 페얼리의 관점은 그의 다채로운 이력—환경 작가, 농부, 전前 채식주의자 등—을 바탕으로 한다. 페얼리 역시 농사는 생태적으로 동물을 필요로 한다고 믿는다. 그의 책은 최적의 푸드시스템을 제시한다. 그 시스템에서는 소를 비롯한 방목동물이 경작이 어려운 땅을 식량 생산지로 바꾸고, 돼지와 닭 같은 잡식동물은 농사 부산물과 음식 찌꺼기를 식료로 바꾼다. 또한 동물 배설물이 화학비료를 대체해 화석연료 없는 비옥함을 제공한다.

페얼리는 "거기가 어디든 가축이 있는 곳에 야생에서 생식력을 얻고 모을 기회가 있다"고 말한다.[43] 이는 특히 풀을 뜯는 동물에게 해당된다. 페얼리는 방목동물이 기계보다 더 효율적으로 "영양소들을 쓰이지 않는 곳에서 요구되는 곳으로 옮긴다"고 강조한다. 영양소 중 특히 인의 경우가 그렇다. 질소와 달리 인은 공기에서 얻을 수 없다. "식물은 대기에서 인을 추출하지 못하므로, 외부에서 잉여 인을 끌어오는 데 동물의 역할이 몹시 중요하다."[44]

또한 페얼리는 현재는 풀 뜯는 가축이 야생 초식동물들을 대신해서 개방공간과 삼림지대의 균형을 유지하는 역할을 한다고 말한다. 그의 표현에 따르면 빛과 그늘의 균형을 맞춘다. 방목동물이 없어지면 이 균형이 대거 무너지게 된다.

어느 사회나 빛의 영역과 그늘의 영역 간의 균형을 추구한다. 오직 가축만이 그 균형을 만들어낼 수 있다. 가축이 만드는 균형은 농경지 범위에 머물지 않는다. 고도의 화석연료 경제가 부리는 중장비나 벌목기 같은 바퀴 괴물들도 네발동물의 도움을 받지 않는 한 자연을 상대해서 지는 싸움을 할 수밖에 없다. 가축을 풀어놓은 곳에서는 풀이 자라고, 가축이 배제된 곳에는 나무가 자란다. 이런 이치를 이해한다면 인간이 의지와 필요에 따라 가축의 능력을 이용하는 것이 상대적으로 수월해진다.[45]

같은 맥락에서 대학 교재 《토양과 물 보존》은 가축의 산불이나 들불 억제 기능을 설명한다. "가축을 소방도로, 산림도로, 임야 전반에서 방목할 경우 이들이 건기에 인화성이 높은 식생을 제거함으로써 산불 위험을 낮춘다."[46] 가축은 목본식물의 확산을 억제해서 개활지가 막히는 것을 방지하는 등 식생 관리 기능을 한다. 이 또한 우리가 잘 모르거나 간과하는 가축의 역할이다. 가축이 없다면 우리 경관의 모습과 기능성은 근본적으로 달라질 것이며, 그것도 다방면에서 나쁜 쪽으로 달라질 것이다. 인간에게는 방목동물이 꼭 필요한 존재다.

세계적 인구 증가세로 식량난이 심각하다는 말이 심심찮게 들린다. 거기에는 가축이 문제의 일부라는 첨언도 빠지지 않는다. 반면, 작물재배가 농지를 파괴한다는 말은 많이 듣지 못한다. 그건 비건과 환경주의자가 주장하는 서사에 딱 들어맞지 않기 때문이다. 하지만 농지를 망치는 농사야말로 인간의 미래 생존 능력에 대한 최대 위협이다. 데이비드 몽고메리는 《흙》에서 토양 관리에 실패해 더는 작물재배가 불가능한 정도까지 가버린 사회에 대해 말한다. 오늘날에도 이 자멸의 역사가 심상치 않은 속도로 지속되고 있다. 《식량, 에너지, 사회》에 의하면 세계적으로 매년 20만 2,000 제곱킬로미터 이상의 농지가 토양침식과 관개작물에 의한 염류화로 황폐해지고 있다. "지난 40년 동안 전 세계 경작지의 약 30%가 더는 생산력이 없는 땅으로 버려졌다." 21세기 중반쯤에는 현재 경

작지의 절반가량이 식량 생산에 쓰일 수 없게 것으로 추정된다.[47]

　미래의 식량 공급에 대한 우려는 마땅한 일이다. 다만 그 관심을 산업형 농업이 부른 눈앞의 위기로 돌려야 한다. 그리고 가축의 수가 아니라 가축이 어떻게 관리되는지에 관심을 쏟아야 한다. 가축의 수는 농업 시스템이 우리의 경관을 파괴하는지 재생하는지에 대한 아무런 설명도 되지 않는다. 제대로 관리되는 방목은 우리가 현재와 미래에 세계를 무사히 부양하기 위한 해법이 될 수 있다.

　한때 나는 육식을 피하면 어떤 동물도 내 식사를 위해 죽을 필요가 없다고 믿었다. 이제는 그 생각이 얼마나 틀린 생각이었는지 안다. 농사를 알게 될수록 그 생각이 얼마나 지독한 단순화였는지 절감한다. 지구는 수억 년 동안 끝없이 변화해왔다. 하지만 인류가 농경을 시작하기 전까지는 이렇게 대폭 공격을 당한 적이 없었다. 더구나 그 영향은 기계화로 인해 엄청나게 증폭됐다. 하지만 방목 동물은 수백만 년 동안 지구를 뒤덮었던 야생동물 무리가 했던 기능을 대신한다. 동물 떼의 소동은 지구에 친숙한 소동이다. 그들의 소동은 토양 미생물, 식물, 동물이 견딜 수 있을 뿐 아니라 사실상 필요로 하는 소동이다. 그들이 식생에 가하는 가지치기와 짓밟기 효과는 늘 그래왔듯 식물의 다양성과 항존을 허용하고 지원한다. 다른 식량 생산 방법들에 비해 방목축산은 적절히 이루어질 경우 가장 환경친화적인 방법이다. 가축이 누릴 수 있을 최고의 삶은 초지에 사는 것이고, 초지는 온갖 형태와 크기의 야생동물에게 가장 많은 기회를 제공한다. 초지에 방목하는 소들은 길들인 동물과 야생동물 모두에게 서식지를 제공한다.

　지난 20년간 나의 주된 임무는 내가 할 수 있는 모든 방법으로 지금보다 친환경적이고, 영양가 높고, 인도적인 푸드시스템 구축에 기여하는 것이었다. 아직도 갈 길이 멀다. 나는 사람들에게 고기를 먹을 것을 촉구하지 않는다. 물론 고기를 자제하라고 하지도 않는다. 나는 잡식성 사람들에게 잘 키운 고기를 찾을 것을 권한다. 고기를 끊는 것은 푸드시스템에 긍정적인 영향을 주지도 못할뿐더러 사람에 따라서는 건강에도 해가 된다. 실질적인 소비자 파워는 고기를 소비하되 좋은 산지의 고기를 선택하는 사람들에게서 나온다. 우리는 **제대로** 일하는 회사, 레스토랑, 농부, 목장주를 직접적으로 지원할 필요가 있다. 재생식품공급망에 있는 사람들이 얻는 마진은 박하기 그지없다. 애그리비즈니스, 거대 식품회사와 제약회사들이 정치적 패를 쥐고 있는 나라의 국민으로서 나는 거대한 정책개혁 같은 것은 바라지 않는다. 하지만 소비자에게는 푸드시스템에 긍정적 변화를 일으킬 힘이 있다. 좋은 생산자의 식품을 사는 것이 우리의 식비로 우리가 원하는 종류의 푸드시스템에 투표하는 방법이다.

소처럼 풀 뜯는 가축을 방목하는 것은 본질적으로 산업화에 대한 저항이다. 이 점만으로도 방목가축은 보다 지역 기반의, 보다 환경적으로 지속가능한 푸드시스템의 핵심이다. 방목가축은 야외에 널리 흩어져 살면서 자연 시스템에 의존한다. 방목은 해당 지역의 기후와 생태계에 해박한 지역민을 필요로 한다. 이것이 독립적이고 전통적인 축산농이 여전히 세계 곳곳에 존재하는 이유다. 농경지의 대부분이 국제 시장에 곡물을 대는 다국적 애그리비즈니스 기업에 편입된 것과는 대조적이다.

이것이 미국에서 완전 목초사육 소고기에 대한 관심이 높아지면서 애그리비즈니스의 위기감도 고조되는 이유다. 대기업들은 비육장과 도축장을 사들여 통폐합함으로써 소고기 시장에서 거의 절대적인 지배력을 확보했다. 미국의 소 목장들이 아직 꿋꿋이 독립성을 유지하고 있지만 그들은 가격 결정력이 없는 가격 수용자일 뿐이다. 그들에겐 소를 고기로 바꿔 최종소비자에게 전달하는 제반 인프라에 대한 지배력이 없다. 하지만 육류산업도 전적으로 풀만 먹고 자라는 소에 대해서는 비슷한 지배력을 행사하지 못하며, 아마도 절대 가지지 못할 것이다. 방목축산은 우리 부부처럼 미국 전역에 흩어져 있는 독자적 농부와 목장주의 영역이며, 이들의 수는 점점 늘어가고 있다. 우리는 우리 소를 태어날 때부터 길러 소고기를 레스토랑과 소매상과 소비자들에게 직접 판매한다.

인간과 가축의 오랜 관계

내가 소 사육을 지지하는 다른 차원의 이유도 있다. 나는 가축과 인간 사이의 오랜 관계를 지지한다. 소 사육은 영양과 소득이라는 유형의 혜택을 제공하는 동시에 사람에게 소중한 무형의 혜택도 제공한다. 사람은 동물과 더불어 사는 것이 바람직하다. 매일 농장 동물과 지내는 우리 같은 사람들이 그 혜택을 가장 많이 보는 사람들이다. 우리는 누구보다 강력하게 자연의 교훈을 배운다. 우리는 질병, 부상, 죽음의 필연성을 부단히 목격한다. 출생, 성장, 노화, 쇠퇴의 순환을 실견한다. 우리는 생명의 연약함, 좋은 양육자의 자격, 대담과 인내와 충실을 끊임없이 상기한다. 주의 깊게 보면 소들에게 배울 것이 끝도 없다. 동물은 우리의 덧없음을 절감하게 하는 한편 광대무변의 즐거움을 선사한다. 해마다 우리 목장을 지나가는 차들이 속도를 줄이거나 멈추어 선다. 사람들이 우리 소들을 구경하기 위해 차에서 내린다. 지역민은 우리의 소와 칠면조와 염소들 때문에 즐겁다는 말을 숱하게 한다. "거기 젖소들 사이를 걷는 게 너무 좋아요." 한번은 우체국에서 한 이웃이 내게 말했다. "그때마다 마음이 평온해져요."

인간은 고기를 비롯한 동물성 음식에 본능적으로 강하게 끌린다. 사람들은 생활 수준이 나아지면 어느 정도까지는 식단에서 고기와 유제품을 늘린다. 현재 아시아 지역의 육류 수요 증가세가 가장 빠르다. 또한 연구에 따르면 고기를 끊는 사람들의 약 75%가 결국 다시 육식으로 돌아간다. 엄격한 비건 식단을 시도한 사람들의 경우는 약 85%가 육식으로 돌아간다. 나는 과거에 비건이나 채식주의자였던 사람들을 수십 명 만났다. 이제는 나도 그중 하나다. 이들이 육식으로 돌아간 이유는 다양한데 흔히는 건강상의 이슈였다. 내 경우는 여러 이유가 있었지만, 최대 이유는 역시 강건함을 유지하는 데 필요한 모든 것을 내 몸에 제공하고 싶어서였다. 어쨌든 문화, 건강, 맛, 편리함 등 다양한 이유로 세계 인구의 압도적 다수가 동물성 음식을 먹는다. 분명한 것은 인간은 장래에도 계속 식용동물을 기를 것이라는 점이다.

우리의 푸드시스템은 자연처럼 자가 재생하는 것이어야 한다. 그러려면 우리는 동물을 무생물 생산단위로 취급하기보다 없어선 안 될 파트너로 대우해야 한다. 이제 우리와 농장동물 사이의 깨진 계약을 복구할 때다. 세상에서 공장식 축산을 없애는 것이 중요한 전진이다. 산업형 농업은 종류를 불문하고 생태농업 시스템으로 대체되어야 한다. 생태농업은 영양분을 끝없이 재활용하고 지구의 살아 있는 담요인 토양을 끊임없이 복원한다.

이 재생 푸드시스템의 핵심에는 소를 비롯한 방목동물들이 있다. 우리는 그들의 이동을 관리하고, 그들을 포식자들로부터 지키고, 먹이와 물을 확보해주고, 그들의 필요를 채워준다. 그 대가로 동물들은 우리 초지의 활기를 유지한다. 땅 위는 식물로 뒤덮이게 해주고, 땅속은 탄소와 생명체로 가득하게 해준다. 그리고 궁극적으로 우리에게 건강에 좋고 영양이 풍부한 음식, 우유와 고기를 제공한다. 우리는 그들의 존재와 역할을 소중히 여기고 거기에 감사해야 한다.

감사의 말

이 책을 쓰기 시작한 지 수년이 흘렀다. 많은 동료, 친구, 가족의 지원이 없었다면 책의 완성을 보기 어려웠을 것이다. 지난 20년 동안 소 사육에 관한 지식을 아낌없이 그리고 끈기 있게 나와 공유해준 분들이 계신다. 그들이 직분을 행하는 명예로운 방식에 무한한 감사와 존경을 표한다. 특히 애니 반 피어, 롭과 미셸 스톡스, 켄 벤츠 시니어, 돈 맥납, 그리고 빌 니먼에게 감사한다.

또한 많은 분들이 바쁜 일정에서 친절하게 시간을 할애해 원고를 읽어주시고 정보의 출처를 찾는 데 도움을 주셨다. 그분들에게도 크게 신세졌다. 빌 니먼, 크리스틴 한, 개리스 피셔, 애덤 댄포스를 포함한 분들이 베풀어준 소중한 제안과 의견에 진심으로 감사드린다.

이 책이 세상에 나오게 된 데에는 더없이 전문적으로 나를 대변해준 에이전트 제니퍼 언터, 처음부터 이 책을 믿어주고 내내 열의와 지원과 전문성을 보여준 에디터 벤 왓슨, 신중하고 치밀하게 원고를 검토해준 교열 담당 로라 조스태드의 힘이 컸다. 소셜미디어를 통해 이 책의 메시지를 알리는 일에 능란하고 정력적으로 나서준 스티븐 즈윅에게도 감사의 마음을 전한다.

무엇보다 내 가족, 빌과 마일스와 니컬러스에게 고맙다. 내가 이 책과 씨름하는 동안 내가 빠진 시간을 견뎌주었고 정신이 딴 데 팔려 있는 나를 참아주었다. 특히 빌이 두 배로 일하면서 내 빈자리를 채워주었기에 내가 이 책의 초판과 재판을 쓸 시간을 낼 수 있었다. 마일스는 생후 3개월 이후에는 엄마가 매일 저녁 읽어주던 동화 없이 잠들어야 했다. 니컬러스는 내가 자료를 검색하거나 글을 다듬으면서 젖을 먹일 때도 많았다. 이들이 매일 내게 베푼 인내와 사랑과 응원이 없었다면 나는 이 일을 결코 해내지 못했을 것이다. 무한한 감사와 사랑을 전한다.

추천의 말

고기를 먹는 일에 마음이 무겁지 않은 이들이 누가 있으랴. 이제 '애완동물'이란 말도 쓰지 않는 시대다. '비인간존재'로서 동물은 인간 중심의 세계를 성찰하게 만든다. 유난을 떠는 식성으로 취급받았던 채식도 많은 이들이 적극적으로 선택하고 있다. 다만 '고기'를 둘러싸고 동물권을 위시한 운동가들과 축산업계의 갈등은 한국사회에서도 점점 더 첨예해지고 있다.

한 치 양보도 없는 붕 뜬 토론의 공간에 《소고기를 위한 변론》은 날카롭지만 결코 냉랭하지 않은 중재의 자리를 마련한다. 스스로 소를 기르는 채식주의자이기도 했으며, 생물학 전공자이자 환경전문변호사였던 저자는 고기를 둘러싼 소모전을 끝내고자 한다. 폭압적인 축산시스템에 대해 엄중한 경고를 하는 동시에 갱신 없는 정보로 육식에 대해 곡해하는 이들에게도 고기의 세계를 제대로 들여다보자며, 찬찬히 이끌어 준다.

소는 풀을 먹고 자라는 초식동물이자 채식주의자다. 되새김질을 통해 거칠어빠진 풀을 살과 우유로 전환하는 탁월한 채식주의자다. 반면 사람은 소에게 축적된 풀의 에너지를 먹고 건강과 활력을 얻어온 존재다. 하지만 옥수수와 콩으로 길러진 현대의 소는 풀과 공생하는 생을 살지 못하고 인간에게도 텅 빈 맛의 단백질만을 공급할 뿐이다. 동물복지 최전선에서 분투하는 농장주이기도 한 저자는 지금의 축산업에 대한 엄한 죄를 묻는다. 고기는 죄가 없고 그 고기를 선용하지 못하는 이들에게 죄가 있을 뿐이다.

현대 축산업의 문제는 사람의 문제이지 소 자체의 문제가 아니건만, 소고기 섭생 자체의 문제로 환원시키는 이들의 주장은 분명 위험하다. 소를 풀밭에 놓아 기르며 인공수정조차 하지 않고, 자연스럽게 소를 기르는 저자야말로 소의 충직한 변호인이다. 과학적으로 검증된 최신의 정보로 충실하게 채워나간 이 소고기에 대한 변론서는 우리가 먹어야 할 고기와 먹지 말아야 할 고기에 대해 명확하게 알려준다. 이 책은 고기를 먹는 사람이나 먹지 않은 사람 모두에게 기르는 이들의 생계를 존중하고 가축의 복지를 구축할 수 있도록 안내해주는 내비게이션이 될 것이다.

정은정 · 농촌사회학자, 《대한민국 치킨전》 저자

미주

들어가는 글

1. R. R. Snapp, *Beef Cattle: Their Feeding and Management in the Corn Belt States*, 3rd ed. (Wiley & Sons, 1939), 16.
2. N. Hahn Niman, *Righteous Porkchop: Finding a Life and Good Food Beyond Factory Farms* (HarperCollins, 2009), chapter 7, "Beef, the Most (Unfairly) Maligned of Meats."
3. Hahn Niman, *Righteous Porkchop*, chapter 8, "The (Un)-Sacred Milk Cow."
4. 미국은 소의 수에서 (인도, 브라질, 중국 다음으로) 세계 4위지만 소고기 생산량으로는 세계 1위다. *BEEF Magazine*, August 13, 2013, beefmagazine.com/cattle-industry-structure/industry-glance-beef-cow-inventory-over-time.

1. 기후변화와 소, 허구와 진실 사이

1. 〈가축의 긴 그림자〉 보고서의 보도자료 헤드라인은 다음과 같다. "소를 기르는 것이 자동차를 모는 것보다 더 많은 온실가스를 만든다." www.un.org/apps/news/story.asp?newsID=20772&CR1=warning#.UpjwIo2f_eI.
2. BBC News, "UN Body to Look at Meat and Climate Link," March 24, 2010, http://news.bbc.co.uk/2/hi/science/nature/8583308.stm.
3. N. Hahn Niman, "The Carnivore's Dilemma," *The New York Times*, October 30, 2009, www.nytimes.com/2009/10/31/opinion/31niman.html?pagewanted=all.
4. US Environmental Protection Agency, Inventory of US Greenhouse Gas Emissions and Sinks: 1990 – 2017, p. ES-8.
5. Jonathan Sanderman, Tomislav Hengl, and Gregory J. Fiske, "Soil Carbon Debt of 12,000 Years of Human Land Use," *PNAS*, September 5, 2017, www.

pnas.org/content/114/36/9575.

6. Adam Majendie and Pratik Parija, "These UN Climate Scientists Think They Can Halt Global Warming for $300 Billion. Here's How," *Time*, October 23, 2019, https://time.com/5709100/halt-climate-change-300-billion.

7. Danielle Prieur, "Could No-Till Farming Reverse Climate Change?," *US News and World Report*, August 4, 2016, www.usnews.com/news/articles/2016-08-04/could-no-till-farming-reverse-climate-change.

8. "Amazon Besieged: Q&A with Author and Reporter Sue Branford," *Regenetarianism*, June 2, 2019, https://lachefnet.wordpress.com/2019/06/02/amazon-besieged-an-interview-with-author-and-reporter-sue-branford.

9. Understanding the Soybean Crush, www.cmegroup.com/education/courses/introduction-to-agriculture/grains-oilseeds/understanding-soybean-crush.html.

10. US EPA, Inventory of US Greenhouse Gas Emissions and Sinks: 1990–2017, p. ES-8.

11. J. Schwartz, *Cows Save the Planet* (Chelsea Green Publishing, 2013), 27.

12. "Belching Ruminants, a Minor Player in Atmospheric Methane," Joint FAO/IAEA Programme, http://www-naweb.iaea.org/nafa/news/2008-atmospheric-methane.html.

13. US EPA, Inventory of U.S. Greenhouse Gas Emissions and Sinks: 1990–2017, p. ES-8; and Dr. Howarth's study: https://news.cornell.edu/stories/2019/08/study-fracking-prompts-global-spike-atmospheric-methane.

14. 마일스 앨런 박사의 강연에서 인용. Sustainable Food Trust Conference, Gloucestershire, England, July 5, 2019, www.slideshare.net/Sustainablefoodtrust/myles-allen-154983406.

15. Paul Nicholson, "In Addressing Climate Change, Rice Production Needs More Attention and Urgent Action," Eco-Business, January 9, 2019, www.eco-business.com/opinion/in-addressing-climate-change-rice-production-needs-more-attention-and-urgent-action.

16. "Livestock Manure Management," a report of the US Environmental Protection Agency, www.epa.gov/methane/reports/05-manure.pdf.

17. David Butler, "Frank Mitloehner: Cattle, Climate Change and the Methane

Myth," *Alltech*, June 25, 2019, www.alltech.com/features-podcast-blog/frank-mitloehner-cattle-climate-change-and-methane-myth.

18. "Why Methane from Cattle Warms the Climate Differently than CO2 from Fossil Fuels," University of California, Davis, July 7, 2020, https://clear.ucdavis.edu/explainers/why-methane-cattle-warms-climate-differently-co2-fossil-fuels.

19. "Why Methane from Cattle Warms the Climate Differently."

20. "Why Methane from Cattle Warms the Climate Differently."

21. N. Hahn Niman, "Animals Are Essential to Sustainable Food," *Earth Island Journal*, Spring 2010, www.earthisland.org/journal/index.php/eij/article/rancher; 소의 수는 2012년 미국 농무부 농업 총조사(2014)에 근거한 것이다. www.agcensus.usda.gov/Publications/2012/#full_report.

22. "Tackling Climate Change Through Livestock," a report of the United Nations Food and Agriculture Organization, September 2013, www.fao.org/3/a-i3437e.pdf.

23. R. A. Leng, *Quantitative Ruminant Nutrition: A Green Science* (1993), www.ciesin.columbia.edu/docs/004-180/004-180.html.

24. Leng, *Quantitative Ruminant Nutrition*.

25. Jennifer Walter, "Feeding Seaweed to Cows Could Curb Their Methane-Laden Burps," *Discover Magazine*, February 10, 2020, www.discovermagazine.com/environment/feeding-seaweed-to-cows-could-curb-their-methane-laden-burps.

26. Geoff Watts, "The Cows That Could Help Fight Climate Change," *BBC Future*, August 6, 2019, www.bbc.com/future/article/20190806-how-vaccines-could-fix-our-problem-with-cow-emissions.

27. 쇠똥구리에 대해서는 다음을 참조 바람. www.sciencedaily.com/releases/2013/08/130822105031.htm; 메탄 저감을 위한 사료와 유전학 연구에 대해서는 다음을 참조 바람. "The Case for Low Methane-Emitting Cattle," *ScienceDaily*, January 10, 2014, www.sciencedaily.com/releases/2014/01/140110131013.htm; 반추위에 무게감을 주는 기술에 대해서는 다음을 참조 바람. Okine et al., "반추위에 무게를 더하는 방법으로 반추위벽의 수축을 촉진해서 사료의 소화관 체류시간을 줄였을 때 장내 메탄 발생이 29% 감소했다." E. K. Okine, G. W. Mathison, and R. T. Hardin, "Effects of Changes in Frequency of

Reticular Contractions on Fluid and Particulate Passage Rates in Cattle," *Canadian Journal of Animal Science* 67 (1989), 3388; 무기질에 대해서는 다음을 참조 바람. "가축에 대한 적절한 미네랄 보충은 축산업계가 가축의 장내 메탄 배출을 감축할 수 있는 또 다른 방법이다." K. Ominski and K. Wittenberg, "Strategies for Reducing Enteric Methane in Forage-Based Beef Production Systems," Science of Changing Climates Conference, Edmonton, Alberta, July 13, 2004, www.researchgate.net/publication/255595526_Strategies_for_Reducing_Enteric_Methane_Emissions_in_Forage-Based_Beef_Production_Systems.

28. Bignell et al., eds., *Biology of Termites: A Modern Synthesis* (Springer, 2011).
29. Hizbullah et al., "Methane Emissions from Termites—Landscape Level Estimates and Methods of Measurement," EGU General Assembly, 2003.
30. Horz et al., "Methane-Oxidizing Bacteria in a California Upland Grassland Soil: Diversity and Response to Simulated Global Change," https://aem.asm.org /content/71/5/2642.
31. Zhang, "Moderate Grazing Increases the Abundance of Soil Oxidizing Bacteria," *Journal of Applied Ecology*, May 2019, https://europepmc.org/article/med/31257764.
32. Yong et al., "Impact of Grazing on Shaping Abundance of Active Methanotrophs and Methane Oxidation Activity in a Grassland Soil," *Biology and Fertility of Soils*, April 2020.
33. Website of the US EPA, http://epa.gov/climatechange/ghgemissions/gases/n2o.html.
34. US Energy Information Administration, "Emissions of Greenhouse Gases in the United States," https://www.eia.gov/environment/emissions/ghg_report/ghg_nitrous.php.
35. US EIA, "Emissions of Greenhouse Gases in the United States."
36. Robert Sanders, "Fertilizer Use Responsible for Increase in Nitrous Oxide in Atmosphere," news release of the UC Berkeley News Center, April 2, 2012, https://newscenter.berkeley.edu/2012/04/02/fertilizer-use-responsible-for-increase-in-nitrous-oxide-in-atmosphere.
37. David Kanter et al., *Drawing Down N2O to Protect Climate and the Ozone Layer*, a United Nations Environment Program report, November 21, 2013,

www.researchgate.net/publication/268213461_Drawing_Down_N2O_to_Protect_Climate_and_the_Ozone_Layer_A_UNEP_Synthesis_Report.

38. S. Fairlie, *Meat: A Benign Extravagance* (Chelsea Green Publishing, 2011), 159.

39. Website of the US EPA, http://epa.gov/climatechange/ghgemissions/sources/agriculture.html.

40. Fairlie, Meat, 161.

41. Fairlie, Meat, 161.

42. *The Emissions Gap Report, 2013*, a United Nations Environment Program report, November 2013, xvi, www.unep.org/resources/emissions-gap-report-2013.

43. "Livestock and Climate Change," *World Watch* (November-December 2009), https://awellfedworld.org/wp-content/uploads/Livestock-Climate-Change-Anhang-Goodland.pdf.

44. From an interview with Robert Goodland, http://juliansstory.wordpress.com/2011/10/27/meeting-robert-goodland.

45. "ERS Report: Interdependence of China, United States, and Brazil in Soybean Trade," Illinois Farm Policy News, June 30, 2019.

46. "How Much US Meat Comes from Foreign Sources," a report of the Economic Research Service of the US Department of Agriculture, September 20, 2012, www.ers.usda.gov/amber-waves/2012/september/how-much-us-meat.

47. Hahn Niman, *Righteous Porkchop*, 136–40.

48. H. Biswell, *Prescribed Burning in California Wildlands Vegetation Management* (University of California Press, 1989).

49. Biswell, *Prescribed Burning in California Wildlands Vegetation Management*, 48.

50. Biswell, *Prescribed Burning in California Wildlands Vegetation Management*, 49–50.

51. C. Mann, *1491* (Vintage, 2006), 285–86.

52. D. Montgomery, *Dirt: The Erosion of Civilizations* (University of California Press, 2012), 29.

53. Montgomery, *Dirt*.

54. *US Forest Facts and Historical Trends*, a report of the Forest Service of the US Department of Agriculture, September 2001, www.fia.fs.fed.us/library/briefings-summaries-overviews/docs/ForestFactsMetric.pdf.

55. "Deforestation," *Encyclopedia Britannica*, www.britannica.com/EBchecked/topic/155854/deforestation/306437/Effects.

56. L. Palmer, "In the Pastures of Colombia, Cows, Crops and Timber Coexist," Yale Environment 360, March 13, 2014, http://e360.yale.edu/feature/in_the_pastures_of_colombia_cows_crops_and_timber_coexist/2746.

57. Lela Nargi, "Silvopasture Can Mitigate Climate Change," *Civil Eats*, January 7, 2019, https://civileats.com/2019/01/07/silvopasture-can-mitigate-climate-change-will-u-s-farmers-take-it-seriously.

58. Nargi, "Silvopasture Can Mitigate Climate Change."

59. Palmer, "In the Pastures of Colombia, Cows, Crops and Timber Coexist."

60. 예를 들어 다음을 참고 바람. S. Spiegal, L. Huntsinger, P. Hopkinson, J. Bartolome, and S. Sheri, "Overview of California Range Ecosystems," in *Ecosystems of California*, ed. H. Mooney and E. Zavaleta (University of California Press, 2016).

61. G. Azeez, "Soil Carbon and Organic Farming: Summary of Findings," a report of the U.K. Soil Association, 2009, www.soilassociation.org/LinkClick.aspx?fileticket=BVTfaXnaQYc%3D&.

62. F. M. Mitloehner, "Clearing the Air on 'Livestock and Climate Change,'" 2010, www.ansci.cornell.edu/cnconf/2010proceedings/CNC2010.5.Mitloehner.pdf.

63. "The Unusual Uses for Animal Body Parts," *BBC News*, June 7, 2011.

64. Schwartz, *Cows Save the Planet*, 12.

65. "Tackling Climate Change Through Livestock," FAO, 41.

66. "Tackling Climate Change Through Livestock," FAO, xiii (emphasis added).

67. 예를 들어 다음을 참고 바람. A. Gattinger et al., "Enhanced Top Soil Carbon Stocks Under Organic Farming," *Proceedings of the National Academy of Sciences*, October 2012, www.pnas.org/content/109/44/18226.full.

68. Cited in Azeez, "Soil Carbon and Organic Farming": "An estimated 89% of the global potential for agricultural greenhouse gas mitigation would be

through carbon sequestration." P. Smith et al., "Greenhouse Gas Mitigation in Agriculture," *Philosophical Transactions of the Royal Society of London, Series B Biological Sciences*, 2008.

69. Azeez, "Soil Carbon and Organic Farming."
70. Montgomery, Dirt, 23.
71. Montgomery, Dirt, 3.
72. J. Schwartz, "Soil as Carbon Storehouse: New Weapon in Climate Fight?" *Yale Environment 360*, March 4, 2014, http://e360.yale.edu/feature/soil_as_carbon_storehouse_new_weapon_in_climate_fight/2744.
73. Azeez, "Soil Carbon and Organic Farming."
74. Cornelia Rumpel et al., "'4per1,000' Initiative will Boost Soil Carbon for Climate and Food Security," *Nature*, January 2018, www.nature.com/articles/d41586-017-09010-w.
75. A. Gillmullina et al., "Management of Grasslands by Mowing Versus Grazing," *Applied Science Ecology*, June 2020.
76. "California's Latest Weapon Against Climate Change Is Low-Tech Farm Soil," National Public Radio, May 2, 2019, www.npr.org/2019/05/02/718736830/californias-latest-weapon-against-climate-change-is-low-tech-farm-soil.
77. Bronson Griscom et al., "Natural Climate Solutions," *PNAS*, October 31, 2017, www.pnas.org/content/114/44/11645.
78. Griscom et al., "Natural Climate Solutions." 아울러 다음도 참조 바람. D. Pimentel and M. Pimentel, "[A] Feedback Mechanism May Exist Wherein Increased Global Warming Intensifies Rainfall, Which, in Turn, Increases Erosion and Continues the Cycle," *Food, Energy, and Society*, 3rd ed. (CRC Press, 2008), 212, citing Lal, 2002.
79. Griscom et al., "Natural Climate Solutions."
80. "Glomalin: Hiding Place for a Third of the World's Stored Soil Carbon," *Agricultural Research*, September 2002, www.ars.usda.gov/is/ar/archive/sep02/soil0902.htm; "Glomalin: What Is It . . . and What Does It Do?" *Agricultural Research*, July 2008, www.ars.usda.gov/is/AR/archive/jul08/glomalin0708.pdf.
81. 예를 들어 다음을 참조 바람. S. Fonte et al., "Earthworm Populations in

Relation to Soil Organic Matter Dynamics and Management in California Tomato Cropping Systems," *Applied Soil Ecology*, 2009, http://ucanr.org/sites/ct/files/44375.pdf.

82. Azeez, "Soil Carbon and Organic Farming."
83. USDA *Agricultural Research* articles.
84. 2014년 4월, 저자에게 직접 들은 내용임.
85. Azeez, "Soil Carbon and Organic Farming."
86. Azeez, "Soil Carbon and Organic Farming."
87. L. Manske, "Effects of Grazing Management Treatments on Rangeland Vegetation," North Dakota State University, website of the Dickinson Research Extension Center, 2004, www.ag.ndsu.edu/archive/dickinso/research/2003/range03c.htm.
88. D. Harnett, paper presented to the 1999 Society for Range Management Meeting, February 1999, website of the Ecological Society of America, www.esa.org/science_resources/publications/purePrairieLeague.php.
89. Hahn Niman, "Animals Are Essential."
90. R. Lal and B. A. Stewart, *Food Security and Soil Quality* (CRC Press, 2010), 255, www.academia.edu/5208901/Food_Security_and_Soil_Quality_By_Rattan_Lal_B_A._Stewart.
91. Lal and Stewart, *Food Security and Soil Quality*, 263.
92. Lal and Stewart, *Food Security and Soil Quality*, 251.
93. L. B. Guo and R. M. Gifford, "Soil Carbon Stocks and Land Use Change: A Meta Analysis," *Global Change Biology*, November 23, 2002, http://onlinelibrary.wiley.com/doi/10.1046/j.1354-1013.2002.00486.x/abstract.
94. Azeez, "Soil Carbon and Organic Farming."
95. Schwartz, *Cows Save the Planet*, 15; and Schwartz, "Soil as Carbon Storehouse."
96. Schwartz, *Cows Save the Planet*, 15.
97. "Creating Topsoil by Dr. Christine Jones," March 24, 2006, http://creatingnewsoil.blogspot.com.
98. A. Savory, "Reversing Global Warming While Meeting Human Needs: An Urgently Needed Land-Based Option," speech given at Tufts University,

January 25, 2013.
99. Savory, "Reversing Global Warming While Meeting Human Needs."
100. Savory, "Reversing Global Warming While Meeting Human Needs."
101. "The Savory Institute: Healing the World's Grasslands, Rangelands, and Savannas," Allan Savory interview with *World Watch*, April 15, 2011, http://blogs.worldwatch.org/nourishingtheplanet/tag/international-society-for-range-management.
102. Savory, "Reversing Global Warming While Meeting Human Needs."
103. Savory, "Reversing Global Warming While Meeting Human Needs."
104. J. Marty, "Effects of Cattle Grazing on Diversity in Ephemeral Wetlands," *Conservation Biology* 19, no. 5 (October 2005), citing White, 1979; Sousa, 1984; Hobbs and Huenneke, 1992, www.elkhornsloughctp.org/uploads/files/1401307451Marty.%202005.%20Effects%20of%20cattle%20grazing%20on%20diversity%20in%20ephemeral%20wetlands..pdf.
105. Savory, *World Watch* interview.
106. Savory, *Holistic Resource Management* (Island Press, 1988), 38.
107. Savory, *Holistic Resource Management*, 35, 38.
108. Savory, *Holistic Resource Management*, 39–40.
109. Savory, *Holistic Resource Management*, 37.
110. Savory, *Holistic Resource Management*, 37.
111. Savory, *Holistic Resource Management*, 38.
112. Savory, *Holistic Resource Management*, 37.
113. A. Savory, talk given at the Restoring Working Landscapes, Producing Sustainable Meat conference, TomKat Ranch, Pescadero, California, December 3, 2013.
114. Savory, "Reversing Global Warming While Meeting Human Needs."
115. Schwartz, "Soil as Carbon Storehouse."
116. S. Itzkan, "Hut with a View," Seth Itzkan Reports from the Africa Centre for Holistic Management in Zimbabwe, http://hutwithaview.com.
117. Savory, *Holistic Resource Management*, 9.
118. Savory, TomKat Ranch.

119. Savory, *Holistic Resource Management*, 34-35.
120. Savory, "Reversing Global Warming While Meeting Human Needs."
121. Savory, *World Watch* interview.
122. "Animals Key to Biodiversity of Over-Fertilized Prairies," University of Maryland press release, March 10, 2014, www.umdrightnow.umd.edu/news/animals-key-biodiversity-over-fertilized-prairies.
123. Savory, TomKat Ranch.
124. Savory, "Reversing Global Warming While Meeting Human Needs."
125. Savory, *World Watch* interview.
126. Savory, TomKat Ranch.
127. Savory, *World Watch* interview.
128. Savory, TomKat Ranch.
129. Savory, TomKat Ranch.
130. Savory, "Reversing Global Warming While Meeting Human Needs."
131. Teague et al., "Grazing Management Impacts on Vegetation, Soil Biota and Soil Chemical, Physical and Hydrological Properties in Tall Grass Prairie," *Agriculture, Ecosystems and Environment*, 2011, www.sciencedirect.com/science/article/pii/S0167880911000934.
132. Weber et al., "Effect of Gracing on Soil-Water Content in Semiarid Rangelands of Southeast Idaho," *Journal of Arid Environments* 141 (May 2011), 310, www.sciencedirect.com/science/article/pii/S0140196310003460.
133. S. Itzkan, "Upside (Drawdown): The Potential of Restorative Grazing to Mitigate Global Warming by Increasing Carbon Capture on Grasslands," a report of PlanetTech Associates, April 2014, www.planet-tech.com/upsidedrawdown#sthash.mKkNI9fj.dpuf.
134. "Study: White Oak Pastures Beef Reduces Atmospheric Carbon," White Oak Pastures, June 4, 2019, http://blog.whiteoakpastures.com/blog/carbon-negative-grassfed-beef.
135. W. R. Teague et al., "The Role of Ruminants in Reducing Agriculture's Carbon Footprint in North America," *Journal of Soil and Water Conservation* 71, no. 2 (2016), 156-64, http://www.jswconline.org/content/71/2/156.full.pdf+html.

136. Itzkan, "Upside (Drawdown)."
137. E. Coleman, "Debunking the Meat/Climate Change Myth," August 7, 2009, http://grist.org/article/2009-08-07-debunking-meat-climate-change-myth.
138. "Tackling Climate Change," FAO.
139. "Tackling Climate Change," FAO, 23.
140. "Tackling Climate Change," FAO, 17.
141. M. Lee, Sustainable Food Trust Conference, Gloucestershire, England, July 5, 2019.
142. Lal and Stewart, *Food Security and Soil Quality*, 260.
143. Lal and Stewart, *Food Security and Soil Quality*, 184.
144. R. Tuhus-Dubrow, "How to Solve Climate Change with Cows (Maybe)," *Boston Globe*, May 4, 2014, www.bostonglobe.com/ideas/2014/05/03/how-solve-climate-change-with-cows-maybe/j3c4uoHv4iJqWjHXezlonN/story.html.
145. "Tackling Climate Change," FAO, 17.
146. E. Rosenthal, "To Cut Global Warming, Swedes Study Their Plates," *New York Times*, October 22, 2009, www.nytimes.com/2009/10/23/science/earth/23degrees.html.
147. J. Hendrickson, *Energy Use in the US Food System: A Summary of Existing Research and Analysis*, a report of the Center for Integrated Agricultural Systems, University of Wisconsin–Madison, July 2008, www.cias.wisc.edu/wp-content/uploads/2008/07/energyuse.pdf.
148. *Organic Works: Providing More Jobs Through Organic Farming and Local Food Supply*, a report of the UK Soil Association (Bristol House, 2006).
149. 다음 자료에 따르면 "(직간접적으로 화석연료와 관련된) 에너지 소비에 따른 온실가스 배출량은 대부분 사료 생산과 특히 비료 제조에 기인한다. 생산의 전 과정을 고려할 경우는 에너지 사용에 따른 배출량이 해당 부문 총 배출량의 약 20%에 해당한다." "Tackling Climate Change," FAO, 17.
150. S. Murray, "The Deep Fried Truth," *New York Times*, December 14, 2007, www.nytimes.com/2007/12/14/opinion/14murray.html.
151. N. Hahn Niman and B. Niman, "The Cost of Wasted Food," *The Atlantic*,

December 2, 2009, www.theatlantic.com/health/archive/2009/12/the-cost-of-wasted-food/31089.

152. "World War II Rationing," *United States History*, www.u-s-history.com/pages/h1674.html.

153. See interview with William Brangham, *PBS Newshour*, March 1, 2019.

154. "How Much Do Our Wardrobes Cost the Environment," *The World Bank*, September 23, 2019, www.worldbank.org/en/news/feature/2019/09/23/costo-moda-medio-ambiente.

155. 아인슈타인이 1951년 여동생 마리아가 죽은 후 의붓딸 마고 아인슈타인에게 한 말이다. 다음 자료에서 인용함. A&E Television, Einstein Biography, VPI International, 1991.

2. 풀, 소를 먹이고 지구생태계를 살리다

1. 40%라는 수치에 대해서는 다음을 참조 바람. World Resources Institute, www.wri.org/publication/content/8269. 70%라는 수치에 대해서는 다음을 참조 바람. "Are Grasslands Under Threat?," United Nations Food and Agriculture Organization, www.fao.org/uploads/media/grass_stats_1.pdf.

2. Stromberg et al., eds., *California Grasslands: Ecology and Management* (University of California Press, 2007), 7.

3. Pimentel and Pimentel, "[A] Feedback Mechanism May Exist," 363.

4. Montgomery, Dirt, x.

5. Montgomery, Dirt, xiv.

6. Montgomery, Dirt, 16.

7. Montgomery, Dirt, 15.

8. J. Rogers and P. G. Feiss, *People and the Earth: Basic Issues in the Sustainability of Resources and Environment* (Cambridge University Press, 1998), 63. 아울러 다음도 참조 바람. "미국 농경지 표토의 약 3분의 1이 이미 유실됐다." Pimentel and Pimentel, "[A] Feedback Mechanism May Exist," 41.

9. J. P. Curry, *Grassland Invertebrates: Ecology, Influence on Soil Fertility and Effects on Plant Growth* (Springer, 1993).

10. Pimentel and Pimentel, "[A] Feedback Mechanism May Exist," 190.

11. Montgomery, *Dirt*, 17. 아울러 다음 내용도 참조 바람. "동식물뿐 아니라 미생물

도 토양에 없어서는 안 될 요소이며 토양 바이오매스의 상당량을 구성한다. 토양 1 제곱미터당 수십억 마리의 미생물과 약 20만 마리의 절지동물과 애기지렁이를 부양한다(Wood, 1989; Lee and Foster, 1991). (...) 거기 더해 토양에 사는 박테리아와 균류가 4,000~5,000종이나 된다. 건강한 토양은 생물다양성에 중요하게 기여한다." Pimentel and Pimentel, "[A] Feedback Mechanism May Exist," 209.

12. F. Troeh et al., *Soil and Water Conservation*, 3rd ed. (Prentice-Hall, 1999), 332. 아울러 다음 내용도 참조 바람. "식생 덮개는 토양과 수자원을 보호하는 최고의 방법이다." Pimentel and Pimentel, "[A] Feedback Mechanism May Exist," 31.

13. Troeh, *Soil and Water Conservation*.

14. Lal and Stewart, *Food Security and Soil Quality*, 152. 다음도 참조 바람. "침식이 일어난 토양은 그렇지 않은 토양에 비해 빗물을 87% 적게 흡수한다." Pimentel and Pimentel, "[A] Feedback Mechanism May Exist," 190, citing Guenette, 2001.

15. Pimentel and Pimentel, "[A] Feedback Mechanism May Exist," 203.

16. W. Berry, *New Roots of Agriculture* (University of Nebraska Press, 1980), xii.

17. Pimentel and Pimentel, "[A] Feedback Mechanism May Exist," 31.

18. Berry, xiii.

19. Pimentel and Pimentel, "[A] Feedback Mechanism May Exist," 205.

20. Pimentel and Pimentel, "[A] Feedback Mechanism May Exist."

21. Pimentel and Pimentel, "[A] Feedback Mechanism May Exist," 206.

22. G. Boody et al., "Multifunctional Agriculture in the United States," *Bioscience* 55 (2005), 32.

23. Lal and Stewart, *Food Security and Soil Quality*, 153 (internal citation omitted).

24. "Fundamentals of Cation Exchange Capacity," https://www.extension.purdue.edu/extmedia/ay/ay-238.html.

25. Lal and Stewart, *Food Security and Soil Quality*, 252.

26. Genesis 3:19.

27. Psalms 104.

28. Deuteronomy 11:15.

29. J. J. Ingalls, "In Praise of Bluegrass" (1872), http://grassbydesign.com/pdf/douglas.pdf.

30. Stromberg et al., *California Grasslands*, 37.
31. "Last Time Carbon Dioxide Levels Were This High: 15 Million Years Ago," *Science Daily*, October 9, 2009, www.sciencedaily.com/releases/2009/10/091008152242.htm.
32. Stromberg et al., *California Grasslands*, 37.
33. Stromberg et al., *California Grasslands*, 50-52.
34. Stromberg et al., *California Grasslands*, 49-52.
35. M. Kinver, "Ecologists Learn Lessons from the Ghosts of Megafauna," BBC News, March 24, 2014, www.bbc.com/news/science-environment-26718199.
36. "Big Game Could Roam US Plains," *BBC News*, August 18, 2005, http://news.bbc.co.uk/2/hi/science/nature/4160560.stm.
37. S. Daley, "From Untended Farmland, Reserve Tries to Recreate Wilderness from Long Ago," *New York Times*, June 13, 2014, www.nytimes.com/2014/06/14/world/europe/from-untended-farmland-reserve-tries-to-recreate-wilderness-from-long-ago.html?emc=edit_th_20140614&nl=todaysheadlines&nlid=28644965&_r=0.
38. Daley, "From Untended Farmland."
39. Stromberg et al., *California Grasslands*, 2.
40. See Stromberg et al., *California Grasslands*, 57, 58, 59, 64, 65, 75, 175, 209, 219, 256.
41. Hahn Niman, *Righteous Porkchop*, 136, 동물학적 분류에 대해서는 다음에서 인용함. C. Hickman, *Integrated Principles of Zoology*, 7th ed. (Times Mirror / Mosby College Publishing, 1994), 662; 소의 가축화에 대해서는 다음을 참조 바람. P. Davis and A. Dent, *Animals That Changed the World: The Story of Domestication of Wild Animals* (Crowell-Collier Press, 1968), 66, and A. Beja-Pereria et al., "The Origin of European Cattle: Evidence from Modern and Ancient DNA," *Proceedings of the National Academy of Sciences*, May 11, 2006.
42. Snapp, *Beef Cattle*, 5, (다음에서 인용함) *Yearbook of Agriculture 1921*, US Department of Agriculture (US Government Printing Office, 1921), 232.
43. Snapp, *Beef Cattle*, 16.

44. Montgomery, *Dirt*, 18.
45. H. D. Hughes, *Forages* (Iowa State College Press, 1951), 22.
46. C. P. Anderson, *Grass: Yearbook of Agriculture 1948*, US Department of Agriculture (US Government Printing Office, 1948), v.
47. Hughes, *Forages*, 8.
48. Montgomery, *Dirt*, 173; Pimentel and Pimentel, "[A] Feedback Mechanism May Exist," 41.
49. D. Pimentel and N. Kounang, "Ecology of Soil Erosion in Ecosystems," *Ecosystems* 1 (1998), 416.
50. "Losing Ground," a report of the Environmental Working Group, April 2011, http://static.ewg.org/reports/2010/losingground/pdf/losingground_report.pdf.
51. D. Barber, "What Farm-to-Table Got Wrong," *New York Times*, May 17, 2014.
52. 예를 들어 다음 자료를 참조 바람. N. Hahn Niman, "Biofuels: Bad News for Animals," *AWI Quarterly*, Summer 2008, https://awionline.org/content-types-orchid-legacy/awi-quarterly/biofuels-bad-news-animals.
53. J. Zuckerman, "Plowed Under," *American Prospect*, May 2014, http://prospect.org/article/plowed-under.
54. L. Kreiger, "California Drought: San Joaquin Valley Sinking as Farmers Race to Tap Aquifer," *San Jose Mercury News*, March 29, 2014, www.mercurynews.com/drought/ci_25447586/california-drought-san-joaquin-valley-sinking-farmers-race.
55. F. Thicke, *A New Vision for Iowa Food and Agriculture* (Mulberry Knoll Books, 2010).
56. Lal and Stewart, *Food Security and Soil Quality*, 130.
57. J. Lundgren, Keynote Address, EcoFarm Conference, January 22, 2020.
58. 비영리단체 지속가능식품신탁 설립자인 패트릭 홀든은 수년에 걸쳐 '식품의 실질적 비용 계산' 개념을 개진해왔다. 그는 각계각층의 정책입안자들을 향해 그들의 의사결정이 식품과 농업에 미치는 영향을 다각도로 고려할 것을 촉구한다. 그의 블로그에 다음과 같은 내용이 있다. "식품 생산시스템별 비용과 이득에 대한 제대로 평가가 이루어져야 환경과 사회에 유해한 생산 방법을 사용하는 이들에게 피해

에 대한 보상을 요구하고, 반대로 지속가능하고 다양한 혜택을 제공하는 방법들을 보상할 수 있다. 이는 궁극적으로 해로운 방식으로 생산된 식품을 비싸게 만들어 점진적으로 도태시키는 한편, 지속가능한 식품은 보다 저렴하게 만드는 효과를 낸다." 홀든은 이 방법의 도입을 위해 유엔을 비롯한 여러 기관과 협업해왔다. 더 많은 정보를 원한다면 다음 자료를 참조 바람. https://sustainablefoodtrust.org/articles/true-cost-food/.

3. 물, 오염과 부족은 소 탓이 아니다

1. C. Dell'Amore, "Biggest Dead Zone Ever Forecast in Gulf of Mexico: Oxygen-Deprived Area May Be Size of New Jersey, Scientists Say," *National Geographic News*, June 24, 2013, http://news.nationalgeographic.com/news/2013/06/130621-dead-zone-biggest-gulf-of-mexico-science-environment.
2. 예를 들어 다음을 참조 바람. Hahn Niman, *Righteous Porkchop*, 49-51.
3. T. Charles and H. Stuart, *Commercial Poultry Farming* (Interstate Printing, 1936), v.
4. Federal Water Pollution Control Act Amendments of 1971, Supplemental Views of Senator Robert Dole, Legal Compilation, Environmental Protection Agency, January 1973.
5. Pimentel and Pimentel, "[A] Feedback Mechanism May Exist," 232.
6. Pimentel and Pimentel, "[A] Feedback Mechanism May Exist," 210.
7. W. Jackson, *New Roots for Agriculture* (University of Nebraska Press, 1980), 20.
8. J. Burkholder, "Impacts of Waste from Concentrated Animal Feeding Operations on Water Quality," *Environmental Health Perspectives*, February 2007, www.ncbi.nlm.nih.gov/pmc/articles/PMC1817674.
9. "Concentrated Animal Feeding Operations: Health Risks from Water Pollution," a publication of the Institute for Agriculture and Trade Policy (IATP), www.iatp.org/files/421_2_37390.pdf.
10. 현재 미국의 가축과 가금류 사료의 대부분(90% 이상)이 옥수수다. 미국에서는 곡물의 70%가 가축과 가금류의 사료로 쓰인다는 수치를 종종 볼 수 있는데, 이 수치는 더는 유효하지 않은 옛날 수치다. 현재 미국에서 재배되는 옥수수의 약 40%가 에탄올 생산에 이용되며, 또한 상당 부분이 수출된다. 다음을 참조 바람. J. Foley, "It's Time to Rethink America's Corn System," *Scientific American*, March 5, 2013, www.scientificamerican.com/article/time-to-rethink-corn, and

L. Hoffman et al. "Feed Grains Backgrounder," a report of the Economic Research Service of the US Department of Agriculture, March 2007, www.ers.usda.gov/media/197317/fds07c01_1_.pdf.

11. S. Thompson, "Running on Empty?: 'Great Ethanol Debate' Waged at NCGA Forum," *Rural Cooperatives Magazine*, a publication of the US Department of Agriculture, September–October 2005, http://www.rurdev.usda.gov/rbs/pub/sep05/running.htm.

12. Pimentel and Pimentel, "[A] Feedback Mechanism May Exist," 317.

13. "Fertilizer Use and Price," a report of the US Department of Agriculture, Economic Research Service, July 12, 2013, www.ers.usda.gov/data-products/fertilizer-use-and-price.aspx#.U3AfAy_c0Xw.

14. "Putting Dairy Cows Out to Pasture: An Environmental Plus," a report of the US Department of Agriculture, Agricultural Research Service, April 29, 2011, www.ars.usda.gov/is/ar/2011/may11/cows0511.htm.

15. Hendrickson, *Energy Use in the US Food System* "Agriculture's Supply and Demand for Energy and Energy Products," a report by the US Department of Agriculture, Economic Research Service, May 2013, www.ers.usda.gov/media/1104145/eib112.pdf.

16. Hendrickson, *Energy Use in the US Food System* "Agriculture's Supply and Demand for Energy and Energy Products."

17. Hendrickson, *Energy Use in the US Food System* "Agriculture's Supply and Demand for Energy and Energy Products."

18. Pimentel and Pimentel, "[A] Feedback Mechanism May Exist," 153.

19. Pimentel and Pimentel, "[A] Feedback Mechanism May Exist," 161.

20. "Pesticides in the Nation's Streams and Groundwater," a fact sheet of the US Geological Survey, March 2006, http://pubs.usgs.gov/fs/2006/3028 (emphasis added).

21. "Pesticides in the Nation's Streams and Groundwater."

22. "Pesticides in the Nation's Streams and Groundwater."

23. K. Nichols, "The Role of Soil Biology in Improving Soil Quality," a webinar of National Resources Conservation Service / US Department of Agriculture, September 13, 2012, https://www.youtube.com/watch?v=eGxjcxVMbsg.

24. "Concentrated Animal Feeding Operations," IATP.
25. 예를 들어 다음을 참조 바람. www.pewtrusts.org/en/projects/campaign-on-human-health-and-industrial-farming.
26. C. Dean, "Drugs Are in the Water. Does It Matter?" *New York Times*, April 3, 2007.
27. Hahn Niman, *Righteous Porkchop*, chapter 8.
28. J. R. Winsten et al., "Differentiated Dairy Grazing Intensity in the Northeast," *Journal of Dairy Science* 83 (2000), 836.
29. Winsten et al., "Differentiated Dairy Grazing Intensity."
30. M. Halverson, *Farm Animal Health and Well-Being*, a report prepared for the Minnesota Planning Agency, Environmental Quality Board, April 23, 2001, 120.
31. Von Keyserlingk et al., "The Welfare of Dairy Cattle," *Journal of Dairy Science*, September 2009, https://www.sciencedirect.com/science/article/pii/S002203 0209707350; 아울러 다음도 참조 바람. N. Hahn Niman, "The Unkindest Cut," *New York Times*, March 7, 2005, https://www.nytimes.com/2005/03/07/opinion/the-unkindest-cut.html.
32. R. Marks, *Cesspools of Shame*, a report by the Natural Resources Defense Council, July 2001, 14, www.nrdc.org/water/pollution/cesspools/cesspools.pdf.
33. R. Whitlock, *A Short History of Farming in Britain* (John Baker Ltd., 1965).
34. Snapp, *Beef Cattle*, 16.
35. 다음 자료의 데이터를 사용함. 2012 US Department of Agriculture Census of Agriculture, May 2014, www.agcensus.usda.gov/Publications/2012.
36. Mooney and Zavaleta, *Ecosystems of California*, 37 (internal citation omitted).
37. "Sustainable Farming Systems: Demonstrating Environmental and Economic Performance," a study of the University of Minnesota et al., June 2001.
38. "How Much Water to Make One Pound of Beef," https://www.vegsource.com/articles/pimentel_water.htm.
39. "How Much Water to Make One Pound of Beef," https://www.vegsource.com/articles/pimentel_water.htm.
40. R. Smithers, "Food Products Should Carry 'Water Footprint' Information, Says

Report," *Guardian*, July 20, 2009, www.guardian.co.uk/environment/2009/jul/20/food-water-footprint.

41. Beckett and Oltjen, "Estimation of the Water Requirement for Beef Production in the United States," *Journal of Animal Science* 71 (1993), 818.
42. L. Keith, *The Vegetarian Myth* (PM Press, 2009), 102.
43. L. Keith, *The Vegetarian Myth* (PM Press, 2009), 102. 다음도 참조 바람. "동물성 단백질은 곡물 단백질에 비해 생물학적 영양 가치가 약 1.4배 높다." Pimentel and Pimentel, "[A] Feedback Mechanism May Exist," 70.
44. Boody, "Multifunctional Agriculture in the United States," 32.
45. "Managing Runoff and Erosion on Croplands and Pastures," a publication of the University of Georgia Cooperative Extension, March 2009, www.caes.uga.edu/applications/publications/files/pdf/B%201152-15_2.PDF.

4. 생물다양성, 방목의 재발견

1. H. Steinfeld et al., *Livestock's Long Shadow: Environmental Issues and Options*, a report of the United Nations Food and Agriculture Organization, 2007, 254.
2. Schwartz, *Cows Save the Planet*, 193.
3. P. Krausman, "An Assessment of Rangeland Activities on Wildlife Populations and Habitats," a publication of the National Resource Conservation Service, 2011, 257, www.nrcs.usda.gov/Internet/FSE_DOCUMENTS/stelprdb1045801.pdf (internal citations omitted).
4. Krausman, "An Assessment of Rangeland Activities," 259.
5. Krausman, "An Assessment of Rangeland Activities," citing Licht, 1997; Higgins et al., 2002.
6. Marty, "Effects of Cattle Grazing on Diversity," (다음에서 인용함.) Noy-Meir et al., 1989; Harrison, 1999; Hayes and Holl, 2003, http://vernalpools.net/documents/Marty%20Cons%20Bio.pdf.
7. Marty, "Effects of Cattle Grazing on Diversity," (다음에서 인용함.) McNaughton et al., 1989; Milchunas and Lauenroth, 1993; Perevolotsky and Seligman, 1998.
8. Marty, "Effects of Cattle Grazing on Diversity," citing Collins et al., 1998; Harrison, 1999; Maestas et al., 2003.

9. "Animals Key to Biodiversity of Over-Fertilized Prairies," March 10, 2014, www.umdrightnow.umd.edu/news/animals-key-biodiversity-over-fertilized-prairies; 다음도 참조 바람. "How Grazing Helps Plant Diversity," 2014, www.sciencedaily.com/releases/2014/03/140309150536.
10. R. Hart, "Plant Biodiversity on Shortgrass Steppe After 55 Years of Zero, Light, Moderate, or Heavy Cattle Grazing," *Plant Ecology*, July 2001, http://link.springer.com/article/10.1023/A:1013273400543.
11. "Vegetation Change After 65 Years of Grazing and Grazing Exclusion," *Journal of Rangeland Management*, November 2004, www.cabnr.unr.edu/news/story.aspx?StoryID=295.
12. "Vegetation Change After 65 Years of Grazing and Grazing Exclusion."
13. Mooney and Zavaleta, *Ecosystems of California*, 23.
14. "Vernal Pools: Liquid Sapphires of the Chaparral," website of the California Chaparral Institute, https://www.californiachaparral.org/chaparral/vernal-pools/.
15. Marty, "Effects of Cattle Grazing on Diversity."
16. The Nature Conservancy newsletter, Fall 2009, www.nature.org/ourinitiatives/regions/northamerica/unitedstates/california/fall-2009-newsletter-1-1.pdf.
17. Krausman, "An Assessment of Rangeland Activities," 262.
18. Marty, "Effects of Cattle Grazing on Diversity" (internal citations omitted).
19. "Grazing CRP Land Improves Feed, Habitat," a case study of the Leopold Center for Sustainable Agriculture, www.leopold.iastate.edu/sites/default/files/GrazingCRPcasestudy.pdf.
20. Hahn Niman, "Biofuels: Bad News for Animals."
21. Krausman, "An Assessment of Rangeland Activities," 262, citing Kohler and Rauer, 1991.
22. "What's Good for the Herd Is Good for the Bird," *BEEF Magazine*, December 18, 2019.
23. Mooney and Zavaleta, *Ecosystems of California*, 30–31.
24. Mooney and Zavaleta, *Ecosystems of California*, 30–31.
25. US Fish and Wildlife Service data. www.fws.gov/pollinators.

26. UC 버클리 생물학자들이 낸 보고서의 데이터를 사용함. 내가 쓴 논문도 참조 바람. N. Hahn Niman, "A Way to Save America's Bees: Buy Free Range Beef," *The Atlantic*, July 14, 2011, www.theatlantic.com/health/archive/2011/07/a-way-to-save-americas-bees-buy-free-range-beef/241935.

27. M. Wines, "Soaring Bee Deaths in 2012 Sound Alarm on Malady," *New York Times*, March 28, 2013, www.nytimes.com/2013/03/29/science/earth/soaring-bee-deaths-in-2012-sound-alarm-on-malady.html.

28. Hahn Niman, "A Way to Save America's Bees."

29. Hahn Niman, "A Way to Save America's Bees."

30. Krausman, "An Assessment of Rangeland Activities," 279.

31. C. Mendenhall et al., "Predicting Biodiversity Change and Averting Collapse in Agricultural Landscapes," *Nature*, May 8, 2014, www.nature.com/nature/journal/vaop/ncurrent/full/nature13139.html.

5. 흙, 목축으로 사막화 늦추기

1. Montgomery, Dirt, 236.

2. Montgomery, Dirt, xii.

3. R. Lal, "Potential of Desertification Control to Sequester Carbon and Mitigate the Greenhouse Effect," *Climatic Change* 51, no. 1 (October 2001), 35–72.

4. S. Rosen, "Desertification and Pastoralism: A Historical Review of Pastoral Nomadism in the Negev Region," Encyclopedia of Life Support Systems.

5. Montgomery, Dirt, xx.

6. Montgomery, Dirt, xii.

7. Montgomery, Dirt, 21.

8. Montgomery, Dirt, 4.

9. Jackson, New Roots for Agriculture, 2.

10. Jackson, New Roots for Agriculture.

11. Jackson, New Roots for Agriculture, 12.

12. Montgomery, Dirt, 5.

13. Montgomery, Dirt, 23.

14. Montgomery, Dirt, 23–24.

15. Jackson, *New Roots for Agriculture*, 12-13.
16. P. Starrs, *Let the Cowboy Ride* (Johns Hopkins University Press, 1998), 21.
17. Starrs, *Let the Cowboy Ride*.
18. "Fact Sheet on the BLM's Management of Livestock Grazing," a document of the US Bureau of Land Management, www.blm.gov/wo/st/en/prog/grazing.html.
19. Decision Notice and Finding of No Significant Environmental Impact, Forest Service of the US Department of Agriculture, September 2010, 59, www.fs.usda.gov/Internet/FSE_DOCUMENTS/stelprdb5200869.pdf (internal citations omitted).
20. R. Mearns, "Livestock and Environment: Potential for Complementarity," www.fao.org/docrep/w5256t/w5256t02.htm.
21. K. Weber and S. Horst, "Desertification and Livestock Grazing: The Roles of Sedentarization, Mobility and Rest," *Pastoralism*, October 2011, (다음에서 인용함) Seligman and Perevolotsky, 1994; Olaizola et al., 1999; Cummins, 2009. www.pastoralism journal.com/content/1/1/19#.
22. Lal and Stewart, *Food Security and Soil Quality*.
23. Montgomery, *Dirt*, 208.
24. L. Sorensen, "Colorado Cattle Stomp Shows the Benefit of Healing Hooves," *BEEF Magazine*, May 7, 2014.

6. 자연이 사람의 미래다

1. R. Louv, *Last Child in the Woods: Saving Our Children from Nature Deficit Disorder* (Algonquin Books, 2006).
2. Louv, *Last Child in the Woods*, 157.
3. Louv, *Last Child in the Woods*, 158.
4. Louv, *Last Child in the Woods*, 132-33.
5. G. Nabhan and S. Trimble, *The Geography of Childhood: Why Children Need Wild Places* (Beacon Press, 1994), 126.
6. Louv, *Last Child in the Woods*, 142-43.
7. Louv, *Last Child in the Woods*, 158.

8. Louv, *Last Child in the Woods*, 288.
9. M. Velasquez-Manoff, "A Cure for the Allergy Epidemic?" *New York Times*, November 10, 2013.
10. Velasquez-Manoff, "A Cure for the Allergy Epidemic?"
11. Velasquez-Manoff, "A Cure for the Allergy Epidemic?"
12. https://well.blogs.nytimes.com/2016/02/11/how-the-dirt-cure-can-make-for-healthier-families/.
13. "Screen Time and Children," a document of the National Institutes of Health (NIH), www.nlm.nih.gov/medlineplus/ency/patientinstructions/000355.htm.
14. 예를 들어 다음을 참조 바람. R. Nauert, "Childhood Television Watching Correlated to Later Attention Problems," Psych Central, September 6, 2007, http://psychcentral.com/news/2007/09/06/childhood-television-watching-correlated-to-later-attention-problems/1238.html.
15. D. Bell, "Protean Manifestations of Vitamin D Deficiency, Part 1: The Epidemic of Deficiency," *Southern Medical Journal*, 2011, www.medscape.com/viewarticle/742623_2.
16. "Memo to Pediatricians: Screen All Kids for Vitamin D Deficiency," website of the Johns Hopkins Children's Hospital, February 22, 2012, www.hopkinschildrens.org/Screen-All-Kids-for-Vitamin-D-Deficiency.aspx.
17. "Vitamin D Deficiency: A Real Problem," website of UC Berkeley Health Services, http://uhs.berkeley.edu/home/healthtopics/pdf/Vitamin%20D%20Deficiency.pdf.

7. 소고기는 어쩌다 건강의 적이 되었나

1. American Public Health Association newsletter, January 22, 2014, http://action.apha.org/site/MessageViewer?dlv_id=49703&em_id=45382.0.
2. R. Lustig, *Fat Chance: Beating the Odds Against Sugar, Processed Food, Obesity, and Disease* (Plume 2012), 4.
3. 미국 질병통제예방센터(CDC)의 최근 년(2018년) 통계자료에 의하면 미국인 사망 원인 1~5위는 다음과 같다. (1) 심장병, (2) 암, (3) 사고, (4) 만성 하부호흡기질환, (5) 뇌졸중. www.cdc.gov/nchs/fastats/lcod.htm.
4. "Coronary Artery Bypass Graft Surgery Numbers Drop 30% in 7 Years,"

Medical News Today, May 4, 2011, www.medicalnewstoday.com/articles/224100.php.

5. "Trends in Tobacco Use," www.lung.org/finding-cures/our-research/trend-reports/Tobacco-Trend-Report.pdf; and the website of the CDC, www.cdc.gov/nchs/data/nhis/earlyrelease/earlyrelease201306_08.pdf.

6. B. Keirnan, "Grass Fed vs. Corn Fed: You Are What Your Food Eats," July 16, 2012, www.globalaginvesting.com/news/blogdetail?contentid=1479.

7. "Disease Statistics," Fact Book 2012, website of the US Department of Health and Human Services, www.nhlbi.nih.gov/about/factbook/chapter4.htm; and Blodget, H. "What Kills Us: The Leading Causes of Death from 1900 – 2010," *Business Insider*, June 20121, www.businessinsider.com/leading-causes-of-death-from-1900-2010-2012-6?op=1.

8. T. Parker-Pope, "Less Active at Work, Americans Have Packed on the Pounds," *New York Times*, May 25, 2011, http://well.blogs.nytimes.com/2011/05/25/less-active-at-work-americans-have-packed-on-pounds/?_php=true&_type=blogs&_r=0.

9. G. Reynolds, "The Couch Potato Goes Global," *New York Times*, July 18, 2012, http://well.blogs.nytimes.com/2012/07/18/the-couch-potato-goes-global.

10. 예를 들어 다음을 참조 바람. R. Brownson and T. Boehmer, "Declining Rates of Physical Activity in the United States: What Are the Contributors?," *Annual Review of Public Health* 26 (April 2005), 8. 이 자료는 '활동량이 적은 일자리들'이 1950년 23%에서 1970년 41%로 증가하다가 이후 변동이 없음을 보여준다. 다음도 참조 바람. Institute of Medicine, "Does the Built Environment Influence Physical Activity?" *Examining the Evidence, Special Report 282* (National Academies Press, 2005). 이 자료에 따르면 1908년 포드사의 세계 최초 대량 생산 자동차인 모델 T가 출시된 이래 1930년까지 전기 식기세척기와 의류 세탁기, 건조기, 진공청소기가 모두 출시됐으며(65p), 1950년까지 인구 분포에서 주요한 변화가 일어났다(73p).

11. M. Pollan, "Unhappy Meals," *New York Times Magazine*, January 28, 2007, http://michaelpollan.com/articles-archive/unhappy-meals.

12. 사람들에게 적색육과 포화지방을 줄일 것을 권고하는 공공보건 지침들의 예는 다음을 참조 바람. Kaiser Permanente newsletter, February 2014.

13. A. Keys, "Coronary Heart Disease in Seven Countries," Circulation 41, no. 1 (1970), 211.
14. H. Wells and J. Buzby, "Dietary Assessment of Major Trends in US Food Consumption, 1970–2005," a study by the Economic Research Service (ERS) of the US Department of Agriculture, March 2008; S. Gerrior et al., "Nutrient Content of the US Food Supply, 1909–2000," a study of the Center for Nutrition Policy and Promotion (CNPP), US Department of Agriculture, November 2004.
15. Wells and Buzby, "Dietary Assessment of Major Trends in US Food Consumption, 1970–2005" Gerrior, "Nutrient Content of the US Food Supply, 1909–2000."
16. 최근의 식품 소비 수치는 다음 자료를 참조함. Wells and Buzby, "Dietary Assessment of Major Trends in US Food Consumption, 1970–2005," and Gerrior, "Nutrient Content of the US Food Supply, 1909–2000"; 과거 소비 수치는 다음 자료를 참조함. Gerrior and the database of the Economic Research Service of the US Department of Agriculture, http://ers.usda.gov/data-products/food-consumption-and-nutrient-intakes.aspx#.U6m0mqjc0Xw.
17. M. Enig, *Know Your Fats: The Complete Primer for Understanding the Nutrition of Fats, Oils, and Cholesterol* (Bethesda Press, 2000), 93.
18. ERS/CNPP/USDA data.
19. ERS/CNPP/USDA data.
20. "Per Capita Consumption," a report of the US National Oceanic and Atmospheric Administration (NOAA) Office of Science and Technology, National Marine Fisheries Service, www.st.nmfs.noaa.gov/Assets/commercial/fus/fus99/per_capita99.pdf.
21. D. Maron, "Some Danish Advice on the Trans Fat Ban," *Scientific American*, November 14, 2013, https://www.scientificamerican.com/article/some-danish-advice-on-the/.
22. "FDA Targets Trans Fat in Processed Foods," news release of the US Food and Drug Administration, November 7, 2013, www.fda.gov/ForConsumers/ConsumerUpdates/ucm372915.htm.
23. M. Warner, "A Lifelong Fight Against Trans Fat," *New York Times*, December 16, 2013, www.nytimes.com/2013/12/17/health/a-lifelong-fight-against-

trans-fat.html?smid=fb-share&_r=0.

24. Ibid.

25. A. Sachdeva et al., "Lipid Levels in Patients in Hospitalized with Coronary Artery Disease," *American Heart Journal*, January 2009, www.ahjonline.com/article/S0002-8703%2808%2900717-5/abstract.

26. "Most Heart Attack Patients' Cholesterol Level Did Not Indicate Cardiac Risk," https://www.sciencedaily.com/releases/2009/01/090112130653.htm.

27. J. Yudkin, *Pure, White, and Deadly* (Penguin Books, 2013), chapter 2, 81.

28. 키스가 배제한 내용을 더 알고 싶다면 다음을 참조 바람. Keith, *The Vegetarian Myth*, chapter 4.

29. C. Kresser, "Red Meat: It Does a Body Good!," http://chriskresser.com/red-meat-it-does-a-body-good.

30. D. Freedman, "Lies, Damned Lies, and Medical Science," *The Atlantic*, November 2010.

31. Freedman, "Lies, Damned Lies, and Medical Science."

32. https://med.stanford.edu/news/all-news/2018/07/john-ioannidis-calls-for-more-rigorous-nutrition-research.html, July 16, 2018 (emphasis added).

33. U. Ravnskov, "The Questionable Role of Saturated and Polyunsaturated Fatty Acids in Cardiovascular Disease," *Journal of Clinical Epidemiology 51*, no. 6 (June 1998), 443-60, www.ncbi.nlm.nih.gov/pubmed/9635993.

34. P. W. Siri-Tarino et al. "Meta-Analysis of Prospective Cohort Studies Evaluating the Association of Saturated Fat with Cardiovascular Disease," *American Journal of Clinical Nutrition*, March 2010, www.ncbi.nlm.nih.gov/pubmed/20071648.

35. R. Micha, S. Wallace, and D. Mozaffarian, "Red and Processed Meat Consumption and Risk of Incident Coronary Heart Disease, Stroke, and Diabetes Mellitus: A Systematic Review and Meta-Analysis," *Circulation*, May 17, 2010, www.hsph.harvard.edu/news/press-releases/processed-meats-unprocessed-heart-disease-diabetes.

36. A. O'Connor, "Study Questions Fat and Heart Disease Link," *New York Times*, March 17, 2014, http://well.blogs.nytimes.com/2014/03/17/study-questions-fat-and-heart-disease-link/?_php=true&_type=blogs&nl=today sheadlines&emc=edit_th_20140318&_r=0.

37. N. Teicholz, *The Big Fat Surprise: Why Butter, Meat and Cheese Belong in a Healthy Diet* (Simon and Schuster, 2014), 330-31.
38. H. McGee, *On Food and Cooking: The Science and Lore of the Kitchen*, rev. ed. (Scribner, 2004), 124. 또한 고기를 양념에 재우면 우려스런 화합물의 생성을 현저히 줄일 수 있다. 크리스 크레서에 따르면 "고기를 굽거나 튀길 때 산성 양념장을 사용하면 발암성 화합물의 형성을 상당히 줄일 수 있다. 맛이 배가되는 것은 덤이다! 소고기를 한 시간 동안 양념에 재울 경우 최종당화생성물ㅇAGE 형성이 절반 이상 감소한다. 또한 양념장은 고기의 헤테로사이클릭아민ㅇHA 형성을 최대 90%까지 줄인다." 다음을 참조 바람. http://chriskresser.com/does-red-meat-cause-inflammation.
39. R. Champeau, "Most Heart Attack Patients' Cholesterol Levels Did Not Indicate Cardiac Ris," *UCLA Newsroom*, January 12, 2009, http://newsroom.ucla.edu/portal/ucla/majority-of-hospitalized-heart-75668.aspx.
40. Mensink et al., "Effects of Dietary Fatty Acids and Carbohydrates on the Ratio of Serum Total to HDL Cholesterol and on Serum Lipids and Apolipoproteins: A Meta-Analysis of 60 Controlled Trials," *American Journal of Clinical Nutrition*, May 2003, www.ncbi.nlm.nih.gov/pubmed/12716665?dopt=Citation.
41. O'Connor, "Study Questions Fat and Heart Disease Link," and C. Kresser, "The Diet-Heart Myth: Cholesterol and Saturated Fat Are Not the Enemy," http://chriskresser.com/the-diet-heart-myth-cholesterol-and-saturated-fat-are-not-the-enemy.
42. O'Connor, "Study Questions Fat and Heart Disease Link" Kresser, "The Diet-Heart Myth."
43. D. Mozaffarian, "The Optimal Diet to Prevent CVD [Cardiovascular Disease]: What Is the Role of Saturated Fat?," a plenary talk at the Health Effects of Dietary Fatty Acids Symposium, Wayne State University, Detroit, Michigan, 2010, www.meandmydiabetes.com/wp-content/uploads/2010/11/Feinman-Webinar-Mozaffarian-Part-1.mp3.
44. 유드킨의 임상시험들과 그 결과는 그의 저서 《설탕의 독》 14장에 자세히 나온다.
45. Yudkin, *Pure, White, and Deadly*, chapter 14.
46. Yudkin, *Pure, White, and Deadly*, 172.
47. Yudkin, *Pure, White, and Deadly*, 172.

48. Yudkin, *Pure, White, and Deadly*, 172.
49. J. Smith, "John Yudkin: The Man Who Tried to Warn Us About Sugar," *Daily Telegraph*, February 17, 2014, https://www.telegraph.co.uk/lifestyle/wellbeing/diet/10634081/John-Yudkin-the-man-who-tried-to-warn-us-about-sugar.html.
50. Smith, "The Man Who Tried to Warn Us About Sugar."
51. Yudkin, *Pure, White, and Deadly*, 188.
52. Yudkin, *Pure, White, and Deadly*, 113, 115.
53. Yudkin, *Pure, White, and Deadly*, 188.
54. Smith, "The Man Who Tried to Warn Us About Sugar."
55. *Nutrition Source*, website of the Harvard School of Public Health, (다음에서 인용함) T. T. Fung et al., "Sweetened Beverage Consumption and Risk of Coronary Heart Disease in Women," *American Journal of Clinical Nutrition* 89 (2009), 1037, www.hsph.harvard.edu/nutritionsource/healthy-drinks/soft-drinks-and-disease.
56. Nutrition Source, website of the Harvard School of Public Health, (다음에서 인용함) L. de Koning, "Sweetened Beverage Consumption, Incident Coronary Heart Disease, and Biomarkers of Risk in Men," *Circulation* 125 (2012), 1735.
57. V. S. Malik, "Sugar-Sweetened Beverages and Risk of Metabolic Syndrome and Type 2 Diabetes: A Meta-Analysis," *Diabetes Care* 33 (2010), 2477.
58. "Soft Drinks and Disease," *Nutrition Source*, website of the Harvard School of Public Health, www.hsph.harvard.edu/nutritionsource/healthy-drinks/soft-drinks-and-disease.
59. L. Schmidt, "New Unsweetened Truths About Sugar," *Journal of the American Medical Association Internal Medicine*, April 2014, http://archinte.jamanetwork.com/article.aspx?articleid=1819571.
60. "Added Sugar Linked to Cardiovascular Disease," www.foodconsumer.org/newsite/2/19/sugar_heart_disease_0302140949.html.
61. M. Busko, "A Soda a Day Ups CVD Risk by 30%: NHANES Study," *Medscape*, February 4, 2014, www.medscape.com/viewarticle/820172.
62. Q. Yang et al., "Added Sugar Intake and Cardiovascular Diseases Mortality Among US Adults," *Journal of the American Medical Association*

Internal Medicine, April 2014, http://archinte.jamanetwork.com/article.aspx?articleid=1819573.

63. M. Hyman, "Fat Does Not Make You Fat," *Huffington Post*, November 26, 2013, www.huffingtonpost.com/dr-mark-hyman/fat-health_b_4343798.html.

64. J. Beilby, "Definition of Metabolic Syndrome: Report of the National Heart, Lung, and Blood Institute / American Heart Association Conference on Scientific Issues Related to Definition," *Circulation* 109 (2004), 433, www.ncbi.nlm.nih.gov/pmc/articles/PMC1880831.

65. Beilby, "Definition of Metabolic Syndrome."

66. A. Malhotra, "Sugar Is Now Enemy Number One," *Guardian*, January 11, 2014, www.theguardian.com/commentisfree/2014/jan/11/sugar-is-enemy-number-one-now.

67. C. Paddock, "Link Between Saturated Fat and Heart Disease Questioned," *Medical News Today*, May 28, 2015, https://www.medicalnewstoday.com/articles/274166.

68. Beilby, "Definition of Metabolic Syndrome."

69. K. Musunuru, "Atherogenic Dyslipidemia: Cardiovascular Risk and Dietary Intervention," *Lipids* 45, no. 10 (October 2010), www.ncbi.nlm.nih.gov/pmc/articles/PMC2950930.

70. Musunuru, "Atherogenic Dyslipidemia."

71. Musunuru, "Atherogenic Dyslipidemia."

72. H. Briggs, "WHO: Daily Sugar Intake 'Should Be Halved,'" *BBC News*, March 5, 2014, www.bbc.com/news/health-26449497.

73. L. Te Morenga, "Dietary Sugars and Body Weight: Systematic Review and Meta-Analyses of Randomised Controlled Trials and Cohort Studies," *British Medical Journal*, 2013, www.bmj.com/content/346/bmj.e7492.

74. Yang, "Added Sugar Intake and Cardiovascular Diseases Mortality."

75. Lustig, *Fat Chance*, 7 (emphasis added).

76. R. Lustig, "The Bitter Truth," a talk at UCSF, University of California television, uploaded July 30, 2009, www.youtube.com/watch?v=dBnniua6-oM.

77. Smith, "The Man Who Tried to Warn Us About Sugar."
78. "Is Sugar Toxic? *60 Minutes* Investigates." *60 Minutes* television segment, January 2013, https://www.youtube.com/watch?v=6n29ZIJ-jQA.
79. R. Johnson et al., "Potential Role of Sugar (Fructose) in the Epidemic of Hypertension, Obesity, and the Metabolic Syndrome, Diabetes, Kidney Disease, and Cardiovascular Disease," *American Journal of Clinical Nutrition*, October 2007, http://ajcn.nutrition.org/content/86/4/899.long#sec-3.
80. Johnson, "Potential Role of Sugar (Fructose) in the Epidemic" (emphasis added).
81. Yudkin, *Pure, White, and Deadly*, 42.
82. 2021년 2월 7일 월마트 가격으로 5파운드(약 2킬로그램)짜리 설탕 한 봉지는 3.58달러다.
83. "World War II Rationing," *U.S. History* (website), www.u-s-history.com/pages/h1674.html.
84. R. Sicotte, "The Origins and Development of the US Sugar Program, 1934-1959," paper prepared for the 14th International Economic History Conference, August 2006, www.uvm.edu/~rsicotte/US%20Sugar%20Program.pdf.
85. 해당 수치들의 출처는 다음과 같음. United Nations Food and Agriculture Organization, FAOSTAT at faostat.fao.org, the FAO report "Food Outlook: Global Market Analysis," May 2012, 41, www.fao.org/docrep/015/al989e/al989e00.pdf.
86. Johnson, "Potential Role of Sugar (Fructose) in the Epidemic."
87. S. Nielsen, "Changes in Beverage Intake Between 1977 to 2001," *American Journal of Preventive Medicine* 27 (October 2004), 205, www.ajpmonline.org/article/S0749-3797%2804%2900122-9/abstract.
88. "USC Research Finds Sodas Sweetened with More High Fructose Corn Syrup than Previously Assumed," press release of the Keck School of Medicine at USC, October 27, 2010, http://keck.usc.edu/en/About/Administrative_Offices/Office_of_Public_Relations_and_Marketing/News/Detail/archive__offices__public_relations_and_marketing__high_fructose_corn_syrup_in_sodas.
89. "USC Research Finds Sodas Sweetened with More High Fructose Corn

Syrup."
90. De Koning, "Sweetened Beverage Consumption."
91. 2007년 《뉴잉글랜드 의학저널ㅇNEJM》에 실린 한 연구도 액상과당을 비만, 심혈관질환, 신장질환을 포함한 다양한 건강문제와 병증에 결부시켰다. www.jwatch.org/pa200712120000005/2007/12/12/high-fructose-corn-syrup-new-trans-fat.
92. "USC Research Finds Sodas Sweetened with More High Fructose Corn Syrup."
93. S. Lakhan, "The Emerging Role of Dietary Fructose in Obesity and Cognitive Decline," *Nutrition Journal* 12 (2013), 114, www.nutritionj.com/content/12/1/114.
94. N. Melville, "Culinary Culprits: Foods That May Harm the Brain," *Medscape*, January 30, 2014, www.medscape.com/viewarticle/819974#3.
95. R. Lustig, "The Sugar-Addiction Taboo," *The Atlantic*, January 2014, www.theatlantic.com/health/archive/2014/01/the-sugar-addiction-taboo/282699.
96. N. Avena et al., "Evidence for Sugar Addiction: Behavioral and Neurochemical Effects of Intermittent, Excessive Sugar Intake," *Neuroscience Behavior Review* 32, no. 1 (2008), www.ncbi.nlm.nih.gov/pubmed/17617461.
97. Stice et al., "Relative Ability of Fat and Sugar Tastes to Activate Reward, Gustatory, and Somatosensory Regions," *Journal of Clinical Nutrition* 98 (December 2013), 1377, www.ncbi.nlm.nih.gov/pubmed/24132980.
98. Lustig, *Fat Chance*, 62.
99. L. Sun, "A Mother's Food Choice Can Shape Baby's Palate, Research Shows," *Washington Post*, November 17, 2011, www.washingtonpost.com/national/health-science/a-mothers-food-choice-can-shape-babys-palate-research-shows/2011/11/17/gIQAqcYooN_story.html.
100. S. Fomon, "Infant Feeding in the 20th Century," *Journal of Nutrition* 131 (February 1, 2001), http://jn.nutrition.org/content/131/2/409S.full#FN1.
101. Lustig, *Fat Chance*, 12.
102. Institute of Medicine, *Nutrition During Lactation* (National Academies Press, 1991), 118, www.nap.edu/openbook.php?record_id=1577&page=118; 모유의 영양성분에 대해 다음도 참조 바람. www.parentingscience.com/calories-

in-breast-milk.html.
103. J. Moskin, "For an All-Organic Formula, Baby, That's Sweet," *New York Times*, May 19, 2008, www.nytimes.com/2008/05/19/us/19formula.html?_r=0.
104. N. Terrero, "How Much Sugar Is in Brand-Name Baby Formula?" *NBC Latino*, February 22, 2012, http://nbclatino.com/2012/02/22/18091566837.
105. Moskin, "For an All-Organic Formula, Baby, That's Sweet."
106. B. Gibbs, "Socioeconomic Status, Infant Feeding Practices and Early Childhood Obesity," *Pediatric Obesity* 9 (April 2014), 135, www.ncbi.nlm.nih.gov/pubmed/23554385.
107. "AAP Reaffirms Breastfeeding Guidelines," website of the American Academy of Pediatrics, February 27, 2012, www.aap.org/en-us/about-the-aap/aap-press-room/Pages/AAP-Reaffirms-Breastfeeding-Guidelines.aspx.
108. M. Bartick et al., "The Burden of Suboptimal Breastfeeding in the United States: A Pediatric Cost Analysis," *Pediatrics* 125 (May 2010), http://pediatrics.aappublications.org/content/125/5/e1048.full.
109. "AAP Reaffirms" and ERS/CNPP/USDA data.
110. "Carbohydrates and Blood Sugar," *Nutrition Source*, website of the Harvard School of Public Health, www.hsph.harvard.edu/nutritionsource/carbohydrates/carbohydrates-and-blood-sugar.
111. K. Fillion, "On the Evils of Wheat," *Macleans*, September 20, 2011, www.macleans.ca/general/on-the-evils-of-wheat-why-it-is-so-addictive-and-how-shunning-it-will-make-you-skinny.
112. N. Jackson, "Your Addiction to Wheat Products Is Making You Fat and Unhealthy," *The Atlantic*, September 22, 2011, www.theatlantic.com/health/archive/2011/09/your-addiction-to-wheat-products-is-making-you-fat-and-unhealthy/245526.
113. Mercola, "Avoid This Food to Help You Slow Aging," February 22, 2012, http://articles.mercola.com/sites/articles/archive/2012/02/22/how-sugar-accelerates-aging.aspx.
114. J. Hamblin, "This Is Your Brain on Gluten," The Atlantic, December 20, 2013, www.theatlantic.com/health/archive/2013/12/this-is-your-brain-

on-gluten/282550.

115. ERS/CNPP/USDA data.

116. G. Taubes, "What If It's All Been a Big Fat Lie?," *New York Times Magazine*, July 7, 2002, www.nytimes.com/2002/07/07/magazine/what-if-it-s-all-been-a-big-fat-lie.html?scp=1&sq=gary%20taubes%20and%20fat&st=cse.

117. "Carbohydrates," *Nutrition Source*, website of the Harvard School of Public Health, January 2014, www.hsph.harvard.edu/nutritionsource/carbohydrate-question/?utm_source=SilverpopMailing&utm_medium=.

118. C. Gardner et al., "Comparison of the Atkins, Zone, Ornish, and LEARN Diets for Change in Weight and Related Risk Factors Among Overweight Premenopausal Women: The A to Z Weight Loss Study: A Randomized Trial," *Journal of the American Medical Association* 297 (March 7, 2007), http://jama.jamanetwork.com/article.aspx?articleid=205916.

119. "Stanford Diet Study Tips Scale in Favor of Atkins Plan, Stanford Research on Weight Loss," press release of Stanford University, March 1, 2007, http://nutrition.stanford.edu/documents/AZ_press.pdf.

120. Y. Song et al., "A Prospective Study of Red Meat Consumption and Type 2 Diabetes in Middle-Aged and Elderly Women, the Women's Health Study," *Diabetes Care* 27 (September 2004), http://care.diabetesjournals.org/content/27/9/2108.full.

121. S. Ley, "Associations Between Red Meat Intake and Biomarkers of Inflammation and Glucose Metabolism in Women," *American Journal of Clinical Nutrition*, February 2014, http://ajcn.nutrition.org/content/early/2013/11/27/ajcn.113.075663.abstract.

122. C. Kresser, "Does Eating Red Meat Increase the Risk of Diabetes?," chriskresser.com/does-red-meat-cause-inflammation-and-impaired-glucose-metabolism.

123. M. Sisson, "Does Eating Red Meat Increase Type 2 Diabetes Risk?," www.marksdailyapple.com/does-eating-red-meat-increase-type-2-diabetes-risk/#ixzz2xZj5DoBh.

124. "Cleveland Clinic Researchers Discover Link Between Heart Disease and Compound Found in Red Meat, Energy Drinks," news release of Cleveland Clinic, April 7, 2013, http://my.clevelandclinic.org/media_relations/

library/2013/2013-04-07-cleveland-clinic-researchers-discover-link-between-heart-disease-and-compound-found-in-red-meat-energy-drinks.aspx.

125. D. Pendrick, "New Study Links L-Carnitine in Red Meat to Heart Disease," *Harvard Health Publications*, April 17, 2013, www.health.harvard.edu/blog/new-study-links-l-carnitine-in-red-meat-to-heart-disease-201304176083.

126. 채식 식단이 바람직하지 않은 경우에 대해서는 다음을 참조 바람. N. Burkert et al., "Nutrition and Health—The Association Between Eating Behavior and Various Health Parameters: A Matched Sample Study," *PLOS ONE* 9, no. 2 (February2014), www.plosone.org/article/fetchObject.action?uri=info:doi/10.1371/journal.pone.0088278&representation=PDF.

127. C. Kresser, "Red Meat and TMAO: Cause for Concern, or Another Red Herring?," http://chriskresser.com/red-meat-and-tmao-its-the-gut-not-the-meat.

128. C. Kresser, "Choline and TMAO: Eggs Still Don't Cause Heart Disease," http://chriskresser.com/choline-and-tmao-eggs-still-dont-cause-heart-disease. (다음에서 인용함) C. de Filippo, "Impact of Diet in Shaping Gut Microbiota Revealed by a Comparative Study in Children from Europe and Rural Africa," *Proceedings of the National Academy of Sciences*, August 17, 2010, www.ncbi.nlm.nih.gov/pmc/articles/PMC2930426.

129. M. Janeiro et al., "Implication of Trimethylamine N-Oxide (TMAO) in Disease: Potential Biomarker or New Therapeutic Target," *Nutrients*, October 2018, https://pubmed.ncbi.nlm.nih.gov/?term=Janeiro+MH&cauthor_id=30275434.

130. L. Stowkowski, "Red Meat and Cancer: What's the Beef?" *Medscape*, June 20, 2013, www.medscape.com/viewarticle/806573.

131. S. Rohrmann et al., "Meat Consumption and Mortality—Results from the European Prospective Investigation into Cancer and Nutrition," *BMC Medicine* 11 (2013), 63, www.biomedcentral.com/1741-7015/11/63.

132. D. Alexander et al., "Meta-Analysis of Prospective Studies of Red Meat Consumption and Colorectal Cancer," *European Journal of Cancer Prevention* 20, no. 4 (July 2011), 293, www.ncbi.nlm.nih.gov/pubmed/21540747; 다음도 참조 바람. A. Truswell, "Meat Consumption and

Cancer of the Large Bowel," *European Journal of Clinical Nutrition*, 2002, www.ncbi.nlm.nih.gov/pubmed/11965518.

133. S. Missmer et al., "Meat and Dairy Food Consumption and Breast Cancer: A Pooled Analysis of Cohort Studies," *International Journal of Epidemiology* 31, no. 1 (February 2002), 78, www.ncbi.nlm.nih.gov/pubmed/11914299.

134. "Dairy Products and Breast Cancer Risk: A Review of the Literature" *International Journal of Fertility and Women's Medicine* 50, no. 6 (November 2005), 244–49, https://www.researchgate.net/publication/7252770.

135. "Scientific Advances of Milk Enrichment with Conjugated Linoleic Acid to Produce Anti-Cancer Milk," https://sites.kowsarpub.com/ijcm/articles/5868.html.

136. K. Clancy, *Greener Pastures: How Grass-Fed Beef and Milk Contribute to Healthy Eating*, a report of the Union of Concerned Scientists, 2006, 1, www.ucsusa.org/assets/documents/food_and_agriculture/greener-pastures.pdf.

137. F. Kolahdooz, "Meat, Fish, and Ovarian Cancer Risk: Results from 2 Australian Case–Control Studies, a Systematic Review, and Meta-Analysis," *American Journal of Clinical Nutrition 91*, no. 6 (June 2010), 1752, www.ncbi.nlm.nih.gov/pubmed/20392889.

138. S. Rohrmann, "Meat and Fish Consumption and Risk of Pancreatic Cancer: Results from the European Prospective Investigation into Cancer and Nutrition," *International Journal of Cancer* 132, no. 3 (2013), 617, www.medscape.com/medline/abstract/22610753.

139. "Unprocessed Red Meat and Processed Meat Consumption: Dietary Guideline Recommendations from the Nutritional Recommendations (NutriRECS) Consortium," *Annals of Internal Medicine*, 2019, https://www.acpjournals.org/doi/10.7326/M19-1621; and https://www.nytimes.com/2019/09/30/health/red-meat-heart-cancer.html.

140. Mozaffarian, "The Optimal Diet to Prevent CVD."

141. "What Are Telomeres?," https://www.news-medical.net/life-sciences/What-are-Telomeres.aspx.

142. https://www.sciencealert.com/study-links-ultra-processed-junk-food-to-age-marker-in-chromosomes?fbclid=IwAR33TrgGPLildk8dRk6mQuF

j0bBhOwf6dpYA0HdRcdXbLd1THuXngx4RpMI; and *American Journal of Clinical Nutrition* 111, no. 6 (June 2020), 1259-66, https://doi.org/10.1093/ajcn/nqaa075.

143. E. Atkins, "The Promise and Problem of Fake Meat," *The New Republic*, June 7, 2019.

144. M. Simon, "Lab-Grown Meat Is Coming, Whether You Like It or Not," *Wired Magazine*, 2018.

145. M. Gurven and H. Kaplan, "Hunter Gatherer Health," a faculty paper, 2007, www.anth.ucsb.edu/faculty/gurven/papers/GurvenKaplan2007pdr.pdf (internal citations omitted).

146. "An Empirical Study of Chronic Diseases in the United States," *International Journal of Environmental Research and Public Health*, March 2018, https://www.ncbi.nlm.nih.gov/pmc/articles/PMC5876976/.

147. "An Empirical Study of Chronic Diseases in the United States" (internal citations omitted).

148. S. Lin, *The Dental Diet*, 2nd ed. (Hay House, 2018), 38.

149. McGee, *On Food and Cooking*, 124.

150. McGee, *On Food and Cooking*, 124.

151. S. Fallon and M. Enig, "Guts and Grease: The Diet of Native Americans," website of the Weston A. Price Foundation, January 1, 2000, www.westonaprice.org/traditional-diets/guts-and-grease.

152. Fallon and Enig, "Guts and Grease." 다음도 참조 바람. V. Smil, *Should We Eat Meat?* (Wiley, 2013). 특히 46~49쪽에서 이 책의 저자이며 세계적으로 유명한 생물학자인 바츨라프 스밀은 초기 인류가 선호한 사냥감들과 그 이유에 대해 자세히 설명하며 다음과 같이 말한다. "모든 사냥꾼의 꿈이 기름진 동물을 잡는 것이었으며 여기에는 반론의 여지가 없다. 따라서 꿈의 사냥감은 항상 대형 초식동물이었다. 대형 동물은 사냥에 따르는 위험 부담이 크고 종종 희생을 감수해야 했지만 성공 시 에너지 수확량이 엄청났기에 조상들은 늘 위험을 무릅썼다."

153. Fallon and Enig, "Guts and Grease."

154. P. Gadsby and L. Steel, "The Inuit Paradox: How Can People Who Gorge on Fat and Rarely See a Vegetable Be Healthier than We Are?" *Discover Magazine*, October 1, 2004, http://discovermagazine.com/2004/oct/inuit-paradox#.Uuwg KPYhYVk.

155. Fallon and Enig, "Guts and Grease."
156. D. Martin and A. Goodman, "Health Conditions Before Columbus: A Paleopathology of Native North Americans," *Western Journal of Medicine* 176 (January 2002), 65, www.ncbi.nlm.nih.gov/pmc/articles/PMC1071659.
157. I. Petersen, "The Maasai Keep Healthy Despite a High Fat Diet," *Science Nordic*, September 11, 2012, http://sciencenordic.com/maasai-keep-healthy-despite-high-fat-diet.
158. C. Masterjohn, "The Masai Part II: A Glimpse of the Masai Diet at the Turn of the 20th Century—A Land of Milk and Honey, Bananas from Afar," website of the Weston A. Price Foundation, September 13, 2011, www.westonaprice.org/blogs/cmasterjohn/2011/09/13/the-masai-part-ii-a-glimpse-of-the-masai-diet-at-the-turn-of-the-20th-century-a-land-of-milk-and-honey-bananas-from-afar.
159. 다음도 참조 바람. G. Mann et al., "Cardiovascular Disease in the Masai," *Journal of Atherosclerosis Research* 4 (July 8, 1964), 289, www.sciencedirect.com/science/article/pii/S0368131964800417.
160. S. Fallon, *Nourishing Traditions* (Newtrends Publishing, 2003), preface.
161. J. Diamond, *Guns, Germs, and Steel: The Fates of Human Societies* (W. W. Norton, 2009), 112.
162. "Food Prices and Spending," Economic Research Service, https://www.ers.usda.gov/data-products/ag-and-food-statistics-charting-the-essentials/food-prices-and-spending/.

8. 우리는 왜 소고기에 끌리는가

1. McGee, *On Food and Cooking*, 123.
2. C. Kresser, "The Truth About Red Meat," http://chriskresser.com/the-truth-about-red-meat.
3. B. Pobiner, "Evidence for Meat-Eating by Early Humans," *Nature Education Knowledge*, 2013, www.nature.com/scitable/knowledge/library/evidence-for-meat-eating-by-early-humans-103874273.
4. "Iron: Dietary Supplement Fact Sheet," a National Institutes of Health fact sheet, reviewed April 8, 2014, http://ods.od.nih.gov/factsheets/Iron-HealthProfessional.

5. "Supplements: Nutrition in a Pill?," website of the Mayo Clinic, January 19, 2013, www.mayoclinic.org/healthy-living/nutrition-and-healthy-eating/in-depth/supplements/art-20044894.
6. M. Nestle, *What to Eat* (North Point Press, 2007), 468.
7. Fallon, *Nourishing Traditions*, 27.
8. Fallon, *Nourishing Traditions*, 27.
9. J. Blythman and R. Sykes, "Why Beef Is Good for You," Guardian, December 13, 2013, www.theguardian.com/lifeandstyle/2013/dec/16/why-beef-is-good-for-you-grass-fed-grain-fed.
10. "Beef, Nutrition Facts," *SELF Nutrition Data: Know What You Eat*, http://nutritiondata.self.com/facts/beef-products/3477/2.
11. "Nutrition: Micronutrient Deficiencies, Iron Deficiency Anaemia," website of the World Health Organization, 2014, www.who.int/nutrition/topics/ida/en.
12. A. Meister, "The Role of Beef in the American Diet," a report prepared for the American Council on Science and Health, January 2003, 10, www.meat-ims.org/wp-content/uploads/2013/07/The_Role%20_of_Beef_in_the_American_Diet.pdf.
13. "Iron: Dietary Supplement Fact Sheet."
14. "Iron: Dietary Supplement Fact Sheet."
15. "Anemia Fact Sheet," Office on Women's Health, US Department of Health and Human Services, updated July 16, 2012, http://womenshealth.gov/publications/our-publications/fact-sheet/anemia.html.
16. "Increasing Iron in Your Diet During Pregnancy," website of the Cleveland Clinic, updated December 21, 2009, http://my.clevelandclinic.org/healthy_living/pregnancy/hic_increasing_iron_in_your_diet_during_pregnancy.aspx.
17. 예를 들어 다음을 참조 바람. https://my.clevelandclinic.org/health/drugs/12871-iron-in-your-diet.
18. "Iron: Dietary Supplement Fact Sheet."
19. "Increasing Iron in Your Diet During Pregnancy."
20. M. Turgeon, *Clinical Hematology: Theory and Procedures* (LWW Publishing, 2011), 133.
21. McGee, *On Food and Cooking*, 134.

22. "Iron: Dietary Supplement Fact Sheet."
23. Turgeon, *Clinical Hematology*, 133.
24. "Zinc: Fact Sheet for Consumers," a National Institutes of Health fact sheet, reviewed September 20, 2011, http://ods.od.nih.gov/factsheets/Zinc-QuickFacts.
25. World Health Organization, The World Health Report, https://www.who.int/whr/2002/chapter4/en/index3.html.
26. Meister, "The Role of Beef in the American Diet."
27. "Zinc," chapter 16 in *Human Vitamin and Mineral Requirements*, a joint report of the United Nations Food and Agriculture Organization and the World Health Organization, 2001, www.fao.org/docrep/004/y2809e/y2809e0m.htm.
28. "Animal Protein Intake Is Associated with Higher-Level Functional Capacity in Elderly Adults: The Ohasama Study," *Journal of the American Geriatrics Society* 62, no. 3 (March 2014), 426, http://onlinelibrary.wiley.com/doi/10.1111/jgs.12690/abstract;jsessionid=B96850F343D96439D7E05E97E4DC7CEC.f03t02?systemMessage=Wiley+Online+Library+will+be+disrupted+Saturday%2C+15+March+from+10%3A00-12%3A00+GMT+%2806%3A00-08%3A00+EDT%29+for+essential+maintenance. 2014년 3월에 발표된 후, 중년 남성들은 고기 섭취를 줄여야 한다는 내용 때문에 미디어에 널리 오르내린 연구가 있었다. 하지만 심지어 이 연구도 결론은 고령자들이 고기를 더 먹은 사람이 더 건강했다는 것이었다. www.cell.com/cell-metabolism/abstract/S1550-4131%2814%2900062-X.
29. G. Reynolds, "Lift Weights, Eat More Protein, Especially if You're Over 40," New York Times, February 7, 2018, https://www.nytimes.com/2018/02/07/well/move/lift-weights-eat-more-protein-especially-if-youre-over-40.html?auth=login-email&login=email.
30. R. Heaney and D. Layman, "Amount and Type of Protein Influences Bone Health," *American Journal of Clinical Nutrition* 87, no. 5 (May 2008), http://ajcn.nutrition.org/content/87/5/1567S.full.
31. "Animal Protein Is Good for Bones," website of Hebrew SeniorLife, Harvard Medical School affiliate, www.hebrewseniorlife.org/research-animal-protein-is-good-for-bones.

32. M. Nelson, *Strong Women, Strong Bones* (The Berkeley Publishing Group, 2000), 4.
33. Nelson, *Strong Women, Strong Bones*, 288.
34. K. Rheaume-Bleue, *Vitamin K₂ and the Calcium Paradox* (Wiley, 2012), 228.
35. F. Gomez-Pinilla, "Brain Foods: The Effects of Nutrients on Brain Function," *Nature Reviews Neuroscience* 9 (July 2008), 568, www.nature.com/nrn/journal/v9 /n7/fig_tab/nrn2421_T1.html.
36. Fallon, *Nourishing Traditions*, 27; Enig, *Know Your Fats*, 57.
37. Fetal and Neonatal Cholesterol Metabolism, https://www.ncbi.nlm.nih.gov/books/NBK395580/.
38. Clancy, *Greener Pastures*.
39. A. O'Connor, "Low Vitamin D Levels Linked to Disease in Two Big Studies," *New York Times*, April 1, 2014, http://well.blogs.nytimes.com/2014/04/01/low-vitamin-d-levels-linked-to-disease-in-two-big-studies/?_php=true&_type=blogs&_r=0.
40. O'Connor, "Low Vitamin D Levels Linked to Disease in Two Big Studies."
41. Kresser, "Red Meat: It Does a Body Good."
42. Kresser, "Red Meat: It Does a Body Good."
43. Kresser, "Red Meat: It Does a Body Good."
44. P. Weintraub, "All About B Vitamins," reprinted from Experience Life Magazine, website of Dr. Frank Lipman, www.drfranklipman.com/all-about-b-vitamins.
45. Weintraub, "All About B Vitamins."
46. Weintraub, "All About B Vitamins."
47. Weintraub, "All About B Vitamins" 예를 들어 다음 자료도 참조 바람. Burt Berkson, *User's Guide to the B-Complex Vitamins* (Basic Health Publications, 2005). 이 책의 공저자이며 의학박사이자 라스크루서스 소재 뉴멕시코 통합의학센터 소장인 벅슨 박사는 우리 대부분이 심각한 양양 결핍 상태에 있다고 말한다. "미국인 대부분이 비타민B군을 하루권장량의 세 배 또는 그 이상을 섭취해야 할 정도다."
48. Meister, "The Role of Beef in the American Diet," 11.
49. "Dietary Supplement Fact Sheet, Vitamin B6," a National Institutes of Health (NIH) fact sheet, reviewed September 15, 2011, http://ods.od.nih.gov/

factsheets/VitaminB6-HealthProfessional.

50. A. Gilsing et al., "Serum Concentrations of Vitamin B12 and Folate in British Male Omnivores, Vegetarians and Vegans: Results from a Cross-Sectional Analysis of the EPIC-Oxford Cohort Study," *European Journal of Clinical Nutrition* 64, no. 9 (September 2010), 933, www.ncbi.nlm.nih.gov/pubmed/20648045.

51. S. Kirchheimer, "Vegetarian Diet and B12 Deficiency," https://www.webmd.com/food-recipes/news/20030618/vegetarian-diet-b12-deficiency#1.

52. Weintraub, "All About B Vitamins."

53. "Vitamin B12, Fact Sheet for Consumers," a National Institutes of Health (NIH) fact sheet, reviewed June 24, 2011, http://ods.od.nih.gov/factsheets/VitaminB12-QuickFacts.

54. http://chriskresser.com/natures-most-potent-superfood.

55. 예를 들어 다음을 참조 바람. Hahn Niman, *Righteous Porkchop* and N. Hahn Niman, "For Animals, Grass Each Day Keeps Doctors Away," *The Atlantic*, May 2010, www.theatlantic.com/health/archive/2010/05/for-animals-grass-each-day-keeps-doctors-away/56915.

56. McGee, *On Food and Cooking*, 134.

57. McGee, *On Food and Cooking*, 135.

58. McGee, *On Food and Cooking*, 121.

59. 예를 들어 다음을 참조 바람. F. Diez-Gonzalez et al., "Grain Feeding and the Dissemination of Acid-Resistant *Escherichia coli* from Cattle," Science 281 (1998), 1666.

60. Clancy, *Greener Pastures*.

61. Clancy, *Greener Pastures*, 50.

62. Clancy, *Greener Pastures*, 25.

63. Clancy, *Greener Pastures*, 48.

64. Clancy, *Greener Pastures*.

65. J. Robinson, "Summary of Important Health Benefits of Grassfed Meats, Eggs and Dairy," www.eatwild.com/healthbenefits.htm#8, (다음에서 인용함) S. Duckett et al., "Effects of Time on Feed on Beef Nutrient Composition," *Journal of Animal Science* 71, no. 8 (1993), 2079.

66. Keirnan, "Grass Fed vs. Corn Fed."

67. S. Duckett et al., "Effects of Winter Stocker Growth Rate and Finishing System on: III. Tissue Proximate, Fatty Acid, Vitamin, and Cholesterol Content," *Journal of Animal Science* 87, no. 9 (June 2009), 2961, www.journalofanimalscience.org/content/87/9/2961.long.

68. C. Daley et al., "A Review of Fatty Acid Profiles and Antioxidant Content in Grass-Fed and Grain-Fed Beef," *Nutrition Journal* 9 (2010), 10, www.nutritionj.com/content/9/1/10.

69. Robinson, "Summary of Important Health Benefits," (다음에서 인용함) *British Journal of Nutrition* 105 (2011), 80.

70. "Grassfed Cows Produce Healthier Milk," 2018, https://extension.umn.edu/pasture-based-dairy/grass-fed-cows-produce-healthier-milk.

71. "The 'Grass-Fed' Milk Story: Understanding the Impact of Pasture Feeding on the Composition and Quality of Bovine Milk," *Foods*, August 2019, https://www.ncbi.nlm.nih.gov/pmc/articles/PMC6723057/.

72. "The 'Grass-Fed' Milk Story."

73. M. Burros, "There's More to Like About Grassfed Beef," *New York Times*, August 30, 2006, www.nytimes.com/2006/08/30/dining/30well.html.

74. L. Curry, *Pure Beef: An Essential Guide to Artisan Meat with Recipes for Every Cut* (Running Press, 2012), 58.

75. McGee, *On Food and Cooking*, 138.

76. "Tackling Climate Change," FAO.

77. Pimentel and Pimentel, "[A] Feedback Mechanism May Exist," 129.

78. M. Snell, "Medieval Food Preservation," http://historymedren.about.com/od/foodandfamine/a/food_preservation.htm.

79. McGee, *On Food and Cooking*, 145.

80. A. Danforth, *Butchering Beef: The Comprehensive Photographic Guide to Humane Slaughtering and Butchering* (Storey Publishing, 2014), 93.

9. 문제 해결을 위한 선택

1. "Meat Consumption Dips as Consumers Focus on Healthier Diets: Mintel," Meat + Poultry, January 22, 2014, https://www.meatpoultry.com/

articles/10005-meat-consumption-dips-as-consumers-focus-on-healthier-diets-mintel.
2. "Cargill's View on Zilmax Being Pulled from the Market," Cargill News Center, www.cargill.com/news/cargill-view-on-zilmax-being-pulled-from-the-market/index.jsp.
3. "Concerns Raised About Using Beta Agonists in Beef Cattle," *Science Daily*, March 12, 2014, www.sciencedaily.com/releases/2014/03/140312181913.htm.
4. T. Grandin, "The Effect of Economics on the Welfare of Cattle, Pigs, Sheep, and Poultry," website of Temple Grandin, April 2013, www.grandin.com/welfare/economic.effects.welfare.html.
5. D. Charles, "Inside the Beef Industry's Battle Over Growth-Promotion Drugs," website of National Public Radio, August 21, 2013, www.npr.org/blogs/thesalt/2013/08/21/214202886/inside-the-beef-industrys-battle-over-growth-promotion-drugs.
6. M. Mellon, *Hogging It: Estimates of Antimicrobial Abuse in Livestock*, a report of the Union of Concerned Scientists, 2001.
7. 예를 들어 다음을 참조 바람. "포식자가 생태계의 구조와 안정성 유지에 필수적인 역할을 하며, 포식자의 제거는 다양한 누적 효과를 일으킨다는 것은 학계 정설이다."(Terborgh et al., 2001; Duffy, 2003). Krausman, "An Assessment of Rangeland Activities."
8. 이 이슈를 둘러싼 보다 자세한 논의에 대해서는 다음을 참조 바람. Hahn Niman, *Righteous Porkchop*.
9. "Standards," website of Animal Welfare Approved, a program of the Animal Welfare Institute, http://animalwelfareapproved.org/standards/beef-cattle-2014/#130-transport.

10. 윤리적 잡식주의자를 위하여

1. M. Nestle, *Food Politics* (University of California Press, 2002), 13.
2. A. Kimbrell, *The Fatal Harvest Reader: The Tragedy of Industrial Agriculture* (Island Press, 2002), 7.
3 M. McLaughlin, *World Food Security* (Center of Concern, 2002).
4. McLaughlin, *World Food Security*.

5. M. Eisler et al., "Agriculture: Steps to Sustainable Livestock," *Nature* 507 (March 2014), www.nature.com/news/agriculture-steps-to-sustainable-livestock-1.14796.

6. "Tackling Climate Change," FAO, 1.

7. K. Pathak, "Livestock Development: How It Contributes to Smallholder Farms," *Food Tank*, March 6, 2014, http://foodtank.com/news/2014/03/livestock-development-how-it-contributes-to-smallholder-farmers.

8. Fairlie, *Meat*, 109, (다음에서 인용함) Dando, *The Geography of Famine* (V. H. Winston and Sons, 1980).

9. McGee, *On Food and Cooking*, 122.

10. Pathak, "Livestock Development."

11. Eisler, "Agriculture: Steps to Sustainable Livestock." 예를 들어 다음을 참조 바람. "황소는 대개 인간이 먹기에 적합하지 않은 식물체를 먹이로 하며, (...) 과테말라의 경우 소의 힘을 약 310시간 이용하면 인간의 노동 투입량이 거의 절반으로 줄어든다." Pimentel and Pimentel, "[A] Feedback Mechanism May Exist," 103.

12. C. Tudge, *Feeding People Is Easy* (Pari Publishing, 2007), 67.

13. www.rural21.com/english/news/detail/article/livestock-futures-conference-about-powerlessness-and-hope-0000466.

14. Pimentel and Pimentel, "[A] Feedback Mechanism May Exist," 65.

15. Pimentel and Pimentel, "[A] Feedback Mechanism May Exist," 65.

16. Eisler, "Agriculture: Steps to Sustainable Livestock."

17. Eisler, "Agriculture: Steps to Sustainable Livestock."

18. Pimentel and Pimentel, "[A] Feedback Mechanism May Exist," 73.

19. Pimentel and Pimentel, "[A] Feedback Mechanism May Exist," 69.

20. Montgomery, *Dirt*, 35.

21. Pimentel and Pimentel, "[A] Feedback Mechanism May Exist," 62.

22. Pimentel and Pimentel, "[A] Feedback Mechanism May Exist," 62.

23. Troeh, *Soil and Water Conservation*, 337.

24. L. Rinehart, "Ruminant Nutrition for Graziers," National Sustainable Agriculture Information Service, 2008, https://attra.ncat.org/attra-pub/

viewhtml.php?id=201.
25. Tudge, *Feeding People Is Easy*, 67.
26. Mooney and Zavaleta, *Ecosystems of California*, (Univ. of California Press, 2016), 2.
27. Mooney and Zavaleta, *Ecosystems of California*.
28. Pimentel and Pimentel, "[A] Feedback Mechanism May Exist," 58, 59.
29. Pimentel and Pimentel, "[A] Feedback Mechanism May Exist," 74.
30. www.beefboard.org/news/files/factsheets/The-Environment-And-Cattle-Producation.pdf.
31. Mooney and Zavaleta, *Ecosystems of California*, 2.
32. Mooney and Zavaleta, *Ecosystems of California*, 4.
33. Mooney and Zavaleta, *Ecosystems of California*, 14.
34. Fairlie, *Meat*, 30.
35. Fairlie, *Meat*, 36.
36. N. Hahn Niman, "Can Meat Eaters Also Be Environmentalists?" *The Atlantic*, June 2, 2010, www.theatlantic.com/health/archive/2010/06/can-meat-eaters-also-be-environmentalists/57532.
37. Hahn Niman, "Animals Are Essential."
38. N. Hahn Niman, "Dogs Aren't Dinner: The Flaws in an Argument for Veganism," *The Atlantic*, November 4, 2010, www.theatlantic.com/health/archive/2010/11/dogs-arent-dinner-the-flaws-in-an-argument-for-veganism/66095.
39. 예를 들어 다음을 참조 바람. Keith, *The Vegetarian Myth* and R. Dunn, "Human Ancestors Were Nearly All Vegetarians," *Scientific American*, July 23, 2012, http://blogs.scientificamerican.com/guest-blog/2012/07/23/human-ancestors-were-nearly-all-vegetarians.
40. H. Fearnley-Whittingstall, *The River Cottage Meat Book* (Ten Speed Press, 2007), 12.
41. Fearnley-Whittingstall, *The River Cottage Meat Book*, 16.
42. A. Howard, "The Animal as Our Farming Partner," *Organic Gardening* 2, no. 3 (September 1947), http://journeytoforever.org/farm_library/howard_animal.html.

43. Fairlie, *Meat*, 270.
44. Fairlie, *Meat*, 273.
45. Fairlie, *Meat*, 273.
46. Troeh, *Soil and Water Conservation*, 349.
47. Pimentel and Pimentel, "[A] Feedback Mechanism May Exist," 364.

찾아보기

ㄱ

가공식품 17, 30, 98, 249, 258~259, 262, 265, 278, 287~292, 296~297, 303~304
고도가공식품 288~289, 291~292
가공육 236~237, 277~279, 282~283, 285
가축분뇨 37, 45, 53, 55, 58, 61, 70, 110, 132~133, 135, 137, 182, 188
가축사료 29~30, 49, 92, 356, 366, 368
가축 방목 31, 46, 53, 72, 166, 168, 170, 172~173
가축효과 16, 26, 63, 77, 86, 163
감금사육 31, 46, 125, 132, 134~135, 138~142, 146~148, 153, 289, 330, 355, 379~380
개체수 15~16, 23, 32, 52, 76, 115, 142, 168, 171~174, 386
건강토양계획 64
건조지역 79, 81, 146, 166, 187, 191
게리 타우브스(Gary Taubes) 273~274, 280
경방목 44, 167~168

경제가치 373
고기소 14~15, 29, 31, 36, 54, 56, 74, 87, 118, 148~152, 156, 158, 191, 329, 331, 339, 343, 367~368, 380, 382
고지방 식단 239, 275
곡물사료 14, 56, 152, 333, 358, 366~367, 369
곡물사육 150, 329, 332~334, 336, 368~369
공장식사육 29, 46, 94, 99, 136, 138, 147, 330, 377~378
공중보건당국 218, 274
공중보건대학원 217, 268, 270, 274, 278, 284
과잉방목 23, 149, 179~180, 183~185
과체중 215, 269, 278~279
글로말린 66~70, 103, 120, 143~144, 183
기후변화 23~28, 34, 46~47, 54, 57~58, 60~65, 67, 73~74, 84~85, 88~91, 94~100, 111~112, 124, 128, 159, 179, 183

ㄴ

농장동물 127, 133, 149, 199, 208, 355, 364~365, 369, 375~376, 392~393
농축사료 134, 149, 153, 329, 331, 335, 380
니나 타이숄스(Nina Teicholz) 238~239

ㄷ

다리우시 모자파리안(Dariush Mozaffarian) 242~243, 281, 288
단백질 권장량 322
단일재배 68, 109, 128, 192, 293, 304
대사증후군 256~259, 263~264
대체육 289~291, 293~294
대형동물 76, 115~116
데이비드 몽고메리(David Montgomery) 52, 62, 104~105, 120, 180~182, 369, 389
데이비드 펄머터(David Perlmutter) 271~272, 300
데이비드 피먼텔(David Pimentel) 104, 108~109, 123, 137, 139, 154~156, 159, 344, 367~368, 372
도시개발 53, 373
동물복지 56, 149, 151, 330, 354, 359
두뇌개발 324
동물성지방 12~14, 218, 220~222, 229, 239, 270, 287, 296, 299, 300~302, 331
동물성 식품 261, 314, 324, 327, 366~367, 381

ㄹ

라지브 초우두리(Rajiv Chowdhury) 238, 243
라탄 랄(Rattan Lal) 71~72, 94, 110, 126, 187
랜들 리더(Randall Reeder) 27
로라 슈밋(Laura Schmidt) 253~259, 264
로버트 러스티그(Robert Lustig) 215, 252, 258~259, 264, 266~267
로버트 앳킨스(Robert Atkins) 274~276
로버트 F. 케네디 주니어(Robert F. Kennedy Jr.) 7, 132, 376
리처드 루브(Richard Louv) 196~197, 199, 203~204

ㅁ

마거릿 챈(Margaret Chan) 258
마사이족 299, 301~302
마이클 리(Michael Lee) 93, 159
마이클 폴란(Michael Pollan) 17, 217, 304, 380
마일스 앨런(Myles Allen) 33~35,
만성질환 12~14, 215~217, 224,

찾아보기 **447**

227~231, 253~255, 258~259,
263, 267, 269, 272~273, 287,
296~297, 298, 301~302, 317,
325
메탄 배출량 31~34, 36~37, 41,
55~56, 86
메탄 저감 43
면역체계 207~208, 271, 333
모리츠 메르케르(Moritz Merker)
302
모유 267~269, 319~320, 324~325
목초사육 88, 329, 331~339, 343, 345,
368~369, 391
무경운 16, 28
물순환 163, 170
미리엄 넬슨(Miriam Nelson)
323, 326
밀집사육 37, 56, 122, 132, 134~136,
138, 146

ㅂ
바이오연료 124
반추동물 32, 36, 39~41, 91, 93, 95,
100, 110, 147, 149, 299, 332,
368, 370
방목동물 86, 104, 129, 145, 175, 188,
309, 371, 374, 388~390, 394
방목축산 187, 390, 392
발굽동물 81, 167, 185
배양육 294
백색육 56, 222
봄연못 168~170, 175, 184
불놓기 51~52, 71, 82, 115

비건 30, 96, 317~318, 328, 377, 389,
393
비타민B 94, 314~315, 326~328, 334,
361
비타민D 210, 273, 314, 324~326
비타민K_2 323~324
비헴철 318

ㅅ
사료작물 54, 137, 141
사료재배 140, 154, 159
사막화 26, 27, 75~77, 78, 83~85,
111, 179~180, 187
사이먼 페얼리(Simon Fairlie)
24, 45, 364, 374, 387~388
산지축산 54~55
생명순환 39, 78, 86, 199
생물다양성 25, 59, 64, 75, 78, 83,
89, 116, 118, 128, 137, 153,
165~166, 168, 170~171, 175,
183, 186, 374
생태발자국 16, 141
성장호르몬 14, 329, 331, 343, 352,
358
설탕산업 258~259
세로토닌 266
셀룰로오스 38, 40, 42, 159, 309
식물성지방 222~223, 225
생애주기 157
세계보건기구 258, 316, 320, 355
세이버리 연구소 74, 165
수렵채집인 296~298, 303
식물다양성 83, 167~168

식물성 고기 290
식물성지방 222~223, 225
식물성 식품 308, 318~319, 321,
　　366~367, 386
식생덮개 110, 119, 187
식이요법 151, 233, 278~279, 287
식이지방 238, 242
식이지침 237, 243~244, 286, 310
식품보충제 310
식품첨가제 240, 304, 352
신선식품 311
심장질환 216, 218, 237, 244~245,
　　248, 250, 252~254, 261
심혈관질환 215, 218, 225~226, 230,
　　235~237, 253~257, 286~287,
　　292, 327

온실가스 24, 26~27, 31~32, 35, 38,
　　43~45, 47~49, 56~61, 72~73,
　　86~88, 91~98, 139~141, 145,
　　293
웨스 잭슨(Wes Jackson)
　　71, 137, 182~183
웬델 베리(Wendell Berry)
　　108~109, 203
유기농법 60~61, 192, 387
유기탄소 27, 63, 65, 67, 71, 87, 90
유방암 284~285
유전자변형작물 287, 293
육류산업 30, 155, 352, 355~357, 377,
　　392
육식자 281
이던 브라운(Ethan Brown)
　　290

ㅇ

아마존개발 30
아미시 207
알레르기 207~208, 269
액화분뇨 37, 133, 137~138, 148
앤셀 키스(Ancel Keys)
　　218, 221, 225, 229~231, 236,
　　244~245, 249
앨런 세이버리(Allan Savory)
　　73~87, 89~90, 95, 108, 149,
　　160, 166, 168
앨버트 하워드(Albert Howard)
　　387
에너지개발 175
영양보충제 200, 310~311
오메가3 94, 325, 332~335

ㅈ

자당 227, 250, 255, 262, 267~268
자연식품 288, 291, 310
자생식물 379, 385
재레드 다이아몬드(Jared Diamon)
　　208~209, 303
재생농업 16, 18, 90, 126, 129,
　　293~295
저지방 239, 249, 274~275, 332
적색육 12~14, 56, 218, 220~222, 225,
　　228~229, 231~232, 235, 237,
　　240, 257, 259, 273, 277~288,
　　290, 295~296, 300, 302, 308,
　　318~320, 326, 352~353
정크푸드 17~18

제이미 마티(Jaymee Marty)
    166, 169~170
제초제 30, 125, 139, 143, 166
조너선 룬드그린(Jonathan Lundgren)
    127~128
존 유드킨(John Yudkin)
    226~227, 229, 245~252,
    255~256, 258~260, 264, 310
존 이오어니디스(John Ioannidis)
    232~234, 238
주디스 슈워츠(Judith Schwartz)
    32, 59, 72
줄뿌림작물 109, 119, 121, 125
지구온난화 8, 24~26, 34~36, 43, 45,
    47, 55, 58~60, 73, 90, 93~98,
    103, 123, 161
지속가능성 93, 94, 121, 125, 146, 167,
    338
지피식물 53, 61, 70, 108~109
지하경제 69

ㅊ

채식주의자 90~91, 154~155, 239,
    276, 281, 307, 313, 317~319,
    328, 365, 376~377, 381, 383,
    388, 393
천연식생 71, 92, 103, 162, 170, 344
철분 결핍 316~317, 319
초식동물 50~52, 70~71, 77, 81~83,
    104, 106, 112~113, 115~118,
    162, 166~167, 170, 176,
    185~186, 189, 309, 370~371,
    374, 381, 388

초지생태계 72, 103, 370, 373~374
초지농업 121
축산농가 7, 30, 37, 207, 365

ㅋ

콜레스테롤(LDL콜레스테롤, HDL콜레스테롤)
    225~226, 230~231, 233,
    237~238, 240~244, 246~247,
    251, 256~257, 271, 275~277,
    297, 324~325
콜린 텃지(Colin Tudge)
    365, 371
콩류식물 107, 120, 122
크리스 크레서(Chris Kresser)
    231, 279, 308, 326, 329, 426
크리스틴 존스(Christine Jones)
    73
크리스틴 니컬스(Kristine Nichols)
    66, 144

ㅌ

탄소 격리 55~56, 59~61, 64~65,
    67~68, 70, 72~73, 86~88, 91,
    97, 137, 141, 144, 183
탄소발자국 58, 87~88, 98, 141~142,
    159
탄소순환 38~39
탄수화물 105, 242~246, 269~275,
    280, 281, 297, 300, 315, 321
테일러방목법 167, 184
텔로미어 288
토양생태계 18, 69~70, 137, 144, 373
토양 유기체 67, 107, 120, 137, 144

토양유실 121, 181, 183, 188
토양입단 66~67, 70, 85, 105, 183
토양침식 12, 53, 62, 75, 86, 108, 110, 119, 123, 125, 128, 137, 139~140, 145, 161, 179, 182~183, 187, 389
토양탄소 60~65, 70~72, 80, 89, 95
토지개발 180
트랜스지방 223~227, 231, 278, 280, 324

ㅍ
패션산업 98
팻 브라운(Pat Brown) 292, 295
포유동물 116, 299
포화지방 13, 218, 221, 225, 228~231, 235~245, 248, 250~251, 259, 276, 278, 288, 290, 299~302, 316, 345
폴 크라우스만(Paul Krausman) 166
푸드시스템 8, 36, 40, 45, 70, 93, 96, 99~100, 103~104, 128, 131, 146, 153~155, 161, 174~175, 183, 188, 191~192, 201, 289, 295, 304, 312, 367, 370, 374, 378, 382, 388, 391, 393~394
풀사료 41
프랭클린 D. 루스벨트(Franklin D. Roosevelt) 119
프리초프 카프라(Fritjof Capra)

100
필수영양소 158~159, 309, 311

ㅎ
하루권장량 94, 315~317, 320~321
항생제 122, 134, 138, 144~145, 232, 287, 329, 331, 352, 355~357
해럴드 맥기(Harold McGee) 240, 298, 307, 319, 330, 342, 345, 364
헤닝 슈타인펠트(Henning Steinfeld) 46~47, 56, 365
헴철 318
호데노쇼니 52
호모사피엔스 112~113
화학비료 58, 94, 110, 140, 142~143, 160, 188, 388
환경보호단체 25, 124
환금작물 29
H. D. 휴스(H. D. Hughes) 121

옮긴이 **이재경**

서강대학교를 졸업하고 경영컨설턴트와 출판편집자를 거쳐 현재 전문번역가로 활동 중이며 외국의 좋은 책을 소개, 기획하는 일을 한다. 번역이야말로 세상 여기저기서 듣고 배운 것들을 전방위로 활용하는 경험집약형 작업이라고 자부한다. 《나는 화학으로 세상을 읽는다》, 《세상을 이해하는 52가지 방정식》, 《n분의 1의 함정》, 《도시를 움직이는 모든 것들의 과학》, 《편견의 이유》 등을 우리말로 옮겼다.

소고기를 위한 변론

초판 1쇄 발행   2022년 4월 5일
초판 3쇄 발행   2025년 5월 2일

지은이 • 니콜렛 한 니먼
옮긴이 • 이재경

펴낸이 • 박선경
기획/편집 • 이유나, 지혜빈, 김슬기
마케팅 • 박언경, 황예린

펴낸곳 • 도서출판 갈매나무
출판등록 • 2006년 7월 27일 제395-2006-000092호
주소 • 경기도 고양시 일산동구 호수로 358-39, 808호 (백석동, 동문타워1)
　　　(우편번호 10449)
전화 • (031)967-5596
팩스 • (031)967-5597
블로그 • blog.naver.com/kevinmanse
이메일 • kevinmanse@naver.com
페이스북 • www.facebook.com/galmaenamu

ISBN 979-11-91842-16-6 / 03330
값 22,000원

• 잘못된 책은 구입하신 서점에서 바꾸어드립니다.